高等学校"十一五"规划教材·土木工程系列

路基路面工程

钟　阳　吴宇航　主编

哈尔滨工业大学出版社

内 容 提 要

全书总共九章。其主要内容分别为：第1章绪论；第2章行车荷载、环境因素与材料的力学特性；第3章一般路基设计；第4章碎(砾)石路面；第5章无机结合料稳定路面；第6章沥青路面；第7章水泥混凝土路面；第8章沥青路面施工；第9章水泥混凝土路面施工。

本书为高等学校土木工程专业中公路工程、城市道路工程、桥梁隧道工程、机场工程等方向学生的必修课教材，同时也为工程技术人员的参考书。

图书在版编目(CIP)数据

路基路面工程/钟阳,吴宇航主编.—哈尔滨：哈尔滨工业大学出版社,2010.1
(高等院校"十一五"规划教材·土木工程系列)
ISBN 978 - 7 - 5603 - 2984 - 0

Ⅰ.①路… Ⅱ.①钟…②吴… Ⅲ.①路面-道路工程-高等学校-教材②路面-道路工程-高等学校-教材 Ⅳ.U416

中国版本图书馆 CIP 数据核字(2010)第 004328 号

责任编辑	郝庆多
封面设计	张孝东
出版发行	哈尔滨工业大学出版社
社　　址	哈尔滨市南岗区复华四道街 10 号　邮编 150006
传　　真	0451 - 86414749
网　　址	http://hitpress.hit.edu.cn
印　　刷	肇东粮食印刷厂
开　　本	787mm×1092mm　1/16　印张 19.5　字数 447 千字
版　　次	2010 年 4 月第 1 版　2010 年 4 月第 1 次印刷
书　　号	ISBN 978 - 7 - 5603 - 2984 - 0
定　　价	35.00 元

(如因印装质量问题影响阅读,我社负责调换)

前　言

《路基路面工程》是高等学校土木工程专业中公路工程、城市道路工程、桥梁隧道工程、机场工程等方向的必修课之一。

本书力争反映本领域最新的科学技术成就，吸收国内外成功的经验和成熟的理论与方法，并且以我国最新出版的有关工程技术标准、规范为依据，叙述路基路面工程中的关键技术，以达到理论联系实际的目的。教材不但要体现出创新性，还要满足新世纪对复合式人才的需要。

全书分成路基工程和路面工程两部分，其中，大连理工大学的钟阳编写了第1章与第7章，大连理工大学的潘宝峰编写了第2章、第3章和第4章，大连民族学院的彭永恒编写了第5章和第6章，大连市交通规划勘测设计院的吴宇航编写了第8章和第9章。

全书由大连理工大学的钟阳和大连市交通规划勘测设计院的吴宇航担任主编，由钟阳负责全书的统稿工作。

由于编者水平有限，书中难免有欠妥甚至错误之处，希望读者批评指正。

作　者

2010年1月

目　录

第1章　绪　论 ··· 1
  1.1　我国道路工程发展简介 ··· 1
  1.2　路基路面工程的特点及设计内容 ································· 5
    1.2.1　路基路面工程的特点 ·· 5
    1.2.2　路基工程的设计内容 ·· 7
  1.3　路基土的分类及其工程性质 ··· 8
    1.3.1　路基土的分类 ··· 8
    1.3.2　路基用土的工程性质 ·· 10
  1.4　路基湿度状况与公路自然区划 ····································· 11
    1.4.1　路基湿度状况 ··· 11
    1.4.2　公路自然区划 ··· 18
  1.5　路基的变形、破坏原因与措施 ····································· 21
    1.5.1　路基的主要病害 ··· 21
    1.5.2　路基病害的防治 ··· 22
  1.6　路面结构、路面等级与分类 ··· 22
    1.6.1　路面结构及层位功能 ·· 22
    1.6.2　路面的等级与分类 ·· 25
  习　题 ·· 26

第2章　行车荷载、环境因素与材料的力学特性 ·············· 27
  2.1　荷载作用 ··· 27
    2.1.1　行车荷载 ··· 27
  2.2　交通分析 ··· 33
  2.3　环境因素影响 ··· 37
  2.4　土基的力学强度特性 ·· 39
    2.4.1　路基受力与工作区 ·· 39
    2.4.2　路基的力学特性与强度指标 ································· 42
  2.5　土基的承载能力 ··· 46
    2.5.1　路基回弹模量 ··· 46
    2.5.2　地基反应模量 ··· 53
    2.5.3　加州承载比CBR ··· 54

2.6 路面材料的力学强度特性 ··· 55
　　2.6.1 抗剪强度 ··· 55
　　2.6.2 抗拉强度 ··· 56
　　2.6.3 抗弯拉强度 ··· 57
　　2.6.4 应力-应变特性 ·· 57
2.7 路面材料的累积变形与疲劳特性 ··· 60
　　2.7.1 累积变形 ··· 61
　　2.7.2 疲劳特性 ··· 62
习　题 ··· 64

第3章　一般路基设计 ··· 65

3.1 路基设计概述 ··· 65
　　3.1.1 路基设计的一般要求 ··· 65
　　3.1.2 路基典型的横断面及其设计要点 ································· 66
3.2 路基的横断面设计及路基的附属设施 ····································· 69
　　3.2.1 路基的横断面设计 ··· 69
　　3.2.2 路基的附属设施 ··· 76
3.3 路基排水设计 ··· 79
　　3.3.1 概　述 ··· 79
　　3.3.2 地面排水设计 ··· 80
　　3.3.3 地下排水设计 ··· 88
　　3.3.4 路基排水的综合设计 ··· 90
3.4 路基边坡稳定性分析 ··· 92
　　3.4.1 边坡的稳定性分析 ··· 92
　　3.4.2 浸水路堤稳定性验算 ··· 99
　　3.4.3 陡坡路堤稳定性验算 ··· 101
　　3.4.4 软土地基上的路堤稳定性 ··· 103
3.5 路基防护与加固 ··· 105
　　3.5.1 概　述 ··· 105
　　3.5.2 坡面防护 ··· 106
　　3.5.3 冲刷防护 ··· 109
3.6 挡土墙设计 ··· 111
　　3.6.1 挡土墙的类型和适用条件 ··· 112
　　3.6.2 挡土墙土压力的计算 ··· 115
　　3.6.3 重力式挡土墙的设计 ··· 127
　　3.6.4 浸水及地震地区挡土墙设计简介 ································· 142
　　3.6.5 加筋土挡土墙设计 ··· 149

习　题 ………………………………………………………… 152
第 4 章　碎(砾)石路面 ……………………………………………… 153
　4.1　碎、砾石路面的力学特性 ……………………………………… 153
　　4.1.1　碎、砾石路面的强度构成 ………………………………… 153
　　4.1.2　碎、砾石材料的应力-应变特性 ………………………… 156
　　4.1.3　碎、砾石材料的形变积累 ………………………………… 157
　4.2　碎石路面与基层 ………………………………………………… 157
　　4.2.1　水结碎石路面 ……………………………………………… 158
　　4.2.2　泥结碎石路面 ……………………………………………… 159
　　4.2.3　泥灰结碎石路面 …………………………………………… 160
　　4.2.4　填隙干压碎石基层 ………………………………………… 160
　4.3　级配砾(碎)石路面 …………………………………………… 160
　　4.3.1　级配砾(碎)石路面与基(垫)层的厚度和材料 ………… 160
　　4.3.2　级配砾(碎)石路面与基(垫)层的施工 ………………… 161
　4.4　优质级配碎石基层 ……………………………………………… 162
　4.5　碎(砾)石路面的养护 ………………………………………… 165
　　4.5.1　磨耗层和保护层 …………………………………………… 165
　　4.5.2　碎(砾)石路面的养护维修与改善 ……………………… 167
　　习　题 ………………………………………………………… 168
第 5 章　无机结合料稳定路面 ……………………………………… 169
　5.1　概　述 …………………………………………………………… 169
　5.2　无机结合料稳定材料的干缩特性与温缩特性 ……………… 169
　　5.2.1　干缩特性 …………………………………………………… 169
　　5.2.2　温缩特性 …………………………………………………… 170
　　5.2.3　减少收缩开裂和反射裂缝的措施 ………………………… 170
　5.3　石灰稳定类基层 ………………………………………………… 171
　　5.3.1　石灰稳定土强度形成原理 ………………………………… 171
　　5.3.2　影响石灰土结构强度的因素 ……………………………… 172
　　5.3.3　材料要求及混合料组成设计 ……………………………… 173
　5.4　水泥稳定类基层 ………………………………………………… 175
　　5.4.1　水泥稳定土强度形成原理 ………………………………… 175
　　5.4.2　影响强度的主要因素 ……………………………………… 177
　　5.4.3　材料要求及混合料组成设计 ……………………………… 178
　5.5　工业废渣稳定基层 ……………………………………………… 180
　　5.5.1　石灰工业废渣强度形成机理 ……………………………… 181
　　5.5.2　对材料的要求 ……………………………………………… 181

5.5.3　石灰粉煤灰基层 …………………………………………………… 183
　　5.5.4　石灰煤渣类基层 …………………………………………………… 184

第6章　沥青路面 ………………………………………………………………… 185
6.1　概　述 …………………………………………………………………… 185
　　6.1.1　沥青路面的基本特性 ………………………………………………… 185
　　6.1.2　沥青路面的分类 ……………………………………………………… 185
6.2　沥青路面材料的力学特性与稳定性 …………………………………… 188
　　6.2.1　沥青混合料的强度特性 ……………………………………………… 188
　　6.2.2　沥青混合料的应力-应变特性 ………………………………………… 193
　　6.2.3　沥青混合料的疲劳特性 ……………………………………………… 195
　　6.2.4　沥青混合料的高温稳定性 …………………………………………… 195
　　6.2.5　沥青混合料的低温抗裂性 …………………………………………… 197
　　6.2.6　沥青混合料的水稳性 ………………………………………………… 198
6.3　弹性层状体系理论 ……………………………………………………… 198
　　6.3.1　基本假设 ……………………………………………………………… 198
　　6.3.2　解题方法 ……………………………………………………………… 199
6.4　沥青路面的破坏状态与设计标准 ……………………………………… 201
　　6.4.1　沉　陷 ………………………………………………………………… 202
　　6.4.2　车　辙 ………………………………………………………………… 202
　　6.4.3　疲劳开裂 ……………………………………………………………… 203
　　6.4.4　推　移 ………………………………………………………………… 204
　　6.4.5　低温缩裂 ……………………………………………………………… 204
　　6.4.6　路面弯沉设计指标 …………………………………………………… 204
6.5　沥青路面结构组合设计 ………………………………………………… 205
　　6.5.1　路面结构层次 ………………………………………………………… 205
　　6.5.2　路面结构组合设计原则 ……………………………………………… 206
　　6.5.3　美国 AASHTO 推荐路面结构组合 ………………………………… 211
6.6　新建沥青路面的结构厚度计算 ………………………………………… 212
　　6.6.1　计算图示 ……………………………………………………………… 212
　　6.6.2　路面容许弯沉值和设计弯沉值 ……………………………………… 212
　　6.6.3　标准轴载及当量轴次 ………………………………………………… 215
　　6.6.4　路面材料设计参数值 ………………………………………………… 217
　　6.6.5　结构层材料的容许拉应力 …………………………………………… 219
　　6.6.6　新建路面结构设计步骤 ……………………………………………… 220
　　6.6.7　路面弯沉值竣工验收 ………………………………………………… 220
6.7　沥青路面改建设计 ……………………………………………………… 222

6.7.1 旧路面改建设计原则 ………………………………………………… 222
6.7.2 沥青路面加铺层 ………………………………………………… 223
6.7.3 水泥混凝土路面加铺沥青路面 ………………………………… 228

第7章 水泥混凝土路面 …………………………………………………… 230

7.1 概述 …………………………………………………………………… 230
7.2 水泥混凝土路面的构造 ……………………………………………… 230
   7.2.1 土基 ……………………………………………………………… 230
   7.2.2 垫层 ……………………………………………………………… 231
   7.2.3 基层 ……………………………………………………………… 232
   7.2.4 混凝土面板 ……………………………………………………… 233
   7.2.5 排水 ……………………………………………………………… 233
   7.2.6 接缝 ……………………………………………………………… 234
   7.2.7 拉杆和传力杆 …………………………………………………… 238
   7.2.8 混凝土路面特殊部位的处理 …………………………………… 238
   7.2.9 接缝材料及技术要求 …………………………………………… 239
7.3 弹性地基板体系理论 ………………………………………………… 240
   7.3.1 水泥混凝土路面的受力特点 …………………………………… 240
   7.3.2 小挠度弹性薄板的基本假设 …………………………………… 241
   7.3.3 板挠曲面微分方程 ……………………………………………… 242
7.4 水泥混凝土路面荷载应力分析 ……………………………………… 243
   7.4.1 文克勒地基板的荷载应力分析 ………………………………… 243
   7.4.2 弹性半空间体地基板的荷载应力分析 ………………………… 245
   7.4.3 有限元方法求解有限尺寸矩形板 ……………………………… 251
7.5 温度应力分析 ………………………………………………………… 251
   7.5.1 胀缩应力 ………………………………………………………… 251
   7.5.2 翘曲应力 ………………………………………………………… 252
7.6 水泥混凝土路面板厚的设计方法 …………………………………… 255
   7.6.1 设计内容 ………………………………………………………… 255
   7.6.2 水泥混凝土路面板厚的设计步骤 ……………………………… 256

第8章 沥青路面施工 ……………………………………………………… 265

8.1 洒铺法沥青路面面层的施工 ………………………………………… 265
8.2 路拌沥青碎石路面的施工 …………………………………………… 270
8.3 热拌沥青混合料路面的施工 ………………………………………… 271
8.4 沥青路面施工质量管理和检查 ……………………………………… 276
8.5 沥青路面交工质量检查与验收 ……………………………………… 278
8.6 工程施工总结 ………………………………………………………… 278

第9章 水泥混凝土路面施工 280
9.1 材料要求与混合料组成设计 280
9.1.1 材料要求 280
9.1.2 混凝土配合比设计 283
9.2 施工工艺 286
9.2.1 施工准备工作 286
9.2.2 混凝土拌和与运输 289
9.2.3 混凝土板的施工程序和施工技术 290
9.3 质量控制和检查 295
9.3.1 混凝土路面施工 295
9.3.2 混凝土路面铺筑 296
9.3.3 交工质量检查验收 297

参考文献 299

第1章 绪 论

1.1 我国道路工程发展简介

中国是一个有 5 000 多年文明史的国家,中国古代道路和桥梁建筑,在世界上曾处于领先地位,各朝各代道路交通都有不同程度的发展。但是由于长期封建制度和近百年帝国主义列强的侵略和掠夺,束缚了生产力的发展,旧中国道路发展十分缓慢。建国以前,全国能够维持通车的公路仅有 8 万 km,并且大多标准很低、设施简陋、路况很差。当时全国有 1/3 的县不通公路,西藏地区没有一条公路。全国大部分地区主要还是依靠人力和畜力运输。

1949 年新中国成立以后,公路交通事业得到了一定的发展。特别是 1978 年以后,公路建设开创了崭新的局面。到 2008 年年底,全国公路总里程达 368 万 km,公路通车总里程和公路密度比 1978 年增长 3 倍多。建成公路桥梁总量是 1978 年的近 5 倍,一批施工难度大、科技含量高的世界级公路、桥梁和长大隧道陆续建成通车,公路运输已渗入到经济建设和社会生活的各个方面,在国民经济中占有越来越重要的地位。

据交通运输部提供的资料,美国是世界上拥有高速公路最多的国家,拥有约 10 万 km 的高速公路,约占世界高速公路总里程的一半,连接了所有 5 万人以上的城镇。中国大陆自 20 世纪 80 年代中期开始兴建高速公路,1988 年 10 月 31 日,上海至嘉定 18.5 km 高速公路建成通车,使中国大陆有了高速公路。多年来,陆续投入运行的主要高速公路有京石、京津塘、沈大、合宁、济青、天洛、广深、太旧、合芜、成渝、沪宁、桂柳、呼包、哈大、泉厦、石安、安新等 20 余条线路。高速公路的建设和使用,为汽车快速、高效、安全、舒适地运行提供了良好的条件,标志着我国公路运输事业和科学技术水平进入了一个崭新的时代。我国高速公路建设加速延伸,年增长幅度之大在世界公路建设史上罕见。1988 年末达到 8 733 km,居世界第六;1999 年 10 月,突破了 1 万 km,跃居世界第四位;2000 年末,达到 1.6 万 km,跃居世界第三;2001 年末,达到 1.9 万 km,跃居世界第二;2002 年 10 月达到 2 万 km;2003 年底达到 2.98 万 km;2004 年 8 月底突破了 3 万 km,比世界第三的加拿大多出近一倍。"十五"期间中国共建成高速公路 2.47 万 km,是"八五"和"九五"建成高速公路总和的 1.5 倍。到 2005 年底,高速公路总里程达到 4.1 万 km,仅次于美国;2006 年末,达到了 4.53 万 km;2007 年底达 5.36 万 km;2008 年底我国高速公路通车总里程达 6.03 万 km,继续稳居世界第二位,创造了世界高速公路发展的奇迹。而在 22 年前,中国没有 1 m 的高速公路。

表 1.1 列出了世界各国高速公路里程和排位。

表1.1 世界各国高速公路里程和排位

排位	1	2	3	4	5	6	7	8
国家	美国	中国	加拿大	德国	法国	意大利	日本	英国
里程/km	100 000	60 300	16 500	11 000	10 000	6 300	6 114	3 090

修高速公路投资巨大。在一般平原微丘区,高速公路平均每公里造价为3 000万元左右;在山区,高速公路平均每公里造价接近4 000万元左右。为了修路,国家从政策上给予大力支持,国务院确定了贷款修路、收费还贷、征收车辆购置附加费的政策,作为公路建设专项基金;国家对交通投融资体制进行了改革,打开了封闭的市场大门,公路建设资金从主要依靠交通规费发展到向银行贷款、向社会发行债券、股票和有偿转让收费公路经营权及利用外资等多种方式;尤其是1998年以来,国家实施积极的财政政策,我国公路建设获得了前所未有的资金投入。从1997年1 200亿元的年投入水平,到2006年增加到5 481亿元。

按照2005年公布的高速公路网发展规划,我国正在全力以赴地加快国家高速公路网主骨架建设,到2020年,基本建成国家高速公路网。届时,中国高速公路通车总里程将达10万公里,可以形成"首都连接省会、省会彼此相通、连接主要城市、覆盖重要县市"的高速公路网络。这个网络能够覆盖10多亿人口,直接服务区域GDP占全国总量的85%以上;实现东部地区平均30 min、中部地区平均1 h、西部地区平均2 h抵达高速公路,客货运输的机动性将有显著提升。国家高速公路网是中国公路网中最高层次的骨干通道,主要连接大中城市,包括国家和区域性经济中心、交通枢纽、重要对外贸易口岸;主要承担区域间、省际间以及大中城市间的快速客货运输,提供高效、便捷、安全、舒适的服务。新路网由7条首都放射线、9条南北纵向线和18条东西横向线组成,简称为"7918网"。国家高速公路网规划采用放射线与纵横网格相结合的布局方案,总规模约8.5万km,其中主线6.8万km,地区环线、联络线等其他路线约1.7万km。具体是:

首都放射线7条:

北京—上海、北京—台北、北京—港澳、北京—昆明、北京—拉萨、北京—乌鲁木齐、北京—哈尔滨。

南北纵向线9条:

鹤岗—大连、沈阳—海口、长春—深圳、济南—广州、大庆—广州、二连浩特—广州、包头—茂名、兰州—海口、重庆—昆明。

东西横向线18条:

绥芬河—满州里、珲春—乌兰浩特、丹东—锡林浩特、荣成—乌海、青岛—银川、青岛—兰州、连云港—霍尔果斯、南京—洛阳、上海—西安、上海—成都、上海—重庆、杭州—瑞丽、上海—昆明、福州—银川、泉州—南宁、厦门—成都、汕头—昆明、广州—昆明。

此外,规划方案还有:辽中环线、成渝环线、海南环线、珠三角环线、杭州湾环线共5条地区性环线,2段并行线和30余段联络线。

路基路面直接承受行驶车辆的作用,是道路工程的重要组成部分,通常都根据车辆行驶的需要,选用优质材料建成。进入20世纪后,随着汽车工业和交通运输的发展,现代化公路的路基路面工程逐步形成了新的学科分支。它主要研究公路、城市道路和机场跑道路基路面的合理结构、设计原理、设计方法、材料性能要求以及施工、养护、维修和管理技术等。

半个世纪以来,我国广大道路工程科技工作者,从我国实际和建设需要出发,引进外国先进技术,刻苦钻研、反复实践,在路基路面工程建设和科学研究中,取得了许多突破性的系列成果,现给予简要介绍。

(1)公路自然区划。我国幅员辽阔,各地自然条件和道路的工程性质差异很大。为此将自然条件大致相近者划分为区,在同一区划内从事公路规划、设计、施工、管理时,有许多共性因素可以相互参照。我国现行的《公路自然区划标准》分三级区划:一级区划是根据地理、地貌、气候、土质等因素将我国划分为 7 个大区;二级区划以气候和地形为主导因素;三级区划以行政区域作为界限。

(2)土的工程分类。土是填筑公路路基的主要材料,由于天然成因的差异,不同的土基土表现出截然不同的工程特性。我国依据土颗粒组成特征、土的塑性指标(塑限、液限和塑性指数)、土中有机质存在情况,将公路用土按不同的工程特性划分为巨粒土、粗粒土、细粒土和特殊土四大类,并细分为 11 种土。确认土的类别需应用标准的仪器,按统一的规程进行测试界定。为了在野外勘查中能对不同土类作鉴别,系统地总结了"简易鉴别、分类和描述"的方法与细节。

(3)路基强度与稳定性。路基作为路面结构的基础应具有足够的强度和稳定性,我国较早就确定以回弹模量作为评价路基强度与稳定性的力学指标,并形成了成套的室内外试验标准方法与仪器。为了在施工中以物理量指标控制工程质量从而保证达到规定的强度指标,广泛开展了不同土种的最佳含水量与最大密实度相关关系的研究,并且统一以重型击实实验法作为基本控制标准。为了提高路基的强度与稳定性,根据不同类别土壤的特性,研究了粒料加固、石灰加固、水泥加固、专用固化剂加固等行之有效的技术措施。在多年冻土地区、膨胀土地区、沙漠地区、黄土地区、盐渍土地区等特殊地区,通过研究采用各种有效技术修建公路路基取得十分宝贵的经验。

(4)高路堤修筑技术与支挡结构。为了提高高路堤路基的稳定性,研究提出的技术措施包括减轻路堤自重,采用轻质粉煤灰,或采用轻质塑料块修筑路基;修筑轻型路基支挡结构,特别是加筋土挡墙的研究和工程建设在我国取得了许多成果。例如条带加筋、网络加筋、土工织物加筋等均取得良好效果。

(5)软土地基稳定技术。在软土地基上修筑路基路面,天然地面的自然平衡状态将发生改变,在很长时间内路基将处于不稳定状态。为此广泛研究了软土的调查与判别方法,改变软土性质的技术措施,如沙井或塑料析排水固结法、沙层排水加载预压法、无机结合料深层加固法等。在力学分析的研究方面,通过现场跟踪观测与建立预测分析模型,来预估与控制软土地基加固后的工后沉降,从而提高路基的稳定性。

(6)岩石路基爆破技术。利用爆破技术开山筑路在我国有悠久的历史。但是在近几十年中我国在山区筑路工程中有新的发展,创造了系统的大爆破技术,每次总装炸药量多达数十吨,一次爆破可清除岩石数十万立方米。大爆破以现代爆破理论为基础,事先进行周密的勘测与调查,经过精心设计的大爆破不仅能降低造价、缩短工期,而且能够使爆破

(7)沥青路面结构。20世纪60年代初,随着我国石油资源的大规模开发,揭开了用国产沥青筑路的序幕。早期的沥青路面主要是铺设在现在中级路面上的薄层表面处治层,以改善其行车条件。20世纪70年代末,逐步形成了以贯入式路面为主的沥青路面承重结构。20世纪80年代末,开始兴建高速公路,沥青路面作为一种主要形式,大量采用总厚度超过70 cm的重型沥青路面结构。通过长期的科学研究形成了适合我国实际的沥青路面整套技术,包括沥青材料的生产工艺、装备;沥青材料的技术指标与标准、试验设备及方法;沥青混合料的技术指标与标准、混合料设计技术、混合料性能检测设备及方法;沥青路面现代化施工整套设备、施工技术与施工管理等。

(8)水泥混凝土路面结构。20世纪70年代中期,交通运输发展加快,部分干线公路、城市道路及厂矿道路为提高承重能力,相继采用水泥混凝土路面结构。随后,针对水泥混凝土路面各方面存在的问题,开展了系统而具有相当规模的科学研究,从而在我国形成了关于水泥混凝土路面结构的整套技术,包括道路水泥的性能、指标、标准以及生产工艺;水泥混凝土路面基层的作用,水泥混凝土路面结构性能与设计方法;接缝构造、工作原理以及接缝设计方法;水泥混凝土路面小规模施工和大规模现代化施工成套装备及施工方法、施工组织管理等。

(9)柔性路面设计理论和方法。半个世纪以来,中国道路科技工作者通过广泛的调查研究和理论探索,形成了符合中国实际的柔性路面设计理论和方法体系,它吸取了世界上各种流派的学术思想,以及各个国家设计方法的优点。在力学理论基础方面,建立了弹性力学多层次结构承受多个圆形荷载的分析系统及相应的计算机程序;提出了能控制路面结构主要性能的设计指标体系;形成了调理我国当前交通状况的荷载模式及交通分析方法;形成了完整的设计参数指标、标准、测试仪器与方法;建立了切实可行的设计计算方法系统。近年来,在路面功能设计、可靠度设计等方面的研究取得了明显的进展,将不断地充实到现有的系统中去。

(10)刚性路面设计理论和方法。20世纪70年代起,我国道路科技工作者对刚性路面设计进行了较系统且具有相当规模的研究。在力学基础理论方面,运用解析法及有限元法建立了弹性力学层状结构、弹性地基板体结构模型,形成了整套分析计算方法与计算机程序;建立了以弹性力学为基础,以混凝土弯拉应力为设计控制指标,综合考虑荷载应力与温度应力作用的设计体系与方法;研究并建立了地基支承、疲劳效应、动力效应等一整套设计参数的取值与测试方法;对钢纤维混凝土路面、连续配筋混凝土路面、碾压混凝土路面、复合结构混凝土路面等新型路面结构开展系统研究并取得一批实用性研究成果。

(11)半刚性路面结构。利用石灰、水泥、工业废料等无机结合料修筑半刚性路面始于20世纪60年代初,30多年间,对半刚性路面的强度发展规律、强度机理、路用性质等进行了广泛的研究。由于这种路面结构具有很多优势,目前已广泛用于高等级公路与城市道路,成为一种主要的结构形式。目前对它的长期使用性能和变形规律等问题正在作深入的研究,此外对于面层结构的半刚性技术途径也正在研究之中。路面使用性能与表面特性、路面的平整度、破损程度、承载能力及抗滑性能是路面使用性能的重要方面。目前,我国已对这些性能对行车的影响;这些性能与路面结构设计、材料、施工的关系;量测手段与量测方法；评价的指标与标准；在车辆的反复作用下性能的衰减及恢复等开展了广泛的研究，有的已成功应用于工程之中。

(12) 路面养护管理。将系统工程的理论与方法用于协调路面养护，形成路面管理系统是 20 世纪 80 年代后的新动向。20 多年来，我国在路面性能的非破损快速跟踪检测，路面性能预估模型的建立，路面管理网络系统的建立以及项目级和路网级优化管理决策等方面取得了系统研究成果。

综上所述，路基路面工程作为一个学科分支，在我国随着交通运输的发展，正在以较快的速度逐步进入国外同类学科的前沿。进入 21 世纪，交通运输不论是在中国，还是在其他发达国家，仍然是一个重要的科技领域。我国道路科技工作者将会从中国的实际出发，不断吸取交叉学科的新成就以及世界各国的有用经验，全面推动路基路面工程学科的发展，为我国交通运输现代化做出贡献。

1.2 路基路面工程的特点及设计内容

1.2.1 路基路面工程的特点

路基和路面是道路的主要工程结构物。路基是在天然地表面按照道路的设计线形(位置)和设计横断面(几何尺寸)的要求开挖或堆填而成的岩土结构物。路面是在路基顶面的行车部分用各种混合料铺筑而成的层状结构物。路基是路面结构的基础，坚强而又稳定的路基为路面结构长期承受汽车荷载提供了重要的保证，而路面结构层的存在又保护了路基，使之避免了直接经受车辆和大气的破坏作用，长期处于稳定状态。路基和路面相辅相成，实际上是不可分离的整体，应综合考虑它们的工程特点，综合解决两者的强度、稳定性等工程技术问题。路基与路面工程是道路工程的主要组成部分，工程数量十分可观，例如微丘区的三级公路，每公里土石方数量约 800～16 000 m^3，山岭、重丘区的三级公路每公里可达 20 000～60 000 m^3，对于高速公路，数量更为可观。路面结构在道路造价中所占比重很大，一般都要达到 30% 左右。因此，精心设计，精心施工，使路基路面能长时期具备良好的使用性能，对节约投资、提高运输效益，具有十分重要的意义。路基路面是一项线形工程，有的延续数百公里，甚至上千公里。公路沿线地形起伏，地质、地貌、气象特征多变，再加上沿线城镇经济发达程度与交通繁忙程度不一，因此决定了路基与路面工程复杂多变的特点。工程技术人员必须掌握广博的知识，善于识别各种变化的环境因素，恰当地进行处理，建造出理想的路基路面工程结构。

现代化公路运输，不仅要求道路能全天候通行车辆，而且要求车辆能以一定的速度，安全、舒适而经济地在道路上运行，这就要求路面具有良好的使用性能，提供良好的行驶条件和服务水平。为了保证公路与城市道路最大限度地满足车辆运行的要求，提高车速，增强安全性和舒适性，降低运输成本和延长道路使用年限，要求路基路面具有下述一系列基本性能。

1. 承载能力

行驶在路面上的车辆，通过车轮把荷载传给路面，由路面传给路基，在路基路面结构内部产生应力、应变及位移。如果路基路面结构整体或某一组成部分的强度或抗变形能力不足以抵抗这些应力、应变及位移,则路面会出现断裂,路基路面结构会出现沉陷,路面表面会出现波浪或车辙,使路况恶化,服务水平下降。因此,要求路基路面结构整体及其各组成部分都具有与行车荷载相适应的承载能力。结构承载能力包括强度与刚度二方面。路面结构应具有足够的强度以抵抗车轮荷载引起的各个部位的各种应力,如压应力、拉应力、剪应力等,保证不发生压碎、拉断、剪切等各种破坏。路基路面整体结构或各个结构层应具有足够的刚度,使得在车轮荷载作用下不发生过量的变形,保证不发生车辙、沉陷或波浪等各种病害。

2. 稳定性

在天然地表面建造的道路结构物改变了自然的平衡,在达到新的平衡状态之前,道路结构物处于一种暂时的不稳定状态。新建的路基路面结构袒露在大气之中,经常受到大气温度、降水与湿度变化的影响,结构物的物理、力学性质将随之发生变化,处于另外一种不稳定状态。路基路面结构能否经受这种不稳定状态,而保持工程设计所要求的几何形态及物理力学性质,称为路基路面结构的稳定性。

在地表上开挖或填筑路基,必然会改变原地面地层结构的受力状态。原来处于稳定状态的地层结构,有可能由于填挖筑路而引起不平衡,导致路基失稳。如在软土地层上修筑高路堤,或者在岩质或土质山坡上开挖深路堑时,有可能由于软土层承载能力不足,或者由于坡体推动支承,而出现路堤沉落或坡体坍塌破坏。路线如选取在不稳定的地层上,则填筑或开挖路基会引发滑坡或坍塌等病害出现。因此,在选线、勘测、设计、施工中应密切注意,并采取必要的工程措施,以确保路基有足够的稳定性。

大气降水使得路基路面结构内部的湿度状态发生变化,低洼地带路基排水不良,长期积水,会使得矮路堤软化,失去承载能力。山坡路基,有时因排水不良,会引发滑坡或边坡滑塌。水泥混凝土路面,如果不能及时将水分排出结构层,会发生积泥现象,冲刷基层,导致结构层提前破坏。沥青混凝土路面中水分的侵蚀,会引起沥青结构层剥落,结构松散。砂石路面,在雨季时,会因雨水冲刷和渗入结构层,而导致强度下降,产生沉陷、松散等病害,因此防水、排水是确保路基路面稳定的重要方面。

大气温度周期性的变化对路面结构的稳定性有重要影响,高温季节沥青路面软化,在车轮荷载作用下产生永久性变形,水泥混凝土结构在高温季节因结构变形产生过大内应力,导致路面压曲破坏。北方冰冻地区,在低温冰冻季节,水泥混凝土路面、沥青路面、半刚性基层由于低温收缩产生大量裂缝,最终失去承载能力。在严重冰冻地区,低温引起路基的不稳定是多方面的,低温会引起路基收缩裂缝,地下水源丰富的地区,低温会引起冻胀,路基上面的路面结构也随之发生断裂。融冻季节,在交通繁重的路段,有时引发翻浆,路基路面发生严重的破坏。

3. 耐久性

路基路面工程投资大,从规划、设计、施工至建成通车需要较长的时间,对于这样的大型工程都应有较长的使用年限,一般的道路工程使用年限至少数十年。承重并经受车辆直接碾压的路面部分要求使用年限20年以上,因此路基路面工程应具有耐久的性能。路基路面在车辆荷载的反复作用与大气水温周期性的重复作用下,路面使用性能将逐年下降,强度与刚度将逐年衰变,路面材料的各项性能也可能由于老化衰变,而引起路面结构的损坏。至于路基的稳定性,也可能在长期经受自然因素的侵袭后,逐年削弱。因此,提高路基路面的耐久性,保持其强度、刚度,保持几何形态经久不衰,除了精心设计、精心施工、精心选料之外,要把长年的养护、维修、恢复路用性能的工作放在重要位置。

4. 表面平整度

路面表面平整度是影响行车安全、行车舒适性以及运输效益的重要使用性能,特别是高速公路,对路面平整度的要求更高。不平整的路表面会增大行车阻力,并使车辆产生附加的振动作用。这种振动作用会造成行车颠簸,影响行车的速度和安全,以及驾驶的平衡和乘客的舒适。同时,振动作用还会对路面施加冲击力,从而加剧路面和汽车机件的损坏和轮胎的磨损,并增大油料的消耗。而且,不平整的路面还会积滞雨水,加速路面的破坏。因此,为了减少振动冲击力,提高行车速度和增进行车舒适性、安全性,路面应保持一定的平整度。优良的路面平整度,要依靠优良的施工装备,精细的施工工艺,严格的施工质量控制以及经常和及时的养护来保证。同时,路面的平整度同整个路面结构和路基顶面的强度和抗变形能力有关,同结构层所用材料的强度、抗变形能力以及均匀性有很大关系。强度和抗变形能力差的路基路面结构和面层混合料,经不起车轮荷载的反复作用,极易出现沉陷、车辙和推挤破坏,从而形成不平整的路面表面。

5. 表面抗滑性能

路面表面要求平整,但不宜光滑,汽车在光滑的路面上行驶时,车轮与路面之间缺乏足够的附着力或摩擦力。雨天高速行车,或紧急制动、突然起动,或爬坡、转弯时,车轮也易产生空转或打滑,致使行车速度降低,油料消耗增多,甚至引起严重的交通事故。通常用磨擦系数表征抗滑性能。磨擦系数小,则抗滑能力低,容易引起滑溜交通事故。对于高速公路高速行车道,要求具有较高的抗滑性能。路面表面的抗滑能力可以通过采用坚硬、耐磨、表面粗糙的粒料组成路面表层材料来实现,有时也可以采用一些工艺措施来实现,如水泥混凝土路面的刷毛或刻槽等。此外,路表面的积雪、浮冰或污泥等,也会降低路面的抗滑性能,必须及时予以清除。

1.2.2 路基工程的设计内容

路基应根据公路的性质、等级和技术标准,结合当地的自然条件等进行设计。

路基设计的具体内容包括以下几个方面。

(1)做好沿线自然情况的勘察工作,收集必要的设计资料,作为路基设计的依据,如沿线地区地质、水文、地形、地貌及气象等资料。

(2)根据路线纵断面设计确定路基的填挖高度,结合沿线地形、地质、水文调查资料进行路基横断面设计。对于一般路基,可根据规范(或设计手册)规定,按路基典型断面直接绘制路基横断面图。对于高填、深挖及各种特殊条件下的路基需进行单独设计。

(3)根据公路沿线水文情况,进行排水系统的总体布置,以及地面、地下排水结构物的结构设计。

(4)路基防护与加固设计。

(5)路基工程的其他附属设施(如取土坑、弃土堆等)设计。

1.3 路基土的分类及其工程性质

1.3.1 路基土的分类

1. 粗组划分

在土的工程分类法中,主要有两大分支。一是从地基承载力的观点出发,认为土的塑性指数是关键指标,因而主张以塑性指数的大小分类。二是从路基稳定性的观点出发,认为颗粒组成(特别是土的粉粒含量多少)对水稳定性影响巨大,因此主张以颗粒组成作为分类标准。目前国际通用做法是:对粗粒土主要以颗粒组成为主分类,对细粒土以塑性图为主分类。我国公路部门根据多年的工程实践,吸收国外土壤分类法中的体系和原则,结合土的基本工程属性以及公路工程的特点在《公路土工试验规程(JTG E40—2004)》中制订了公路路基土的分类方法。首先按土的粒径分为巨粒土、粗粒土、细粒土和特殊土四个大组,其划分见表1.2。并进一步划分为11种,土分类总体系如图1.1所示。

表1.2 粗组划分表

粒径/mm	200	60	20	5	2	0.5	0.25	0.074	0.002
巨粒组		粗粒组						细粒组	
漂石(块石)	卵石(小块石)	砾(角砾)			砂			粉粒	粘粒
		粗	中	细	粗	中	细		

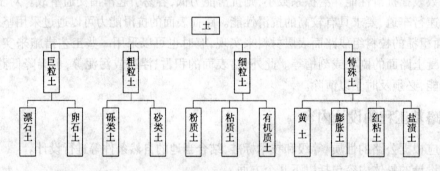

图1.1 土分类总体系

2. 土的符号表示和命名方法

(1)符号表示

公路用土分类的基本代号如表1.3所示。土类名称可用一个基本代号表示,也可用两个或三个基本代号构成。当由两个基本代号构成时,第一个代号表示土的主要成分,第二个代号表示副成分(土的液限或级配)。当由三个基本代号构成时,第一个代号表示土的主要成分,第二个代号表示液限的高低(或级配的好坏),第三个代号表示土中所含的次要成分。例如:CL 表示低液限粘土,MHO 表示有机质高液限粉土。

表 1.3 土的基本代号表

特征＼土类代号	巨粒土	粗粒土	细粒土	有机土	特殊土
成分代号	漂石 B 块石 Ba 卵石 Cb 小块石 Cba	砾 G 角砾 Ga 砂 S	粉土 M 粘土 C 细粒土(C 和 M 合称)F 粗细粒土合称 Sl	有机土 O	黄土 Y 膨胀土 E 红粘土 R 盐渍土 St
级配和液限 高低代号		级配良好 W 级配不良 P		高液限 H 低液限 L	

(2)各类土的分类与命名

①巨粒土

巨粒组质量多于总质量75%的土称漂(卵)石;巨粒组质量为总质量75%～50%的土称漂(卵)石夹土;巨粒组质量为总质量50%～15%的土称漂(卵)石质土;巨粒组质量少于总质量15%的土,可扣除巨粒,按粗粒土或细粒土的相应规定分类定名。

漂(卵)石按下列规定定名:漂石粒组质量多于卵石粒组的土称漂石,记为 B。漂石粒组质量少于或等于卵石粒组的土称卵石,记为 Cb。

漂(卵)石夹土按下列规定定名:漂石粒组质量多于卵石粒组的土称漂石夹土,记为 BSl。漂石粒组质量少于或等于卵石粒组的土称卵石夹土,记为 CbSl。

漂(卵)石质土应按下列规定定名:漂石粒组质量多于卵石粒组的土称漂石质土,记为 SlB。漂石粒组质量少于或等于卵石粒组的土称卵石质土,记为 SlCb。如有必要,可按漂(卵)石质土中的砾、砂、细粒土含量定名。

②粗粒土

土中巨粒组土粒质量少于或等于总质量15%,且巨粒土粒与粗粒土粒质量之和多于总土质量50%的土称粗粒土。

粗粒土分砾类土和砂类土两种。粗粒土中砾粒组质量多于砂粒组的土称为砾类土,砾类土应根据其中细粒含量和类别以及粗粒组的级配进行分类。

砾类土中细粒组质量少于或等于总质量的5%的土称砾。按土的级配指标的不均匀系数 C_U 和曲率系数 C_C($C_U = d_{60}/d_{10}$,$C_C = (d_{30})^2/d_{10} \times d_{60}$。式中 d_{10}、d_{30}、d_{60} 分别为土的粒径分布曲线上对应通过率10%、30%、60%的粒径,单位为 mm)。指标定名:当 $C_U \geq 5$,$C_C = 1 \sim 3$ 时,称级配良好砾,记为 GW;若此条件不满足称级配不良砾,记为 GP。砾类土中细粒组质量为总质量的5%～15%(含15%)的土称含细粒土砾,记为 GF。砾类土中细粒组质量大于总质量的15%,并小于或等于总质量的50%时称细粒土质砾。

粗粒土中砾类组质量小于或等于砂粒组的土称为砂类土。砂类土应根据其中细粒含量和类别以及粗粒组的级配进行分类。分类时根据粒径由大到小,以首先符合者命名。砂类土中细粒组质量少于或等于总质量的5%的土称砂,按下列级配指标定名:当 $C_U \geq 5$,

$C_C = 1 \sim 3$ 时,若此条件满足称级配良好砂,记为 SW;若此条件不满足称级配不良砂,记为 SP。需要时,砂可进一步细分为粗砂、中砂和细砂。粗砂是指粒径大于 0.5 mm,颗粒多于总质量的 50%;中砂是指粒径大于 0.25 mm,颗粒多于总质量的 50%;细砂是指粒径大于 0.074 mm,颗粒多于总质量的 75%。砂类土中细粒组质量为总质量的 5% ~ 15%(含 15%)的土称含细粒土砂,记为 SF。砂类土中细粒组质量大于总质量的 15%,并小于或等于总质量的 50% 时称细粒土质砂,按细粒土在塑性图中的位置定名。

③细粒土分类

细粒组土粒质量多于或等于总质量 50% 以上的土称为细粒土。细粒土中粗粒组质量小于或等于总质量 25% 的土称为粉质土或粘质土;细粒土中粗粒组质量为总质量 25% ~ 50%(含 50%)的土称为含粗粒的粉质土或粘质土;有机质含量多于或等于总质量的 5%,且少于 10% 的土称为有机质土,多于 10% 的土称为有机土。

④特殊土分类

特殊土主要包括黄土、膨胀土、红粘土、盐渍土等。

1.3.2 路基用土的工程性质

1. 漂石(块石)、卵石(碎石)

它们属于巨粒土,具有很高的强度及稳定性,用以填筑路基是很好的材料。

2. 砾石质土

砾石质土属于粗粒土,由于粒径较大,内摩擦系数亦大,因而强度和稳定性均能满足要求。级配良好的砾石混合料,密实度好。对于级配不良的砂砾混合料,填筑时应保证密实程度,防止由于空隙大而造成土基积水、不均匀沉陷或表面松散等病害。对于浸水后易于软化的岩石,只能以石代土,不能按砾石使用。

3. 砂土

砂土无塑性,透水性能好,毛细水上升高度很小,具有较大的内摩擦系数,强度和水稳定性较好。但由于粘性小,易于松散,压实困难,需用振动法或灌水法才能压实,经充分压实的砂土其压缩变形小。在有条件时,可添加一些粘性大的土,以提高稳定性,改善土基使用质量。

4. 砂性土

砂性土既含有一定数量的粗颗粒,使土基具有足够的强度和水稳定性;又含有一定数量的细颗粒,使其具有一定的粘结性,不致过分松散。遇水干得快、不膨胀、湿时不粘着,雨天不泥泞,晴天不扬尘,容易被压实而形成平整坚实的土基。因此,砂性土是修筑土基的理想材料。

5. 粉性土

粉性土含有较多的粉土颗粒,干时稍有粘性,飞尘大,浸水时易成稀泥。粉土的毛细作用强烈,水分上升速度快,高度一般可达 0.9 ~ 1.5 m;在季节性冰冻地区,水分积聚现象严重,引起土基冻胀,春融期间极易形成翻浆。粉性土是修筑土基最差的材料,如果必须用粉土修筑土基时,宜掺配其他材料,改善其性质,并加强排水以及采取设置隔离层等工程设施。

6. 粘性土

粘性土细颗粒比重大,内摩擦角小,而粘结力大、透水性小、吸水能力强,吸水时膨胀,干燥时收缩,毛细现象也较显著。粘性土干燥时较坚硬,不易被水浸湿,但浸湿后难干燥,而且潮湿时强度大大降低。粘性土比粉性土好,比砂性土差,如能充分压实并采取很好的排水措施,筑成的土基也能获得稳定。

7. 重粘土

重粘土工程性质与粘性土相似,但视其所含粘土矿物成分不同而有很大差异。粘土矿物主要包括蒙脱石、伊利石和高岭石。蒙脱土塑性大,潮湿时膨胀强烈,干燥时收缩大,透水性极低,压缩性大,压缩速度慢,抗剪强度低;高岭土与蒙脱土相比,它的透水性和抗剪强度较高,塑性较低,吸水和膨胀量则较小;伊利土其性质介于上述两者之间。

综上所述,砂性土是最好的修筑土基材料,粘性土次之,粉性土是不良材料,最易引起路面结构的病害。重粘土,特别是蒙脱土,是不良的土基用土。土基遇到不良土质时,最好是挖除,换填质量好的土料。如受条件限制,没有挖除时,必须采取相应的工程措施给予防护和加强,以保证土基的强度和稳定性。

除了前面几种具有一般工程性质的土类以外,工程中还会经常遇到一些具有特殊性质的土类,如软土、湿陷性黄土、膨胀土、盐渍土、戈壁土等,这些土由于其历史成因不同,土中含有不同的矿物成分,形成不同的土体结构,表现出不同的工程性质。

1.4 路基湿度状况与公路自然区划

1.4.1 路基湿度状况

1. 路基湿度的来源

路基的强度与稳定性在很大程度上与路基的湿度以及大气温度引起的路基的水温状况有密切的关系。路基在使用过程中,受到各种外界因素的影响,使湿度发生变化。路基湿度的水源可分为以下几方面,如图 1.2 所示。

(1)大气降水。大气降水通过路面、路肩边坡和边沟渗入路基。

(2)地面水。边沟的流水、地表径流水因排水不良,形成积水,渗入路基。

(3)地下水。路基下面一定范围内的地下水浸入路基。

(4)毛细水。路基下的地下水,通过毛细管作用,上升到路基。

(5)水蒸汽凝结水。在土的空隙中流动的水蒸汽,遇冷凝结成水。

(6)薄膜移动水。在土的结构中水以薄膜的形式从含水量较高处向较低处流动,或由温度较高处向冻结中心周围流动。

上述各种导致路基湿度变化的水源,其影响程度随当地自然条件和气候特点以及所采取的工程措施等而不同。

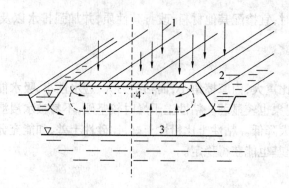

图 1.2 路基潮湿来源示意图
1—大气降水；2—地面水；3—由地下水上升的毛细水；
4—水蒸汽凝结的水

2. 路基湿度的来源季节性冰冻地区的水温状况

路基湿度除了水的来源之外，另一个重要因素是受当地大气温度的影响。由于湿度与温度变化对路基产生的共同影响称为路基的水温状况。沿路基深度出现较大的温度梯度时，水分在温差的影响下以液态或气态由热处向冷处移动，并积聚在该处。这种现象特别是在季节性冰冻地区尤为严重。

我国华北、东北和西北地区为季节性冰冻地区，这些地区的路基在冬季冻结的过程中会在负温度坡降的影响下，出现湿度积聚现象。气温下降到零度以下，路面和路基结构内的温度也随之由上而下地逐渐降到零下。在负温度区内，自由水、毛细水和弱结合水随温度降低而相继冻结，于是土粒周围的水膜减薄，剩余了许多自由表面，增加了土的吸湿能力，促使水分由高温处向上移动，以补充低温处失去的部分。研究表明，在温度下降到 $-3℃$ 以下时，土中未冻结的水分在负温差的影响下实际上已不可能向温度更低处移动，因此，负温度区的水分移动一般发生在 $0\sim3℃$ 等温线之间。在正温度区内，因零度等温线附近土中自由水和毛细水的冻结，形成了与深层次土层之间的温度坡差，从而促使下面的水分向零度等温线附近移动。而这部分上移的水分便又成了负温度区水分移动的补给来源，这就造成了上层路基湿度的大量积聚。

积聚的水冻结后体积增大，使路基隆起而造成面层开裂，即冻胀现象。春暖化冻时，路面和路基结构由上而下逐渐解冻，而积聚在路基上层的水分先融解，水分难以迅速排除，造成路基上层的湿度增加，路面结构的承载能力便大大降低。若是在交通繁重的地区，经重车反复作用，路基路面结构会产生较大的变形，严重时，路基土以泥浆的形式从胀裂的路面缝隙中冒出，形成了翻浆。冻胀和翻浆的出现，使路面遭受严重损坏。

当然并不是在季节性冰冻地区所有的道路都会产生冻胀与翻浆。对于渗透性较高的砂性土以及渗透性很低的粘性土，水分都不容易积聚，因此不易发生冻胀与翻浆。而相反，对于粉性土和极细砂则由于毛细水活动力强，极易发生冻胀与翻浆。周边的水文条件和气候条件亦是重要原因。地面排水不良、地下水位高、路基湿度大、水源充足、冬季温和与寒冬反复交替、路基冻结缓慢，这些都是产生冻胀与翻浆的重要自然条件。

3. 路基的干湿类型

路基的强度与稳定性同路基的干湿状态有密切关系,并在很大程度上影响路面结构设计。

路基按其干湿状态不同,分为干燥、中湿、潮湿和过湿四类。为了保证路基路面结构的稳定性,一般要求路基处于干燥或中湿状态。过湿状态的路基必须经处理后方可铺筑路面。

路基的四种干湿类型用分界稠度 ω_{c1},ω_{c2} 和 ω_{c3} 来划分。土的稠度用式(1.1)计算。

$$\omega_C = (\omega_L - \omega)/(\omega_L - \omega_P) \tag{1.1}$$

式中 　ω_C——土的稠度;
　　　ω_L——土样的液限;
　　　ω——土样的含水量;
　　　ω_P——土样的塑限。

土的稠度较准确地表示了土的各种形态与湿度的关系,稠度指标综合了土的塑性特性,包含了液限与塑限,全面直观地反映了土的软硬程度,物理概念明确。

表 1.4 为路基土稠度 ω_c 与路基干湿类型的关系。表 1.5 为各自然区划的土基干湿类型分界稠度。在公路勘测设计中,确定路基的干湿类型可根据实测的路槽底面以下 80 cm 深度范围内路基土的平均稠度 $\overline{\omega_c}$,并与表 1.5 进行比较,即可确定土基的干湿类型。

表 1.4　路基干湿类型

路基干湿类型	路基平均稠度 $\overline{\omega_c}$ 与分界相对稠度的关系	一般特征
干燥	$\overline{\omega_c} > \omega_{c1}$	路基干燥稳定,路面强度和稳定性不受地下水和地表积水影响 路基高度 $H > H_1$
中湿	$\omega_{c2} \leqslant \overline{\omega_c} < \omega_{c1}$	路基上部土层处于地下水或地表积水影响的过渡带区内 路基高度 $H_2 < H \leqslant H_1$
潮湿	$\omega_{c3} \leqslant \overline{\omega_c} < \omega_{c2}$	路基上部土层处于地下水或地表积水毛细影响区内 路基高度 $H_3 < H \leqslant H_2$
过湿	$\overline{\omega_c} \leqslant \omega_{c3}$	路基极不稳定,冰冻区春融翻浆,路基经处理后方可铺筑路面 路基高度 $H \leqslant H_3$

注:① H 为不利季节路床表面距地下或地表积水位的高度。
② 地表积水指不利季节积水 20 d 以上。
③ H_1、H_2、H_3 分别为干燥、中湿和潮湿状态的路基临界高度,见表 1.5。

表 1.5 各自然区划土基干湿分界稠度

土组分界稠度 自然区划	砂性土				粘性土				粉性土				附注
	ω_{c0}	ω_{c1}	ω_{c2}	ω_{c3}	ω_{c0}	ω_{c1}	ω_{c2}	ω_{c3}	ω_{c0}	ω_{c1}	ω_{c2}	ω_{c3}	
$\mathrm{II}_{1,3,3}$	1.87	1.90	1.05	0.91	1.29	1.20	1.03	0.86	1.12	1.04	0.96	0.81	粘性土:分母适用于 $\mathrm{II}_1\mathrm{II}_3\mathrm{II}_3$ 区
					1.20	1.12	0.94	0.77		0.96	0.89	0.73	粉性土:分母适用于 II_{2a} 副区
$\mathrm{II}_4,\mathrm{II}_5$	1.87	1.05	0.91	0.78	1.29	1.20	1.03	0.86	1.12	1.04	0.89	0.73	
Ⅲ	2.00	1.19	0.97	0.79	—	—	—	—	1.20	1.12	0.96	0.81	分子适用于粉土地区
										1.04	0.89	0.73	分母适用于粉质亚粘土地区
Ⅳ	1.73	2.32	1.05	0.91	1.20	1.03	0.94	0.77	1.04	0.96	0.89	0.73	
Ⅴ	—	—	—	—	1.20	1.08	0.86	0.77	1.04	0.96	0.81	0.73	
Ⅵ	2.00	1.19	0.97	0.78	1.29	1.12	0.98	0.86	1.20	1.04	0.89	0.73	
Ⅶ	2.00	1.32	1.10	0.91	1.29	1.20	0.98	0.86	1.20	1.04	0.89	0.73	

注:ω_{c0}——干燥状态路基常见下限稠度;

ω_{c1}、ω_{c2}、ω_{c3}——分别为中湿、潮湿和湿状态的分界稠度。

对于新建道路,路基尚未建成,不能得到路槽底面以下 80 cm 范围内土基的平均稠度,这时土基的干湿类型可用路基临界高度为标准来确定。

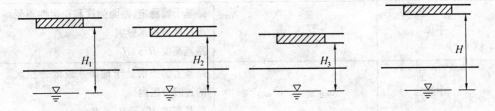

图 1.3 路基临界高度(相对于地下水)与路基干湿类型关系示意图

图中 H——最不利季节路槽底距地下水位的高度;

H_1、H_2、H_3——路基分别处于干燥、中湿和潮湿状态时的临界高度,m。

路基临界高度是指在最不利季节,当路基分别处于干燥、中湿或潮湿状态时,路槽底面距地下水位或长期地表积水水位的最小高度(见图 1.3)。若以 H 表示路槽底距地下水位的高度,当路基的高度 H 变化时,平均含水量 ω_m 将变化,土的平均稠度亦随之改变,路基的干湿状态相应地变化。路基高度、临界高度、土的平均稠度 $\overline{\omega_c}$ 与路基干湿类型的关系如表 1.5 所示。

路基临界高度与当地气候(温度、湿度、日照等)、土质及对土基状态的要求密切相关。根据各地区多年调查资料,经综合比较得到的路基临界高度如表 1.6 所示。当应用中缺乏实际资料时,可参考表 1.6 的路基临界高度(H_1、H_2、H_3)确定土基干湿类型。

表 1.6 路基临界高度参考值

自然区划		地下水			地表长期积水		
	水的分类／临界高度	H_1	H_2	H_3	H_1	H_2	H_3
砂性土	$Ⅱ_1$						
	$Ⅱ_2$						
	$Ⅱ_3$	1.9~2.2	1.3~1.6				
	$Ⅱ_4$						
	$Ⅱ_5$	1.1~1.5	0.7~1.1				
	$Ⅲ_1$						
	$Ⅲ_2$	1.3~1.6	1.1~1.3	0.9~1.1	1.1~1.3	0.9~1.1	0.6~0.9
	$Ⅲ_3$	1.3~1.6	1.1~1.3	0.9~1.1	1.1~1.3	0.9~1.1	0.6~0.9
	$Ⅲ_4$						
	$Ⅲ_{1a}$						
	$Ⅲ_{2a}$	1.4~1.7	1.0~1.3				
	$Ⅳ_1, Ⅳ_{1a}$						
	$Ⅳ_2$						
	$Ⅳ_3$						
	$Ⅳ_4$	1.0~1.1	0.7~0.8				
	$Ⅳ_5$						
	$Ⅳ_6$	1.0~1.1	0.7~0.8				
	$Ⅳ_{6a}$						
	$Ⅳ_7$				0.9~1.0	0.7~0.8	0.6~0.7
	V_1, V_2, V_{2a}（紫色土）						
	V_3						
	V_1, V_2, V_3（黄壤土，现代冲积土）						
	V_4, V_5, V_{5a}						
	$Ⅵ_1$	(2.1)	(1.7)	(1.3)	(1.8)	(1.4)	(1.0)
	$Ⅵ_{1a}$	(2.0)	(1.6)	(1.2)	(1.7)	(1.3)	(1.1)
	$Ⅵ_2$	(1.9)	(1.5)	(1.1)	(1.7)	(1.2)	(0.9)
	$Ⅵ_3$	(2.1)	(1.7)	(1.3)	(1.9)	(1.5)	(1.1)
	$Ⅵ_4$	(2.2)	(1.8)	(1.4)	(1.9)	(1.5)	(1.2)
	$Ⅵ_{4a}$	(1.9)	(1.5)	(1.1)	(1.6)	(1.2)	(0.9)
	$Ⅵ_{4b}$	(2.0)	(1.6)	(1.2)	(1.7)	(1.3)	(1.0)
	$Ⅶ_1$	(2.2)	(1.9)	(1.6)	(2.1)	(1.6)	(1.3)
	$Ⅶ_2$						
	$Ⅶ_3$	(2.3)	(1.9)	(1.6)	(2.1)	(1.6)	(1.3)
	$Ⅶ_4$	(2.1)	(1.6)	1.3	(1.8)	(1.4)	(1.0)
	$Ⅶ_5$	(3.0)	(2.4)	(1.9)	(2.4)	(2.0)	(1.6)
	$Ⅶ_{6a}$						

续表 1.6

自然区划 \ 水的分类、临界高度	地下水			地表长期积水		
	H_1	H_2	H_3	H_1	H_2	H_3
粘性土						
II_1	2.9	2.2				
II_2	2.7	2.0				
II_3	2.5	1.8				
II_4	2.4~2.6	1.9~2.1	1.2~1.4			
II_5	2.1~2.5	1.6~2.0				
III_1						
III_2	2.2~2.75	1.7~2.2	1.3~1.7	1.75~2.2	1.3~1.7	0.9~1.3
III_3	2.1~2.5	1.6~2.1	1.2~1.6	1.6~2.1	1.2~1.6	0.9~1.2
III_4						
III_{1a}						
III_{2a}						
IV_1, IV_{1a}	1.7~1.9	1.2~1.3	0.8~0.9			
IV_2	1.6~1.7	1.1~1.2	0.8~0.9			
IV_3	1.5~1.7	1.1~1.2	0.8~0.9	0.8~0.9	0.5~0.6	0.3~0.4
IV_4	1.7~1.8	1.0~1.2	0.8~1.0			
IV_5	1.7~1.9	1.3~1.4	0.9~1.0	1.0~1.1	0.6~0.7	0.3~0.4
IV_6	1.8~2.0	1.3~1.5	1.0~1.2	0.9~1.0	0.5~0.6	0.3~0.4
IV_{6a}	1.6~1.7	1.1~1.2	0.7~0.8			
IV_7	1.7~1.8	1.4~1.5	1.1~1.2	1.0~1.1	0.7~0.8	0.4~0.5
V_1, V_2, V_{2a}（紫色土）	2.0~2.2	0.9~1.1	0.4~0.6			
V_3	1.7~1.9	0.8~1.0	0.4~0.6			
V_1, V_2, V_3（黄壤土，现代冲积土）	1.7~1.9	0.7~0.9	0.3~0.5			
V_4, V_5, V_{5a}	1.7~1.9	0.9~1.1	0.4~0.6			
VI_1	(2.3)	(1.9)	(1.6)	(2.1)	(1.7)	(1.3)
VI_{1a}	(2.2)	(1.9)	(1.5)	(2.0)	(1.6)	(1.2)
VI_2	(2.2)	(1.8)	(1.5)	(1.9)	(1.6)	(1.1)
VI_3	(2.4)	(2.0)	(1.6)	(2.1)	(1.7)	(1.4)
VI_4	2.4	2.0	1.6	(2.2)	(1.7)	(1.3)
VI_{4a}	(2.2)	(1.7)	(1.4)	(1.0)	(1.4)	(1.1)
VI_{4b}	(2.3)	(1.8)	(1.4)	(2.0)	(1.6)	(1.2)
VII_1	2.2	(1.9)	(1.5)	(2.1)	(1.6)	(1.2)
VII_2	(2.3)	(1.9)	(1.6)	1.8	1.4	1.1
VII_3	(2.3)	(1.9)	(1.6)	(2.0)	(1.6)	(1.3)
VII_4	(2.1)	(1.6)	(1.3)	(1.8)	(1.4)	(1.1)
VII_5	(3.3)	(2.6)	(2.1)	(2.4)	(2.0)	(1.6)
VII_{6a}	(2.8)	2.4	1.9	2.5	2.0	1.6

续表1.6

自然区划	水的分类	地下水			地表长期积水		
	临界高度	H_1	H_2	H_3	H_1	H_2	H_3
粉性土	II_1	3.8	3.0	2.2			
	II_2	3.4	2.6	1.9			
	II_3	3.0	2.2	1.6			
	II_4	2.6~2.8	2.1~2.3	1.4~1.6			
	II_5	2.4~2.9	1.8~2.3				
	III_1	2.4~3.0	1.7~2.4				
	III_2	2.4~2.85	1.9~2.4	1.4~1.9	1.9~2.4	1.4~1.9	1.0~1.4
	III_3	2.3~2.75	1.8~2.3	1.4~1.8	1.8~2.3	1.4~1.8	1.0~1.4
	III_4	2.4~3.0	1.7~2.4				
	III_{1a}	2.4~3.0	1.7~2.4				
	III_{2a}	2.4~3.0	1.7~2.4				
	IV_1, IV_{1a}	1.9~2.1	1.3~1.4	0.9~1.0			
	IV_2	1.7~1.9	1.2~1.3	0.8~0.9			
	IV_3	1.7~1.9	1.2~1.3	0.8~0.9	0.9~1.0	0.6~0.7	0.3~0.4
	IV_4						
	IV_5	1.9~2.1	1.3~1.5	0.9~1.1			
	IV_6	2.0~2.2	1.5~1.6	1.0~1.1			
	IV_{6a}	1.8~2.0	1.3~1.4	0.9~1.1			
	IV_7						
	V_1, V_2, V_{2a} (紫色土)	2.3~2.5	1.4~1.6	0.5~0.7			
	V_3	1.9~2.1	1.3~1.5	0.5~0.7			
	V_1, V_2, V_3 (黄壤土,现代冲积土)	2.3~2.5	1.4~1.6	0.5~0.7			
	V_4, V_5, V_{5a}	2.2~2.5	1.4~1.6	0.5~0.7			
	VI_1	(2.5)	(2.0)	(1.6)	(2.3)	(1.8)	(1.3)
	VI_{1a}	(2.5)	(2.0)	(1.5)	(2.2)	(1.7)	(1.2)
	VI_2	2.6	2.2	1.6	2.3	1.6	1.2
	VI_3	(2.6)	(2.1)	(1.6)	(2.4)	(1.8)	(1.4)
	VI_4	(2.6)	(2.2)	1.7	2.4	1.9	1.4
	VI_{4a}	(2.4)	(1.9)	1.4	2.1	1.6	1.1
	VI_{4b}	(2.5)	1.9	1.4	(2.2)	(1.7)	(1.2)
	VII_1	(2.5)	(2.0)	(1.5)	(2.4)	1.8	(1.3)
	VII_2	(2.5)	(2.1)	(1.6)	(2.2)	(1.6)	(1.1)
	VII_3	(2.6)	2.1	1.6	(2.3)	(1.8)	(1.3)
	VII_4	(2.3)	(1.8)	(1.3)	(2.1)	(1.6)	(1.1)
	VII_5	(3.8)	(2.2)	(1.6)	(2.9)	(2.2)	(1.5)
	VII_{6a}	(2.9)	(2.5)	1.8	(2.7)	2.1	1.5

注:①H_1——干燥状态路基临界高度;H_2——中湿状态路基临界高度;H_3——潮湿状态路基临界高度。
②VI、VII有横线者,表示实测资料较少,有括号者表示没有实测资料,根据规律推算的。
③缺少资料的二级区,可论证地参考相邻二级区数值。

4.调节路基水温状态、保证路基稳定性的措施

为保证路基强度和稳定性,改善路基水温状况,可采取如下措施。
(1)合理选择路基断面形式,正确确定边坡坡度。
(2)选择强度和水温稳定性良好的土填筑路基,并采取正确的施工方法。
(3)充分压实土基,提高土基的强度和水稳定性。
(4)搞好地面排水,保证水流畅通,防止路基过湿或水毁。
(5)保证路基有足够高度,使路基工作区保持干燥状态。
(6)设置隔离层或隔温层,切断毛细水上升,阻止水分迁移,减少负温差的不利影响。
(7)采取边坡加固与防护措施,以及修筑支挡结构物。

1.4.2 公路自然区划

我国地域辽阔,又是一个多山国家,从北向南分处于寒带、温带和热带。从青藏高原到东部沿海高程相差 4 000 m 以上,因此自然因素变化极为复杂。不同地区自然条件的差异同公路建设有密切关系。为了区分各地自然区域的筑路特性,经过长期研究,制定了《公路自然区划标准 JTJ003—86》(见图 1.4)。该区划是根据以下三个原则制定的。

1.道路工程特征相似的原则

即在同一区划内,在同样的自然因素下筑路具有相似性,例如,北方不利季节主要是春融时期,有翻浆病害,南方不利季节在雨季,有冲刷、水毁等病害。

2.地表气候区划差异性的原则

即地表气候是地带性差异与非地带性差异的综合结果。通常,地表气候随着当地纬度而变,如北半球,北方寒冷,南方温暖,这称为地带性差异。除此之外,还与高程的变化有关,即沿垂直方向的变化,如青藏高原,由于海拔高,与纬度相同的其他地区相比,气候更加寒冷,即称为非地带性差异。

3.自然气候因素既有综合又有主导作用的原则

即自然气候的变化是各种因素综合作用的结果,但其中又有某种因素起着主导作用,例如道路冻害是水和热综合作用的结果。但是在南方,只有水而没有寒冷气候的影响,不会有冻害,说明温度起主导作用;西北干旱区与东北潮湿区,同样都有负温度,但前者冻害轻于后者,说明水起主导作用。

"公路自然区划"分三级进行区划,首先将全国划分为多年冻土、季节冻土和全年不冻土三大地带,然后根据水热平衡和地理位置,划分为冻土、温润、干湿过渡、湿热、潮暖和高寒 7 个大区。

Ⅰ区——北部多年冻土;Ⅱ区——东部温润季冻区;Ⅲ区——黄土高原干湿过渡区;Ⅳ区——东南湿热区;Ⅴ区——西南潮暖区;Ⅵ区——西北干旱区;Ⅶ区——青藏高寒区。

二级区划是在每个一级区内,再以潮湿系数为依据,分为 6 个等级。潮湿系数 K 为年降水量 R 与蒸发量 Z 之比,即:$K = R/Z$。

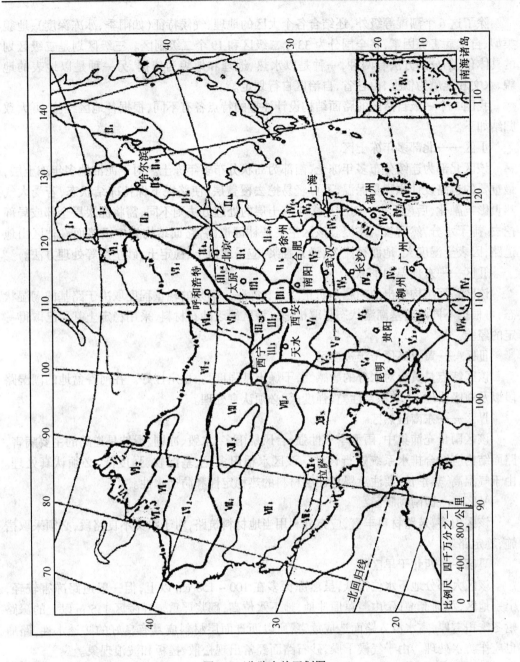

图 1.4　公路自然区划图

K > 2.0	1级	过湿
2.0 > K > 1.5	2级	中湿
1.5 > K > 1.0	3级	润湿
1.0 > K > 0.5	4级	润干
0.5 > K > 0.25	5级	中干
0.25 > K	6级	过干

除了这 6 个潮湿等级外,还结合各个大区的地理、气候特征(如雨季、冰冻深度)、地貌类型、自然病害等因素,将全国分为 33 个二级区和 19 个二级副区。三级区划是二级区划的具体化,划分的方法有两种,一种是以水热、地理和地貌为依据,另一种是以地表的地貌、水文和土质为依据,由各省、自治区自行划定。

我国 7 个一级自然区的路面结构设计注重的特点各有不同,根据各地区经验,可大致归纳如下。

Ⅰ区——北部多年冻土区

该区北部为连续分布多年冻土,南部为岛状分布多年冻土。对于泥沼地多年冻土层,最重要的道路设计原则是保温,不可轻易挖去覆盖层,使路堤下保持冻结状态,若受大气热量影响融化,后患无穷。对于非多年冻土层的处理方法则不同,需将泥炭层全部或局部挖去,排干水分,然后填筑路堤。该区主要是林区道路,路面结构为中级路面。林区山地道路,因表土湿度大,地面径流大,最易翻浆,应采取换土、稳定土、砂垫层等处理方法。

Ⅱ区——东部温润季冻区

该区路面结构突出的问题是防止翻浆和冻胀。翻浆的轻重程度取决于路基的潮湿状态,可根据不同的路基潮湿状态采取措施。该区缺乏砂石材料,采用稳定土基层已取得一定的经验。

Ⅲ区——黄土高原干湿过渡区

该区特点是黄土对水分的敏感性,干燥土基强度高、稳定性好。在河谷盆地的潮湿路段以及灌区耕地,土基稳定性差、强度低,必须认真处理。

Ⅳ区——东南湿热区

该区雨量充沛集中,雨型季节性强,台风暴雨多,水毁、冲刷、滑坡是道路的主要病害,路面结构应结合排水系统进行设计。该区水稻田多,土基湿软、强度低,必须认真处理。由于气温高、热季长,要注意黑色面层材料的热稳定性和防透水性。

Ⅴ区——西南潮暖区

该区山多,筑路材料丰富,应充分利用当地材料筑路,对于水文不良路段,必须采取措施,稳定路基。

Ⅵ区——西北干旱区

该区大部分地下水位很低,虽然冻深多在 100~150 cm 以上,但一般道路冻害较轻,个别地区,如河套灌区、内蒙草原洼地,地下水位高,翻浆严重。丘陵区 1.5 m 以上的深路堑冬季积雪厚,雪水浸入路面造成危害,所以沥青面层材料应具有良好的防透水性,路肩也应作防水处理。由于气候干燥,砂石路面经常出现松散、搓板和波浪现象。

Ⅶ区——青藏高寒区

该区局部路段有多年冻土,须按保温原则设计。由于地处高原,气候寒冷,昼夜气温相差很大,日照时间长。沥青老化很快,又因为年平均气温相对偏低,路面易遭受冬季雪水渗入而破坏。

1.5 路基的变形、破坏原因与措施

1.5.1 路基的主要病害

路基裸露在大气中,经受着土体自重、行车荷载和各种自然因素的作用,路基的各个部位将产生各种变形与破坏。路基的病害多,其成因亦错综复杂。由于特殊的不良地质条件或遭受特大自然灾害(如滑坡、岩溶、泥石流、雪崩、地震及特大暴雨山洪等)而造成的路基破坏、规模较大、后果严重。此类特大病害的形态、成因及防治措施,可参见有关专著,这里不赘述。对于路基的常见病害,主要有以下几种。

1. 路基沉陷

路基沉陷是指路基表面在垂直方向产生较大的沉落。在荷载及自然因素作用下,路基填料不良、填筑方法不当、人工压实不足,均可能发生沉陷。原地基软弱、承载力不足,受力后产生过大的沉降变形,也会导致路基沉陷。

路基沉陷将直接导致路面破坏。当在新填路堤上修建较高等级的路面时,必须对路基质量提出较高要求,采取相应技术措施。

2. 剥落、碎落与坠落

剥落主要发生在挖方边坡表面。如果挖方坡面为性质不匀和、易溶盐类含量较大的土层,或为极易风化的软弱岩层,而且由于边坡岩体受到干湿和冷热反复循环作用,表皮碎裂成块状薄片,从边坡上不断剥落下来。剥落的规模不大,但持续时间较长,易堵塞边沟,有碍排水。

碎落主要产生于土夹石或严重破碎岩层的挖方边坡上,其规模和危害程度比剥落严重,是水毁现象的常见形式。

坠落(落石)是碎落的一种形态,但通常是指岩块粒径较大(可达 40 cm 以上),成单块或多块下落,而且下落速度快、冲击力大,具有爆发性,危害性亦比剥落和碎落更为严重。

3. 滑塌、坍塌与崩塌

滑塌是指边坡的部分岩土,在下滑力(剪切力)超过抗滑力的情况下,滑动体沿着一定的滑动面向下滑移的破坏形式,主要有溜方与滑坡两种情况。

(1)溜方是由于少量土体沿土质边坡向下移动所形成。溜方通常指的是边坡上表面薄层土体下溜,主要是由于流动水冲刷边坡或施工不当而引起的。

(2)滑坡是指边坡土体在重力作用下沿某一滑动面滑动。主要是由于稳定性不足而引起。路基边坡稳定性计算,常以此种病害为依据。

坍塌(堆塌)与滑塌相似,一般是指土质边坡(或碎砾石土)部分土体,遇水软化,失去支撑而坍塌,其变形速度缓慢,滑动土体很少有翻滚现象,亦无定型的滑动面。

崩塌是一种具有爆发性的坍落病害,无固定的滑动面,亦无下挫现象(坡脚线以下地基无移动),崩塌体各部分相对位置在移动中完全扰乱,其中较大的硬块翻滚较远,边坡底部形成倒石堆(岩堆)。

4.路基翻浆

在季节性冰冻地区,对于水温条件不利的土质路基,由于负温度的作用,产生水分集聚现象。冬季开始,土基由上向下逐渐冻结,聚冰层下部的水分,在结晶力和渗透压力差(吸引力)的综合作用下,以薄膜水和毛细水的移动方式,不断向上积聚,聚冰层增厚和发展成多层次。春融季节气温回升,土基上层解冻,水分滞留在上部,土基过湿软化、强度降低,在行车荷载作用下,路面开裂、松散或鼓包,以致泥浆受压外冒,造成翻浆病害。直到夏季,土基全部解冻,湿度恢复正常状态,翻浆病害停止。

翻浆病害与冬季冻胀病害,往往伴随形成。如果填土过湿,路基压实过程中,可能产生弹簧现象,这也是土质路基的隐患之一,但在成因上和处治方法上,不能与上述翻浆病害相提并论。

1.5.2 路基病害的防治

为提高路基的稳定性,防止各种病害的发生,主要有以下一些措施。

(1)正确设计路基横断面。

(2)选择良好的路基用土填筑路基,必要时对路基上层填土作稳定处理。

(3)采取正确的填筑方法,充分压实路基,保证达到规定的压实度。

(4)适当提高路基,防止水分从侧面渗入或从地下水位上升进入路基工作区范围。

(5)正确进行排水设计(包括地面排水、地下排水、路面结构排水以及地基的特殊排水)。

(6)必要时设置隔离层隔离毛细水上升,设置隔温层减少路基冰冻深度和水分累积,设置砂垫层以疏干土基。

(7)采取边坡加固、修筑挡土结构物、土体加筋等防护技术措施,以提高其整体稳定性。

以上各项技术措施的宗旨在于限制水分浸入路基,或使已浸入路基的水分迅速排除,保持干燥,提高路基的整体强度和稳定性。

1.6 路面结构、路面等级与分类

1.6.1 路面结构及层位功能

1.路面横断面

在路基顶面铺筑面层结构,沿横断面方向由行车道、硬路肩和土路肩所组成。路面横断面的形式随道路等级的不同,可选择不同的形式,通常分为槽式横断面和全铺式横断面,如图1.5所示。

(1)槽式横断面

在路基上按路面行车道及硬路肩设计宽度开挖路槽,保留土路肩,形成浅槽,在槽内铺筑路面。也可采用培槽方法,在路基两侧培槽,或半填半挖的方法培槽。

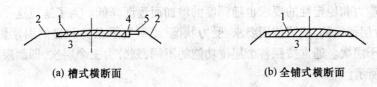

(a) 槽式横断面　　　(b) 全铺式横断面

图 1.5　路面横断面的形式

1—路面;2—土路肩;3—路基;4—路缘石;5—加固路肩

(2)全铺式横断面

在路基全部宽度内都铺筑路面。在高等级公路建设中,有时为了将路面结构内部的水分迅速排出,在全宽范围内铺筑基层材料,保证水分由横向排入边沟。有时考虑到道路交通的迅速增长,为适应扩建的需要,将硬路肩及土路肩的位置全部按行车道标准铺筑面层。在盛产石料的山区或较窄的路基上,全宽铺筑中、低级路面。

2.路拱横坡度

为了保证路面上雨水及时排出,减少雨水对路面的浸润和渗透而减弱路面结构强度,路面表面应做成直线形或抛物线形的路拱。等级高的路面,平整度和水稳定性较好,透水性也小,通常采用直线形路拱和较小的路拱横坡度。等级低的路面,为了有利于迅速排除路表积水,一般采用抛物线形路拱和较大的路拱横坡度。表 1.7 列出了各种不同类型路面的路拱平均横坡度。

表 1.7　各类路面的路拱平均横坡度

路面类型	路拱平均横坡度/%
沥青混凝土、水泥混凝土	1～2
厂拌沥青碎石、路拌沥青碎(砾)石、沥青贯入碎(砾)石、沥青表面处治、整齐石块	1.5～2.5
半整齐石块,不整齐石块	2～3
碎石、砾石等粒料路	2.5～3.5
炉渣土、砾石土、砂砾土等	3～4

选择路拱横坡度,应充分考虑有利于行车平稳和有利于横向排水两方面的要求。在干旱和有积雪、浮冰地区,应采用低值,多雨地区采用高值;当道路纵坡较大或路面较宽,或行车速度较高时,或交通量和车辆载重较大时,或常有拖挂汽车行驶时,应采用平均横坡度的低值;反之则应取用高值。

高速公路和一级公路设有中央分隔带。通常采用两种方式布置路拱横断面。若分隔带未设置排水设施,则做成中间高,两侧路面低,由单向横坡向路肩方向排水。若分隔带设置排水设施,则两侧路面分别单独做成中间高两边低的路拱,向中间排水设施和路肩二个方向排水。路肩横坡度一般较路面横坡大 1%。但是高速公路和一级公路的硬路肩采用与路面行车道相同的结构时,应采用与路面行车道相同的路面横坡度。

3.路面结构分层及层位功能

行车荷载和自然因素对路面的影响,随深度的增加而逐渐减弱。因此,对路面材料的强度、抗变形能力和稳定性的要求也随深度的增加而逐渐降低。为了适应这一特点,路面结构通常是分层铺筑的,按照使用要求、受力状况、土基支承条件和自然因素影响程度的不同,分成若干层次。通常按照各个层位功能的不同,划分为三个层次,即面层、基层和垫层,如图 1.6 所示。

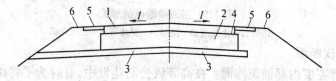

图 1.6 路面结构层次划分示意图
I—路拱横坡度;1—面层;2—基层;3—垫层;4—路缘石;5—加固路肩;6—土路肩

(1)面层

面层是直接同行车和大气接触的表面层次,它承受较大的行车荷载的垂直力、水平力和冲击力的作用,同时还受到降水的浸蚀和气温变化的影响。因此,同其他层次相比,面层应具备较高的结构强度和抗变形能力,较好的水稳定性和温度稳定性,而且应当耐磨、不透水;其表面还应有良好的抗滑性和平整度。修筑面层所用的材料主要有:水泥混凝土、沥青混凝土、沥青碎(砾)石混合料、砂砾或碎石掺土或不掺土的混合料以及块料等。面层有时分两层或三层铺筑,如高速公路沥青面层总厚度 18～20 cm,可分为上、中、下三层铺筑,并根据各分层的要求采用不同的级配等级。水泥混凝土路面也分上下两层铺筑,分别采用不同标号的水泥混凝土材料。水泥混凝土路面上加铺 4 cm 沥青混凝土这样的复合式结构也是常见的。但是砂石路面上所铺的 2～3 cm 厚的磨耗层或 1 cm 厚的保护层,以及厚度不超过 1 cm 的简易沥青表面处治,不能作为一个独立的层次,应看作是面层的一部分。

(2)基层

基层主要承受由面层传来的车辆荷载的垂直力,并扩散到下面的垫层和土基中去。实际上基层是路面结构中的承重层,它具有足够的强度和刚度,并具有良好的扩散应力的能力。基层遭受大气因素的影响虽然比面层小,但是仍然有可能经受地下水和通过面层渗入雨水的浸蚀,所以基层结构应具有足够的水稳定性,基层表面虽不直接供车辆行驶,但仍然要求有较好的平整度,这是保证面层平整性的基本条件。修筑基层的材料主要有各种结合料(如石灰、水泥或沥青等)稳定土或稳定碎(砾)石、贫水泥混凝土、天然砂砾、各种碎石或砾石、片石、块石或圆石,各种工业废渣(如煤渣、粉煤灰、矿渣、石灰渣等)和土、砂、石所组成的混合料等。基层厚度太厚时,为保证工程质量可分为两层或三层铺筑。当采用不同材料修筑基层时,基层的最下层称为底基层,对底基层材料质量的要求较低,可使用当地材料来修筑。

(3)垫层

垫层介于土基与基层之间,它的功能是改善土基的湿度和温度状况,以保证面层和基层的强度、刚度和稳定性不受土基水温状况变化所造成的不良影响。另一方面的功能是将基层传下的车辆荷载应力加以扩散,以减小土基产生的应力和变形。同时也能阻止路基土挤入基层中,影响基层结构的性能。

修筑垫层的材料,强度要求不一定高,但水稳定性和隔温性能要好。常用的垫层材料分为两类,一类是由松散粒料,如砂、砾石、炉渣等组成的透水性垫层;另一类是由水泥或石灰稳定土等修筑的稳定性垫层。

1.6.2 路面的等级与分类

1. 路面等级划分

通常按路面面层的使用品质、材料组成类型以及结构强度和稳定性,将路面分为四个等级,如表1.8所示。

表1.8 各等级路面所具有的面层类型及其所适用的公路等级

路面等级	面 层 类 型	所适用的公路等级
高级	水泥混凝土、沥青混凝土、厂拌沥青碎石、整齐石块或条石	高速、一级、二级
次高级	沥青贯入碎(砾)石、路拌沥青碎(砾)石、沥青表面处治、半整齐石块	二级、三级
中级	泥结或级配碎(砾)石、水结碎石、不整齐石块、其他粒料	三级、四级
低级	各种粒料或当地材料改善土,如炉渣土、砾石土和砂砾土等	四级

(1)高级路面

高级路面的特点是强度高、刚度大、稳定性好、使用寿命长,能适应较繁重的交通量,路面平整、无尘埃,能保证高速行车。高级路面养护费用少、运输成本低,但初期建设投资高,需要用质量高的材料来修筑。

(2)次高级路面

次高级路面与高级路面相比,强度和刚度较差、使用寿命较短,所适应的交通量较小,行车速度也较低,次高级路面的初期建设投资虽较高级路面低些,但要求定期修理、养护费用和运输成本也较高。

(3)中级路面

中级路面的特点是强度和刚度低、稳定性差、使用期限短、平整度差、易扬尘,仅能适应较小的交通量,行车速度低。中级路面的初期建设投资虽然很低,但是养护工作量大,需要经常维修和补充材料,才能延长使用年限,运输成本也高。

(4)低级路面

低级路面的特点是强度和刚度最低、水稳定性差、路面平整性差、易扬尘,故只能保证低速行车,所适应的交通量最小,在雨季有时不能通车。低级路面的初期建设投资最低,但要求经常养护修理,而且运输成本最高。

2. 路面分类

路面类型可以从不同角度来划分,但是一般都按面层所用的材料区划,如水泥混凝土路面、沥青路面、砂石路面等。但是在工程设计中,主要从路面结构的力学特性和设计方法的相似性出发,将路面划分为柔性路面、刚性路面和半刚性路面三类。

(1)柔性路面

柔性路面的总体结构刚度较小,在车辆荷载作用之下产生较大的弯沉变形,路面结构本身的抗弯拉强度较低,它通过各结构层将车辆荷载传递给土基,使土基承受较大的单位压力。路基路面结构主要靠抗压强度和抗剪强度承受车辆荷载的作用。柔性路面主要包括各种未经处理的粒料基层和各类沥青面层、碎(砾)石面层或块石面层组成的路面结构。

(2)刚性路面

刚性路面主要指用水泥混凝土做面层或基层的路面结构。水泥混凝土的强度高,与其他筑路材料比较,它的抗弯拉强度高,并且有较高的弹性模量,故呈现出较大的刚性。在车辆荷载作用下,水泥混凝土结构层处于板体工作状态,竖向弯沉较小,路面结构主要靠水泥混凝土板的抗弯拉强度承受车辆荷载,通过板体的扩散分布作用,传递给基础上的单位压力较柔性路面小得多。

(3)半刚性路面

用水泥、石灰等无机结合料处治的土或碎(砾)石及含有水硬性结合料的工业废渣修筑的基层,在前期具有柔性路面的力学性质,后期的强度和刚度均有较大幅度的增长,但是最终的强度和刚度仍远小于水泥混凝土。由于这种材料的刚性处于柔性路面与刚性路面之间,因此把这种基层和铺筑在它上面的沥青面层统称为半刚性路面。这种基层称为半刚性基层。

刚性路面、柔性路面和和半刚性路面,这种以力学特性为标准的分类方法主要是为了便于从功能原理和设计方法出发进行区分,并没有绝对的定量分界界限。近年来材料科学的发展正在逐步改变这种属性,如水泥混凝土的增塑研究正在使它的刚性降低而保留它的高强性质,沥青的改性研究使得沥青混凝土随气候而变化的力学性质趋向于稳定,大幅度提高其刚度。由此说明事物都在相互转化之中。

习 题

1. 简述我国公路自然区划的方法。
2. 试述路面结构层的划分(划分为几层;划分依据;各结构层的作用;划分的意义)。
3. 简述路面的等级和分类。
4. 什么是路基的强度和稳定性?影响因素是什么?
5. 为何要进行公路自然区划?区划的原则是什么?

第2章 行车荷载、环境因素与材料的力学特性

2.1 荷载作用

2.1.1 行车荷载

汽车是路基路面的服务对象,路基路面的主要功能是长期保证车辆快速、安全、平稳地通行。汽车荷载又是造成路基路面结构损伤的主要成因。因此,为了保证设计的路基、路面结构达到预计的功能,具有良好的结构性能,首先应对行驶的汽车作分析,包括汽车轮重与轴重的大小与特性;不同车型车轴的布置;设计期限内,汽车轴型的分布以及车辆通行量逐年增长的规律;汽车静态荷载与动态荷载特性比较等。

1. 车辆的种类

道路上通行的汽车车辆主要分为客车与货车两大类。

客车又分为小客车、中客车与大客车。小客车自身重量与满载总重都比较轻,但车速高,一般可达120 km/h,有的高档小车可达200 km/h以上;中客车一般包括6~20个座位的中型客车;大客车一般是指20个座位以上的大型客车(包括铰接车和双层客车),主要用于长途客运与城市公共交通。

货车又分为整车、牵引式挂车和牵引式半挂车。整车的货厢与汽车发动机为一整体;牵引式挂车的牵引车与挂车是分离的,牵引车提供动力,牵引后挂的挂车,有时可以拖挂两辆以上的挂车;牵引式半挂车的牵引车与挂车也是分离的,但是通过铰接相互连接,牵引车的后轴也担负部分货车的重量,货车厢的后部有轮轴系统,而前部通过铰接悬挂在牵引车上。

货车总的发展趋向是向大吨位发展,特别是集装箱运输水陆联运业务开展之后,货车最大吨位已超过40~50 t。

汽车的总重量通过车轴与车轮传递给路面,所以路面结构的设计主要以轴重作为荷载标准。在道路上行驶的多种车辆的组合中,重型货车与大客车起决定作用,轻型货车与中、小客车影响很小,有时可以不计。但是在考虑路面表面特性要求时,如平整性、抗滑性等,以小汽车为主要对象,因为小车的行驶速度高,所以要求在高速行车条件下具有良好的平稳性与安全性。

2. 汽车的轴型

无论是客车还是货车,车身的全部重力都通过车轴上的轮子传给路面,因此,对于路面结构设计而言,更加重视汽车的轴重。由于轴重的大小直接关系到路面结构的设计承

载力与结构强度,为了统一设计标准和便于交通管理,各个国家对于轴重的最大限度均有明确的规定。据国际道路联合会1989年公布的统计数据,在141个成员国和地区中,轴限最大的为140 kN,近40%执行100 kN轴限,我国公路与城市道路路面设计规范中均以100 kN作为设计标准轴重。通常认为我国的道路车辆轴限为100 kN。

通常,整车形式的客、货车车轴分前轴和后轴。绝大部分车辆的前轴为两个单轮组成的单轴,轴载约为汽车总重力的1/3。极少数汽车的前轴由双轴单轮组成,双前轴的载重约为汽车总重的一半。汽车的后轴有单轴、双轴和三轴三种,大部分汽车后轴由双轮组组成,只有少量轻型货车由单轮组成后轴。每一根后轴的轴载大约为前轴轴载的两倍。目前,在我国公路上行驶的货车的后轴轴载,一般在60~130 kN范围内,大部分在100 kN以下。

由于汽车货运向大型重载方向发展,货车的总重有增加的趋势,为了满足各个国家对汽车轴限的规定,趋向于增加轴数以提高汽车总重,因此出现了各种多轴的货车。有些运输专用设备的平板挂车,采用多轴多轮,以便减轻对路面的压力。各种不同轴型的货车如图2.1所示。我国常用汽车路面设计参数如表2.1所示。

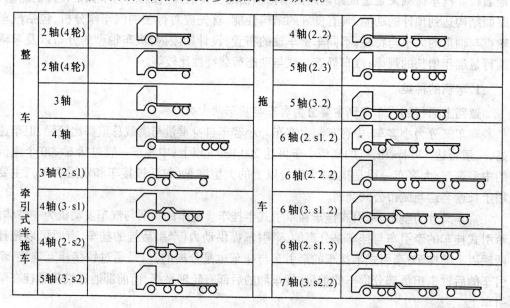

图2.1 不同轴型的货车示意图

表2.1 我国常用汽车路面设计参数

序号	汽车型号	总重/kN	载重/kN	前轴重/kN	后轴重/kN	后轴数	轮组数	轴距/cm	出产国
1	解放 CA10B	80.25	40.00	19.40	60.85	1	双		中国
2	解放 CA15	91.35	50.00	20.97	70.38	1	双		中国
3	解放 CA30A	99.90	46.50	26.50	2×36.70	2	双		中国
4	解放 CA30A	103.00	46.50	29.50	2×36.75	2	双		中国
5	解放 CA50	92.90	50.00	28.70	68.20	1	双		中国

续表 2.1

序号	汽车型号	总重/kN	载重/kN	前轴重/kN	后轴重/kN	后轴数	轮组数	轴距/cm	出产国
6	解放 CA340	78.70	36.60	22.10	56.60	1	双		中国
7	解放 CA390	105.15	60.15	35.00	70.15	1	双		中国
8	东风 EQ140	92.90	50.00	23.70	69.20	1	双		中国
9	黄河 JN150	150.60	82.60	49.00	101.60	1	双		中国
10	黄河 JN162	174.50	100.00	59.50	115.00	1	双	1	中国
11	黄河 162A	178.50	100.00	62.28	116.22	1	双		中国
12	黄河 JN253	187.00	100.00	55.00	2×66.00	2	双		中国
13	黄河 JN360	270.00	150.00	50.00	2×110.0	2	双		中国
14	黄河 QD351	145.65	70.00	48.50	97.15	1	双		中国
15	延安 SX161	237.00	135.00	54.64	2×91.25	2	双	135.0	中国
16	长征 XD160	213.00	120.00	42.60	2×85.20	2	双		中国
17	长征 XD250	189.00	100.00	37.80	2×72.60	2	双		中国
18	长征 XD980	182.40	100.00	37.10	2×72.65	2	双	122.0	中国
19	长征 CZ361	229.00	120.00	47.60	2×90.70	2	双	132.0	中国
20	交通 SH141	80.65	43.25	25.55	55.10	1	双		中国
21	交通 SH361	280.00	150.00	60.00	2×110.00	2	双	130.0	中国
22	南阳 351	146.00	70.00	48.70	97.30	1	双		中国
23	齐齐哈尔 QQ560	177.00	100.00	56.00	121.00	1	双		中国
24	太脱拉 111	186.70	102.40	38.70	2×74.00	2	双	120.0	捷克
25	太脱拉 111R	188.40	102.40	37.40	2×75.50	2	双	122.0	捷克
26	太脱拉 111S	194.40	102.40	38.50	2×78.20	2	双	122.0	捷克
27	太脱拉 138	211.40	120.00	51.40	2×80.00	2	双	132.0	捷克
28	太脱拉 130S	218.40	120.00	50.60	2×88.90	2	双	132.0	捷克
29	太脱拉 138S	225.40	120.00	45.40	2×90.00	2	双	132.0	捷克
30	吉尔 130	85.25	40.00	25.75	59.50	1	双		俄罗斯
31	斯柯达 706R	140.00	73.00	50.00	90.00	1	双		捷克
32	斯柯达 706RTS	138.00	65.50	45.00	93.00	1	双		捷克
33	日野 KB222	154.50	80.00	50.20	104.30	1	双		日本
34	日野 KF300D	198.75	106.65	40.75	2×79.00	2	双	127.0	日本

续表 2.1

序号	汽车型号	总重/kN	载重/kN	前轴重/kN	后轴重/kN	后轴数	轮组数	轴距/cm	出产国
35	日野 ZM440	260.00	152.00	60.00	2×100.00	2	双	127.0	日本
36	尼桑 CK10G	115.25	66.65	39.25	76.00	1	双		日本
37	尼桑 CK20L	149.85	85.25	49.85	100.00	1	双		日本
38	尼桑 6TW(I)13SD	219.85	121.95	44.35	2×87.75	2	双		日本
39	尼桑 CW(L)40HD	237.60	141.75	50.00	2×93.80	2	双		日本
40	扶桑 FP101	154.00	94.10	54.00	100.00	1	双		日本
41	扶桑 FU102N	214.00	133.80	44.00	2×85.00	2	双		日本
42	扶桑 FV102N	254.00	164.95	54.00	2×100.0	2	双		日本
43	菲亚特 682N3	140.00	75.00	10.00	100.0	1	双		意大利
44	菲亚特 650E	105.00	67.00	33.00	72.00	1	双		意大利
45	依士兹 TD50D	142.95	76.65	46.55	96.40	1	双		日本
46	依士兹 TD50	132.20	76.65	42.20	80.00	1	双		日本
47	依发 H6	132.00	65.50	45.50	86.50	1	双		德国
48	布切奇 58R2N	92.50	50.00	24.55	67.95	1	双		罗马尼亚
49	喀什布阡 131	68.25	35.00	18.00	50.25	1	双		罗马尼亚
50	切贝尔 D350	72.00	35.00	24.00	48.00	1	双		匈牙利
51	切贝尔 D420	83.00	45.00	28.20	54.80	1	双		匈牙利
52	切贝尔 D45.01	101.00	55.00	32.00	69.00	1	双		匈牙利
53	切贝尔 D750.0	160.00	93.60	60.00	180.00	1	双		匈牙利
54	沃尔沃 N8648	175.00	100.00	55.00	120.00	1	双		瑞典
55	斯堪尼亚 L760	180.00	100.00	70.00	120.00	1	双		瑞典
56	玛斯 200	137.00	72.00	36.00	101.00	1	双		俄罗斯

3. 汽车对道路的静态压力

汽车对道路的作用可以分为停驻状态和行驶状态。停驻状态时,汽车对道路的作用力为静态压力,主要是由轮胎传给路面的垂直压力 P。它的大小受以下因素的影响。

(1) 汽车轮胎的内压力 p_i。
(2) 轮胎的刚度和轮胎与路面接触的形态。
(3) 轮载的大小。

货车轮胎的标准静内压力 p_i 一般在 0.4~0.7 MPa 范围内。通常轮胎与路面接触面上的压力 p 略小于内压力 p_i,约为 $(0.8~0.9)p_i$。车轮在行驶过程中,内压力会因轮胎充气温度升高而增加,因此,滚动的车轮接触压力也有所增加,达到 $(0.9~1.1)p_i$。

轮胎的刚度随轮胎的新旧程度而不同,接触面的形状和轮胎的花纹也会影响接触面压力的分布。实际上,接触面压力的分布是不均匀的。但在路面设计中,通常忽略上述因素的影响,而直接取轮胎的内压力作为接触面压力,并假定分布是均匀的。

轮胎与路面接触面的形状如图 2.2 所示,它的形状轮廓近似于椭圆形,由于其长轴与短轴的差别不大,在工程设计中以圆形接触面来表示。将车轮荷载简化成当量圆形均匀荷载,并采用轮胎的内压力作为接触面压力 p。当量圆的半径 δ 可以按式(2.1) 计算。

$$\delta = \sqrt{\frac{P}{\pi \cdot p}} \tag{2.1}$$

式中　P—— 作用于车轮上的荷载,kN;
　　　p—— 轮胎接触压力,kPa;
　　　δ—— 接触面当量圆半径,m。

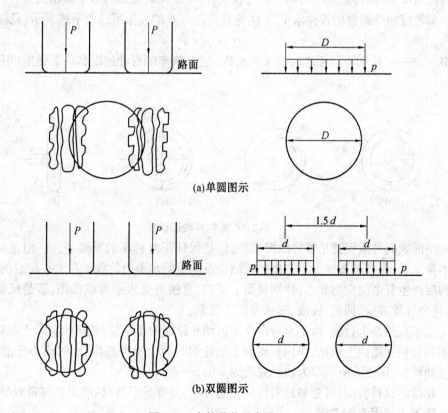

图 2.2　车轮荷载示意图

对于双轮组车轴,若每一侧的双轮用一个圆表示,称为单圆荷载;若用两个圆表示,称为双圆荷载(见图 2.2)。双圆荷载当量圆的直径 d 和单圆荷载的直径 D,分别按式(2.2)、(2.3) 计算。

$$d = \sqrt{\frac{4P}{\pi \cdot p}} \tag{2.2}$$

$$D = \sqrt{\frac{8P}{\pi \cdot p}} = \sqrt{2}d \tag{2.3}$$

我们现行的路面设计规范中规定的标准轴载 BZZ – 100 的 $P = 100/4$ kN,$p = 700$ kPa。由此可得相应的当量圆直径分别为 $d_{100} = 0.213$ m;$D_{100} = 0.302$ m。

4.运动车辆对道路的动态影响

行驶状态的汽车除了对路面作用垂直静压力外,还有水平力和由于汽车振动产生的动荷载。当汽车的行驶速度较快时,动荷载对路面的影响是瞬时的。实测资料表明,路面表面弯沉随着汽车的行驶速度的增加而减小。

当汽车在道路上匀速行驶时,车轮受到来源于路面的滚动摩擦阻力,路面也相应受到车轮施加的一个向后的水平力。当汽车上坡或加速行驶时,为了克服重力与惯性力,需要给路面施加一个向后的水平力。反之,当下坡或减速行驶时,汽车给路面施加一个向前的水平力。当汽车在弯道上行驶时,为了克服离心力,保持车身稳定不产生侧滑,需要给路面施加侧向水平力。特别是起动和制动过程中,汽车给路面施加的水平力相当大。

车轮施加给路面的各种水平力 Q 与垂直压力 P 的关系可以由下式表示(见图2.3)。

$$Q = \mu \cdot P \tag{2.4}$$

式中 μ —— 轮胎与路面之间的摩擦系数,它与汽车的行驶速度和路面类型以及潮湿状态有关。

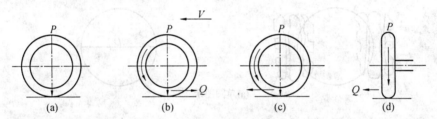

图 2.3 车轮荷载示意图

路面表面必须保持足够的摩擦系数,这是保证正常行车的重要条件。但是从路面结构本身来看,摩擦系数的大小直接关系结构层承受的水平力荷载。在水平荷载的作用下,结构层产生复杂的应力状态,特别是面层结构,直接遭受水平荷载作用,若是抗剪强度不足,将会导致拥挤、拥包、波浪、车辙等破坏现象。

汽车在道路上行驶,由于车身自身的振动和路面的不平整,其车轮实际上是以一定的频率和振幅在路面上跳动,作用在路面上的轮载时而大于静态轮载,时而小于静态轮载,呈波动状态,图 2.4 所示即为轴载波动的实例。

轮载的这种波动,可近似地看作呈正态分布,其变异系数(标准离差与轮载静载之比)主要随下述三因素而变化。

(1)行车速度:车速越高,变异系数越大。

(2)路面的平整度:平整度越差,变异系数越大。

(3)车辆的振动特性:轮胎的刚度低,减振装置的效果越好,变异系数越小。正常情况下,变异系数一般均小于 0.3。

振动轮载的最大峰值与静载之比称为冲击系数,在较平整的路面上,行车速度不超过 50 km/h 时,冲击系数不超过 1.30。车速增加,或路面平整性不良,则冲击系数还要增大。在设计路面时,有时以静轮载乘以冲击系数作为设计荷载。

行驶的汽车对路面施加的荷载有瞬时性,车轮通过路面上任一点,路面承受荷载的时间是很短的,大约只有 0.01~0.10 s 左右。在路面以下一定深度处,应力作用的持续时间略长一点,但仍然是十分短暂的。由于路面结构中应力传递是通过相邻的颗粒来完成的,若应力出现的时间很短,则来不及传递分布,其变形特性便不能像静载那样呈得那样完全。美国各州公路工作者协会(AASHO)试验路曾对不同车速下沥青路面和水泥混凝土路面的变形进行量测(见图 2.5),结果表明,当行车速度由 3.2 km/h 提高到 56 km/h,沥青路面的总弯沉减少 36%;当行车速度由 3.2 km/h 提高到 96.7 km/h,水泥混凝土路面的板角挠度和板边应变量减少 29% 左右。

动荷载作用下路面变形量的减小,可以理解为路面结构刚度的相对提高,或者是路面结构强度的相对增大。

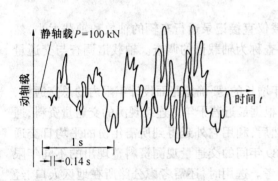

图 2.4 轴载波动示意图

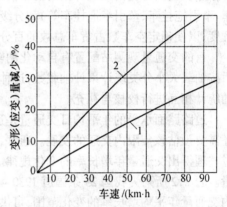

图 2.5 不同车速下的变形
1—沥青路面;2—水泥混凝土路面

汽车荷载对路面的多次重复作用也是一项重要的动态影响。在行车繁密的道路上,路面结构每天将承受上千次,甚至数万次车轮荷载的作用,在路面的整个使用期限内,承受的轮载作用次数更为可观。路面承受一次轮载作用同承受多次重复轮载作用的效果并不一样。对于弹性材料,在重复荷载作用下,呈现出材料的疲劳性质,也就是材料的强度将随荷重复次数的增加而降低。对于弹塑性材料,如土基和柔性路面,在重复荷载作用下,将呈现出变形的逐渐增大,称为变形的累积,所以对于路面设计,不仅要重视轴重静力与动力的量值,道路通行的各类轴载的通行数量也是重要的因素。

2.2 交通分析

道路上通行的车辆不仅具有不同的类型和不同的轴重,而且通行的车辆数目也是变化的。路面结构设计中,要考虑设计年限内,车辆对路面的综合累计损伤作用,必须对现有的交通量、轴载组成以及增长规律进行调查和预估。并通过适当的方式将它们换算成当量标准轴载的累计作用次数。

1.交通量

交通量是指一定时间间隔内各类车辆通过某一道路横断面的数量。可以通过现有的交通流量观测站的调查资料,得到该道路设计的初始年平均日交通量,也可以根据需要,临时设站进行观测。当然这种观测量只是短期的,仅为若干天,而且每天也可能仅观测若干小时。对此,可利用当地长期观测所得的时间分布规律,即月分布不均匀系数、日分布不均匀系数和小时分布换算系数,将临时观测结果按相应的换算系数换算成年平均日交通量。

对于路面结构设计,不仅要收集交通总量,还必须区分不同的车型。目前各地观测站进行交通量调查,将车辆分成 11 类:小型货车、中型货车、大型货车、小型客车、大型客车、拖挂车、小型拖拉机、大中型拖拉机、自行车、人力车和畜力车。小型货车、小型客车、拖拉机和非机动车对路面结构损伤作用极其轻微,可忽略不计,这些车辆所占的比例应从总量中扣除。其余各类列入统计范畴的车辆按轴型和轴载大小分类(如单后轴货车、双后轴货车、牵引拖挂车、牵引半拖挂车等)和分级统计。还要通过目测大致估计这些货车的满载程度,以便确定空车数占货车总数的百分率。

有的交通量观测站配置有自动化的轴载仪直接记录通行车辆的轴数和轴载大小,然后按轴载大小分类统计累计轴载数,这种调查称为轴载谱的调查。轴载谱调查与交通量的统计相互进行校核与补充。

道路路面承受的年平均日交通量是逐年增长的,要确定路面设计年限内的总交通量,还需要预估该年限内交通的发展。通常,可根据最近若干年内连续观测的交通量资料,通过整理得出交通量年增长率的变化规律。然后,利用它外延得到所需年份的平均日交通量。表 2.2 所列为我国 25 条国道 1980~1989 年间的交通量观测资料整理出的不同年限内交通量年平均增长率的变化范围,可供参考。选用时,还需考虑公路所在地区人口、经济和交通的发展趋势,作适当调整。

表 2.2　交通量年平均增长率 γ 变化范围　　　　　　　　/%

公路等级	设计年限 /a				
	10	15	20	30	40
高速	5~9	4~7	4~7	3~6	2~4
一级	6~11	4~9	3~9	2~6	2~4
二级	5~12	3~8	2~6	2~4	1~3
三级	3~24	2~18	2~13	1~8	1~6

注:初始交通量大的取下限,反之取上限。

路面结构设计中,通过调查分析确定初始年平均日交通量 N_1,按式(2.5)进行计算

$$N_1 = \frac{\sum_{i=1}^{365} N_i}{365} \tag{2.5}$$

式中　N_1——初始年平均日交通量;

　　　N_i——每日实际交通量。

然后通过调查研究,分析论证,以确定交通量年平均增长率 γ。逐年的交通量大致符合几何级数增长规律,即在设计年限内以固定的增长率 γ 逐年增加。γ 值的变化幅度很

大,不同地区、不同经济条件、不同时间 γ 值都是不一样的。通常在发达国家,大城市附近,由于经济基础已具相当规模,交通量的基数较大,所以增长率 γ 较小。对于发展中国家、新开发的经济区,一般 γ 值较大,若干年之后又逐步下降,趋向稳定。

在路面结构设计中,设计年限内累计交通量 $\overline{N}_e$ 可以按式(2.6)预估

$$\overline{N}_e = \frac{365 N_1}{\gamma} [1 + \gamma]^t - 1 \tag{2.6}$$

或

$$\overline{N}_e = \frac{365 N_t}{\gamma (1 + \gamma)^{t-1}} [(1 + \gamma)^t - 1]$$

式中 $\overline{N}_e$ —— 设计年限内的累计交通量;

N_1 —— 设计的初始年平均日交通量;

N_t —— 设计的末年平均日交通量;

γ —— 设计年限内交通量年平均增长率;

t —— 设计年限。

2. 轴载组成与等效换算

不同重力的轴载给路面结构带来的损伤程度是不同的。对于路面结构设计,除了设计期限的累计交通量之外,另一个重要的交通因素便是各级轴载所占的比例,即轴载组成或轴载谱。根据实测的通过轴载次数和相应的轴载,整理成图 2.6 那样的直方图,作为该道路通行的各级轴载的典型轴载谱。由交通调查得到某类车辆每日通行的轴载数,乘以相应的轴载谱百分率,即可推算出所有车辆各级轴载的作用次数。

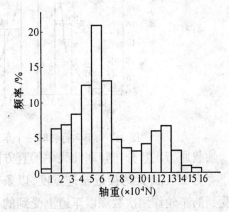

图 2.6 轴载谱

道路上行驶的汽车轴载与通行次数可以按照等效原则换算为某一标准轴载的当量通行次数,我国水泥混凝土路面设计规范和沥青路面设计规范均选用双轮组单轴轴载 100 kN 作为标准轴载。各种轴载的作用次数进行等效换算的原则是,同一种路面结构在不同轴载作用下达到相同的损伤程度。通过室内或道路现场的重复作用试验,可以建立荷载量级同达到相同程度损伤的作用次数之间的关系,依据这一关系,可以推算出不同轴载的作用次数等效换算成标准轴载当量作用次数的轴载换算系数公式(2.7)。

$$\eta_i = \frac{N_s}{N_i} = \alpha \left(\frac{P_i}{P_s}\right)^n \tag{2.7}$$

式中 η_i —— i 级轴载换算为标准轴载的换算系数;

P_s —— 标准轴载重,kN;

N_s —— 标准轴载作用次数;

P_i —— i 级轴载重,kN;

N_i —— i 级轴载作用次数;

α——反映轴型(单轴、双轴或三轴)和轮组轮胎数(单或双轮)影响的系数;

n——同路面结构特性有关的系数。

沥青路面、水泥混凝土路面和半刚性路面的结构特性不同,损伤的标准也不相同,因而系数 α 和 n 取值各不相同。具体数值在有关章节分别作介绍。

3. 轮迹横向分布

当车辆在道路上行驶时,车轮的轨迹总是在横断面中心线附近一定范围内左右摆动,由于轮迹的宽度远小于车道的宽度,因而总的轴载通行次数既不会集中在横断面上某一固定位置,也不可能平均分配到每一点上,而是按一定规律分布在车道横断面上,称为轮迹的横向分布。图 2.7 所示为单向行驶时一个车道内的轮迹横向分布频率曲线,图 2.8 所示为混合行驶时双车道内轮迹横向分布频率曲线。

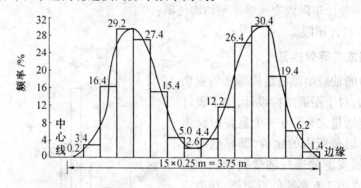

图 2.7 单向行驶时一个车道内的轮迹横向分布频率曲线图

轴载通行次数分布频率曲线中的直方图条带宽为 25 cm,大约接近轮迹宽度,以条带上受到的车轮作用次数除以车道上受到的作用次数作为该条带的频率。由图 2.7 可见,对于单向行车的一个车道上,频率曲线出现两个峰值,达到 30% 左右,而车道边缘处频率很低。由图 2.8 可见,混合行驶的双车道,车辆集中在双车道中央,频率曲线出现一个峰值,约为 30% 左右,两侧边缘频率很低。

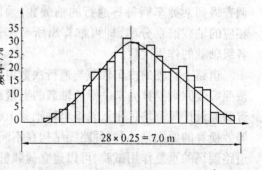

图 2.8 混合行驶时双车道内轮迹横向分布频率曲线图

轮迹横向分布频率曲线图形随许多因素(如:交通量、交通组成、车道宽度、交通管理规则等)而变化,需区别各种不同情况,通过实地调查,才能确定。在路面结构中,用横向分布系数 η 来反映轮迹横向分频率的影响。通常取宽度为两个条带的宽度,即 50 cm,因为双轮组每个轮宽 20 cm,轮隙宽 10 cm。这时的两个条带频率之和称为轮迹横向分布系数。

2.3 环境因素影响

路基路面结构直接暴露在大气之中,经受着自然环境因素的影响。温度和湿度是对路基路面结构有重要影响的自然环境因素。路基路面结构的温度和湿度状况随周围环境的变化而变化,路基路面体系的性质与状态也随之发生变化。路基土和路面材料的强度与刚度随路面结构内部温度和湿度的变化有时会有大幅度的增减。图 2.9 给出了沥青混凝土的动弹性模量随温度升高而降低的情况,图 2.10 所示为路基回弹模量随湿度增长而急剧下降的情况。

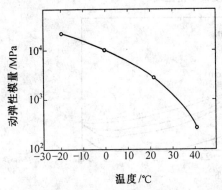 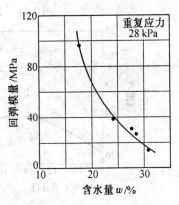

图 2.9 沥青混凝土弹性模量随温度变化　　　图 2.10 路基模量随湿度变化

路基土和路面材料的体积随路基路面结构内温度和湿度的升降而引起膨胀和收缩。由于温度和湿度是随环境而变化的,而且沿着结构的深度呈不均匀分布,因此往往不同时期和不同深度处,胀缩的变化也是不相同的。如果这种不均匀的胀缩因某种原因受到约束而不能实现时,路基和路面结构内便会产生附加应力,即温度应力和湿度应力。

路基土和路面材料的几何性质和物理性质随温度与湿度产生的变化,将使路基路面结构设计复杂化。如不能充分估计这种因自然环境因素变化产生的后果,则路基路面结构在车轮荷载和自然因素共同作用之下,将提前出现损坏,缩短路面的使用年限。因此,在分析和设计路基路面结构时,除了充分考虑车轮荷载可能引起的各种损伤之外,还应考虑自然因素的影响。

大气的温度在一年四季和一昼夜之间发生着周期性的变化,受大气直接影响的路面温度也相应地在一年之间和一日之间发生着周期性的变化。图 2.11 和图 2.12 分别显示了夏季晴天,沥青面层和水泥混凝土面层内温度的昼夜变化观测结果。由图可见,路表面温度变化与气温变化大致是同步的,但是由于部分太阳辐射热被路面所吸收,路表面的温度较气温高,尤其是沥青路面,由于吸热量高,温度增值的幅度超过水泥混凝土路面。面层结构内不同深度处的温度同样随气温的变化呈周期性变化,升降的幅度随深度的增加而减小,其峰值的出现也随深度的增加而越来越滞后。

除了日变化之外,一年四季面层不同深度处的温度还随气温的变化而经历着年变化,图 2.13 所示为沥青面层不同深度处的月平均气温变化的情况,可以看出,平均气温最高

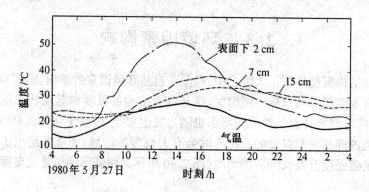

图 2.11　沥青面层温度日变化曲线

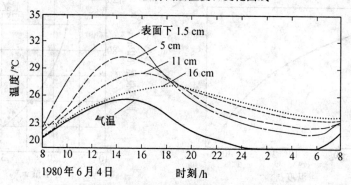

图 2.12　水泥混凝土面层温度日变化曲线

和最低的 7 月和 1 月,面层的平均气温温度也相应为最高值和最低值。影响路面结构内温度状况的因素很多,可分为外部和内部两类。外部条件主要是气象条件,如太阳辐射、气温、风速、降水量和蒸发量等。而其中,太阳辐射和气温是决定路面温度状况的两项最重要的因素。内部因素则为路面各结构层材料的热物理特性参数,如热传导率、热容量和对辐射热的吸收能力等。

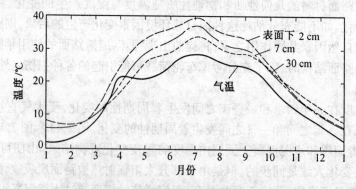

图 2.13　沥青面层月平均温度的年变化曲线

路面结构内的温度状况,可通过在外部和内部影响因素之间建立联系的方法来预估。这种方法有两类,即统计方法和理论方法。

统计方法就是在路面结构层的不同深处埋设测温元件,连续观测年循环内不同时刻的温度变化,同时收集当地的气象资料,包括对应的气温和辐射热等,对记录的路面温度和气象因素进行逐步回归分析。选择符合显著性检验要求的因素,分别建立不同深度处各种路面温度指标的回归方程式,如式(2.8)所示。

$$T_{\max} = a + bT_{a,\max} + cQ \tag{2.8}$$

式中　$T_{\max}$——路面某一深度处的最高温度,℃;

　　　$T_{a,\max}$——相应的日最高气温,℃;

　　　Q——相应的太阳日辐射热,J/m²;

　　　a、b、c——回归常数。

由于统计方法不可能包含所有的复杂因素,所以计算的精确度有地区局限性,只可以作条件相似的地区参考使用。理论法是应用热传导理论方程式推演出各项气象资料和路面材料热物理特性参数组成的温度预计方程式。通常,由于参数确定的难度大、理论假设的理想化,预估的结果与实测结果有一定的差距。

大气湿度的变化,通过降水、地面积水和地下水浸入路基路面结构,是自然环境影响的另一个重要方面。它除了影响路基土湿度的变化,使路基产生各种不稳定状态之外,对路面结构层也有许多不利的影响。

路基路面结构的强度、刚度及稳定性在很大程度上取决于路基的湿度变化。例如在北方季节性冰冻地区,冰冻开始时,路基水分向冻结线积聚形成冻胀,春暖融冻初期形成翻浆的现象较普遍。而在南方非冰冻地区,当雨季来临时,未能及时排除的地面积水和离地面很近的地下水将使路基土浸润而软化。

保持路基干燥的主要方法是设置良好的地面排水设施和路面结构排水设施,经常养护,保持畅通。地下水对路基湿度的影响随地下水位的高低与土的性质而异。通常认为受地下水影响的高度对粘土为 6 m,砂质粘土或粉质土约为 3 m,砂类土为 0.9 m。在这个深度范围内,路基湿度受地下水位控制,其影响程度随土质而异。在这个范围以上部分,路基湿度主要受大气降水、蒸发以及地面排水控制。对于干旱地区,路基的湿度主要受空气相对湿度的控制,受降水的影响很小,相当于当地覆盖土相同深度处的湿度。

面层的透水性对路基路面的湿度有很大影响,若采用不透水的面层结构,将减少降水和蒸发的影响。在道路完工二、三年内,路面结构与路基上部中心附近的湿度逐渐趋向稳定。对于透水的面层结构,若不作专门处理,则路面结构和上层路基的湿度状况将受到降水和蒸发的影响而产生季节性的变化。

路肩以下路基湿度的季节性变化对路面结构及以下的路基也有影响。通常在路面边缘以内 1 m 左右,湿度开始增大,直至路面边缘与路肩下的湿度相当。路肩如果经过处治防止雨水渗入,则路面下的土基湿度将趋向于稳定,与路基中心湿度相当。

2.4　土基的力学强度特性

2.4.1　路基受力与工作区

1. 路基受力

作用于路基的荷载,有路基的自重(即静载)和汽车的车轮荷载(即动载或活载)。在两种荷载共同作用下,路基相当深度范围内的土层处于受力状态(见图2.14)。正确的设计,应使路基土在荷载作用下,尽可能只产生弹性变形,即车轮驶过以后路基能够恢复原状,从而保证路基相对稳定,不致引起路面破坏。

(1) 车轮引起的附加应力

车轮荷载在路基内所引起的应力,按鲍辛尼斯公式可以进行近似计算。计算时假定路基为弹性半空间体,车轮荷载分为集中荷载或圆形均布荷载。

① 车轮作为集中荷载。轮重作为集中荷载作用于路基(见图2.15(a))。此时路基在集中荷载(轮重)P 的作用下,深度为 Z、水平距离为 r 处的竖向应力 σ_Z 可用式(2.9)计算。

$$\sigma_Z = K \frac{P}{Z^2} \tag{2.9}$$

式中 σ_Z——集中荷载引起的垂直应力,kPa;
P——车轮集中荷载,kN;
Z——应力作用点处的路基深度,m;
K——应力系数,$K = \dfrac{3}{2\pi\left[1+\left(\dfrac{r}{Z}\right)^2\right]^{\frac{5}{2}}}$。

当 $r = 0$ 时,K 最大,$K = \dfrac{3}{2\pi} \approx 0.5$。此时,即荷载中心下的应力也最大,即 $\sigma_Z = \dfrac{P}{2Z^2}$。

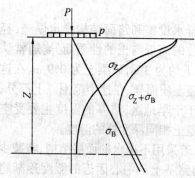
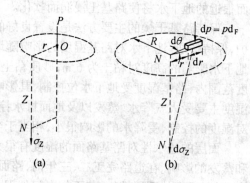

图 2.14 土基中应力分布
σ_B——路基自重引起的应力;σ_Z——车轮荷载引起的应力;$\sigma_Z + \sigma_B$——应力之和

图 2.15 荷载作用

② 车轮作为圆形均布荷载。应力计算时可以近似将车轮荷载作为直径为 D 的圆形均布荷载 p 作用于路基处理,然后以积分的形式计算土中应力(见图2.15(b))。此时路基在均布荷载(轮胎压力)p 作用下,荷载中心轴(水平距离 $r = 0$)以下深度为 Z 处的竖向应力 σ_Z 可用式(2.10)计算。

$$\sigma_Z = \frac{p}{1 + 2.5\left(\dfrac{Z}{D}\right)^2} \tag{2.10}$$

式中 σ_Z——均布荷载引起的垂直应力,kPa;
p——车轮圆形均布荷载,kPa;

Z—— 圆形均布荷载中心下应力点处深度,m;

D—— 圆形均布荷载直径,m。

(2) 路基自重引起的垂直应力

路基土本身自重在路基内深度为 Z 处所引起的垂直压应力 σ_B 按式(2.11)计算。

$$\sigma_B = \gamma \cdot Z \tag{2.11}$$

式中　σ_B—— 路基自重引起的垂直应力,kPa;

　　　γ—— 土的容重,kN/m³;

　　　Z—— 应力点深度,m。

路面结构材料的容重虽然比路基土的容重略大,但是结构层的厚度相对于路基某一深度而言,这个差别可以忽略,仍视作为均质土体。

路基内任一点处的垂直应力 σ 包括由车轮荷载引起的垂直应力 σ_Z 和由路基自重引起的垂直应力 σ_B,两者的共同作用 σ 可由式(2.12)计算,路基内土的垂直应力分布如图2.12所示。

$$\sigma = \sigma_Z + \sigma_B \tag{2.12}$$

式中　σ—— 路基内土的垂直应力,kPa;

　　　σ_Z—— 车轮荷载引起的垂直应力,kPa;

　　　σ_B—— 路基自重引起的垂直应力,kPa。

2. 路基工作区

在路基某一深度 Z_a 处,当车轮荷载引起的垂直应力 σ_Z 与路基土自重引起的垂直应力 σ_B 相比很小,比值 $1/n$ 仅为 $1/10 \sim 1/5$ 时,该深度 Z_a 范围内的路基称为路基工作区。

由式(2.10)与式(2.11)相比可得

$$\frac{\sigma_Z}{\sigma_B} = K \frac{P}{Z_a^2}/(\gamma \cdot Z_a) = 1/n$$

将上式整理得

$$Z_a = \sqrt[3]{\frac{KnP}{\gamma}} \tag{2.13}$$

式中　Z_a—— 应力作用点深度,m;

　　　K—— 系数,取 $K = 0.5$;

　　　n—— 附加应力与自重应力比值系数,$n = 5 \sim 10$;

　　　P—— 车轮集中荷载,kN;

　　　γ—— 土的容重,kN/m³。

路基工作区深度可用式(2.13)计算。由图 2.14 路基中应力分布图可知,在工作区范围内的路基,对于支承路面结构和车轮荷载影响较大,在工作区范围以外的路基,影响逐渐减少。

由式(2.13)可见,路基工作区随车轮荷载的加大而加深。表2.3列出了与各种型号的汽车对应的路基工作区深度。

表 2.3 路基工作区深度表

汽车型号	工作区深度 Z_a/m	
	$n = 5$	$n = 10$
解放 CA10B	1.6	2.0
交通 SH141	1.6	2.0
北京 BJ130	1.2	1.6
上海 SH130	1.2	1.5
跃进 NJ130	1.4	1.7
黄河 JN150	1.9	2.4
红旗 CA773	1.0	1.3

注:按土的容重 $\gamma = 18 \text{ kN/m}^3$ 计算。

路基工作区内,路基的强度和稳定性对保证路面结构的强度和稳定性极为重要,对工作区深度范围内的土质选择、路基的压实度应提出较高的要求。

当工作区深度大于路基填土高度时,行车荷载的作用不仅施加于路堤,而且施加于天然地基的上部土层(见图 2.16)。因此,天然地基上部土层和路堤应同时满足工作区的要求,均应充分压实。

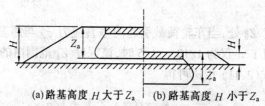

图 2.16 路基工作区深度和路堤高度关系图

2.4.2 路基的力学特性与强度指标

1. 路基土的应力 – 应变特性

路基是路面结构的支承体,车轮荷载通过路面结构传至路基,所以路基土的应力 – 应变特性对路基路面结构的整体强度和刚度有很大影响。路面结构的损坏,除了它本身的原因之外路基的变形过大是重要原因之一。路基土的变形包括弹性变形和塑性变形两部分。过大的塑性变形将导致各种沥青路面产生车辙和纵向不平整,对于水泥混凝土路面,路基土的塑性变形将引起板块断裂。弹性变形过大将使得沥青面层和水泥混凝土面板产生疲劳开裂。在路面结构总变形中,路基的变形占很大部分,约占 70% ~ 95%,所以提高路基土的抗变形能力是提高路基路面结构整体强度和刚度的重要方面。路基变形的大小,一方面决定于荷载的大小及作用方式;另一方面决定于土的物理性质。

应力 – 应变非线性特性理想的线性弹性体在一定的应力范围内,应力与应变的关系呈线性特性。而且当应力消失时,应变随之消失,恢复到初始状态。路基的受力特性是由构成路基用土的物理性质决定的。路基土的内部结构十分复杂,包括固态矿物颗粒(固相)、水(液相)和气体(气相)三部分所组成。固相部分又由不同成分、不同粒径的颗粒所组成。所以路基土在应力作用下呈现的变形特性同理想的线性体有很大差别,其中最突出的是土在受力时的非线性变形、流变性特性。

(1) 路基的非线性变形特性

压入承载板试验是研究路基应力-应变特性最常用的一种方法。这种方法是以一定尺寸的刚性承载板置于路基顶面,逐级加荷卸荷,记录施加于承载板上的荷载及由该荷载所引起的沉降变形,根据试验结果,可绘出路基顶面压应力与回弹变形的关系曲线。图2.17是这种关系的典型情况。

根据弹性力学理论,通过试验测得的回弹变形可以用式(2.14)计算路基的回弹模量。

$$E = \frac{pD(1-\mu^2)}{l} \quad (2.14)$$

式中　l—— 承载板的回弹变形,m;
　　　D—— 承载板的直径,m;
　　　E—— 路基土体的回弹模量,kPa;
　　　μ—— 路基土体的泊松比;
　　　p—— 承载板压强,kPa。

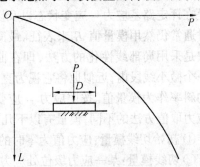

图 2.17　承载板试验及其应力-变形关系曲线

假如土体为理想的线性弹性体,则 E 应为一常量,施加的荷载 p 与回弹变形 l 之间应呈直线关系。但是实际上图 2.17 所示的 p 与 l 之间的曲线关系是非线性的,且这种非线性关系是普遍的。因此,路基的回弹模量 E 并不是常数。

路基应力-应变的非线性特性由三轴压缩试验的结果也可以证明。如图 2.18 所示。土的竖向压应变 ε_1,可以按照式(2.15)计算。

$$\varepsilon_1 = \frac{\sigma_1}{E} - 2\mu \frac{\sigma_3}{E} \quad (2.15)$$

式中　ε_1—— 竖向应变;
　　　σ_1—— 竖向应力,kPa;
　　　σ_3—— 侧向应力,kPa;
　　　E—— 土的弹性模量,kPa;
　　　μ—— 土的泊松比,随土质而异,一般为 0.3 ~ 0.5。

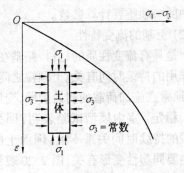

图 2.18　三轴试验及其应力-应变关系曲线

从式(2.15)来看,当侧向应力 σ_3 保持一个常数不变,若弹性模量 E 值为常数时,竖向应力 σ_1 与竖向应变 ε_1 之间应保持直线关系。但是实际试验结果表明,σ_1 与 ε_1 之间普遍存在着非线性关系,所以,再次说明弹性模量 E 值不能视为不变的常量。

土体在内部应力作用下表现出的变形,从微观的角度看,是土的颗粒之间的相对移动。当移动的距离超出一定限度时,即使将应力解除,土体的颗粒已不再能回复原位,从宏观角度看,路基将产生不可恢复的残余变形。因此,路基的应力－应变关系除了出现非线性特性之外,还表现出弹塑性性质。由承载板和三轴试验结果可以看出,当荷载卸除,应力恢复到零时,曲线由 A 回到 B,OB 即为塑性或残余变形(见图 2.19)。

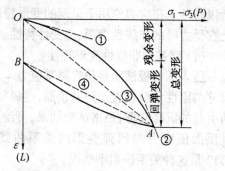

尽管路基的应力－应变关系如此复杂,但是在评定路基应力－应变状态以及设计路面时通常仍然用模量值 E 来表征。最简单的方法是采用局部线性化的方法,即在曲线的某一个微小线段内,近似地将它视为直线,以它的斜率作为模量值。按照应力－应变曲线上应力取值方法的不同,模量有以下几种。

① 初始切线模量:应力值为零时的应力－应变曲线的斜率,如图 2.19 中的 ① 所示。

② 切线模量:某一应力级位处应力－应变曲线的斜率,如图2.19 中的 ② 所示,反映该级应力处应力－应变变化的精确关系。

③ 割线模量:以某一应力值对应的曲线上的点同起始点相连的割线的斜率,如图 2.19 中 ③ 所示,反映路基在工作应力范围内的应力－应变的平均状态。

④ 回弹模量:应力卸除阶段,应力－应变曲线的割线模量,如图 2.19 中 ④ 所示。

前三种模量取值时的应变值是包含残余应变和回弹应变在内的总应变,而回弹模量取值时已扣除残余应变后的回弹应变。因此,将前三种模量笼统地称为土的弹性模量显然是不合适的。而回弹模量能反映土所具有的那部分弹性性质,所以,在以弹性力学为理论基础的路基路面设计方法中,往往将土的回弹模量视为土的弹性模量,并且作为路基路面设计中的一项重要计算参数。

图 2.19 土的应力－应变关系曲线

(2) 土基的流变特性

土是具有流变性质的材料,路基在荷载作用下的变形不仅与荷载大小有关,而且还与荷载作用的持续时间有关。土颗粒之间力的传递以及土颗粒之间相对移动都需要一定的时间,通常在施加荷载的初始阶段,变形的大小随着荷载持续时间的延长而增大,以后逐渐趋于稳定。室内模型试验表明,回弹变形与荷载的持续时间关系不大,因而土的流变性质主要同塑性变形有关,图 2.20 表示荷载作用时间与土的回弹变形、塑性变形以及总变形的关系。

车辆在路面上行驶,车轮对路面下路基的作用时间随车辆行驶的速度变化而变化,但通常都是很小的,在这短暂的一瞬间,产生的塑性变形与静荷载长期作用下的塑性变形相比小得多。因此,一般情况下,路基的流变性质可以不予考虑。

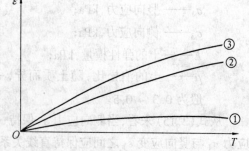

图 2.20 荷载持续时间与变形的关系
① 回弹变形;② 塑性变形;③ 总变形(① + ②)

2. 重复荷载作用下路基的变形特性

路基承受着车轮荷载的多次重复作用,每一次荷载作用时,路基产生的变形均可分为弹性变形和塑性变形两部分。弹性变形部分随着荷载的消失立即恢复,而塑性变形部分因不能恢复而形成残余变形,这种残余变形会随着荷载重复作用次数的增加而累积。但是,随着荷载重复作用次数的增加,每一次产生的塑性变形都逐渐减小。所以,它的变形累积速度是随作用次数的增加而减缓的。

路基在荷载的重复作用下产生的变形累积,最终可导致两种不同的情况。一种是土体逐渐压密,土的颗粒之间进一步靠拢,但是不会产生引起土体整体破坏的剪切面,路基被压实而稳定;另一种是荷载的重复作用造成土体的剪切变形不断发展,形成整体破坏的剪切面,最后达到破坏阶段,路基失去支承荷载的能力。

路基在荷载重复作用下的变形累积,将导致哪一种最终结果,主要取决于:
(1) 土的性质(类型)和状态(含水量、密实度、结构状态)。
(2) 重复荷载的大小,通常以相对荷载,即重复荷载产生的应力与静载极限强度之比表示。
(3) 荷载作用的速度、持续时间以及频率。
(4) 路基中侧向应力的大小。

实验证明,较干的土(相对含水量小于 0.7),在相对荷载小于 0.45 ~ 0.55 的情况下,荷载的重复作用结果将使土固结硬化;而相对荷载大于此值时,土在荷载作用下(相对含水量大于 0.7 至 0.8),要保持土体不发生破坏变形的安全相对荷载值急剧降低,对于粘性土小于 0.09,砂性土小于 0.12 ~ 0.15,粉性土不超过 0.10。

$$\lg L_N = \lg L_1 + \eta \lg N \tag{2.16}$$

或

$$L_N = L_1 N^\eta \tag{2.17}$$

式中　L_N—— 荷载作用 N 次后的总变形,m;
　　　L_1—— 荷载作用一次后的总变形,m;
　　　N—— 荷载作用次数;
　　　η—— 统计的回归系数。

路基承受着车轮荷载的重复作用,为适应这一特点,可采用重复加载的三轴压缩试验来确定土的回弹模量值。应力施加频率为每分钟 20 ~ 30 次,每次作用的持续时间为 0.1 ~ 0.2 s,按重复应力作用 600 ~ 1 000 次后的回弹应变确定回弹模量值。

3. 荷载与变形的关系

如前所述,因路基不是理想的弹性体,所以它的应力 - 应变关系曲线不呈直线关系,公式(2.14)中的模量 E 只能认为是一个条件变量,随应力 - 应变关系的发展而变化,也就是,不同的应力 - 应变状态,其模量值是不相同的。

实际工程中,荷载作用下路基内的应力沿竖向和水平方向都是变化的,因而路基内各点的模量值是各不相同的,要在路面设计理论中准确地考虑这种路基的模量变化情况,目前还有一定的困难,同时,对于路面设计来说,最关心的主要是路基表面的总变形(或总回弹变形)。因此,工程中通常采用直接研究路基表面在荷载作用下的弯沉特性,即用压入承

载板试验测定荷载 – 变形关系来研究路基的变形情况,把反映荷载 – 变形关系的模量,看作是路基一个当量的均匀模量值,由此得出的路基顶面变形量同考虑各点模量变化时所得的数值大致相同。

压入承载板试验是以一定尺寸的圆形承载板置于路基表面,逐级加荷,记录施加在承载板上的荷载及由该荷载所引起的路基沉陷变形,根据试验结果即可绘出路基顶面荷载与变形的关系曲线。图 2.21 所示是这种关系的典型情况,这种荷载与变形关系曲线,具有同土的应力 – 应变关系曲线相似的特点,卸载后仍保留部分残余变形。

压入承载板试验是路基强度试验的基本方法,通过压入承载板试验测得路基的荷载 – 回弹变形关系后,可以求得路基的回弹模量;测得路基的荷载 – 总变形关系后,可以求得路基的形变模量和地基反应模量。

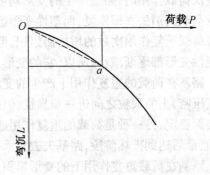

图 2.21 路基荷载与变形的关系

2.5 土基的承载能力

路基作为路面结构的基础,其抵抗车轮荷载能力的大小,主要取决于路基顶面在一定应力级位下抵抗变形的能力。路基的力学表征取决于采用何种地基模型表示路基的受力状态和性质。尽管柔性路面设计和刚性路面设计以不同的理论体系为基础,不同的设计方法有不同的假定前提,但是用于表征路基承载力的各种指标,它们的前提基本上是相同的,也就是路基在一定应力级位下的抗变形能力。目前,世界各国在路面力学计算中采用的地基模型主要是弹性半空间体地基模型和文克勒地基模型两种。前者用反映路基应力 – 变形特性的弹性模型 E 和泊松比 μ 作为路基的刚度指标;后者用地基反应模量 K 表征路基受力后的变形性质,此外,用于表征路基承载能力和进行路面设计的强度指标尚有加州承载比 CBR 值等。

2.5.1 路基回弹模量

如前所述,回弹模量能较好地反映路基所具有的部分弹性性质,所以,在以弹性半空间体地基模型表征路基的受力特性时,可以用回弹模量表示路基在瞬时荷载作用下的可恢复变形性质。但路基土在通常荷载作用下其应力应变关系是非线性的,弹性模量不是定值,而是应力状态的函数。路基回弹模量(E_0)是路面结构设计重要参数,我国公路水泥混凝土路面、沥青路面设计方法中,都以回弹模量 E_0 作为路基的刚度指标,其取值的大小对路面结构厚度有较大影响,正确地确定 E_0 是十分重要的。路基回弹模量值与土的性质、密实度、含水量、路基所处的干湿状态以及测试方法有密切的关系。为了模拟车轮荷载的作用,工程上通常采用承载板试验或弯沉测定的方法确定路基土和路面材料回弹模量值,并将这种回弹模量作为弹性模量。目前,确定路基回弹模量 E_0 的常用方法有以下几种。

1. 现场实测法

现场实测法是在不利季节,采用承载板直接在现场路基上实测 E_0 值。用于测定路基回弹模量的承载板可分为柔性与刚性两种,用柔性承载板测定路基回弹模量时,路基与承载板之间的接触压力为常量,如图 2.22(a) 所示,即

$$p(r) = \frac{P}{\pi \cdot r^2} \tag{2.18}$$

承载板的挠度 $l(r)$ 与坐标 r 有关,在柔性承载板中心处($r = 0$),其挠度可以按下式计算

$$l_{r=0} = \frac{2pa(1 - \mu_0^2)}{E_0} \tag{2.19}$$

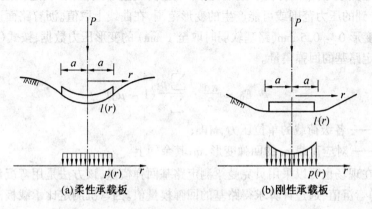

(a)柔性承载板　　　　(b)刚性承载板

图 2.22　承载板

在柔性承载板边缘处($r = a$),其挠度可以按下式计算

$$l_{r=a} = \frac{4pa(1 - \mu_0^2)}{\pi E_0} \tag{2.20}$$

因此,假如土的泊松比 μ_0 为已知值,当测得承载板中心或边缘处的变形之后,即可通过公式(2.19)或(2.20)反算得到路基回弹模量 E_0 值。

用刚性承载板测定路基回弹模量时,承载板下路基顶面的变形为等值,不随坐标 r 而变化。但是板底接触压力则随 r 值而变化,成鞍形分布,如图 2.22(b)所示,其变形 l 值和接触压力 $p(r)$ 值可分别按式(2.21)与式(2.22)计算。

$$l = \frac{2pa(1 - \mu_0^2)}{E_0} \cdot \frac{\pi}{4} \tag{2.21}$$

$$p(r) = \frac{pa}{2\sqrt{a^2 - r^2}} \tag{2.22}$$

公式(2.18) ~ (2.22)中:

　　l —— 承载板挠度,m;

　　$p(r)$ —— 接触压力,MPa;

　　r —— 计算点离承载板中心的距离,m;

　　P —— 总压力,kN;

p—— 单位压力,MPa;
a—— 承载板半径,m;
μ_0—— 路基土泊松比,根据规范选用,一般多为 0.35。

测得刚性承载板的挠度之后,即可按公式(2.21)反算路基回弹模量 E_0 值。在实际测定中,因为刚性承载板的挠度较易测量,压力较易控制,所以,刚性承载板用得较多。目前采用的现场实测方法是按照《公路路基路面现场测试规程》(JTJ059—95)的规定,采用与标准车辆轮印当量圆直径(30 cm)相当的大型承载板试验测定路基回弹模量。

承载板试验法适用于现场测定路基回弹模量。通过承载板对路基逐级加载、卸载,测出每级荷载下相应的稳定的回弹变形(弯沉),如此进行 n 级加载、卸载后,即可点绘出荷载－回弹变形的关系曲线。在多数情况下,试验曲线呈非线性。在确定模量时,可以根据路基实际受到的压力范围或可能产生的变形范围,在曲线上取值。沥青路面设计规范中规定,取回弹变形 0～0.5 mm(路基软弱时取至 1 mm)的变形压力数据,按式(2.23)进行线性归纳,确定路基的回弹模量。

$$E_0 = \frac{\pi a}{2} \cdot \frac{\sum p_i}{\sum l_i}(1 - \mu_0^2) \qquad (2.23)$$

式中　p_i—— 各级荷载的单位压力,MPa;
　　　l_i—— 对应荷载 p_i 的回弹变形,m;其余同上。

另外,在现场也可以采用贝克曼梁测定路基回弹模量,该方法是用弯沉仪测定路基各测点的回弹弯沉值,通过计算求得路基的回弹模量值。因弯沉测定比承载板法简便、快捷,可选择典型路段测试,建立路基回弹模量和回弹弯沉的相关关系,由回弹弯测值用公式(2.24)计算或检验路基回弹模量。该方法也适用于测定旧路的路基路面综合回弹模量。

$$E_0 = \frac{2pa}{l} \cdot (1 - \mu_0^2)\alpha \qquad (2.24)$$

式中　E_0—— 路基回弹模量,MPa;
　　　p—— 测定车轮胎接地压强,MPa;
　　　a—— 测定车当量圆半径,m;
　　　l—— 轮隙中心处的回弹弯沉,m;
　　　α—— 弹性半空间体双轮荷载轮隙中心处路基弯沉系数,取 0.712;
　　　μ_0—— 路基土泊松比,根据规范选用,一般多为 0.35。

路基回弹模量值测试,如果不是在最不利季节进行的,现场测得的回弹模量值不能反映地基的最不利状态时,还要考虑季节影响系数,对实测结果按式(2.25)进行修正,以模拟地基最不利状态。

$$E_0 = (E_{0s} - Z_a S)/K \qquad (2.25)$$

式中　E_0—— 路基回弹模量值,MPa;
　　　E_{0s}—— 分别为实测路基回弹模量平均值,MPa;
　　　S—— 标准差;
　　　Z_a—— 保证率系数,高速公路、一级公路为 2.0,二、三级公路为 1.645,四级公路

为 1.5;

K—— 不利季节影响系数,可根据当地经验选用。

2. 室内试验法

对于细粒土,可采用室内试验法测路基回弹模量。室内试验法有杠杆式承载板(见图 2.23(a))和路面材料强度仪(见图 2.23(b))两种方法。取有代表性土样,在室内根据最佳含水量条件用击实法制备试件。然后通过直径 50 cm 的承载板对试件进行逐级加载－卸载,测其相应回弹变形,并绘制荷载－回弹变形关系曲线,用公式(2.26)计算各级荷载作用下的回弹模量。将荷载与回弹变形关系曲线中的直线段数值计算的回弹模量作为路基土的回弹模量值 E_0。

$$E_0 = \frac{pD}{l} \cdot (1 - \mu_0^2) \frac{\pi}{4} \tag{2.26}$$

式中　E_0—— 路基土的回弹模量,MPa;

D—— 承载板直径,5 cm;

p—— 承载板压力,MPa;

l—— 对应荷载 p 的回弹变形,cm;

$\frac{\pi}{4}$—— 刚性板影响系数,取 0.712;

μ_0—— 路基土泊松比,普通路基土取 0.35,加固土取 0.25～0.3。

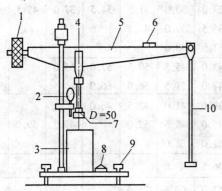

图 2.23(a)　杠杆式承载板(单位:mm)

1— 调节砝码;2— 千分表;3— 立柱;4— 加压杆;5— 水平杠杆;6— 水平气泡;7— 加压球座;8— 底座气泡

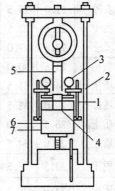

图 2.23(b)　路面材料强度仪

1— 千分表支杆;2— 表夹;3— 千分表;4— 承载板;5— 贯入杆;6— 土样;7— 试筒

室内试验结果,应考虑不利季节的影响,乘以折减系数 λ。根据设计路段路基临界高度及相应的路基干湿类型,确定代表不利季节的土基稠度值;如果调查资料不足,可按路基干湿类型,由表土基稠度建议值表和路基干湿类型表选定土基稠度值,然后从表 2.4 查得折减系数 λ。

表 2.4　折减系数

土基稠度值 w_c	$w_c \geqslant w_{c0}$	$w_{c0} > w_c \geqslant w_{c1}$	$w_c < w_{c1}$
折减系数 λ	0.90	0.80	0.70

3. 查表法

在无实测条件时,可按下述步骤由查表法确定路基回弹模量值。

(1) 确定临界高度。可根据土质、气候条件按当地经验确定。当缺乏实际资料时,路基临界高度可通过路基临界高度参考值表选用。

(2) 拟定土的平均稠度。在新建公路的初步设计中,因无法实测求得平均稠度,可根据当地经验或路基临界高度,判断各路段路基的干湿类型,利用路基干湿类型表和干湿状态的稠度建议值表论证各路段土的平均稠度值。

(3) 预测路基回弹模量。根据土类和自然区以及拟定的路基土的平均稠度,可参考表 2.5 中所列的路基回弹模量参考值预测路基回弹模量值。当采用重型击实标准时,路基回弹模量值可较表列数值提高 15% ~ 30%。

表 2.5　二级自然区划各土组土基回弹模量参考值　　　　　MPa

区划	稠度 土组	0.80	0.9	1.00	1.05	1.10	1.15	1.20	1.30	1.40	1.70	2.00
II₁	粘质土	19.0	22.0	25.0	26.5	28.0	29.5	31.0				
	粉质土	18.5	22.5	27.0	29.0	31.5	33.5					
II₂	粘质土	19.5	22.5	26.0	28.0	29.5	31.5	33.5				
	粉质土	20.0	24.5	29.0	31.5	34.0	36.5					
II₂ₐ	粉质土	19.0	22.5	26.0	2.75	29.5	31.0					
II₃	土质砂	21.0	23.5	26.0	27.5	29.0	30.0	31.5	34.5	37.0	45.5	
	粘质土	23.5	27.5	32.0	34.5	36.5	39.0	41.5				
	粉质土	22.5	27.0	32.0	34.5	37.0	40.0					
II₄	粘质土	23.5	30.0	35.5	39.0	42.0	45.5	50.5	57.0	65.0		
	粉质土	24.5	31.5	39.0	43.0	47.0	51.5	56.0	66.0			
II₅	土质砂	29.0	32.5	36.0	37.5	39.0	41.0	42.5	46.0			
	粘质土	26.5	32.0	38.5	41.5	45.0	48.5	52.0		49.5	59.0	69.0
	粉质土	27.0	34.0	42.5	46.5	51.0	56.0					
II₅ₐ	粉质土	33.5	37.5	42.5	44.5	46.5	49.0					
III₁	粉质土	27.0	36.5	48.0	54.0	61.0	68.5	76.5				
III₂	土质砂	35.0	38.0	41.5	43.0	44.5	46.0	47.5	50.5	53.5	62.0	70.0
	粘质土	27.0	31.5	36.5	39.2	41.5	44.0	46.5	52.0	57.5		
	粉质土	27.0	32.5	38.5	42.0	45.0	48.5	51.5	59.0			
III₂ₐ	土质砂	37.0	40.0	43.0	44.5	46.0	47.5	49.0	52.0	54.5	62.5	70.0
III₃	土质砂	36.0	39.0	42.5	44.0	45.5	47.0	48.5	51.5	54.5	63.0	71.0
	粘质土	26.0	30.0	34.5	36.5	38.5	41.0	46.0	47.5	52.0		
	粉质土	26.5	32.0	37.0	40.0	43.0	46.0	49.0	55.0			
III₄	粉质土	25.0	34.0	45.0	51.5	58.5	66.0	74.0				
IV₁	粘质土	21.5	25.5	30.0	32.5	35.0	37.5	40.5				

第 2 章 行车荷载、环境因素与材料的力学特性

续表 2.5

区划	稠度 土组	0.80	0.9	1.00	1.05	1.10	1.15	1.20	1.30	1.40	1.70	2.00
IV_{1a}	粉质土	22.0	26.5	32.0	35.0	37.5	40.5					
IV_2	粘质土	19.5	23.0	27.0	29.0	31.0	33.0	35.0				
	粉质土	31.0	36.5	42.5	45.5	48.5	51.5					
IV_3	粘质土	24.0	28.0	32.5	35.0	37.5	39.5	42.0				
	粉质土	24.0	29.5	36.0	39.0	42.5	46.0					
IV_4	土质砂	28.0	30.5	33.5	35.0	36.5	38.0	39.5	42.0	45.0	53.0	61.1
	粘质土	25.0	29.5	34.0	36.5	38.5	41.0	43.5				
	粉质土	23.0	28.0	33.5	136.0	39.0	42.0					
IV_5	土质砂	24.0	26.0	28.0	29.0	30.0	30.5	31.5	33.5	35.0	40.0	44.5
	粘质土	22.0	27.0	32.5	33.5	38.5	41.5	44.5				皖、
	粘质土	28.5	34.0	39.5	42.5	45.5	48.5	51.5				浙、
	粉质土	26.5	31.0	36.5	39.0	42.0	45.0					江西
IV_6	土质砂	33.5	137.0	41.0	43.0	44.5	46.5	48.5	52.0	55.5	66.5	77.0
	粘质土	27.5	133.0	38.0	41.0	44.0	46.5	50.5				
	粉质土	26.5	31.5	36.5	39.0	42.0	45.0					
IV_{6a}	土质砂	31.5	35.0	38.5	40.0	42.0	43.5	45.0	48.5	52.0	62.0	72.0
	粘质土	26.0	31.0	35.5	38.0	40.5	43.5	46.0				
	粉质土	28.0	34.5	41.0	44.5	48.5	52.0					
IV_7	土质砂	35.0	39.0	43.0	45.0	47.0	49.0	51.0	55.0	59.0	70.5	82.0
	粘质土	24.5	29.5	34.5	37.0	40.0	42.5	44.5				
	粉质土	27.5	33.5	40.0	43.5	47.5	51.0					
V_7	土质砂	27.5	31.5	35.5	37.5	39.5	41.5	43.5	58.0	52.0	65.0	78.5
	粘质土	27.0	32.0	37.0	39.0	42.5	45.5	48.0	54.0	60.0		
	粉质土	28.5	34.0	40.0	43.0	46.0	49.5	52.5	59.5			
V_1	紫色粘质土	22.5	26.0	30.0	32.0	34.0	36.0	38.0				
V_2	紫色粉质土	22.5	27.5	33.0	36.0	40.0	43.0					
V_{2a}	黄壤粘质土	25.0	29.0	33.0	35.5	37.5	40.0	42.0				
	黄壤粉质土	24.5	30.5	37.5	41.0	45.0	49.0					
V_3	粘质土	25.0	29.0	33.0	35.5	37.5	39.5	42.0				
	粉质土	24.5	30.5	37.5	41.0	45.0	48.5					
V_4 (四川)	红壤粘质土	27.0	32.0	38.0	41.0	44.0	47.0	50.5				
	红壤粉质土	22.0	27.0	32.5	35.5	38.5	41.5					
VI	土质砂	51.0	54.0	57.0	58.5	60.0	61.0	62.0	64.5	67.0	73.5	
	粘质土	33.5	37.0	41.0	42.5	44.0	45.5	47.2	50.5			80.0
	粉质土	34.0	38.0	42.0	44.0	46.0	48.0	50.0				
VI_{1a}	土质砂	52.5	55.0	58.0	59.0	60.5	61.5	62.5	65.0	67.0	73.0	79.0
	粘质土	27.0	31.0	34.5	36.0	38.0	40.0	42.0	45.5			
	粉质土	31.5	36.5	41.5	44.0	46.5	49.0	51.5				

续表 2.5

区划	稠度土组	0.80	0.9	1.00	1.05	1.10	1.15	1.20	1.30	1.40	1.70	2.00
Ⅵ$_2$	土质砂	42.0	45.5	49.0	50.5	52.0	53.5	55.5	58.5	61.5	69.0	
	粘质土	27.0	30.5	33.5	35.0	37.0	38.0	40.0	43.0	46.5		78.0
	粉质土	25.5	30.5	35.5	38.0	41.0	43.5	46.0	52.0			
Ⅵ$_3$	土质砂	46.0	50.0	53.5	55.0	56.5	58.5	60.0	63.0	66.0		
	粘质土	29.5	33.5	37.5	39.5	44.0	44.0	46.8	50.0		75.0	83.0
	粉质土	29.5	35.0	41.0	43.5	49.5	49.5	52.5				
Ⅵ$_4$	土质砂	51.0	53.5	56.5	57.5	59.0	60.0	61.0	63.5	65.5	72.0	77.5
	粘质土	28.5	32.0	36.0	37.5	39.5	41.5	43.5	47.5			
	粉质土	30.5	34.5	39.0	41.0	43.5	45.5	48.0				
Ⅵ$_{4a}$	土质砂	45.5	49.0	52.5	54.0	56.0	57.5	59.0	62.0	65.0	73.5	81.5
	粘质土	31.0	34.5	38.0	40.0	40.0	44.0	45.5	49.5			
	粉质土	33.0	38.5	44.0	47.0	47.0	52.0	56.0				
Ⅵ$_{4b}$	土质砂	49.5	52.5	155.5	57.0	58.5	59.5	61.0	63.5	65.5	72.5	78.5
	粘质土	31.0	33.0	36.5	38.0	39.5	41.0	42.5	45.5			
	粉质土	31.0	35.5	40.5	43.0	45.5	48.5	51.0				
Ⅶ$_1$	土质砂	52.0	55.0	58.0	59.5	61.0	62.0	63.5	66.0	69.0	76.0	82.5
	粘质土	26.5	31.5	36.5	39.5	42.0	45.0	48.0	54.0			
	粉质土	30.5	37.0	44.0	47.5	51.5	55.0	59.0				
Ⅶ$_2$	土质砂	48.0	51.0	54.0	55.0	56.5	58.0	59.0	61.5	64.0	71.0	77.0
	粘质土	25.5	29.5	33.0	35.0	37.0	39.0	41.5	45.5			
	粉质土	28.0	33.5	39.0	42.0	45.0	48.5	51.5				
Ⅶ$_3$	土质砂	42.5	45.5	49.0	50.5	52.5	53.5	55.0	58.0	60.5	68.5	
	粘质土	20.5	24.5	28.5	30.5	32.5	35.0	37.0	41.5			76.5
	粉质土	23.5	28.0	33.0	36.0	38.5	41.0	44.0				
Ⅶ$_4$	土质砂	47.0	50.0	53.0	54.5	56.0	57.0	58.5	61.0	63.5	70.5	77.0
Ⅶ$_{6a}$	粘质土	22.0	25.3	29.0	30.5	32.5	34.5	36.0	40.0			
	粉质土	27.0	32.5	37.5	40.5	43.5	46.0	49.0				
Ⅶ$_5$	土质砂	45.5	49.0	52.0	53.0	54.5	56.0	57.5	60.0	62.5	70.0	
	粘质土	30.0	33.0	37.5	39.5	41.5	43.5	45.0	49.0			76.5
	粉质土	32.5	38.0	43.5	46.0	49.0	51.5	54.5				

  由于水泥混凝土路面有较大的荷载扩散能力,所以路基顶面受到的压力比沥青路面要小得多。显然,水泥混凝土路面下路基更接近于弹性工作状态,其回弹模量值要比沥青路面下路基大得多。我国现行水泥混凝土路面设计方法,路基回弹模量采用了与沥青路面相同的测定方法,只是将路基与基层一并考虑,在测得基层顶面的回弹模量后,提高一定的倍数作为水泥混凝土路面下地基(路基 + 基层)的综合回弹模量值。这样取得的回弹模量值更符合水泥混凝土路面下路基的实际工作状态。

2.5.2 地基反应模量

前面介绍的路基回弹模量是表征弹性半空间体地基荷载与变形的关系,地基反应模量是表征文克勒地基的变形特性。文克勒地基模型是前捷克斯洛伐克工程师文克勒 1876 年提出的,其基本假定是地基上任一点的变形 l 仅与作用于该点的压力 p 成正比,而与相邻点处的压力无关。反映压力与变形值关系的比例常数 K 称为地基反应模量,即

$$K = \frac{p}{l} \tag{2.27}$$

式中　　K——地基的反应模量,MPa/m;
　　　　p——单位压力,MPa;
　　　　l——变形值,m。

根据上述假定,可以把地基看作是无数彼此分开的小土柱组成的体系,或者是无数互不相联的弹簧体系,如图 2.24 所示。文克勒地基又可称为稠密液体地基,地基反应模量 K 相当于液体的密度,地基反力相当于液体的浮力。

地基反应模量 K 值,用刚性承载板试验测定,通过逐级加载测定相应的总变形值,得到荷载 – 变形曲线,如图 2.25 所示。由于路基变形的非线性特性,K 值随所受的压力(或变形)而变化。为了使所确定的地基反应模量值有代表性,通常有两种作法:当地基较软弱时,取 $l = 0.127$ cm 时相对应的压力 p 计算地基反应模量;当地基较为坚硬时,取单位压力 $p = 0.07$ MPa 时相对应的变形值 l 计算地基反应模量。

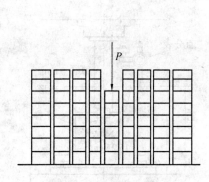

图 2.24　文克勒地基模型

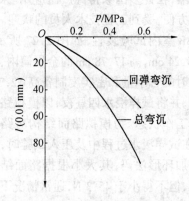

图 2.25　荷载 – 回弹弯沉曲线

试验表明,地基反应模量值受承载板直径影响较大。承载板直径越小,K 值越大。但当直径 $D \geq 76$ cm 时,D 的变化对 K 值影响较小,如图 2.26 所示。所以,测定 K 值的承载板试验规定采用 76 cm 直径的承载板。当采用 30 cm 直径承载板进行试验时,测得的 K 值按式(2.28)进行修正。

$$K_{76} = 0.4 K_{30} \tag{2.28}$$

地基反应模量 K 应在现场测定,由于受季节的限制,现场测得的 K 值不能反映地基的最不利状态时,还要按式(2.29)进行修正,以模拟地基最不利状态。即

$$K_s = \frac{d_u}{d_s} K_u \quad (2.29)$$

式中 K_u——现场测得的地基反应模量，MPa/m；

K_s——最不利状态时的地基反应模量，MPa/m；

d_u——与现场实测时密实度、含水量相当的试件，在0.07 MPa荷载下的沉降值，m；

d_s——上述试件浸水饱和后在相同荷载作用下的沉降值，m。

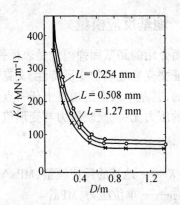

图2.26 地基反应模量同承载板直径关系

文克勒地基模型由于假设简单，K值测试方便，被广泛采用，但这种地基模型有明显的缺点，它忽略了地基中剪应力的存在，与实际情况出入较大。

2.5.3 加州承载比CBR

加州承载比CBR(California Bearing Ration)是美国加利福尼亚州提出的一种评定路基及路面材料承载能力的试验方法。以材料抵抗局部荷载压入变形的能力表征承载能力，以与标准碎石的承载能力的相对值百分数表示CBR值。由于CBR的试验方法简单，设备造价低廉，在许多国家得到广泛应用。采用CBR法确定沥青路面厚度，有配套的图表，应用十分方便，受到工程技术人员的欢迎。

CBR室内试验装置，如图2.27所示。在直径15.24 cm，高17.78 cm的金属筒内，按路基施工时的含水量和密实度制备高12.70 cm的试样，并将试样浸水四昼夜，以模拟路基的最不利工作状态。为模拟路面结构对路基的作用，在试样浸水过程中及压入试验时，在其顶面施加环形法码，其大小根据路面结构状况确定，但不得小于45.3 N，通常情况下采用111.2 N，压入的金属圆柱压头底面积为19.35 cm²。

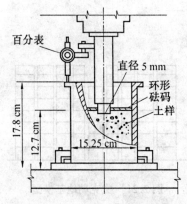

图2.27 室内CBR试验装置

试验时，荷载按试件顶面每分钟压入变形0.127 cm的速度施加，记录每压入0.254 cm时的单位压力p值，直至压入变形量达到1.270 cm时为止。CBR值按式(2.30)计算。

$$CBR = \frac{p}{p_0} \times 100\% \quad (2.30)$$

式中 p——试件材料在一定贯入值情况下的单位压力，MPa；

p_0——标准碎石在相同贯入值情况下的单位压力(MPa)，由试验测得，见表2.6。

表 2.6　贯入试验标准压力

贯入值 /cm	0.254	0.508	0.762	1.016	1.270
标准压力 /MPa	7.03	10.55	13.36	16.17	18.23

计算 CBR 值的贯入值在一般情况下取 0.254 cm,当贯入值为 0.254 cm 时的 CBR 值小于贯入值 0.508 cm 值时,应当采用后者为准。

CBR 值还可以直接在野外测定,试验方法基本上与室内试验相同,但其压入试验直接在路面进行。野外试验所得的 CBR 值有时与室内试验值不一致,这与试验时两者的侧向限制条件不完全相同有关,这对粗颗粒材料影响大一些。对于粘性土只要含水量和密实度相同试验结果是一样的。应该注意的是室内试验时试件是饱水的,而野外实验时路基是处于施工时的湿度状态。因此,应对含水量的差别进行修正,才能建立两者的关系。

2.6　路面材料的力学强度特性

路面所用的材料,按其不同的形态及成型性质大致可分为三类:① 松散颗粒型材料及块料;② 沥青结合料类;③ 无机结合料类。这些材料按不同的成型方式(密实型、嵌挤型和稳定型)形成各种结构层。由于材料的基本性质和成型方式不同,各种路面结构层具有不同的力学强度特性。

路面材料在车轮荷载和环境因素的作用下所表现出的力学强度特性,对路面的使用品质和使用寿命有重大影响。因此,深刻理解路面材料的力学强度特性将有助于正确判别路面各种病害的真实成因,同时将有助于正确理解路面设计方法基本原理的特殊背景。

2.6.1　抗剪强度

路面结构层因抗剪强度不足而产生破坏的情况有以下三种:① 路面结构层厚度较薄,总体刚度不足,车轮荷载通过薄层结构传给土基的剪应力过大,导致路基路面整体结构发生剪切破坏;② 无结合料的粒料基层因层位不合理,内部剪应力过大而引起部分结构层产生剪切破坏;③ 面结构的材料抗剪强度较低,如高气温条件下的沥青面层、级配碎石面层等,经受较大的水平推力时,面层材料产生纵向或横向推移等各种剪切破坏。

按摩尔(Mohr-Coulumb)强度理论,材料的抗剪强度包括摩擦阻力和粘结力两部分。摩擦阻力同作用在剪切面上的法向正应力成正比;粘结力为材料固有性质,与法向正应力无关,即

$$\tau = c + \sigma \tan \varphi \tag{2.31}$$

式中　τ——抗剪强度,kPa;

　　　c——材料的粘结力,kPa;

　　　σ——法向正应力,kPa;

　　　φ——材料的内摩阻角,(°)。

c 和 φ 是表征路面材料抗剪强度的两项参数,可以通过直接剪切试验,给出 τ-σ 曲线后,按式(2.31)确定。对于松散粒料无法进行直剪试验时,可以由三轴压缩试验,绘制摩

尔圆和相应的包络线,按式(2.31)直接关系近似确定 c、φ 值,如图 2.28 所示。由于三轴试验较接近实际受力状态,因此得到广泛应用。三轴试验试件的直径应大于集料中最大粒径的 4 倍,试件的高度和直径之比不小于 2。目前普遍使用的试件直径为 10 cm,高为 20 cm,粒料最大粒径不应大于 2.5 cm。

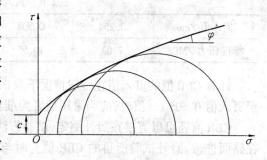

图 2.28 三轴试验确定 c,φ

沥青混合料经受剪切时,除了矿质颗粒之间存在摩擦阻力之外,还有粒料与沥青的粘结力以及沥青膜之间的粘滞阻力共同形成抗剪强度。因此,沥青混合料的抗剪强度与沥青的粘度、用量、试验温度、加荷速率等因素有关。混合料中的矿质粒料因有沥青涂敷,其摩擦阻力比纯粒料有所下降;沥青含量越多,φ 值下降越多,而集料级配良好,富有棱角时,有助于提高摩阻角。

2.6.2 抗拉强度

沥青路面、水泥混凝土路面及各种半刚性基层在气温急骤下降时产生收缩,水泥混凝土路面和各种半刚件基层在大气湿度变化时,产生明显的干缩变形,这些收缩变形受到约束阻力时,将在结构层内产生拉力,当材料的抗拉强度不足以抵抗上述拉应力时,路面结构会产生拉伸断裂。

路面材料的抗拉强度主要由混合料中结合料的粘结力所提供,可以采用直接拉伸或间接拉伸试验,测绘应力－应变曲线,取曲线的最大应力值为抗拉强度。

直接拉伸试验(见图 2.29)是将混合料制成圆柱形试件,试件两端粘结在有球形铰结的金属盖帽上,通过安装在试件上的变形传感器,测定试件在各级拉应力下的应变值。

间接拉伸试验,即劈裂试验,是将混合料制成圆柱形试件,直径为 D,高度为 h(见图 2.30),试验时通过压条,沿直径方向按一定的速率施加荷载,直至试件开裂破坏。抗拉强度由下式计算确定

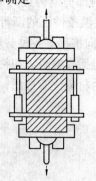

图 2.29 直接拉伸试验

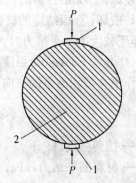

2.30 间接拉伸试验
1—压条;2—试件

$$\sigma_t = \frac{2P}{\pi h D} \tag{2.32}$$

式中　σ_t——混合料的抗拉强度，kPa；
　　　P——实验最大荷载，kN；
　　　h,D——试件的高度和直径，m。

劈裂试验试件尺寸（h,D）的大小与混合料集料的最大粒径有关。用于沥青混合料的试件尺寸与用于半刚性材料的试件尺寸不一样，可在有关试验规程中查阅。

水泥混凝土劈裂抗拉强度测试采用边长为 150 mm 的立方块试件，抗拉强度按式(2.33)计算

$$\sigma_t = \frac{2P}{\pi A} \tag{2.33}$$

式中　A——试件劈裂面面积，m²。

沥青混合料是温度敏感性材料，其抗拉强度与温度有关。通常，随着试验温度增高，抗拉强度减小；随着温度降低，抗拉强度增大。

2.6.3　抗弯拉强度

用水泥混凝土、沥青混合料以及半刚性路面材料修筑的结构层，在车轮荷载作用下，处于受弯曲工作状态。由车轮荷载引起的弯拉应力超过材料的抗弯拉强度时，材料会产生弯曲断裂。

路面材料的抗弯拉强度，大多通过简支小梁试验进行评定。小梁截面边长的尺下效应不小于混合料中集料最大粒径的 4 倍，通常采用三分点加载（见图 2.31）。材料的抗弯拉强度 σ_t 按下式计算

$$\sigma_t = \frac{Pl}{bh^2} \tag{2.34}$$

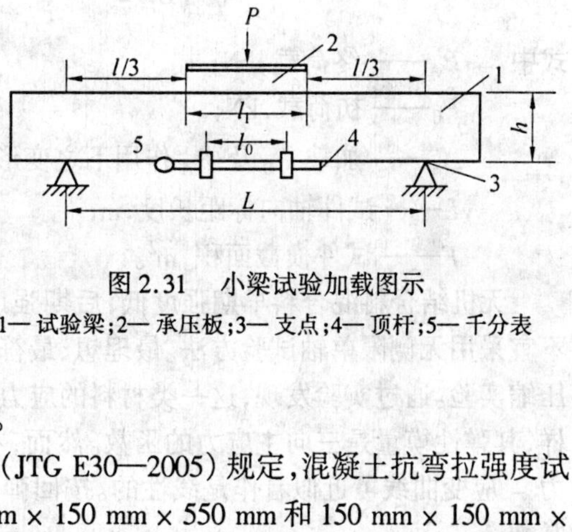

图 2.31　小梁试验加载图示
1—试验梁；2—承压板；3—支点；4—顶杆；5—千分表

式中　P——破坏荷载，kN；
　　　l——支点间距，m；
　　　b,h——试件截面的宽度和高度，m。

《公路工程水泥及水泥混凝土试验规程》(JTG E30—2005) 规定，混凝土抗弯拉强度试件尺寸有 100 mm × 100 mm × 400 mm、150 mm × 150 mm × 550 mm 和 150 mm × 150 mm × 600 mm 三种。

2.6.4　应力-应变特性

路面结构在车轮荷载作用下的应力、应变和位移量，不仅同荷载的量级有关，还取决于路面材料的应力-应变特性。

用于基层和底基层的无结合碎料、砾石材料无法通过成型试件直接测试应力-应变特性，可以由三轴压缩试验所得到的应力-应变关系曲线求得表征其应力-应变特性的回弹模量 E_{r0}。经试验发现，它的应力-应变特性具有明显的非线性特征，即弹性模量 E_r 随偏应力 $\sigma_d(\sigma_1-\sigma_3)$ 的增大而减小，随侧压力 σ_3 的增大而增大（见图 2.18）。根据大量试

验,碎、砾石材料的回弹模量值可以用下列形式表示

$$E_r = K_1 \theta^{K_2} \qquad (2.35)$$

式中　θ——三向主应力之和,kPa;

K_1、K_2——回归常数,同材料性质有关。

由回归分析得到,一般情况下碎石集料的 K_1 变动于 7.0 ~ 15.7 之间;K_2 变动于 0.46 ~ 0.64 之间。

碎、砾石材料的回弹模量值同材料的级配、颗粒形状、密实度等因素有关,取值范围为 100 ~ 700 MPa。通常,密实度越高,模量值越大;颗粒棱角多,模量高;细料含量不多时,含水量的影响很小。

水泥混凝土以及用无机结合料处治的混合料,经捣实成型,并养护一定期限之后具有一定的强度,因此研究这一类材料的应力 - 应变特性,可以采用规则试件进行测定。常用的试验方法有三种,即单轴试验、三轴试验和小梁试验。

水泥混凝土混合料抗压强度和抗压弹性模量测定用的单轴试验取 150 mm × 150 mm × 300 mm 的直角棱柱体试件。先测定抗压强度,然后取同样的试件施加 40% 的抗压强度用于测定抗压回弹模量,用传感器或千分表记录轴向压缩变形量。混凝土的抗压弹性模量按式(2.36)计算

$$E_r = \frac{P_A - P_0}{F} \times \frac{L}{\Delta_a} \quad (\text{kPa}) \qquad (2.36)$$

式中　P_A——终荷载,kN;

P_0——初荷载,kN;

Δ_a——加载 P_0 及 P_A 作用下之变形差,m;

L——试件轴向标距长度,m;

F——试件横截面积,m^2。

无机结合料混合料早期强度低,后期强度高。在早期,测定其应力 - 应变特性关系,不宜采用无侧限单轴试验方法。最理想、最符合路面结构实际工作状态的试验方法为三轴压缩实验。通过实验发现,这一类材料的应力 - 应变关系曲线呈现出非线性特征,同土一样,其弹性模量是三向主应力的函数。然而,在应力级位较低时(低于极限应力 50%),应力 - 应变曲线可近似看作是线性的。按回弹应变量确定的回弹模量值,可以近似看作为常数。

在不具备三轴压缩试验条件时,可以采用室内承载板法测定无机结合料混合料早期抗压回弹模量。用于承载板法试验的试件取直径 × 高 = 150 mm × 150 mm,承载板直径 37.4 mm,面积 11 cm^2。试验时取承载板的单位压力 200 ~ 700 kPa,分级加载,同时记录承载板的沉降量,回弹模量值按式(2.37)计算

$$E_r = \frac{\pi p D}{4l}(1 - \mu^2) \qquad (2.37)$$

式中　p——承载板单位压力,kPa;

D——承载板直径,m;

l——相应于单位压力 p 的回弹变形,m;

μ——泊松系数，可取 0.25。

水泥混凝土路面与无机结合料处治的混合料基层，在车轮荷载作用下处于弯曲受力状态，在结构分析时，采用相应的计算参数抗折弹性模量。测量抗折弹性模量所用的试件尺寸与测量抗折强度时所用的小梁试件相同，加载方法也相同。取抗折强度对应荷载的 50% 作为最大荷载，加载时同时记录小梁跨中的挠度。抗折弹性模量按式(2.38)计算

$$E_{\mathrm{b}} = \frac{23L^3(P_{0.5} - P_0)}{1\,296J \mid \Delta_{0.5} - \Delta_0 \mid} \tag{2.38}$$

式中　$P_{0.5}, P_0$——终荷载及初荷载，kN；
　　　$\Delta_{0.5}, \Delta_0$——对应于 $P_{0.5}$ 及 P_0 的跨中挠度，m；
　　　L——试件支座间距，m；
　　　J——试件断面转动惯量，$J = \frac{1}{12}bh^3$，m^4；
　　　b, h——梁的宽与高，m。

沥青混合料应力-应变特性的测试方法与以上各种材料所用的方法相类似，在低温条件下可以用单轴试验或小梁试验，在高温条件下，由于沥青材料的温度敏感性强，用三轴压缩试验更能符合实际受力状态。

沥青混合料的应力-应变特性同上述材料有很明显的不同。由于混合料中的沥青材料具有依赖于温度和加荷时间的粘-弹性性状，因此，沥青混合料在荷载作用之下的应力-应变也具有随温度和荷载作用时间而变化的特性。

对沥青混合料进行三轴压缩试验，在不变应力的作用下，可以得出应变同应力作用时间的关系曲线，如图 2.32 所示。其中图 2.32(a) 为施加应力比较小的情况，一部分应变 ε_0 在施荷的同时立即产生，而卸荷后这部分应变又立即消失，这是沥青混合料的弹性应变，应力同应变成正比关系。另一部分应变 ε_v 随加荷延长而增加，卸荷后随时间而逐渐消失，这是沥青混合料的粘弹性应变。这种现象说明，当沥青混合料受力较小，且力的作用时间十分短暂时，基本上处于弹性状态并兼有弹粘性性质。图 2.32(b) 为施加应力较大的情况，这时，除了瞬时弹性应变及滞后弹性应变之外，还存在着随时间而发展的近似直线变化的粘性和塑性流动。卸荷后这部分应变不再能恢复而成为塑性应变。这说明，当沥青混合料受力较大，且力的作用时间较长时，应力-应变关系呈现出弹性，弹-粘性和弹-粘-塑性等不同性状。

由于沥青混合料的力学特性受温度与加荷时间的影响较大，因此不能像其他材料那样用一个常量弹性模量来表征沥青混合料的应力-应变特性关系。

考虑到温度与加荷时间对沥青混合料力学特性的影响，用劲度模量 $S_{t,T}$ 表征其应力-应变关系。沥青混合料的劲度模量是在给定温度和加荷时间条件下的应力-应变关系参数，用式(2.39)表示

$$S_{t,T} = \left(\frac{\sigma}{\varepsilon}\right)_{t,T} \tag{2.39}$$

式中　$S_{t,T}$——劲度模量，kPa；
　　　σ——施加的应力，kPa；

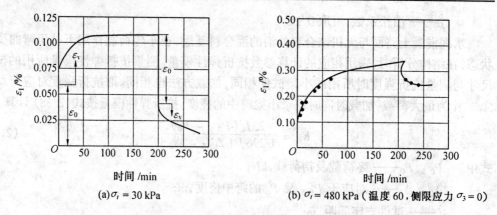

(a) $\sigma_t = 30$ kPa

(b) $\sigma_t = 480$ kPa（温度 60，侧限应力 $\sigma_3 = 0$）

图 2.32　沥青混合料压缩蠕变试验

ε——总应变；
t——荷载作用时间，s；
T——混合料试验温度，℃。

沥青混合料的劲度模量实质上就是在特定温度与特定加荷时间条件下的常量参数。由图 2.33 所示的沥青劲度试验曲线可以看出，当加荷时间短或温度较低时，曲线接近水平，表明材料处于弹性状态；而加荷时间很长或温度较高时，则表现为粘滞性状态；中间过渡段兼有弹-粘性状态。各种温度条件下的曲线形状有相似性，只是在水平方向有一个时间间隔，这表明温度对劲度的影响与加荷时间对劲度的影响具有等效互换性。利用这一个重要性质可以广泛研究它的各项性能以及相互之间的关系。

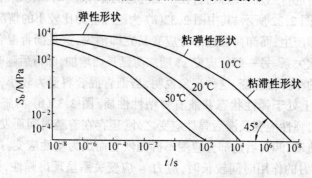

图 2.33　沥青劲度随时间和温度的变化曲线

沥青的劲度可以通过试验，运用范德普（VanderPoel）诺谟图确定。沥青混合料的劲度模量可以根据当地的自然和交通条件，选择恰当的试验温度和加荷时间，用单轴压缩、三轴压缩或小梁试验方法进行测定。试验时除了记录施加的各级荷载和相对应的变形之外，同时记录各级荷载的加荷时间和试验温度。模量的计算方法，可根据式（2.39）的定义，采用各试验方法对应的算式计算确定。

2.7　路面材料的累积变形与疲劳特性

路面结构在整个使用寿命期内，经受着车轮荷载千百万次的重复作用。由于荷载重复作用,引起的路面结构破坏的极限状态,完全不同于其他结构物由于使用期内可能出现的最大极限荷载引起的破坏极限状态。路面结构在荷载应力重复作用下,可能出现的破坏极限状态有两类:第一类,若路面材料处于弹塑性工作状态,则重复荷载作用将引起塑性变形的累积,当累积变形超出一限度时,路面使用功能将下降至允许限度以下,出现破坏极限状态;第二类,路面材料处于弹性工作状态,在重复荷载作用之下虽不产生塑性变形,但是结构内部将产生微量损伤,当微量损伤累积达到一定限度时,路面结构发生疲劳断裂,出现破坏极限状态。累积变形与疲劳破坏这两种破坏极限的共同点就是破坏极限的发生不仅同荷载应力的大小有关,而且同荷载应力作用的次数有关。

水泥混凝土路面从完工通车开放使用,即处于弹性工作状态,因此在重复荷载作用之下,出现疲劳破坏;沥青路面在低温环境中,基本上处于弹性工作状态,因此出现疲劳破坏,而在高温环境中,处于弹塑性工作状态,因此出现累积变形。在季节性温差很大的地区,沥青路面兼有疲劳破坏和累积变形两种极限状态。无机结合料处治的半刚性路面材料,尽管在早期(1~3个月)处于低塑性的弹塑性状态,但是为了这个期限之后基本处于弹性状态,因此,在使用期间,主要的极限状态是疲劳破坏;以粘土为结合料的碎、砾石路面,由于混合料中的细粒粘土受大气湿度影响,因此路面结构处于弹塑性状态,塑性变形的累积是极限状态的主要形式。

2.7.1 累积变形

路面结构在车轮荷载重复作用下因塑性变形累积而产生沉陷或车辙,是路面结构的主要病害。这种永久性的变形是路基路面各结构层材料塑性变形的综合。它不仅同荷载的大小、作用次数以及路基土的性状有关,也受路面各结构层材料变形特性的影响。

1. 碎、砾石混合料

碎、砾石混合料在重复应力作用下的塑性变形累积规律同细粒土相似,图 2.34 所示是一种级配良好的混合料的重复加载试验结果。由图可见,当偏应力 σ_d 低于某一数值时,塑性变形随作用次数增加而增加,且逐渐趋向稳定。重复次数大于 10^4 次后,达到平衡状态,平衡状态的应变量同 σ_d/σ_3 的比值大小有关。当偏应力较大时,塑性变形量随作用次数增加而不断增长,直至破坏。

级配不良、颗粒尺寸单一的混合料,在应力重复作用很多次以后,塑性变形仍有增大

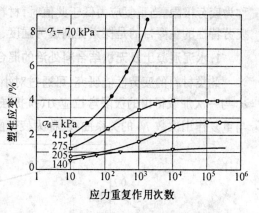

图 2.34 良好级配碎石混合料的变形累积

趋势。含有细粒过多的混合料,由于混合料密实度降低,变形累积过大,因此均不宜用于修筑路面。

2. 沥青混合料

沥青混合料在重复应力作用下变形累积过程的研究,可利用单轴压缩试验或重复作

用三轴压缩试验来进行。两种试验方法所得的累积应变 - 时间关系的规律基本一致。

图 2.35 所示为一密实型沥青碎石混合料经受重复三轴试验的结果。由图可以看出塑性应变量随重复作用次数的增加而增加的情况。温度越高，塑性应变累积量越大。许多试验结果表明，在同一温度条件下，控制累积应变量的是加荷时间的总和，而不仅是重复作用的次数；加荷频率以及应力循环的间隔时间对累积应变 - 时间关系的影响不大。

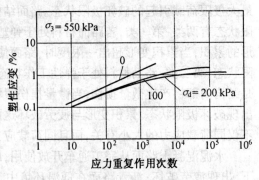

2.35 密实型沥青混合料的变形累积

影响累积变形的因素，除了温度、施加应力大小以及加荷时间之外，同集料的状况也有关系。有棱角的集料比圆角的集料能获得较高的劲度模量，因此累积变形量较小；密实级配的沥青混合料比开级配沥青混合料的累积变形量小；此外压实的方法、压实的程度对变形累积的规律都有一定影响。

2.7.2 疲劳特性

对于弹性状态的路面材料承受重复应力作用时，可能在低于静载一次作用下的极限应力值时出现破坏，这种材料强度的降低现象称为疲劳。疲劳的出现，是由于材料微结构的局部不均匀，诱发应力集中而出现微损伤，在应力重复作用之下微量损伤逐步累积扩大，终于导致结构破坏，称为疲劳破坏。

出现疲劳破坏的重复应力值（即疲劳强度），随重复作用次数的增加而降低。有些材料在应力重复作用一定次数（如 $10^6 \sim 10^7$ 次）后，疲劳强度不再下降，趋于稳定值，此稳定值称为疲劳极限。当重复应力低于此值时，材料可经受无限多次的作用而不出现破坏。研究疲劳特性的主要目的是探索提高疲劳强度，延长路面使用年限，为路面设计提供参数。

1. 水泥混凝土及无机结合料处治的混合料

此类材料的疲劳性能研究，可通过对小梁试件施加重复应力来进行。将重复弯拉应力 σ_r 与一次加载得出的极限弯拉应力（抗折强度）σ_f 值之比称为应力比。绘制应力比（σ_r/σ_f）与重复作用次数 N_f 的关系曲线，称为疲劳曲线，如图 2.36 所示。

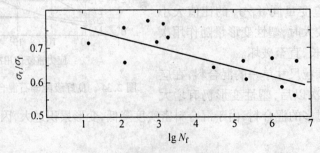

图 2.36 水泥混凝土疲劳试验曲线

由图 2.36 所示的疲劳曲线，可发现如下规律。

(1) 随着应力比的增大,出现疲劳破坏的重复作用次数 N_f 降低。

(2) 当重复应力级位相同时,N_f 的变动幅度较大,表明试验结果离散,但其概率分布基本符合对数正态分布,因此,若要得到可靠的均值必须进行大量的试验。

(3) 通过回归分析,可得到描述应力比和作用次数关系的疲劳方程。在半对数坐标纸上,$N_f = 10^2 \sim 10^7$ 之间呈直线形,可用式(2.40)表征

$$\frac{\sigma_r}{\sigma_f} = \alpha - \beta \lg N_f \tag{2.40}$$

式中 α, β —— 由试验确定的系数,与混凝土的性质和试验条件有关。

(4) 当重复作用次数为 $N_f = 10^7$ 时,应力比 $\sigma_r/\sigma_f = 0.55$,此时尚未发现有疲劳现象。

(5) 当应力比 $\sigma_r/\sigma_f < 0.75$ 时,重复应力施加的频率对试验结果(即疲劳方程)的影响很微小。

无机结合料处治的混合料其疲劳特性同水泥混凝土相类似,但疲劳方程的系数 α 和 β 值则有所不同,疲劳极限明显比水泥混凝土低。

2. 沥青混合料

沥青混合疲劳特性的室内试验可以用简支小梁弯拉试验或圆柱体间接拉伸试验等方法进行。由于沥青混合料的劲度模量较低,在应力反复加荷过程中,试件的受力状态不断发生变化,为此根据不同的要求有两种试验方法:控制应力试验和控制应变试验。

控制应力试验是在试验过程中保持荷载或应力值始终不变,而应变量的增长速率不断增加;控制应变试验,是在试验过程中不断调节所施加的荷载或应力值,使应变量始终保持不变。在试验中材料的劲度仍不断下降,保持不变应变量所需要的力不断减小,如图2.37 所示。

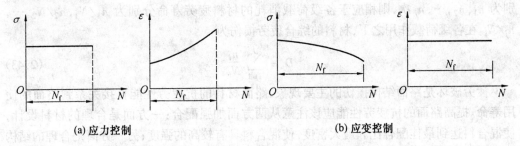

(a) 应力控制   (b) 应变控制

图 2.37 控制应力和控制应变疲劳试验

控制应力试验,材料的疲劳破坏往往以试件出现断裂为标志。控制应变试验,并不会出现明显的疲劳破坏现象,可以以劲度模量下降到初始模量值的 50% 作为疲劳破坏的标准。在条件相同的试验中,控制应变试验所得到的材料疲劳寿命比控制应力试验所得的结果大得多。

采用控制应力试验方法得到的 σ_r 和疲劳破坏作用次数 N_f,在双对数坐标上呈直线型,即可以用以下方程估算材料的疲劳寿命。

$$N_f = A\left(\frac{1}{\sigma_r}\right)^b \tag{2.41}$$

$$N_f = C\left(\frac{1}{\epsilon_r}\right)^d \tag{2.42}$$

式中 A、C、b、d——由试验得到的回归常数,与混合料性质,温度和其他试验条件有关。

采用控制应变试验方法,也可得到同式(2.39)相似的疲劳方程。但是从试验结果看来,有同控制应力试验方法相反的规律,即随着温度的升高(即劲度降低),材料的疲劳寿命反而增加。

行驶在路面上的车辆,对路面施加的是轴载和接触压力,不是变形,从这个意义来看,整个路面结构受应力控制,因而对于较厚的沥青面层,它的强度在路面结构体系中起主要作用,应采用控制应力试验方法;而对于较薄的沥青面层,它本身不发挥承重层作用,而是随基层共同产生位移,宜采用控制应变试验方法。莫尼史密斯(Monismith)等人提出,厚面层厚度的下限约为15 cm,薄面层厚度的上限约为5 cm,处于两者之间的厚度,可采取其中任何一种方法进行试验。

3. 曼诺(Miner)定律

在疲劳试验中,为了简化,通常都采用单一不变的应力或应变作为重复加载的基本模式。而实际路面受到的是重力不同的车辆荷载,要把室内单一加荷基本模式得到的疲劳方程式应用于路面结构分析,还需要解决如何综合不同荷载的疲劳作用问题。

目前,常用曼诺在研究金属疲劳时所作出的假定来处理以上的问题。各级荷载作用下材料所出现的疲劳损坏可以线性叠加:假设某一级荷载 P_i 用 N_i 次后使材料达到疲劳破坏,则该级荷载作用一次相当于消耗了材料疲劳寿命的 $1/N_i$。现有 $P_1, P_2, \cdots, P_j$ 级荷载,分别作用 $N_1, N_2, \cdots, N_j$ 次后,材料均可达到疲劳破坏,而实际上各级荷载的作用次数分别为 $n_1, n_2, \cdots, n_j$ 次,则相应于各级荷载消耗的材料疲劳寿命分别为 $n_1/N_1, n_2/N_2, \cdots, n_j/N_j$。在各级荷载作用之下,材料的综合疲劳损伤为

$$D = \sum_{i=1}^{j} \frac{n_i}{N_i} \tag{2.43}$$

疲劳破坏是路面结构损伤的主要现象,路面材料的抗疲劳性能直接关系到路面的使用寿命。提高路面的抗疲劳性能应该注意从两方面加强配合:一方面是合理的材料设计,使混合料达到最佳配合比和最大密度,使混合料具有较高的强度;另一方面是合理的结构设计,使得各结构层的层次与厚度达到理想的程度,在车辆荷载作用之下,确保结构层的最大应力和应力比在控制范围以内。

习 题

1. 我国的标准车载相关参数有哪些?
2. 轮胎传压面当量圆直径的计算?
3. 路基工作区的影响因素有哪些?
4. 表达地基承载力的参数有哪些?
5. 路面材料的类型有哪些?
6. 疲劳、疲劳破坏、疲劳极限、应力比、曼纳定律的概念。

第3章 一般路基设计

3.1 路基设计概述

3.1.1 路基设计的一般要求

一般路基通常指在良好的地质与水文等条件下,填方高度和挖方深度不超过路基设计规范允许范围的路基。通常认为一般路基可以结合当地的地形、地质情况,直接选用典型断面图或规范规定,不必进行个别论证和验算。对于超过规范规定的高填、深挖路基,以及地质和水文等条件特殊的路基,为确保路基具有足够的强度与稳定性、优选出经济合理的横断面,需要进行个别设计。

路基是路面的基础,是公路工程的重要组成部分,它暴露在大自然中长期承受着路基土的自重的路面结构的重量,同时还承受着由路面传递下来的行车荷载的反复作用,因此路基必须具有足够的强度、稳定性和耐久性。

公路路基是条形带状结构,由于天然地面高低起伏,路基的标高也不相同。路基设计之前,应做好全面调查研究,充分收集沿线地质、水文、地形、地貌、气象、地震等设计资料,贯彻因地制宜、就地取材的原则,执行有关环境保护的政策法规,根据路线平、纵、横设计,精心布置,确定标高,为路面结构提供具有足够宽度的平顺基面。改建公路,还应收集历年路况资料及当地路基的翻浆、崩坍、水毁等病害的防治经验。

山岭、重丘区的路基设计,应根据当地自然条件,特别是工程地质条件,选择适当的路基横断面形式和边坡坡度。在地形陡峻和不良的地质地段,不宜破坏天然植被和山体平衡;在狭窄的河谷地段不宜侵占河床,可视具体情况设置其他结构物和防护工程。

路基设计,一般宜移挖作填,当出现大量弃方或借方时,应配合农田水利建设和自然环境等进行综合设计。应根据公路所在地区的自然因素与地质条件,设计完善的排水设施和防护工程,采取经济有效的病害防治措施。陡坡上的半填半挖路基,可根据地形、地质条件,采用护肩、砌石或挡土墙;当山坡高陡或稳定性差,不宜多挖时,可采用旱桥、悬出露台等构造物;在悬崖陡壁地段,如山体岩石整体性好,可采用半山洞。分离式路基应处理好与整体式路基的相互衔接和边坡的防护,设置完善的排水设施,并与自然景观相协调。

沿河浸水路段的路基,其边缘标高应不低于路基设计洪水频率的水位加雍水高度、波浪浸袭高度,以及0.5 m的安全高度。各级公路路基设计洪水频率应符合表3.1的规定。并根据冲刷情况,设置必要的防护设施;废方应妥善处理,以免造成河床堵塞、河流改道或冲毁沿线构造物、农田、房屋等不良后果。

表 3.1 路基设计洪水频率

公路等级	高速公路	一级公路	二级公路	三级公路	四级公路
设计洪水频率	1/100	1/100	1/50	1/25	按具体情况确定

为了确保路基在外界因素作用下,有足够的强度与稳定性,不产生异常的变形,在路基的整体结构中还必需有完善的各项附属设施。其中有路基排水、路基防护与加固,以及与路基工程直接相关的设施,弃土堆、取土坑、护坡道、碎落台、堆料坪及错车道等。

行车荷载在路基内产生的附加应力主要作用于路槽下 0～80 cm 范围。此部分路基按其作用可视为路面结构的路床,其强度与稳定性要求,可根据路基路面综合设计的原则确定。坚固的路基,不仅是路面强度与稳定性的重要保证,而且能为延长路面使用寿命创造有利条件,所以路基路面的综合设计至为重要。

季节性冰冻地区工程地质、水文地质不良地段,应采用水稳定性好的材料填筑路堤,或用粒料换填处理,对于高速公路、一级公路应结合防治冻害和翻浆的具体措施,进行路基、路面、排水等综合设计。

3.1.2 路基典型的横断面及其设计要点

通常根据公路路线设计确定的路基标高与天然地面标高是不同的,当路基设计标高低于天然地面标高时,需进行挖掘;当路基设计标高高于天然地面标高时,需进行填筑。由于填挖情况的不同,路基横断面的典型形式,可归纳为路堤、路堑和填挖结合等三种类型。路堤是指全部用岩土填筑而成的路基,路堑是指全部在天然地面开挖而成的路基,此两者是路基的基本类型。当天然地面横坡大,且路基较宽,需要一侧开挖而另一侧填筑时,为填挖结合路基,也称为半填半挖路基。在丘陵或山区公路上,填挖结合是路基横断面的主要形式。

另外,路基横断面还分为整体式和分离式。整体式路基是指上行线下行线边界为一体的路基,地形条件允许时应是首选的形式。分离式路基是指上行线与下行线之间有一定地表间隔的路基,地形较陡、路基较宽时,为了减小对自然的破坏,避免高填方或深挖方及由此产生的高大边坡,可将路基设计成分离式路基。

路基横断面形式应与沿线自然环境相协调,避免因深挖、高填对其造成不良影响。根据公路等级、技术标准,结合当地地形、地质、水文、填挖等情况选用。高速公路、一级公路宜采用浅挖、低填、缓边坡的路基断面形式。

1.路堤

图 3.1 所示为路堤的几种常见横断面形式。路堤按填土高度的不同,可分为矮路堤、一般路堤和高路堤。

一般填土高度小于 1.0～1.5 m 的,属于矮路堤(见图 3.1(a));将填土高度在 1.5～18 m 范围内的土路堤或 1.5～20 m 范围内的石质路堤称为一般路堤(见图 3.1(b));填土高度大于 18 m 的土质路堤或大于 20 m 的石质路堤为高路堤。另外,根据路基所处的条件和加固类型的不同,还有浸水路堤、护脚路堤及挖沟填筑路堤等形式。

矮路堤常在平坦地区取土困难时选用。平坦地区地势低,水文条件较差,易受地面水和地下水的影响,设计时应注意满足最小填土高度的要求。力求不低于使路基处于干燥或中湿状态的临界高度。为保证路基的强度和稳定性,路基两侧均应设边沟。

矮路堤的填土高度通常接近或小于路基工作区的深度,因此,除填方路堤本身要满足规定的施工要求外,天然地面也应按规定进行压实,达到规定的压实度,必要时对不良的地表进行换土或加固处理,改善路基水文状况,提高地基的承载能力。

填方高度 $h = 2 \sim 3$ m 时,填方数量较少,全部或部分填方可以在路基两侧取土,可将路基两侧设置的取土坑与排水沟渠结合。为保护填方坡脚不受流水侵害,保证边坡稳定,可在坡脚与沟渠之间预留 $1 \sim 2$ m 甚至大于 4 m 宽度的护坡道(见图 3.1(e))。地面横坡较陡时,为防止填方路堤沿山坡向下滑动,应将天然地面挖成台阶(见图 3.1(f)),或设置石砌护脚路堤(见图 3.1(d))。

高路堤的填方数量大,占地多,为使路基稳定和横断面经济合理,需进行个别设计,高路堤和浸水路堤的边坡可采用上陡下缓的折线形式(见图 3.1(c))或台阶形式,如在边坡中部设置 $1 \sim 2$ m 宽的护坡道。为防止水流侵蚀和冲刷坡面,高路堤和浸水路堤的边坡,须采取适当的坡面防护和加固措施,如种草、铺草皮、加铺土工格栅和砌石等。

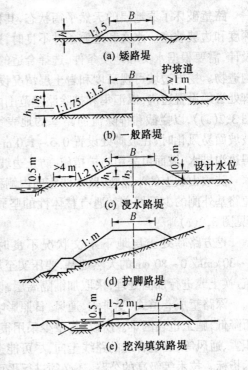

图 3.1 路堤常用断面形式

2.路堑

图 3.2 所示是路堑的几种常见横断面形式,有全挖路基、台口式路基和半山洞路基。

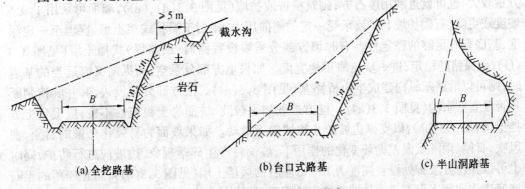

图 3.2 路堑常用横断面形式

路堑破坏了原地层的天然平衡状态,其稳定性主要取决于地质与水文条件,以及边坡深度和边坡坡度。水文和地质条件不良时,边坡稳定性较低,路基的病害较多。所以路堑设计,需要根据水文和地质条件,选择合适的边坡形式和边坡坡度,必要时设计加固防护构造物。挖方边坡可视高度和岩土层情况设置成直线、折线或台阶形式。挖方边坡的坡脚处必须设置边沟,以汇集和排除路基范围内的地表径流。路堑的上方应设置截水沟(见图3.2(a)),以拦截和排除流向路基的地表径流。挖方弃土可堆放在路堑的下方。当边坡坡面易风化时,在坡脚处设置0.5~1.0 m的碎落台,防止碎落的土石直接进入边沟,阻碍边沟排水;坡面可采用防护措施,防止边坡因降雨造成水土流失。

陡峻山坡上的半路堑,路中线宜向内侧移动,尽量采用台口式路基(见图3.2(b)),避免路基外侧的少量填方。遇有整体性的坚硬岩层,为节省石方工程,可采用半山洞路基(见图3.2(c))。

挖方路基处土层地下水文状况不良时,可能导致路面的破坏,所以对路堑以下0~30 cm或0~80 cm的天然地基,要压实至规定的压实度,必要时还应翻挖,重新分层填筑、换土或进行加固处理,采取加铺隔离层,设置必要的排水设施。

深路堑成巷道式,受排水、通风、日照影响,病害多于路堤,行车视野受限,景观环境有所降低,施工也较困难。所以,尽量少采用很深的长路堑。必需采用路堑时,要兼顾日照、积雪、通风等,确定合理的路线走向,尽可能选用大半径平竖曲线及缓和的纵、横坡度等技术指标。技术等级高的公路,还必须进行平面、纵断面线形的组合设计,使道路景观与周围环境协调,以改善路堑段的行车条件。

3.半填半挖路基

图3.3所示是半填半挖路基的几种常见横断面形式。

位于山坡上的路基,通常取路中心的标高接近原地面的标高,以便减少土石方数量,保持土石方数量横向平衡,形成半填半挖路基。若处理得当,路基稳定可靠,是比较经济的断面形式。

半填半挖路基兼有路堤和路堑两者的特点,上述对路堤和路堑的要求均应满足。填方部分的原地面横坡陡于1:5时,土质地表应挖台阶(见图3.3(a)、(b)),石质地表应凿毛;填方部分的局部路段,如遇原地面的短缺口,可采用砌石护肩(见图3.3(c))。如果填方量较大,也可就近利用废石方,砌筑护坡或护墙(见图3.3(d)、(e)),墙面可采用1:0.5坡度或更陡,石砌护坡和护墙承受一定的侧向压力,相当于简易式挡土墙,应埋至一定深度,基底具有足够的稳定性。有时填方部分需要设置路肩(或路堤)式挡土墙(见图3.3(f)),确保路基稳定,进一步压缩用地宽度。如果填方部分悬空,而纵向又有适当的基岩时,则可以沿路基纵向建成半山桥路基(见图3.3(g))。挖方部分应设边沟,并酌情判断是否设置截水沟(见图3.3(a))。挖方边坡如果较陡,坡面岩土稳定性不良,应设置上方挡土墙(图3.3(b)),以支撑边坡防止边坡向下滑动。如果坡面为易风化松散的岩土,在风吹、日晒、雨淋及温差循环变化的作用下,坡面将产生碎落现象,边坡应进行防护,同时也可以在挖方坡脚处设置高度为1.0 m左右的矮挡土墙(见图3.3(b)),防止碎落的土石堵塞边沟或落入行车道。从路基稳定性需要,较陡山坡的路基宁挖勿填或多挖少填;在陡峭山坡上,尤其是沿溪线,为减少石方的开挖数量,避免大量的废方阻塞浮流,有时又需要

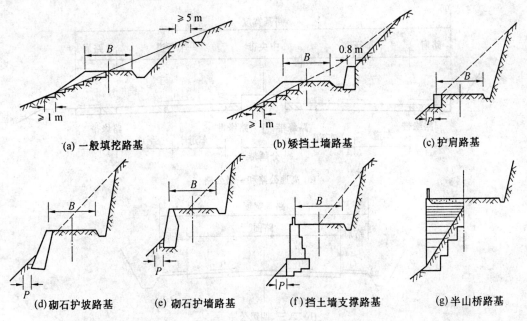

图 3.3 半填半挖路基的几种常用横断面形式

少挖多填。因此,挖填结合的路基,在选定路线和线形设计时,应进行路线平、纵、横综合设计,择优确定断面形式。

上述三类典型路基横断面形式,各具特点,分别在一定条件下使用。由于地形、地质、水文等自然条件差异性很大,且路基位置、横断面尺寸及要求等,亦应服从于路线、路面及沿线结构物的要求,所以路基横断面类型的选择,必需因地制宜、综合设计。

3.2 路基的横断面设计及路基的附属设施

3.2.1 路基的横断面设计

1.路基宽度

路基宽度为行车道宽度与两侧路肩宽度之和,当设有中间带、加(减)速车道、爬坡车道、紧急停车带、错车道等时,应计入这些部分的宽度。路面供机动车行驶;路肩为保护路面稳定,并兼供错车、临时停车、行人和非机动车通行。路面宽度根据设计通行能力及交通量大小而定,一般每个车道宽度为 3.50～3.75 m。路肩宽度由公路等级和混合交通情况而定,最小每侧为 0.5 m,技术等级高的公路及城镇近郊的一般公路,路肩宽度尽可能增大,一般取 1～3 m,并铺筑硬质面层,以保证路面行车不受干扰。各级公路路基宽度按《公路工程技术标准》(JTG B01—2003)或有关技术规范的规定进行设计,如图 3.4 所示。各级公路路基宽度值可参照表 3.2 选取,某些特殊地质条件下,需要采用特殊横断面形式的路基时,应根据具体情况进行设计。

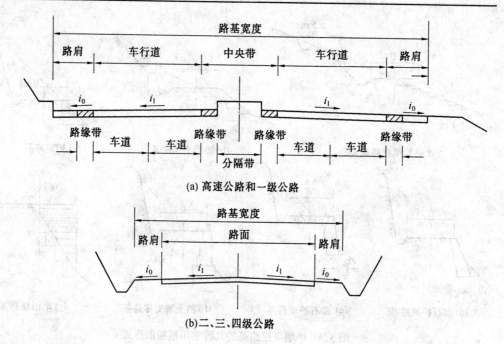

图 3.4 公路路基宽度图

表 3.2 公路路基宽度

公路等级		高速公路、一级公路							
设计速度/(km·h⁻¹)		120			100			80	60
车道数		8	6	4	8	6	4	6	4	4
路基宽度/m	一般值	45.00	34.50	28.00	44.00	33.50	26.00	32.00	24.50	23.00
	最小值	42.00	—	26.00	41.00	—	24.50	—	21.50	20.00
公路等级		二级公路、三级公路、四级公路								
设计速度/(km·h⁻¹)		80	60	40	30	20				
车道数		2	2	2	2	2 或 1				
路基宽度/m	一般值	12.00	10.00	8.50	7.50	6.50（单车道）	4.50（单车道）			
	最小值	10.00	8.50							

注：①"一般值"为正常情况下的采用值；"最小值"为条件受限制时可采用的值。
②八车道高速公路基宽度"一般值"为设置左侧硬路肩、内侧车道采用 3.50 m 时的宽度；
八车道高速公路路基宽度"最小值"为不设置左侧硬路肩、内侧车道采用 3.75 m 时的宽度。

路基占用土地，是公路通过农田或用地受限制地区时的突出问题。建路占地必需综合规划，统筹兼顾，讲究经济效益，农业与交通相互促进。公路建设应尽可能利用非农业用地，少占农田。高速公路局部路段可选用高架道路，以桥代路。山坡路基应尽量使填挖平衡，扩大和改善林业用地，保护林区牧地，防止水土流失，维护生态平衡。减少高填深挖，利用植物防护，绿化与美化路基，严防因修筑路基而使路基附近地段遭受损害。路基宽,对行车有利,但土方工量大,对自然环境破坏严重,工程造价也高,所有这些,在路基设计与施工过程中,亦应予以综合考虑。

2.路基高度

路基高度是指路堤的建筑高度和路堑的开挖深度,是路基设计标高和原地面标高之差。新建公路的路基设计标高为路基边缘标高,在设置超高、加宽地段,则为设置超高、加宽前的路基边缘标高;改建公路的路基设计标高可与新建公路相同,也可采用路中线标高。设有中央分隔带的高速公路、一级公路,其路基设计标高为中央分隔带的外侧边缘标高。

由于原地面沿横断面方向往往是倾斜的,因此在路基宽度范围内,两侧的高差常有差别。路基高度是指路基中心线处设计标高与原地面标高之差。而路基两侧边坡的高度是指填方坡脚或挖方坡顶与路基边缘的相对高差,所以路基高度有中心高度与边坡高度之分。

路基的填挖高度,是在路线纵断面设计时,综合考虑路线纵坡要求、路基稳定性和工程经济等因素确定的。从路基的强度和稳定性要求出发,路基上部土层应处于干燥或中湿状态,路基高度应根据临界高度并结合公路沿线具体条件和排水及防护措施确定路堤的最小填土高度。

路堤填土的高矮和路堑挖方的深浅可按《公路路基设计规范》(JTG D30—2004)的规定,使用常规的边坡高度值,作为高矮深浅的依据。通常将大于 18 m 的土质路堤和大于 20 m 的石质路堤视为高路堤,将大于 20 m 的路堑视为深路堑。

高路堤和深路堑的土石方数量大,占地多,施工困难,边坡稳定性差,行车不利,应尽量避免使用,不得已而一定要用时,应进行个别特殊设计。

为保证路基稳定,应尽量满足路基临界高度的要求,若路基高度矮,低于按地下水位或地面积水位计算的临界高度,可视为矮路堤。矮路堤通常处于行车荷载应力作用区范围内,同时经受着地面和地下水不利水温状况的影响。有时为了增强路基路面的综合强度与稳定性,需要另外增加投资加强路面结构或增设地下排水设施。究竟如何合理确定路基的高度,需要进行综合比较后才可择优取用。

3.路基边坡

公路路基的边坡坡度,可用边坡高度 H 与边坡宽度 b 之比值表示,并取 $H=1$,如图 3.5 所示,$H:b=1:0.5$(路堑边坡)或 $1:1.5$(路堤边坡),通常用 $1:n$(路堑)或 $1:m$(路堤)表示其坡率,称为边坡坡率。

路基边坡坡度的大小,取决于边坡的土质、岩石的性质及水文地质条件等自然因素和边坡的高度。在陡坡或填挖较大的路段,边坡稳定不仅影响到土石方工程量和施工的难易,而且是路基整体稳定性的关键。因此,确定边坡坡度对于路基的稳定性和工程的经济合理性至关重要,是路基设计的重要任务。一般路基的边坡坡度可根据多年工程实践经验和设计规范推荐的数值采用,特殊路基的边坡坡度宜通过边坡稳定性验算确定。

(1)路堤边坡

路堤边坡坡率可根据填料种类、边坡高度和工程地质条件确定。当地质条件良好,边

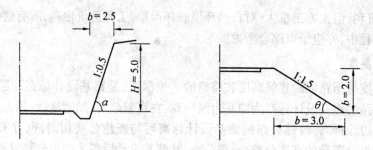

图 3.5 路基边坡坡度示意图

坡高度不大于 20 m 时，边坡坡率不宜陡于表 3.3 所列的规定值。

表 3.3 路堤边坡坡度表

填料种类	边坡坡度	
	上部高度($H ≤ 8$ m)	下部高度($H ≤ 12$ m)
细粒土	1:1.5	1:1.75
粗粒土	1:1.5	1:1.7
巨粒土	1:1.3	1:1.5

当路堤边坡高度超过 20 m 时，边坡形式宜采用台阶形，边坡坡率应按稳定性分析计算确定。浸水路堤在设计水位下的边坡坡率不宜陡于 1:1.75。

当公路沿线有大量天然石料或路堑开挖的废石方时，可用以填筑路堤。填石路堤边坡坡度一般可用 1:1，边坡坡面应选用大于 25 cm 的不易风化的石块进行台阶式码砌，码砌厚度为 1~2 m。填石路堤高度不宜超过 20 m。当易风化岩石及软质岩石用做填料时，应按土质路堤边坡设计。

陡坡上的路基填方可采用当地不易风化的开山片石砌筑（见图 3.6）。砌石不小于 0.8 m，基底面以 1:5 的坡率向路基内侧倾

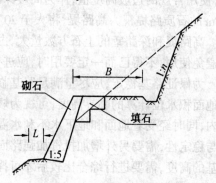

图 3.6 砌石路基

斜，砌石高度不宜超过 15 m。砌石的襟边宽度 L 按表 3.4 确定，砌石的内外坡度和砌石高度按表 3.5。

表 3.4 襟边宽度(L)

地基地质情况	襟边宽度 L/m	地基地质情况	襟边宽度 L/m	地基地质情况	襟边宽度 L/m
弱风化的硬质岩石	0.2~0.6	强风化岩石或软质岩石	0.6~1.5	密实的粗粒土	1.0~2.0

为提高砌石的稳固性,砌石顶部 0.5 m 高度范围内应采用 M5 水泥砂浆砌浆。砌石路基每隔 15~20 m 设一道伸缩缝。

在地震地区,应参照《公路工程抗震设计规范》(JTJ 04—89)的有关规定。对于高速公路和一级公路的路堤,边坡高度大于表 3.6 的规定时,应放缓边坡坡度。

表 3.5 砌石边坡坡度表

序号	砌石高度/m	内坡坡度	外坡坡度
1	≤5	1:0.3	1:0.5
2	≤10	1:0.5	1:0.67
3	≤15	1:0.6	1:0.75

表 3.6 路堤边坡高度限制值   m

填 料	基本烈度	
	8	9
岩块和细粒土(粉性土和有机质土除外)	15	10
粗粒土(细砂、极细砂除外)	6	3

(2)路堑边坡

路堑是在天然地表上人工开挖出来的路基结构物,设计路堑边坡时,首先应从地貌和地质构造上判断其整体稳定性。在遇到工程地质或水文地质条件不良的地层时,应尽量使路线避绕它,而对于稳定的地层,则应考虑开挖后,是否会由于减少支承、坡面风化加剧而引起失稳。

影响路堑边坡稳定的因素较为复杂,除了路堑深度和坡体土石的性质之外,地质构造特征、岩石的风化和破碎程度、土层的成因类型、地面水和地下水的影响、气候条件等都会影响路堑边坡的稳定性,在边坡设计时,必须全面考虑各种影响因素,综合确定路堑边坡坡度。

土质(包括粗粒土)路堑边坡设计,应根据工程地质与水文地质条件、边坡高度、排水措施、施工方法,并结合路线附近自然稳定边坡和人工边坡的调查及力学分析综合确定。当边坡高度不大于 20 m 时,边坡坡率不宜陡于表 3.7 的规定值。土的密实程度按表 3.8 确定。

表 3.7 土质路堑边坡坡率

土的类别	边坡坡率	
黏土、粉质黏土、塑性指数大于 3 的粉土	边坡坡率	
中密以上的中砂、粗砂、砂砾、卵石土、碎石土、圆砾土、角砾土	$H<15$ m	15 m$\leq H<30$ m
Ⅰ类 未风化、微风化	1:0.1~0.3	1:0.1~0.3
Ⅰ类 弱风化	1:0.1~0.3	1:0.3~0.5

续表3.7

土的类别		边坡坡率	
Ⅱ类	未风化、微风化	1:0.1~1:0.3	1:0.3~1:0.5
	弱风化	1:0.3~1:0.5	1:0.5~1:0.75
Ⅲ类	未风化、微风化	1:0.3~1:0.5	
	弱风化	1:0.5~1:0.75	
Ⅳ类	弱风化	1:0.5~1:1	
	强风化	1:0.75~1:1	

注:黄土、红黏土、高液限土、膨胀土等特殊土挖方边坡按《公路路基设计规范》(JTG D30—2004)的有关规定确定。

表3.8 土的密实程度划分

分级	试坑开挖情况
较松	铁锹很容易铲入土中,试坑坑壁容易坍塌
中密	天然坡面不易陡立,试坑坑壁有掉块现象,部分需用镐开挖
密实	试坑坑壁稳定,开挖困难,土块用手使力才能破碎,从坑壁取出大颗粒处能保持凹面形状
胶结	细粒土密实度很高,粗颗粒之间呈弱胶结,试坑用镐开挖很困难,天然坡面可以陡立

岩石路堑边坡坡度应对照相似工程的成功经验,根据岩石特性、地质构造、岩石的风化破碎程度、边坡高度、地下水及地面水等因素,综合分析确定。一般情况下,当边坡高度不大于30 m时,无外倾软弱结构面的岩石路堑边坡可参照表3.9、表3.10、表3.11确定。对于有外倾软弱结构面的岩质边坡、坡顶附近有较大荷载的边坡、边坡高度超过表3.9规定范围的边坡,其坡率应按有关规定通过稳定性分析计算确定。

表3.9 岩质路堑边坡率

边坡岩体类型	风化程度	边坡坡率	
		$H < 15$ m	$15 \text{ m} \leqslant H < 30$ m
Ⅰ类	未风化、微风化	1:0.1~1:0.3	1:0.1~1:0.3
	弱风化	1:0.1~1:0.3	1:0.3~1:0.5
Ⅱ类	未风化、微风化	1:0.1~1:0.3	1:0.3~1:0.5
	弱风化	1:0.3~1:0.5	1:0.5~1:0.75
Ⅲ类	未风化、微风化	1:0.3~1:0.5	
	弱风化	1:0.5~1:0.75	
Ⅳ类	弱风化	1:0.5~1:1	
	强风化	1:0.75~1:1	

注:①有可靠的资料和经验时,可不受本表限制。
②Ⅳ类强化包括各类风化程度的极软岩。

表 3.10 岩质边坡的岩体分类

边坡岩体类型 \ 判定条件	岩体完整程度	结构面结合程度	结构面产状	直立边坡自稳能力
Ⅰ	完整	结构面结合良好或一般	外倾结构面或外倾不同结构面的组合线倾角大于75°或小于35°	30 m高边坡长期稳定,偶有掉块的边坡欠稳定
Ⅱ	完整	结构面结合良好或一般	外倾结构面或外倾不同结构面的组合线倾角35°~75°	边坡出现局部塌落
Ⅱ	完整	结构面结合差	外倾结构面或外倾不同结构面的组合线倾角大于75°或小于35°	边坡出现局部塌落
Ⅱ	较完整	结构面结合良好或一般或差	外倾结构面或外倾不同结构面的组合线倾角小于35°,有内倾结构面	边坡出现局部塌落
Ⅲ	完整	结构面结合差	外倾结构面或外倾不同结构面的组合线倾角35°~75°	8 m高的边坡稳定,15 m高的边坡欠稳定
Ⅲ	较完整	结构面结合良好或一般	外倾结构面或外倾不同结构面的组合线倾角35°~75°	8 m高的边坡稳定,15 m高的边坡欠稳定
Ⅲ	较完整	结构面结合差	外倾结构面或外倾不同结构面的组合线倾角大于75°或小于35°	8 m高的边坡稳定,15 m高的边坡欠稳定
Ⅲ	较完整(破裂镶嵌)	结构面结合良好或一般	结构面无明显规律	8 m高的边坡稳定,15 m高的边坡欠稳定
Ⅳ	较完整	结构面结合差或很差	外倾结构面以层面为主,倾角多为35°~75°	8 m高的边坡不稳定
Ⅳ	不完整(散体、碎裂)	碎块间结合很差		8 m高的边坡不稳定

注:①边坡岩体分类中未含由软弱结构面控制的边坡和倾倒崩塌型破坏的边坡。
②当Ⅰ类岩体为软岩、较软岩时,应降为Ⅱ类岩体。
③当地下水发育时,Ⅱ、Ⅲ类岩体可视具体情况降低一档。
④强风化岩和极软岩可划分Ⅳ类岩体。
⑤表中外倾结构面系指倾向与坡向的夹角小于30°的结构面。

表 3.11　岩体完整程度划分

岩体完整程度	结构面发育程度	结构类型	完整性系数 K_V
完整	结构面 1~2 组,以构造节理或层面为主,密闭型	巨块状整体结构	>0.75
较完整	结构面 2~3 组,以构造节理或层面为主,裂隙多呈密闭型,部分为微张型,少有充填物	块状结构、层状结构、镶嵌碎裂结构	0.35~0.75
不完整	结构面大于 3 组,在断层附近受构造作用影响较大,裂隙以张开型为主,多有充填物,厚度较大	碎裂状结构、散体结构	<0.35

注:①完整性系数 $K_V = \left(\dfrac{V_R}{V_P}\right)^2$,$V_R$——弹性纵波在岩体中的传播速度;$V_P$——弹性纵波在岩块中的传播速度。
②镶嵌碎裂结构为碎裂结构中碎块较大且相互咬合、稳定性相对较好的一种结构。

由于地表岩层和自然条件,以及路基构造要求与形式变化极大,岩石路堑边坡率难以定型,表 3.9 所列数值为一般条件下的经验数值,运用时应结合当地的工程地质和水文条件,参考各地现有自然稳定的山坡和人工成型稳定的山坡,加以对比选用。必要时应进行个别设计和稳定性验算,采用排水和护坡与加固等技术措施。

对高速公路、一级公路,当挖方为软质、风化岩层及土质边坡时,可根据坡面稳定状况和碎落情况设置挡土墙或矮墙或进行坡面防护,并应考虑绿化与工程措施相结合。容易产生碎落的风化破碎岩石、软质岩石、砾(碎石)等地段的挖方路基,应在边沟外侧设置碎落台。碎落台高度与路肩平齐,宽度不宜小于 1 m,高速公路、一级公路边坡高度超过 12 m 时,碎落台宽度不宜小于 2 m。

在地震地区的岩石路堑边坡坡率应参考《公路工程抗震设计规范》(JTJ 004—89)规定。当岩石路堑边坡高度超过 10 m 时,边坡坡度应按表 3.12 采用。

表 3.12　高度超过 10 m 的岩石路堑边坡坡度

岩石种类	基本烈度	
	8	9
风化岩石	1:0.6~1:1.5	1:0.75~1:1.5
一般岩石	1:0.1~1:0.5	1:0.2~1:0.6
坚石	1:0.1~直立	1:0.1~直立

3.2.2　路基的附属设施

除排水及防护与加固工程外,与一般路在工程有关的附属设施有取土坑、弃土堆、护坡道、碎落台、堆料坪、错车道及护拦等。设置这些附属设施,是确保路基的强度,稳定性和行车安全的有效措施。这些附属设施也是路基的组成部分,是路基设计的内容之一,正确合理地设置附属设施是十分重要的。

1.取土坑与弃土堆

路基土石方的挖填平衡,是公路路线设计的基本原则之一,但往往难以做到完全平衡。土石方数量经过合理调配后,不可避免地在全线还会出现借方和弃方(又称废方)。路基土石方的借或弃,首先要合理选择地点,即确定取土坑或弃土堆的位置。选点时要兼顾土质、数量、用地及运输条件等因素,还必须结合沿线区域规划,因地制宜,综合考虑,维护自然平衡,防止水土流失,做到借之有利、弃之无害。借方所形成的取土坑或弃土堆,要求尽量结合当地地形,力争得以充分利用,并注意外形规整、弃堆稳固。对高等级公路或位于城郊附近的干线公路,尤应注意。

平坦地区,如果用土量较少,可以沿路两侧设置取土坑,与路基排水和农田灌溉相结合。路旁取土坑,大致如图 3.7 所示,深度约 1.0 m 或稍大一些,宽度依用土数量和用地允许而定。为防止坑内积水危害路基,当堤顶与坑底高差不足 2.0 m 时,在路基坡脚与坑之间需设宽度≥1.0 m 的护坡平台,坑底设纵横排水坡及相应设施。

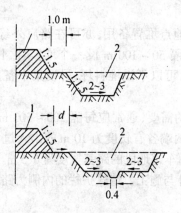
图 3.7 取土坑示意图
1—路堤;2—取土坑

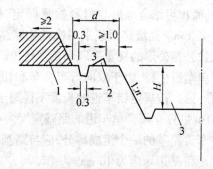
图 3.8 弃土堆示意图
1—弃土堆;2—平台与三角土块;3—路堑

河水淹没地段的桥头引道近旁,一般不设取土坑,如设取土坑要距河流中水位边界 10 m 以外,并与导治结构物位置相适应。此类取土坑要求水流畅通,不得长期积水危及路基或构造物的稳定。

路基开挖的废方,应尽量加以利用,如用以加宽路基或加固路堤,填补坑洞或路旁洼地,亦可兼顾农田水利或基建等所需,不得任意倾倒,做到变废为用,弃而不乱,并采取必要的防护。

废方一般选择路旁低洼地,就近弃堆。当地面横坡缓于 1∶5 时,弃土堆可设在路堑两侧,地面较陡时,宜设在路基下方。沿河路基爆破后的废石方,往往难以远运,条件许可时可以部分占用河道,但要注意河道压缩后,不致壅水危及上游路基及附近农田等。

如图 3.8 所示为路旁弃土堆一例,要求堆弃整平,顶面具有适当横坡,并设平台、三角土块及排水沟,宽度 d 与地面土质有关,最少 3.0 m,最大可按路堑深度加 5.0 m,即 $d \geq H + 5.0$ m。积砂或积雪地段的弃土堆,宜有利于防砂防雪,可设在迎面一侧,并具有足够距离。弃土堆一般可堆成梯形横断面,边坡不应陡于 1:1.5,并应与周围环境相协调。

2. 护坡道与碎落台

护坡道是保护路基边坡稳定性的措施之一,设置的目的是加宽边坡横向距离,减小边坡平均坡度。护坡宽度最少为 1.0 m,护坡道越宽,越有利于边坡稳定,但宽度大,则工程数量亦随之增加。因此,设计时要兼顾边坡稳定性与经济合理性。通常护坡道宽度 d,视边坡高度 h 而定,当 $h \geqslant 3.0$ m 时,$d = 1.0$ m;当 $h = 3.0 \sim 6.0$ m 时,$d = 2.0$ m;当 $h = 6.0 \sim 12.0$ m 时,$d = 2.0 \sim 4.0$ m。

护坡道一般设在挖方坡脚处,边坡较高时亦可设在边坡上方及挖方边坡的变坡处。浸水路基的护坡道,可设在浸水线以上的边坡上。

碎落台设于土质或石质土的挖方边坡坡脚处,主要供零星土石碎块下落时临时堆积,以保护边沟不致阻塞,亦有护坡的作用。碎落台宽度一般为 1.0~1.5 m,如兼有护坡作用,可适当放宽。高速公路、一级公路边坡高度超过 12 m 时,碎落台宽度不宜小于 2 m。碎落台上的堆积物应定期清理。

3. 堆料坪与错车道

路面养护用矿质材料,可就近选择路旁合适地点堆置备用,亦可在路肩外缘设堆料坪,其面积可结合地形与材料数量而定,例如,每隔 50~100 m 设一个堆料坪,长约 5~8 m,宽 2 m。高级路面或采用机械化养路的路段,可以不设堆料坪,另设集中备用料场,以维护公路外形的视觉平顺和景观优美。

单车道公路,由于双向行车会车和相互避让的需要,通常应每隔 200~500 m 设置错车道一处。按规定错车道的长度不得短于 30 m,两端各有长度为 10 m 的出入过渡段,中间 10 m 供停车用。单车道的路基宽度为 4.5 m,而车道地段的路基宽度为 6.5 m。错车道是单车道路基的一个组成部分,应与路基同时设计与施工。墙式护栏的内侧为路肩边缘,外侧距路基边缘应为 10 cm。

4. 护栏

护栏是公路附属的安全设施。不封闭的各级公路,当路堤高度大于或等于 6 m,以及急弯、陡峻山坡、桥头引道等危险路段应设置护栏。设置护栏路段的路基,一侧应加宽 0.5 m,以保持设置护栏后的路肩宽度。护栏分墙式和柱式两种。重力式挡土墙、砌石、填石路基应采用墙式护栏;其他情况可设置柱式护栏。墙式护栏应采用浆砌片(块)石或混凝土块砌筑,宽 40 cm,高出路肩 50~60 cm,每段长 200 cm,净间距 200 cm。墙式护栏应用 M7.5 水泥浆砌筑、抹面,外涂白色。

柱式护栏中心距内侧路肩边缘应为 20 cm,距外侧路基边缘应为 30 cm。柱式护栏宜采用钢筋混凝土制作,直径为 15~20 cm,高出路肩 70~80 cm,埋深约 70 cm。柱式护栏中心距,在平曲线路段为 200 cm,直线段为 300 cm。柱式护栏应用涂料标出红白相间的条纹或加反光材料标识。

高速公路、一级公路,当设置防撞护栏、防撞墙或护索时,其设置要求按现行颁布的《高速公路交通安全设施及施工技术规范》规定处理。

3.3 路基排水设计

3.3.1 概述

1. 排水的目的与要求

路基路面的强度与稳定性同水的关系十分密切。路基路面的病害很多,形成的原因很多,但水是主要的因素之一,因此路基路面设计、施工、养护中应十分重视路基路面排水工程。

根据水源的不同,影响路基路面的水源可分为地面水和地下水,与此相应的排水工程为地面排水设施和地下排水设施。

地面水包括大气降水、江河湖海里的水及水库水。地面水对路基产生冲刷和渗透,冲刷可导致路基整体稳定性受损坏,渗透使土体过湿降低路基强度。

地下水包括上层滞水、潜水及层间水等,它们对路基的损坏轻者使路基湿软,降低强度,重者引起冻胀、翻浆、边坡滑坍、路基整体滑动。

路基排水设计的目的是拦截路基上方的地面水和地下水,迅速汇集基身内的地面水,把它们导入排水管道,并通过桥梁等将其排泄到路基下方。对于路基下方,则应采取措施妥善处理路基上方排汇下来的水流或路基下方水道里的水流,防止冲刷路基坡脚。

路基排水的任务就是把路基范围内的土基湿度降低到一定范围,保持路基常年处于干燥状态,确保路基路面具有一定的强度与稳定性。

路基路面设计时,必需考虑将影响路基路面稳定性的地面水排除和拦截于路基用地范围以外,并防止地面水漫流、滞积或下渗。对影响路基稳定性的地下水,则应予以隔断、疏干和降低,并引导到路基范围以外的适当地点。

路基路面施工时首先应校核全线范围内的排水系统设计是否合理完备,必要时予以补充,应重视排水工程的质量和使用效果。

路基路面养护中应对排水设施定期检查与维修,保证排水设施正常使用,水流畅通,并据具体情况不断改善路基路面的排水条件。

2. 路基排水设计的一般原则

(1)排水设计要因地制宜、全面规划、因势利导、综合治理、讲究实效、注意经济,并充分利用有利地形和自然水系。一般情况下地面和地下设置的排水沟渠,宜短不宜长,以使水流不过于汇集,做到及时疏散,就近分流。

(2)各种路基排水沟渠的设置,应注意与农田水利相配合,必要时可适当增设涵管孔径,以防农业用水影响路基稳定,并做到路基排水有利于农田排灌。路基边沟一般不应用作农田灌溉渠道,两者必需合并使用时,边沟的断面应加大,并予以加固,以防止水流危害路基。

(3)设计前必须进行调查研究,查明水源与土质条件,重点路段要进行排水系统的全面规划,考虑路基排水与桥梁布置相配合、地下排水与地面排水相配合、各种排水沟渠的平面布置与竖向布置相配合,做到综合治理和分期修建。对于排水困难和地质不良的地段,还应与路基防护加固相配合,并进行特殊设计。

(4)路基排水要注意防止附近山坡的水土流失,尽量不破坏天然水系,不轻易合并自然沟渠和改变水流性质,尽量选择有利地质条件布设人工沟渠,减少排水沟渠的防护与加固工程。对于重点路段的主要排水设施以及土质松软和纵坡较陡地段的排水沟渠,应注意必要的防护和加固。

(5)路基排水要结合当地水文条件和道路等级等具体情况,注意就地取材、以防为主,既要稳固适用,又必须讲究经济效益。可以考虑先重点后一般,先地下后地面,实行分期修建和逐步完善步骤,但要注意不应遗留后患而导致短期内路基、路面的严重破坏,从而影响交通和造成经济等方面的损失。

3.常用的路基排水设施

常用的地面排水设备有边沟、截水沟、排水沟、跌水、急流槽等,必要时还有渡槽、倒虹吸、积水池等。这些设备主要用于排除地面水,它们位于路基的不同部位,各自功能、布置要求、构造形式均不同。

常用的地下排水设备有暗沟、渗沟、渗井等。主要用于排除路基及边坡土体中的上层滞水或埋藏很浅的潜水,其特点是排水量不大,主要以渗流的方式汇集水源,并就近排出路基范围以外。对于流量较大的地下水应设专门的地下管道予以排除。

3.3.2 地面排水设计

1.地面排水设施的设计

(1)边沟

边沟设置在挖方路段的路肩外侧或低路堤的坡脚外,多与路中线平行,用于汇集和排除路基范围内和流向路基的少量地面水。

边沟的排水量不大,一般不需进行水文水力计算,根据沿线条件,选用标准横断面形式。

边沟不宜过长,尽量使沟内水流就近排至路旁边自然水沟或低洼地带,必要时设置涵洞,将边沟水横穿路基从另一侧排出。

边沟的纵坡(出水口附近除外)一般与路线纵坡一致。平坡路段,边沟宜保持不小于 0.5% 的纵坡,特殊情况容许采用 0.3% 但边沟口间距宜减短。在边沟出水口附近以及排水困难路段,如回头曲线和路基超高较大的平曲线等处,边沟应进行特殊设计。

边沟的横面形式有梯形、矩形、三角形及流线形等,如图 3.9 所示。边沟横断面一般采用梯形,梯形边沟内侧边坡为 1:1.0~1:1.5,外侧边坡坡度与挖方边坡坡度相同。石方路段的边坡宜采用矩形横断面,其内侧边坡直立,坡面应采用浆砌片石防护,外侧边坡坡度与挖方边坡坡度相同。少雨浅挖地段的土质边沟可采用三角形横断面,其内侧边坡宜采用 1:1.2~1:1.3,外侧边坡坡度与挖方边坡坡度相同。三角形边坡的水流条件较差,流量较大时沟深宜适当加大。

梯形边沟的底宽与高度约为 0.4~0.6 m,水流少的地区或路段,取低限或更小,但不宜小于 0.3 m。降水量集中或地势偏低的路段,取高限或更大一些。

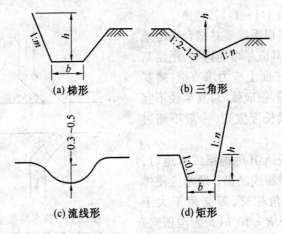

图 3.9 边沟的横断面形式图

(2)截水沟

截水沟又称天沟,一般设置在挖方路基边坡坡顶以外,或山坡路基上方的适当地点,用以拦截并排除路基上方流向路基的地面径流,减轻边沟的水流负担,保证挖方边坡和填方坡脚不受流水冲刷。降水量较少或坡面坚硬和边坡较低以至冲刷影响不大的路段,可以不设截水沟;反之,如果降水量较多,且暴雨频率较高,山坡覆盖层比较松软,坡面较高,水土流失比较严重的地段,必要时可设置两道或多道截水沟。

截水沟的横断面形式,一般为梯形,沟的边坡坡度因岩土条件而定,一般采用 1∶1.0～1∶1.5,如图 3.10 所示。沟底宽度 b 不小于 0.5 m,沟深 h 按设计流量而定,亦不应小于 0.5 m。

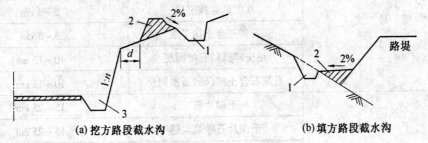

(a)挖方路段截水沟　　　　　(b)填方路段截水沟

图 3.10 截水沟的示意图
1—截水沟;2—土台;3—边沟

截水沟的位置,应尽量与绝大多数地面水流方向垂直,以提高截水效能和缩短沟的长度。截水沟应保护水流畅通,就近引入自然沟内排出,必要时配以急流槽或涵洞等泄水结构物将水流引入指定地点。

(3)排水沟

排水沟的主要用途在于引水,将路基范围内各种水源的水流(如边沟、截水沟、取土坑、边坡和路基附近积水),引至桥涵或路基范围以外的指定地点。

排水沟的横断面一般采用梯形,尺寸大小应经过水力水文计算选定。用于边沟、截水沟及取土坑出水口的排水沟,横断面尺寸根据设计流量确定,底宽与深度不宜小于 0.5 m,

土沟的边坡坡度约为 1:1~1:1.5。

排水沟的位置可根据需要并结合当地地形等因素而定,离路基应尽可能远些,距路基坡脚不宜小于 2 m,平面上应力求直捷,需要转弯时亦应尽量圆顺,做成弧形,其半径不宜小于 10~20 m,连续长度宜短,一般不超过 500 m。

当排水沟水流注入其他沟渠或水道时,应使原水道不产生冲刷或淤积。通常应使排水沟与原水道成锐角相交,即交角不大于 45°,有条件可用半径 $R = 10\ b$(b 为沟顶宽)的圆曲线朝下游与其他水道相接,如图 3.11 所示。

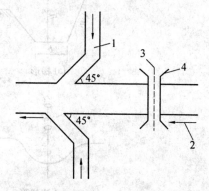

图 3.11 排水沟与水道衔接示意图
1—排水沟;2—其他沟渠;3—路基中线;4—桥涵

对于土质沟渠,当纵坡大、水流速度快时,为使沟渠不受冲刷而破坏,必须采取措施进行加固。加固方法可根据沟渠土质、水流速度、沟底纵坡和使用要求等参考表 3.13、3.14 确定。

表 3.13 沟渠加固类型

型 式	名 称	铺砌厚度
简易式	平铺草皮	单层
	竖铺草皮	叠铺
	水泥砂浆抹平层	2~3 cm
	石灰三合土抹平层	3~5 cm
	粘土碎(砾)石加固层	10~15 cm
	石灰石合土碎(砾)石加固层	10~15 cm
干砌式	干砌片石	15~25 cm
	干砌片石砂浆勾缝	15~25 cm
	干砌片石砂浆抹平	20~25 cm
浆砌式	浆砌片石	20~25 cm
	混凝土预制块	20~25 cm
	砖砌	6~10 cm

表 3.14 加固类型与沟底纵坡的关系

纵坡/%	<1	1~3	3~5	5~7	>7
加固类型	不加固	1.土质好可不加固 2.土质不好,简易加固	简易加固或干砌加固	干砌加固或浆砌加固	浆砌加固或用跌水

(4)跌水、急流槽、倒虹吸、渡水槽

跌水、急流槽是路基地面排水的特殊形式,用于纵坡大、水头高差大的陡坡地段。由于坡陡、流急、冲刷力大,跌水、急流槽的结构必须稳固耐久,通常应采用浆砌块石或水泥混凝土砌筑,并应具有相应的防护与加固措施。

当水流横跨路基,并受到设计标高的限制时,可以使用管道或沟槽,从路基底部或顶部架空跨越,前者称为倒虹吸,后者称为渡水槽。

跌水、急流槽、倒虹吸、渡水槽的具体设计使用可参照有关书籍。

2.明渠的水文水力计算

(1) 设计流量

流量是路基排水设计的基本依据,其大小与汇水面积和一定频率下的径流厚度,以及汇水区域内的地形、地貌及地表植被等因素有关。路基内各项排水所排泄的设计流量,常可采用以下公式计算

$$Q = 16.67 \psi q F \tag{3.1}$$

式中　Q——设计径流量,m^3/s;

　　　q——设计重现期(表 3.15)和降雨历时内的平均降雨强度,mm/min;

　　　ψ——径流系数,按表 3.16 查取;

　　　F——汇水面积,km^2。

表 3.15　设计降雨重现期　　　　　　　　　　　　　　　　　　年

公路等级	路面和路肩表面排水	路界内坡面排水	公路等级	路面和路肩表面排水	路界内坡面排水
高速公路和一级路	5	15	二级及二级以下公路	3	10

表 3.16　径流系数(ψ)

地表种类	径流系数(ψ)	地表种类	径流系数(ψ)
沥青混凝土路面	0.95	陡峻的山地	0.75 ~ 0.90
水泥混凝土路面	0.90	起伏的山地	0.60 ~ 0.80
透水性沥青路面	0.60 ~ 0.80	起伏的草地	0.40 ~ 0.65
粒料路面	0.40 ~ 0.60	平坦的耕地	0.45 ~ 0.60
粗粒土坡面和路肩	0.10 ~ 0.30	落叶林地	0.35 ~ 0.60
细粒土坡面和路肩	0.40 ~ 0.65	针叶林地	0.25 ~ 0.50
硬质岩石坡面	0.70 ~ 0.85	水田、水面	0.70 ~ 0.80
软质岩石坡面	0.50 ~ 0.75		

降雨历时一般应取设计控制点的汇流时间,其值由汇水区最远点到设施处的坡面汇流时间与在沟或管内的管沟汇流历时之和(考虑路面表面排水时,可不记管沟内汇流历时)。即

$$t = t_1 + t_2 \tag{3.2}$$

$$t_1 = 1.445\left(\frac{m_1 L_s}{\sqrt{i_s}}\right)^{0.467} \quad (L_s \leqslant 370 \text{ m}) \tag{3.3}$$

$$t_2 = \sum_{i=1}^{n}\left(\frac{l_i}{60 v_i}\right) \tag{3.4}$$

式中 t_1——坡面汇流历时,min;

t_2——管沟内汇流历时,min;

L_s——坡面流的长度,m;

i_s——坡面流的坡度;

m_1——地表粗度系数,见表3.17;

n, i——管沟分段数与分段序号;

l_1——第 i 段管沟的长度;

v_i——水流在第 i 段管沟内的流速,m/s;可按下式近似估算

$$v = 20 i_g^{0.6} \tag{3.5}$$

式中 i_g——该段排水管沟的平均坡度。

表3.17 地表粗度系数(m_1)

地表状况	粗度系数(m_1)	地表状况	粗度系数(m_1)
沥青路面、水泥混凝土路面	0.013	牧草地、草地	0.40
光滑的不透水地面	0.02	落叶树林	0.60
光滑的压实土地面	0.10	针叶树林	0.80
稀疏草地、耕地	0.20		

如果当地气象站有10年以上自记雨量计资料时,可以利用观测资料按下式整理分析得到设计重现期的降雨强度

$$q = \frac{a}{t+b} \tag{3.6}$$

式中 t——降雨历时;

a、b——地区性系数。

如果当地气象站缺乏自记雨量计资料时,可利用标准降雨强度等值线图和有关转换系数,按下式计算降雨强度

$$q = c_p c_t q_{5,10} \tag{3.7}$$

式中 $q_{5,10}$——5年重现期和10 min降雨历时的标准降雨强度,mm/min,可由《公路排水设计规范》(JTJ 018—97)查得;

c_p——重现期转换系数,为设计重现期降雨强度 q_p 与标准重现期降雨强度 q_5 的比值,见表3.18;

c_t——降雨历时转换系数,为降雨历时 t 时的降雨强度 q_t 同10 min降雨历时的降雨强度 q_{10} 的比值,可按公路所在地区的60 min转换系数(c_{60})由表3.19查取,而

c_{60} 可由《公路排水设计规范》(JTJ 018—97) 查得。

表 3.18 重现期转换系数(c_p)

地 区	重现期平 p(年)			
	3	5	10	15
海南、广东、广西、云南、贵州、四川东、四川西、湖南、湖北、福建、江西、安徽、江苏、浙江、上海、台湾	0.86	1.00	1.17	1.27
黑龙江、吉林、辽宁、北京、天津、河北、山西、河南、山东、四川西、西藏	0.83	1.00	1.22	1.36
内蒙古、陕西、甘肃、宁夏、青海、新疆(非干旱区)	0.76	1.00	1.34	1.54
内蒙古、陕西、甘肃、宁夏、青海、新疆(干旱区*)	0.71	1.00	1.44	1.72

注:* 干旱区约相当于 5 年一遇 10 min 降雨强度小于 0.5 mm/min 的地区。

表 3.19 降雨历时转换系数(C_t)

C_{60}	降雨历时 t/min										
	3	5	10	15	20	30	40	50	60	90	120
0.30	1.40	1.25	1.00	0.77	0.64	0.50	0.40	0.34	0.30	0.22	0.18
0.35	1.40	1.25	1.00	0.80	0.68	0.55	0.45	0.39	0.35	0.26	0.21
0.40	1.40	1.25	1.00	0.82	0.72	0.59	0.50	0.44	0.40	0.30	0.25
0.45	1.40	1.25	1.00	0.84	0.76	0.63	0.55	0.50	0.45	0.34	0.29
0.50	1.40	1.25	1.00	0.87	0.80	0.68	0.60	0.55	0.50	0.39	0.33

路基排水的设计流量,还可采用下面的简化公式

$$Q_s = \varphi(h - E)^{3/2} \cdot F^{4/5} \cdot a \tag{3.8}$$

式中 Q_s——设计流量,m^3/s;

φ——地貌系数,其值按地形、主河沟的平均坡度、汇水面积(F)查相应表而得;

h——径流厚度,mm,其值按当地土质、暴雨分区、设计洪水频率及汇流时间查得;

E——植物截流或洼地滞流的拦蓄厚度;

a——综合系数。

上述参数可查人民交通出版社的公路设计手册《涵洞》得到。

(2) 水力计算

① 基本计算公式

对于形状规则,纵坡缓和,而且两者均无急剧变化的排水沟渠,流量和流速可按如下公式计算

$$V = C\sqrt{Ri} \tag{3.9}$$

$$Q = \omega \cdot V = \omega \cdot C\sqrt{Ri} \tag{3.10}$$

式中 V——水流通过横断面的流速,m/s;

Q——水流通过横断面的流量,m³/s;
ω——水流经过横断面的面积,m²;
R——水力半径,m;
i——水力坡降,在等速流的情况下,可以认为水力坡降(水力坡度)与沟底纵坡相等;
C——流速系数,通过试验按规定公式计算。

② 流速系数

流速系数 C 对于路基排水而言,普遍采用如下公式计算

$$C = \frac{1}{n}R^y \tag{3.11}$$

式中　n——沟渠表面的粗糙系数,与沟渠表层材料有关;
　　　R——水力半径,m;
　　　y——与 R 及 n 有关的指数。

③ 容许的最小与最大流速

为了使沟渠不致产生泥沙淤积,设计时应保证沟渠内的水流具有一定流速。沟渠的容许最小 V_{min}(m/s),同水中所含土质沉淀所容许的淤泥有关,一般可按如下经验公式计算

$$V_{min} = \alpha R^{\frac{1}{2}} \tag{3.12}$$

式中　α——与水中含土粒径有关的系数见表 3.20;
　　　R——水力半径,m。

表 3.20　α 值表

水中含土类	α 值	水中含土类	α 值
粗砂	0.65 ~ 0.77	细砂	0.41 ~ 0.45
中砂	0.58 ~ 0.64	极细砂	0.31 ~ 0.41

为使沟渠不致冲刷,应限制设计流速。各种明渠的允许最大设计流速,由试验结果而定。当水深在 0.4 ~ 1.0 m 时可按表 3.21 选用,在此范围外的允许值按表 3.22 系数进行修正。

表 3.21　明渠的最大允许流速　　　　　　　　　　　　　　　m/s

明渠类别	允许最大流速	明渠类别	允许最大流速	明渠类别	允许最大流速	明渠类别	允许最大流速
亚砂土	0.8	干砌片石	2.0	粘土	1.2	水泥混凝土	4.0
亚粘土	1.0	浆砌片石	3.0	草皮护面	1.6		

表 3.22　最大允许流速的水深修正系数

水深/m	$h < 0.4$	$0.4 < h \leqslant 1.0$	$1.0 < h < 2.0$	$H \geqslant 2.0$
修正系数	0.85	1.00	1.25	1.40

④ 常用沟渠横断面的水力要素

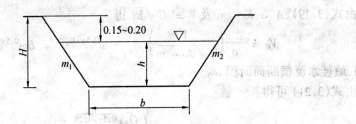

图 3.12　梯形沟渠横断面示意图

a. 水流横断面面积

$$\omega = bh + mh^2 \quad (3.13)$$

式中 m 值：矩形 $m = 0$；对称梯形 $m = m_1 = m_2$；不对称梯形 $m = 0.5(m_1 + m_2)$。

b. 湿周

$$\chi = b + Kh \quad (3.14)$$

其中横断面系数 K 值（因边坡率而变）：

对于矩形 ($m = 0$)，$K = 2$；

对于对称梯形，$K = 2\sqrt{1 + m^2}$；

对于不对称梯形，$K = \sqrt{1 + m_1^2} + \sqrt{1 + m_2^2}$。

c. 水力半径

$$R = \frac{\omega}{\chi} \quad (3.15)$$

⑤ 最佳水力横断面的水力要素

最佳水力横断面又称经济横断面，指在既定设计流量的条件下，与允许最大流量相对应的水流最小横断面面积。分析上述公式不难得知，在固定条件下（即 Q_s、V、C 与 m 等参数不变），如果使设计的沟渠横断面具有最小的湿周，则可达到此目的。

a. 水流深度 h 与水流横断面面积 ω 的关系

由式 (3.13)、(3.14) 得

$$\chi = \omega/h + Ah \quad (3.16)$$

式中 $A = (2\sqrt{1 + m^2} - m)$ 为常数，令 $dx/dh = 0$ 可得

$$h = \sqrt{\omega/A} \quad (3.17)$$

b. 水深 h 与底宽 b 的关系

将式 (3.17) 代入式 (3.13) 得

$$b = 2(\sqrt{1 + m^2} - m)h \quad (3.18)$$

c. 最佳横断面时，湿周 χ_0 与面积 ω 的关系

$$\chi_0 = 2\sqrt{\omega A} = 2\sqrt{\omega(K - m)} = 2\sqrt{\omega(2\sqrt{1 + m^2} - m)^{1/2}} \quad (3.19)$$

d. 最佳横断面时，水力半径 R_0

$$R_0 = \frac{1}{2}\sqrt{\frac{\omega}{A}} = \frac{1}{2}h \quad (3.20)$$

e.最佳横断面时的流速 V_0

由式(3.19)、$A = K - m$ 及 $V = C\sqrt{Ri}$ 得

$$V_0 = \frac{i^{0.5}}{n}\left(\frac{1}{2\sqrt{K-m}}\right)^{y+0.5} \cdot \omega^{0.5y+0.25} = B\omega^{0.5y+0.25} \tag{3.21}$$

f.最佳水流横断面面积 ω_0

由式(3.21)可得

$$\omega_0 = \left(\frac{Q_s}{B}\right)^{\frac{1}{0.5y+1.25}} \tag{3.22}$$

3.3.3 地下排水设计

1.概述

(1)地下排水设计的要求

① 在地下水危及路基稳定(包括整体稳定和局部稳定)或者严重影响路基强度的情况下,应根据具体情况采取拦截、旁引、排除含水层的地下水,降低地下水位或疏干坡体内地下水等措施。

② 进行地下水排水设计前,应进行野外工程地质和水文地质调查、勘探和测试,摸清地下水的类型和补给来源、地下水的活动规律以及有关水文地质参数。

③ 在排除地下水的同时,应采取措施防止地表水下渗而造成对地下水的补给,也不允许将地表水排放入地下排水设施内。

④ 地下排水沟管应尽可能采用较大的纵坡,在出水口端应加大纵坡坡度。其最小纵坡坡度一般不宜小于 0.50%;条件困难时,主沟的最小纵坡不得小于 0.25%,支沟的最小坡度不得小于 0.20%。

⑤ 地下排水沟管的出水口间距不宜大于 300 m,并应妥善处理出水口的排水通道,防止出现漫流或冲刷山坡坡面。可以允许将地下水排放到路界地表排水系统中,但出水口处的地下水必须处于无压状态。

⑥ 地下排水沟管的上游端头应设置以 45° 倾角与地面相同的清扫、疏通井管;在中间段的管道交汇处、转向处、管径或坡度变换处,应设置竖直的检查井管,其最大间距不得超过 150 m。

(2)水文地质资料的调查与资料收集

地下排水设备设计前应收集已有的工程和水文地质等有关资料,并通过野外调查及坑探和钻探测试,收集以下资料。

① 地下水的类型和补给来源;含水层和不透水层的性质、层数和厚度。
② 泉水出露的位置、流速和水力坡度。
③ 地下水的流向、流速和水力坡度。
④ 地下水的埋置深度、水位变化规律和变化幅度。
⑤ 当地地下水的利用和已有的地下排水设施的使用情况。

2.地下排水构造物的设计

常用的路基地下排水设备有暗沟、渗沟、渗井等。其特点是排水量不大,主要以渗流的

方式汇集水源,并就近排出路基范围以外。对于流量较大的地下水应设专门的地下管道予以排除。由于地下水排水设备埋置地面以下,不易维修,在路基建成后又难以查明失效情况,因此要求地下排水设备牢固有效。

(1)暗沟

相对于明沟而言,暗沟又称为盲沟。盲沟的沟内分层填以大小不同的颗粒材料,利用渗水材料的透水性将地下水汇集于沟内,并沿沟排泄至指定地点,此种构造相对于管道流水而言,习惯上称之为盲沟,在水力特性上属于紊流。

如图 3.13 所示为一侧边沟下面所设的盲沟,用以拦截流向路基的层间水,防止路基边坡滑坍和毛细水上升危及路基的强度与稳定性。

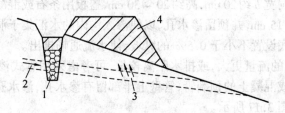

图 3.13 一侧设盲沟
1—暗沟;2—层间水;3—毛细水;4—路堤

如图 3.14 所示为路基两侧边沟下面均设盲沟,用以降低地下水位,防止毛细水上升至路基工作区范围内,形成水分积聚而造成冻胀和翻浆,或土基过湿而降低强度等。

如图 3.15 所示是设在路基挖方与填方交界处的横向盲沟,用以拦截和排除路堑下面层间水或小股泉水,保持路堤填土不受水害。

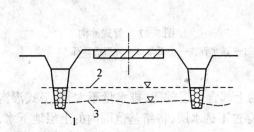 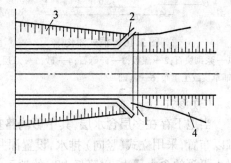

图 3.14 两侧设盲沟　　　　　图 3.15 挖填交界处设横向盲沟
1—原地下水位;2—降低后地下水位;3—盲沟　　1—盲沟;2—边沟;3—路堑;4—路堤

以上所述的盲沟,沟槽内全部填满颗粒材料,可以理解为简易盲沟,其构造比较简单,横断面成矩形,亦可做成上宽下窄的梯形,沟壁倾斜度约 1∶0.2,底宽 b 与深度 h 大致为 1∶3,深约 1.0~1.5 m,底宽约 0.3~0.5 m。盲沟的底部中间填以粒径较大(3~5 cm)的碎石,其空隙较大,水可在空隙中流动。粗料碎石两侧和上部,按一定比例分层(层厚约 10 cm)填以较细粒径的粒料,逐层粒径比例大致按 6 倍递减。盲沟顶部和底面,一般设有厚 30 cm 以上的不透水层,或顶部设有双层反铺草皮。

(2) 渗沟

采用渗透方式将地下水汇集于沟内,并通过沟底通道将水排至指定地点,此种地下排水设备统称之为渗沟,它的作用是降低地下水位或拦截地下水,其水力特性是紊流,但在构造上与上述简易盲沟有所不同。渗沟有三种结构形式:盲沟式、洞式和管式。

盲沟式渗沟与上述简易盲沟相似,但构造更为完善。当地下水流量较大、要求埋置更深时,可在沟底设洞或管,前者称为洞式渗沟,后者称为管式渗沟。

渗沟的位置与作用视地下排水的需要而定,大致与图 3.14 和 3.15 所示的简易盲沟相仿,但沟的尺寸更大,埋置更深,而且要进行水力计算确定尺寸。

渗沟底部设洞或管,底部结构相当于顶部可以渗水的涵洞。图 3.16 所示是洞式渗沟结构图例之一,其洞宽 b 约 20 cm,高约 20~30 cm,盖板用条石或混凝土预制板,板长约为 $2b$,板厚 P 不小于 15 cm,并预留渗水孔,以便渗入沟内的水汇集于洞内排出。洞身要求埋入不透水层内,洞底设置不小于 0.5% 的纵坡,使水流通畅排出。

当排除地下水的流量更大,或排水距离较长,可考虑采用管式渗沟。渗沟底部埋设的管道,一般为陶土或混凝土的预制管,管壁上半部留有渗水孔,渗水孔交错排列,设于边沟下的管式渗沟,如图 3.17 所示。

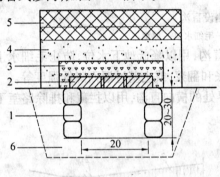

图 3.16 洞式渗沟
1—浆砌块石;2—盖板;3—碎砾石;4—砂;5—双层反铺草皮或土工布;6—基础

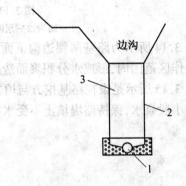

图 3.17 管式渗沟
1—排水管;2—土工布;3—碎石或砾石

(3) 渗井

当地下存在多层含水层,其中影响路基的上部含水层较薄,排水量不大,且平式渗沟难以布置,采用立式(竖向)排水,设置深井,穿过不透水层,将路基范围内的上层地下水,引入更深的含水层去,以降低上层的地下水位或全部予以排除。如图 3.18 所示为渗井结构简图。

渗井的平面布置以及孔径与渗水量按水力计算而定,一般为直径 1.0~1.5 m 的圆柱形,亦可是边长为 1.0~1.5 m 的方形。井深视地层构造情况而定,井内由中心向四周按层次分别填入由粗而细的砂石材料,粗料渗水,细料反滤。

3.3.4 路基排水的综合设计

1. 路基排水综合设计的意义

前述各类排水设施,均针对某一水源,为满足某一方面的要求而设置。在实际工程中由于自然条件、路线布置及其他人为因素的不同,情况往往比较复杂,对于某些重点路段需要进行路基排水的综合设计,以提高排水效率,发挥各类排水设施的优点,降低工程费用。

综合设计的含义应包括地面与地下排水设施的协调配合,路基排水设施与桥涵等汇水构造物的合理布置,排水工程与防护加固工程的相互配合,以及路基排水与沿线农田水利规划及有关其他基本建设项目之间的联系,但主要目的在于确保路基的强度与稳定性。

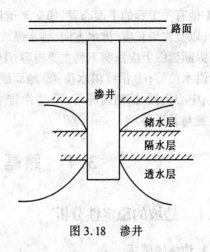

图3.18 渗井

2. 综合排水设计原则

排水系统综合设计的好坏,对路基稳定性的影响很大。特别是在多雨的山区、黄土高原地区、寒冷潮湿地带、水网密布、地基软弱的平原区,以及水文地质条件不良的情况下,修建高等级道路时,更应重视路基排水的综合设计。排水系统的综合设计应遵循以下原则:流向路基的地面水和地下水,需在路基范围以外的地点设置截水沟、排水沟或渗沟等进行拦截,并引至指定的地点;路基范围内的水源,分别采用边沟、渗沟、渗井及排水沟予以排除。当路基排水需要横跨路基时,尽量利用拟设的桥涵,必要时设置涵洞、倒虹吸或渡槽。当水流落差较大时,应设置跌水或急流槽。

(1) 对于明显的天然沟槽,一般宜依沟设涵,不必免强改沟与合并。对于沟槽不明显的漫流,应在上游设置束流设施,加以调节、导流排除。对于较大水流,注意因势利导,不可轻易改变流向,必要时配以防护工程,进行分流或束流。

(2) 为提高截流效果、减少工程量,地面沟渠宜大体沿等高线布置,使沟渠垂直于水流方向,力求短捷,水流通畅。沟渠弯道处应以圆曲线相连,减少水流的冲击力。

(3) 各排水沟渠地基应稳固,不得渗漏或滞留,并有适当的纵坡。沟槽的基底与沟底及构壁,必要时应予以加固,不得溢水渗水,防止损害路基,引起水土流失。

(4) 路基排水综合设计,必须做好事先调查研究工作,查明水源和有关现状,测绘现场图纸,进行必要的水力水文计算,作出总体规划,提出总体布置方案,逐段逐项进行细部设计计算,并进行效益分析与经济核算。

3. 排水系统综合设计成果

排水系统综合设计成果一般是利用路线平面图和纵断面图表示。只有对特殊地质不良、路基病害和排水特别复杂的路段,才需要单独绘制精确的或较大范围的带有等高线的平面图。

平面图上应标明下列主要内容:① 桥梁位置、中心里程、水流方向、进出口沟底高程及其附属工程等;② 需要时绘出路堤坡脚线和路堑坡顶线;③ 取土坑、弃土堆的位置;

④其他有关工程的平面布置,如交叉道口、灌溉渠道等;⑤各种路基排水建筑物的平面布置,以及沟渠长度、排水方向、排水纵坡、出水口与分界点的位置等。

纵断面图上应标明下列主要内容:①桥梁位置、中心里程、孔径或跨度、沟槽断面与设计洪水位等;②沿线洪水位;③地面线、设计纵坡与路基填挖情况;④其他有关工程的位置、中心里程、控制高程等;⑤边沟排水纵坡、分界点与出水口的位置,截水沟、排水沟的位置与长度等。

3.4 路基边坡稳定性分析

3.4.1 边坡的稳定性分析

1. 边坡的破坏

路基边坡滑坍是公路上常见的一种破坏现象之一,铁路、港口、水坝、河堤等构筑物也时常发生边坡滑坍。例如,在岩质或土质山坡上开挖路堑,有可能因为自然平衡条件被破坏或边坡过陡,使坡体沿某一滑动面滑动,沿河路堤也可能由于水流冲刷而出现填方土体沿某一滑动面滑动等等。因此,对于较高的路堑和路堤(尤以浸水情况下的桥头引道或沙滩路堤)要作稳定性分析与验算。

根据土力学原理,路基边坡滑坍是由于边坡土体的剪应力超过其抗剪强度所产生的剪切破坏。因此,凡是使土体剪应力增加或抗剪强度降低的因素都可能引起边坡滑坍。路基滑动面多为上陡($70°\sim 80°$)下缓($40°\sim 60°$)的折线。促使路基变形产生滑坍破坏的因素很多,主要有以下几个方面。

(1) 边坡土质

土的抗剪强度首先决定于土的性质,土质不同则抗剪强度也不同。对路堑边坡来说,除与土或岩石的性质有关以外,还与岩石的风化破碎程度和产状有关。

(2) 水的影响

水是影响边坡稳定的主要因素,边坡的破坏或多或少地与水的活动有关,土体的含水量增加,既降低了土的抗剪强度,又增加了土内的剪应力。在浸水情况下还有水的浮力和水压力作用,使边坡处于不稳定状态。

(3) 边坡形状

边坡的高度、坡度等直接关系到土的稳定性,高大、陡直的边坡,稳定条件差,易发生滑坍。

(4) 活载增加

重型超载汽车作用下会使边坡坡内的剪应力增加,从而降低边坡的稳定性。

(5) 地震及其他震动荷载(爆破等)

2. 边坡稳定性的力学分析法

目前用于边坡稳定性分析与验算的方法,归纳起来有力学分析法和工程地质法两大类。力学分析法又称极限平衡法,采用力学平衡原理进行分析计算。假定边坡沿某一滑动面滑动,根据假设破裂面(见图3.19)的不同有直线法和圆弧法两种。直线法假设破裂面为平面,适合于砂土、砂性土,即ϕ值大,c值较小的土;圆弧法假设破裂面为圆柱形,适合于粘性土,即ϕ值小,c值较大的土。

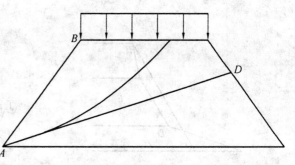

图3.19 边坡稳定力学分析法

(1)力学分析法基本假设

① 破裂面以上的不稳定土体沿破裂面作整体滑动,不考虑其内部的应力和局部移动。

② 土的极限平衡状态仅在破裂面上达到。

③ 最危险滑动面位置通过试算来确定。

(2)计算参数

① 土体计算参数的确定

对于路堑或天然土坡稳定分析需要原状土的容重、内摩擦角ϕ和粘聚力c;对填土路堤稳定分析需要压实后土的容重$\gamma(kN/m^3)$、内摩擦角ϕ、粘聚力$c(kPa)$。但压实情况应与现场压实相同。

在进行边坡稳定性分析时,如果边坡由多层土体组成,所采用的参数c、ϕ、γ的数值应根据稳定性分析方法确定,对于直线法和圆弧法可通过合理的分段,直接采用不同土层的参数,亦可采用式(3.23)加权平均求得

$$\begin{aligned} c &= \frac{\sum_1^n c_i h_i}{H} \\ \tan\phi &= \frac{\sum_1^n h_i \tan\phi_i}{H} \\ \gamma &= \frac{\sum_1^n \gamma_i h_i}{H} \end{aligned} \quad (3.23)$$

式中　　c_i、ϕ_i、γ_i、h_i——分别为第i层土层的粘聚力、内摩阻角、容重及厚度;

H——边坡的高度,$H = \sum h_i$。

② 边坡取值

当边坡稳定性验算时,对于折线形或阶梯形边坡,一般可取平均值,或取坡角点和坡顶点的连线(见图3.20)。

③ 荷载当量高度

路基除承受自重作用外,同时承受行车荷载作用。在边坡稳定性验算时,需要按车辆最不利情况排列,并将车辆的设计荷载换算成当量土柱高(即以相等压力的土层厚度来代替荷载),又称当量高度或换算高度,以h_0来表示,当量高度h_0的计算式为

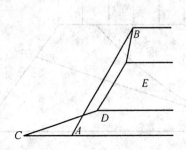
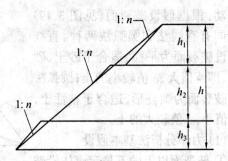

图 3.20

$$h_0 = \frac{NQ}{LB\gamma} \tag{3.24}$$

式中　h_0——当量高度，m；
　　　N——横向分布的车辆数；
　　　Q——每一车辆重量，kN；
　　　L——车辆前后轮胎（或拖拉机履带）着地长度，m；
　　　B——横向分布的车辆轮胎（或履带）最外缘之间总距，m。

$$B = Nb + (N-1)d$$

式中　b——每一车辆的轮胎（或履带）外缘之间的距离；
　　　d——相邻两车轮胎（或履带）之间的净距离，如 d 为相邻两车辆车身之间的净距，则 b 可近似地取为车身之宽；
　　　γ——土的容重，kN/m³。

关于荷载分布宽度，可以分布在行车道范围，实际情况亦可认为路肩有可能停放车辆（最不利的情况），则分布在整个路基宽度（包括路面、路肩的宽度）。

(3) 直线滑动面的验算法

① 填方边坡

如图 3.21 所示为土楔体沿破裂面 AD 滑动。

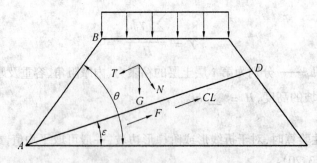

图 3.21　直线法分析填方边坡稳定性

下滑力

$$T = G\sin\omega \tag{3.25}$$

抗滑力

$$F = CL + N\tan\phi = CL + G\cos\omega\tan\phi \tag{3.26}$$

式中　G——下滑土体重,包括换算成土柱高的车辆荷载,kN;
　　　ω——破裂面对于水平面的倾斜角;
　　　ϕ——土体内摩阻角;
　　　θ——边坡坡度角;
　　　C——边坡单位长度粘聚力;
　　　L——破裂面的长度。

式中,c、ϕ、γ 值均须通过试验确定。

为使土体稳定,在破裂面上需有一定的安全系数 k

$$k = \frac{F}{T} = \frac{G\cos\omega\tan\phi + CL}{G\sin\omega} \tag{3.27}$$

通过坡脚点 A,可有任意个滑动面,滑动面的位置不同,k 值亦不同,边坡稳定与否的判断依据,应是安全系数的最小值 $k_{\min}$ 及与其相应的最危险滑动面的倾角 ω_0。

式(3.27)表明,k 值是 ω 值的函数,为此可选择 3~5 个滑动面,计算并绘制 k 与 ω 的关系曲线,如图 3.22 所示,即可确定 $k_{\min}$ 及其相应 ω_0,当 $k_{\min}$ 值符合规定,路基边坡为稳定,否则,应重新设计路基横断面,直到符合要求为止。

若 $k = 1$ 时,土体处于极限平衡状态;
若 $k > 1$ 时,土体处于稳定状态;
若 $k < 1$ 时,土体处于不稳定状态。

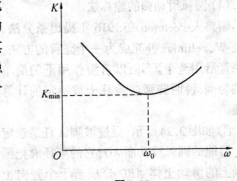

图 3.22

考虑到滑动面的近似假定,C、ϕ 土工试验取值的局限性及气候环境因素,为保证边坡稳定性有足够安全储备,$k_{\min}$ 应大于 1.25,但 $k_{\min}$ 不宜过大,以免造成工程不经济。

② 不纯净的均质砂、砾类土路堑边坡

对于均质砂、砾类土的路堑,边坡稳定性验算是通过求临界破裂角 ω 来确定承受最大应力的最危险破裂面。

路堑边坡,如图 3.23 所示为无车载(坡顶),其重量 G 容易求得,故可求其稳定时临界角 ω 其安全系数 k 为

$$k = \frac{F}{T} = \frac{G\cos\omega\tan\phi + CL}{G\sin\omega} = (f + a_0)c\tan\omega + a_0 c\tan(\theta - \omega) \tag{3.28}$$

要求 k 最小时,此时破裂面倾角为 ω_0 值

$$\frac{dk}{d\omega} = -(f + a_0)\csc^2\omega + a_0\csc^2(\theta - \omega) = 0$$

化简后得

$$c\tan\omega_0 = c\tan\theta + \sqrt{\frac{a_0}{f + a_0}}\csc\theta \tag{3.29}$$

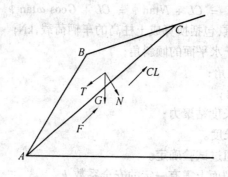

图 3.23

式中 ω_0 应符合:$\omega_0 \leq \theta$(此限度为纯净砂 $C = 0$,即 $a_0 = 2c/\gamma h = 0$ 时)

将 ω_0 代入式(3.28),得最小稳定系数

$$k_{\min} = (2a_0 + f)\operatorname{ctan}\theta + 2\sqrt{a_0(f + a_0)}\csc\theta \tag{3.30}$$

(4)圆弧滑动面的验算法

瑞典人 Peeteson 在 1916 年提出条分法,后经 W.Fellinius 补充成为一个完善的方法,并一直沿用至今。下面以自重作用下的简单土坡为例,说明圆弧法验算土坡稳定的计算步骤。

① 如图 3.24 所示,通过坡脚 A 任意选定一个可能的圆弧滑动面 AD,它的半径 R 把圆弧以上的滑动土体 ABD 分成若干个竖向土条,分条宽一般为 2 ~ 4 m(或 8 ~ 10 个)。

② 假定土条间无侧向作用力(即简单条分法),计算每一个土条的重量 G_i,把它引到圆弧中点上并分解为法向分力 N_i 和切向分力 T_i

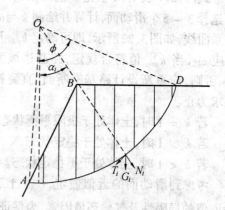

图 3.24 圆弧法边坡稳定性分析

$$N_i = G_i\cos\alpha_i,\ T_i = G_i\sin\alpha_i$$

式中 α_i——第 i 土条圆弧中点法线与铅直线夹角。

③ 以点 O 为中心,计算圆弧面上各力对点 O 的滑动力矩

$$M\mathrm{s} = R\sum T_i = R\sum G_i \cdot \sin\alpha_i \tag{3.31}$$

应注意:T_i 的作用与它所在的位置有关,当它的方向与滑动方向相反时,应取负值,即过点 O 作垂线,右侧土条重提供滑动力(+),左侧土条重提供抗滑力(-)。

④ 以点 O 为中心,计算圆弧面上各力对点 O 的抗滑力矩

$$M\mathrm{r} = R\left(\tan\phi\sum G_i\cos\alpha_i + CL\right) \tag{3.32}$$

⑤ 计算稳定安全系数 k

$$k = \frac{M\mathrm{r}}{M\mathrm{s}} = \frac{\tan\phi\sum G_i\cos\alpha_i + CL}{\sum G_i\sin\alpha_i} \tag{3.33}$$

绘若干个滑动圆弧,分别求出每一个 k 值,从中求出 k_{min},由 k_{min} 判断是否稳定(k_{min} 应在 1.25 ~ 1.5 之间)。

该法由于不考虑土条间的作用力的影响,所得的稳定系数偏低,亦即偏于保守,一般情况下,偏低 10% ~ 20% 以内,但此方法计算简单,故得到广泛应用。

⑥ 圆心的确定

用条分法验算土质边坡稳定性时,圆心位置通常在一条辅助线上,此辅助线的确定有 $4.5H$ 法、36 度线法等。

a. $4.5H$ 法一(见图 3.25(a))。由坡脚 E 向下引竖线,在竖线上截取高度 $H = h + h_0$(边坡高度 h 及荷载换算土柱高度 h_0)得点 F。自点 F 向右引水平线,在水平线上截取 $4.5H$,得点 M。连接边坡坡脚 E 和顶点 S,求得 SE 的斜度 $i_0 = 1/m$,据此值查表 3.23 得 β_1 和 β_2 值。由点 E 作与 SE 成 β_1 角的直线,再由点 S 作与水平线成 β_2 角的直线,两线相交得点 I。连接 I 和 M 两点即得圆心辅助线。

b. $4.5H$ 法二(见图 3.25(b))。若不考虑荷载换算土层高度 h_0,则方法可以简化,即 $H = h$,斜度 i_0 按边坡脚、坡顶的连线 AB 与水平线的夹角来计算,β_1 和 β_1 仍由 i_0 按表 3.23 查得。由坡脚 A 向下引竖线,在竖线上截取高度 $H = h$(边坡高度)得点 F,其他步骤同 a。

c. 36° 线法一(见图 3.25(c))。由荷载换算土柱高顶点作与水平线成 36° 角的线 EF,即得圆心辅助线。

d. 36° 线法二(见图 3.25(d))。由坡顶处作与水平线成 36° 角的线 EF,即为圆心辅助线。

辅助线确定后,将各个可能滑弧的两端点连成直线,并在该直线上作中垂线与辅助线相交,所得交点即为各可能滑弧的圆心,或在辅助线上试标出一系列可能的圆弧圆心 O_1、O_2、O_3 等,由圆心画通过坡脚的圆弧,判断其是否为可能滑动面。如不合适调整圆心位置,再作弧,直到认为所绘滑动圆弧为最不利时为止。

上述四种确定圆心辅助线方法的计算结果相差不大,均可采用。为求解简便,一般用 36° 线法。但方法 a 较精确,且求出的稳定系数 K 值最小,故常用于分析重要边坡的稳定性。

表 3.23 辅助线角值表

边坡坡度	$\beta_1/(°)$	$\beta_2/(°)$
1 : 0.5	29	40
1 : 1.0	28	37
1 : 1.5	26	35
1 : 2.0	25	35
1 : 3.0	25	35
1 : 4.0	25	36
1 : 5.0	25	37

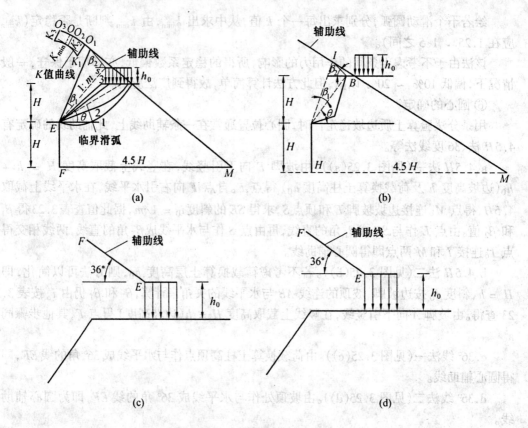

图 3.25 确定圆心辅助线

3. 边坡稳定性分析的工程地质法

根据对自然山坡和已有的人工边坡进行稳定性分析,通过工程地质条件对比,按条件相似的稳定边坡值,作为路堑边坡设计的依据,这就是工程地质法。

采用工程地质法对路堑边坡进行比拟设计,关键是通过认真、详细的调查和勘测,如实反映路段的地层、土质和水文地质状况,据以进行对比。按地质性质的不同,一般可分为两种类型,即土质路堑和岩石路堑。对土质路堑,应着重调查土的成分和类型、组织结构、密实程度、地下水埋藏情况以及土的成因、类型及生成时代等;对岩石路堑,应着重调查岩性、结构、岩石的风化破碎程度、地下水等。

路堑设计主要是确定边坡的形状和坡度。路堑横断面的边坡形式,一般可采用下列几种(见图 3.26)。

(1) 直线形

当工程地质和水文地质条件较好、土质均匀,且边坡高度不大时可以采用直线边坡。

(2) 折线形

当边坡较高或由多层土组成,而上部土层的稳定性较下部好时,采用上陡下缓的折线形;若上部为覆盖层,且其稳定性较下部差时,则采用上缓下陡的折线形。折线形边坡在变坡点处容易出现坡面的冲刷破坏,在降水量大的地区,应采用适当的防护措施,或者改用直线形或台阶形边坡。

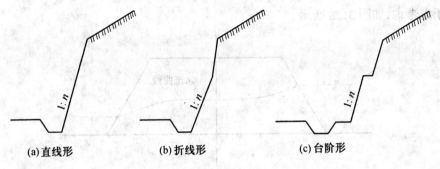

(a) 直线形　　　　　　(b) 折线形　　　　　　(c) 台阶形

图 3.26　路堑边坡形式

(3) 台阶形

当边坡由多层土质组成且高度较高(超过 15~20 m)时,可在边坡中部或土层变换分界处,设置宽度不小于 1.0 m 的平台,使边坡成为台阶形,设置平台可以增加边坡的稳定性,减少坡面冲刷。

路堑边坡的坡度的确定,可参见第三章的有关内容。

3.4.2　浸水路堤稳定性验算

1. 浸水路堤的特点

(1) 浸水路堤水位升降的影响

建筑在桥头引道,河滩及河流沿岸,受到季节性或长期浸水的路堤,称为浸水路堤。浸水路堤除承受着普通路堤所承受的外力和自重外,还要承受水的浮力和渗透动水压力的作用。当水位上升时,水从边坡的一侧或两侧渗入路堤内,当水位降落时,水又从堤身向外渗出,由于土体内的水位升降速度比堤外水位的涨落慢,所以在堤外水位升高时,堤内水位的比降曲线(浸润曲线)成凹形,相反堤外水位下降时,浸润曲线呈凸形,经一定时间后,才与外面水位平齐,如图 3.27 所示。

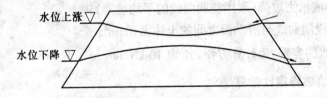

图 3.27　浸水路堤内浸润曲线

当水位上涨时,土体内的渗透浸润曲线比边坡外面的水位为低,土体除承受垂直向上的浮力外,土粒还受到指向土体内部的动水压力作用,增加了路堤的稳定性。当水位下降时,土体内部的水向外流出,其动水压力的方向则指向土体外侧,剧烈地破坏路堤边坡的稳定性,并可能产生边坡凸起和滑坡现象。堤外水位下降的速度越大,边坡的稳定性越差。另外,渗透水流能带走路堤内细小的土粒,从而引起路堤变形。

在河滩路堤或桥头引道处,路堤上游与下游的水位有时并不一致,可能产生横穿路堤的渗透,由水位高的一侧向水位低的一侧,并产生动水压力,该渗透水流足以使土粒移动,一部分土粒被水流带走,水位低的一侧稳定性显著降低。因此,即使上下游水位相差不大,也需予以考虑,如图 3.28 所示。

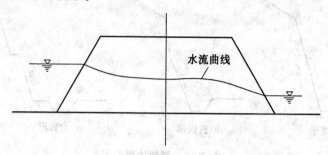

图 3.28　路堤两侧水位不同时浸润曲线

(2) 路堤填料对边坡稳定的影响

浸水路堤的稳定性还与路堤填料的透水性质有关。以粘性土填筑的路堤达到最佳密实度后,透水性很弱,堤外水位变化对之无影响;以砂砾石土填筑的路堤,由于空隙大,透水性强,浸水后强度变化不大,堤身内水可自由渗出,不产生渗透动压力,这两种土对于边坡稳定性影响一般都不大。

属于中等透水性的土,如亚砂土、亚粘土等作路堤填料,在水位降落时,对边坡稳定性影响较大,需考虑动水压力。因此,浸水路堤填料最好用渗水性强的材料,如石质坚硬不易风化的块石、片石、碎石、卵石及砂砾等,或采用粘性土,但必须充分压实,并应严格掌握压实标准,重粘土及对浸水易崩解、溶解或风化的岩石,如页岩、泥灰石等应禁止使用。

2. 渗透动水压力的计算

凡用粘性土填筑的浸水路堤(不包括渗透性极小的纯粘土),必须进行渗透动水压力的计算。渗透动水压力用式(3.34) 计算,如图 3.29 所示。

其计算公式为

$$D = I\Omega_B\gamma_0 \quad (3.34)$$

式中　I——渗流水力坡降(取用浸润曲线的平均坡降);

　　　Ω_B——浸润曲线与滑动面之间的土体面积,m^2;

　　　γ_0——水的容重,为计算方便,γ_0 取 10 kN/m^3。

3. 浸水路堤边坡稳定性验算

浸水路堤的稳定性,应假定路堤处于最不利的情况进行验算。其破坏一般发生在最高洪水位骤然降落的时候,验算方法通常采用圆弧法,与普通路堤边坡稳定性验算基本相同。其验算公式为

$$K = \frac{M_K}{M_h} = \frac{(f_c\sum N_c + f_B\sum N_B + C_c L_1 + C_B L_B)R}{(\sum T_C + \sum T_B)R + \sum D_n S_n} =$$

$$\frac{f_c\sum N_c + f_B\sum N_B + C_c L_1 + C_B L_B}{\sum T_C + \sum T_B + \sum D_n S_n/R} \quad (3.35)$$

由于渗透动水压力一般较小,为了简化计算,则分母第三项可用 D 代替,即

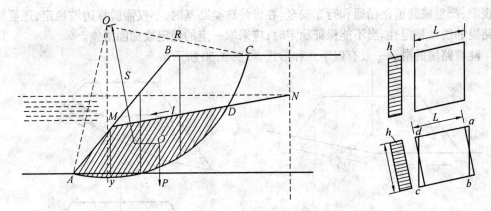

图 3.29 动水压力计算图

$$K = \frac{f_c \sum N_c + f_B \sum N_B + C_c L_1 + C_B L_B}{\sum T_C + \sum T_B + D} \quad (3.36)$$

式中 K——稳定系数,1.25~1.50;

M_k——抵抗力矩;

M_h——滑动力矩;

$f_c \sum N_c$——浸润线以上部分沿验算滑动面的内摩擦力;

$f_B \sum N_B$——浸润线以下部分沿验算滑动面的内摩擦力;

$C_C L_C$——浸润线以上部分沿验算滑动面的粘聚力;

C_C——干燥时单位粘聚力;

L_C——干燥部分弧长;

$C_B L_B$——浸润线以下部分沿验算滑动面的粘聚力;

C_B——饱和时单位粘聚力;

L_B——浸润部分弧长;

$\sum T_C$——浸润线以上部分沿验算滑动面的下滑力;

$\sum T_B$——浸润线以下部分沿验算滑动面的下滑力;

D——渗透动水压力;

D_n——分段动水压力;

S_n——分段动水压力作用线距圆心的垂直距离。

为简化起见,可将路堤分为浸水及干燥两部分进行计算,在毛细水上升部分,可列入干燥部分计算。

3.4.3 陡坡路堤稳定性验算

1.陡坡路堤的滑动形式

在陡坡较大的山坡上填筑路堤和半路堤,因下滑力较大,填土有时会产生沿山坡下滑的现象,严重威胁道路畅通和行车安全。在设计这类路基时,不仅需验算边坡稳定,还要验算路堤的滑动稳定性。当不能保证稳定时,应采取一定的稳定或加固措施。

陡坡路堤的滑动一般有以下几种形式,如图 3.30 所示。

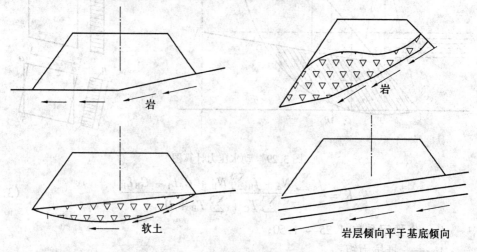

图 3.30 陡坡路堤的滑动形式

(1) 基底为岩层或稳定山坡,但因地面横坡较大,路堤可能沿基底接触面产生滑动。

(2) 基底为不稳定的山坡覆盖层,下卧基岩层面又为陡坡,路堤可能随同基底复盖层沿倾斜基岩滑动。

(3) 当基底为较厚的软土层时,路堤连同其下的软弱土层沿软弱层中某一最弱的圆弧滑动面滑动。

(4) 当陡坡基底的岩层倾向与山坡一致时,路堤连同其下的岩层沿某一最弱的层面滑动。

陡坡路堤可能的滑动,通常按横断面方向考虑,但实际上有时也会出现纵向滑动情况,设计时必须慎重研究路线位置与地形地质构造的关系。

2. 验算方法

本节所介绍的方法限于路堤沿已知直线或折线滑动面滑动的情况。当滑动面为圆弧状时,可根据具体情况,参照条分法进行计算。

(1) 单坡滑动面的稳定性验算

当基底为单一坡面,如图 3.31 所示,其滑动面为一平面时,基本公式为

$$K = \frac{(Q + P)\cos \alpha \tan \phi + cL}{(Q + P)\sin \alpha} \tag{3.37}$$

(2) 多坡滑动面的稳定性验算

当滑动面是由几个坡度组成的折线时,如图 3.32 所示,首先按地面变坡点将土体垂直分成若干隔离体,自上而下分别计算各土体的下滑力,最后根据最后一块土体的剩余下滑力的正负值确定其稳定性。

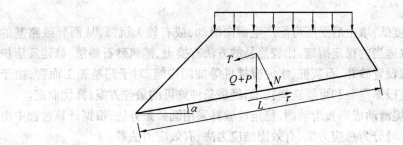

图 3.31　单一坡面

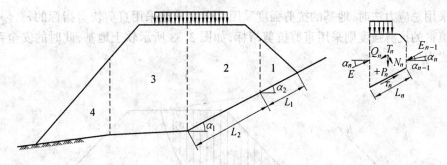

图 3.32　折线滑动面

$$E_n = [T_n + E_{n+1}\cos(\alpha_{n-1} - \alpha_n)] - \frac{1}{K}\{[N_n + E_{n-1}\sin(\alpha_{n-1} - \alpha_n)]\tan\phi_n + c_n L_n\}$$

(3.38)

式中　　E_n——第 n 个条块的剩余下滑力,kN;

T_n——第 n 个条块的自重 Q_n 与荷载 P_n 的切线下滑力,kN;

$$T_n = (Q_n + P_n)\sin\alpha_n \quad (3.39)$$

N_n——第 n 个条块的自重 Q_n 与荷载 P_n 的法线分力,kN;

$$N_n = (Q_n + P_n)\cos\alpha_n \quad (3.40)$$

a_n——第 n 个条块滑动面分段的倾斜角,(°);

ϕ_n——第 n 个条块滑动面上软弱土层的内摩擦角,(°);

C_n——第 n 个条块滑动面上软弱土层的单位粘聚力,kPa;

L_n——第 n 个条块滑动线长度,m;

E_{n-1}——上一个第 $n-1$ 条块传递而来的剩余下滑力,kN;

α_{n-1}——下一个第 $n-1$ 条块滑动面分段的倾斜角,(°)。

当最后的剩余下滑力等于或小于零时,认为稳定;大于零时,则不稳定,必须采取稳定措施。

3.4.4　软土地基上的路堤稳定性

软土是由天然含水量大,压缩性高,承载能力低的淤泥沉积物及少量腐植质所组成的土,主要有淤泥、淤泥质土及泥炭。软土按沉积环境分为下列四类:河海沉积、湖泊沉积、江滩沉积和沼泽沉积。

软土的抗剪强度低,填土后受压可能产生侧向滑动,或有较大沉降,从而导致路基的破坏,一般要求采取适当的稳定措施。比较简易的方法有换土、铺筑砂石垫层、修建反压护道等,必要时可考虑设置砂井、石灰桩、水泥搅拌桩等加固措施。对于路基施工而言,由于铺筑的面积较大,应根据需要和可能选择技术、经济条件许可的最佳方案,择优而定。

软土地基的路堤滑动成圆弧滑动面,稳定性验算采用圆弧条分法,根据计算过程中由于参数选择的不同,可分为总应力法、有效固结应力法、有效应力法等。

1.总应力法

当采用总应力法时,地基的抗剪强度采用总强度 τ 或采用直剪快剪指标的 c_q, ϕ_q 值,而路堤填料的抗剪强度则采用直剪抗剪指标,如图 3.33 所示软土地基,此时的安全系数的表达式为

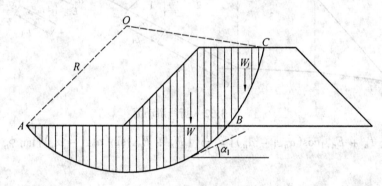

图 3.33

$$K = \frac{\sum S_i + \sum (S_j + P_j)}{P_T} \quad (3.41)$$

式中　i, j——i 表示滑动土条在地基内(AB 弧);j 表示滑动土条在路堤填料内的分条编号;

P_T——各土条在圆弧切线方向的下滑力的总和;

$$P_T = \sum (W_i \sin \alpha_i) + \sum (W_j \sin \alpha_j) + M/R \quad (3.42)$$

S_i——地基内(AB 弧)的抗剪力;

$$S_i = \tau_i L_i \text{ 或 } S_i = W_i \cos \alpha_i \tan \phi_{qi} + C_{qi} L_i \quad (3.43)$$

S_j——地堤内(AB 弧)的抗剪力;

$$S_j = W_j \cos \alpha_j \tan \phi_{qj} + C_{qj} L_j \quad (3.44)$$

W_i、W_j——土条重量;

α——土条底部滑动面对水平面的夹角;

L——土条底部圆弧的长度;

R——滑动圆弧的半径;

τ_i——当第 i 土条的滑动面处于地基土层内时,该土条滑动面所处地基土层的天然十字板抗剪强度;

C_{qi},ϕ_{qi}—— 当第 i 土条的滑动面处于地基土层内时,该土条所在土层的快剪(直剪)粘聚力和内摩擦角;

P_j—— 当第 j 土条的滑动面在路堤填料内时,若该土条滑动面与设置的土工织物相交,则为该层土工织物的每延米的设计拉力;

M—— 某些外力引起的滑动力矩。

总应力法计算的安全系数属快速施工,瞬时加载情况下的安全系数,而未考虑在路堤载荷作用下,土层固结所导致的土层总强度的增长。

2. 有效固结应力法

有效固结应力法则可求固结过程中任意时刻已知固结度的安全系数。在路堤载荷作用下,达到某一固结度时,滑动面上某一土条底面所处的抗剪力由未加荷前的土层的天然强度 S_i 和固结过程所增加的强度 ΔS_i 组成。安全系数由公式(3.45)计算。

$$K = \frac{\sum(S_i + \Delta S_i) + \sum(S_j + P_j)}{P_T} \tag{3.45}$$

$$\Delta S_i = W_{li} U_i \cos \alpha_i \tan \phi_{gi} \tag{3.46}$$

式中 S_i—— 地基内(AB 弧)的抗剪力;

$$S_i = \tau_i L_i \quad \text{或} \quad S_i = W_i \cos \alpha_i \tan \phi_{qi} + C_{qi} L_i \tag{3.47}$$

式中 U_i—— 地基固结度;

ϕ_{qi}、U_i—— 当第 i 土条的滑动面处于地基土层内时,分别为该土条所在土层的固结快剪(直剪)的内摩擦角和滑面处的固结度。

其余符号同前。

在上述公式中,$\tan \phi_{gi}$ 是土基在路堤自重作用下,固结过程中土基强度随路堤附加有效固结应力增长的增长率,因而可以采用固结快剪(直剪)指标。此时的安全系数是考虑了固结作用,但是属于瞬时破坏的情况;也可采用有效抗剪指标 φ',但此时的安全系数表示考虑固结,且破坏是缓慢发生的(滑裂的由剪切引起的孔隙水压力能消散)。用有效抗剪强度指标比固结快剪指标所算得的安全系数应大一些。

值得注意的是,当固结度较小时,用有效固结应力法计算的安全系数不一定比用快剪指标的总应力法计算的安全系数大。

3.5 路基防护与加固

3.5.1 概述

1. 路基防护和加固的目的与意义

路基是暴露在大自然中的线性构造物,长期受到风吹、日晒、雨淋等各种自然因素的作用,必将发生不同的变形和破坏,若不及时加以防治,就会引起严重的病害。例如,路基浸水后湿度增大,土的强度降低;岩性差的岩体会在水温变化条件下加剧风化;沿河路堤在水流冲刷、浸蚀作用下,极易遭到破坏;湿软地基承载力不足容易导致路基沉陷等等。因此,为保证路基的稳定性,防患于未然,除做好路基排水外,还必须做好路基防护与加固设计。

防护与加固工程是路基工程的一个组成部分,除专门用来支挡路基的结构物外,一般防护工程承受外力的能力很小,有的则完全不能承受外力的作用。因此,要求路基边坡本身基本稳定,否则不但路基得不到防护,而且连防护工程也会遭到破坏。

随着公路等级的提高,为维护正常的汽车运输,减少公路病害,确保行车安全及保持公路与自然环境协调,做好路基的防护与加固,更具有重要意义。

2. 防护与加固工程的分类

路基边坡的防护与加固设施主要有:边坡坡面防护、沿河路堤堤岸冲刷防护与加固以及湿软地基的加固三大类。本书主要介绍坡面防护与冲刷防护,湿软地基加固的内容请参见有关文献。

(1) 坡面防护

坡面防护主要是保护路基边坡表面免受雨水冲刷,调节路基的水温状况,减缓温、湿变化的影响,防止和延缓软弱岩土表面的风化、碎裂、剥蚀演变进程,从而保护路基边坡的整体稳定性,在一定程度上还可兼顾路基美化和协调自然环境。坡面防护设施,不承受外力作用,必须要求坡面岩土整体稳定牢固。简易防护的边坡高度与坡度不宜过大,土质边坡坡度一般不陡于 $1:1 \sim 1:1.5$。地面水的径流速度以不超过 2.0 m/s 为宜。

常用的坡面防护设施有植物防护(如种草、铺草皮、植树等)和矿料防护(如抹面、喷浆、勾缝、灌浆、石砌护面及护面墙等)。

(2) 冲刷防护

冲刷防护主要用于防止水流对沿河滨海路堤、河滩路堤及水泽区路堤(亦包括桥头引道)、路基边旁的防护堤岸等冲刷与淘刷。主要是针对水流的破坏作用而设,起防水治害和加固堤岸双重功效。

常用的冲刷防护加固设施有直接和间接两类。直接防护包括植物防护和石砌防护与加固两种,常用的有植树、铺石、抛石或石笼等。间接防护主要指导治结构物,如丁坝、顺坝、防洪堤、拦水坝等,必要时可疏浚河床、改变河道。

(3) 湿软地基加固

湿软地基的承载能力差,填筑路基前必须予以加固,以防路基沉陷、滑移或产生其他病害。湿软地基加固规模大,造价高,应注意方案比较,研究技术和经济方面的可行性,力求从简,尽量就地取材。各种加固方法,可归纳成换填土、碾压夯实、排水固结、振动挤密、土工格栅加筋和化学加固等五类。

3.5.2 坡面防护

1. 植物防护

植物防护亦称有"生命"防护,其方法有种草、铺草皮和植树三种。采用植物覆盖层对坡面进行防护,可以减缓地面水流速度,调节边坡土的温湿状况,以及美化路容,协调环境。同时植物的根深入土中后,在一定程度上对表土起到了稳定固结的作用。它对于坡高不大,边坡比较平缓的土质坡面是一种简易有效的防护措施。

(1) 种草

种草适宜于边坡坡度不陡于1:1,不浸水或短期浸水但地面径流速度不大于0.6 m/s的土质边坡。草的品种应选用适应当地的土质和气候条件,最后是根系发达、叶茎低矮、多年生长的草种,适宜几种草籽混种。不宜种草的坡面,可以铺5～10 cm厚的种植土层,土层应与原坡面结合稳固。

(2) 铺草皮

铺草皮可用于较高较陡的边坡。当坡面冲刷比较严重,边坡较陡,径流速度大于0.6 m/s时,最大速度达1.8 m/s时,应根据具体条件(坡度与流速等),分别采用平铺(平行于坡面)、水平叠置、垂直坡面或与坡面成一半坡角的倾斜叠置草皮,还可采用片石砌成方格或拱式边框,方格或框内再铺草皮,如图3.34所示。

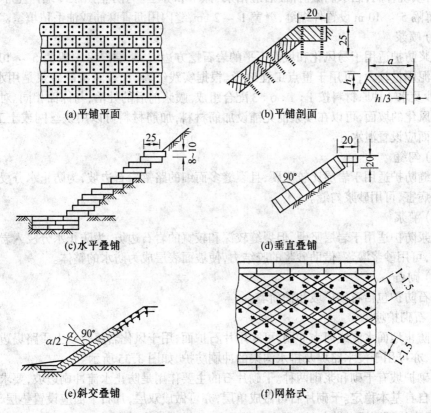

图3.34 草皮防护示意图(单位:m)

铺草皮需预先备料,草皮可就近培育,切成整齐块状,然后移铺到坡面上。铺时应自下而上,并用竹木小桩将草皮钉在坡面上,使之稳固。

(3) 植树

植树主要用于堤岸边的河滩上,用来降低流速,促使泥沙淤泥,防止水流直接冲刷路堤。若多排林带与水流方向斜交,还可起挑流作用,改变水流方向。沙漠与雪害地区,防护林带可起阻沙防雪作用。

植树位置与宽度应根据防护要求、水流速度及当地自然条件而定。树种的选择应适合于当地的土质、气候条件,能迅速生长,且根系发达、枝叶茂密,用于冲刷防护的树种宜选用生长很快的杨柳类或不怕水淹的灌木类。

2. 矿料防护

矿料防护属无机物防护,以防护石质路堑边坡为主。对于无法采用植物防护的岩石边坡,可以采用砂石、水泥、石灰等矿质材料进行坡面防护。类型主要有砂浆抹面、勾缝、喷浆,以及石砌护坡和护面墙等形式。

(1) 抹面

抹面防护适用于易风化而表面比较完整,尚未剥落的岩石边坡。常用的抹面材料有石灰炉渣混合浆、三合土或四合土等,其中石灰为胶结料,要求精选,炉渣颗粒宜细。抹面厚度视材料及坡面状况而定,一般为 2.0~10.0 cm。操作前,应清理坡面风化层、浮土与松动碎块,填坑补洞,洒水润湿。抹面后应拍浆、抹平和养生。为防止热胀冷缩产生不规则开裂,应每隔 5~10 m 设置伸缩缝,缝宽 1~2 cm,缝内用沥青麻筋或油毛毡填塞。

(2) 喷浆

喷浆防护适用于易风化和坡面不平的岩石挖方边坡,浆层厚度一般为 5~10 cm。喷浆的水泥用量较大,可用于重点工程地段。根据实践经验,比较经济的砂浆是用水泥、石灰、河砂及水 4 种原材料按 1:1:6:3 配合组成。喷浆前后的处治,与抹面相同。对坡面较陡或易风化的坡面,可以在喷浆前先铺设加筋材料,加筋材料可以用铁丝网或土工格栅,喷浆坡面应设置泄水孔。

(3) 勾缝

勾缝防护适用于岩层比较坚硬,且裂缝多而细的路堑岩石边坡,为防止水分浸入岩层内造成病害,可用砂浆勾缝。

(4) 灌浆

灌浆防护适用于岩层坚硬,但裂缝较深和较宽的岩石边坡,为防止水分浸入岩层内造成病害,可用砂浆灌浆,借助砂浆的胶结力,使坡面表层成为防水的整体。

(5) 砌石

砌石防护包括石砌护坡和护面墙。

① 石砌护坡

为防止地面水流或河水冲刷,可采用片石护面,用于风化岩路堑或土质路堤边坡的坡面防护,亦可用于浸水路堤及排水沟渠的冲刷防护,如图 3.35 所示。

石砌护坡有干砌和浆砌两种。干砌片石的主要作用是防止水流冲刷边坡,要求被防护的边坡自身基本稳定。干砌片石可做成单层,亦可做成双层,片石下面应设置垫层,起平整作用。干砌片石要用砂浆勾缝,以防水分浸入,并提高整体强度。

浆砌片石护坡,常用于防护流速较大(4~5 m/s)的沿河路堤,亦可与护面墙等综合作用,以防护不同岩层和不同位置的边坡,其厚度一般为 20~50 cm,基础要求稳固,应深入水流冲刷线以下,同时对基础应加设防护措施。

② 护面墙

护面墙是一种浆砌片石覆盖层,常用于严重风化破碎的岩石挖方边坡。护面墙除自重外,不承受其他荷重,亦不承受墙背土压力,因此护面墙防护的边坡必须稳定。护面墙的构造与布置,如图 3.36 所示。墙高与厚度及路堑边坡的关系,参见表 3.24。

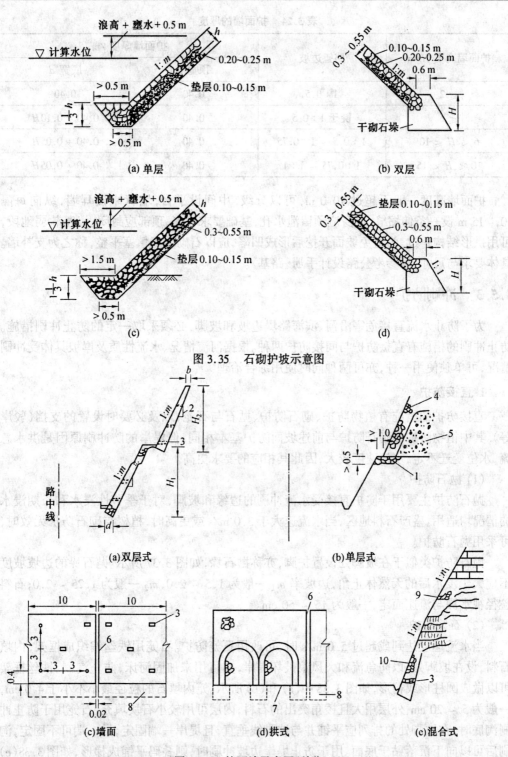

图 3.35 石砌护坡示意图

图 3.36 护面墙示意图(单位:m)

1—平台;2—耳墙;3—泄水孔;4—封顶;5—松散夹层;6—伸缩式;7—软地基;8—基础;9—支补墙;10—护面墙

表 3.24　护面墙的厚度

护面墙高度 H/m	路堑边坡	护面墙厚度/m	
		顶宽 b	底宽 d
≤ 2	1∶0.5	0.40	0.40
≤ 6	陡于 1∶0.5	0.40	$0.40 + 0.10H$
$6 < H \leq 10$	1∶0.5 ~ 1∶0.75	0.40	$0.40 + 0.05H$
$10 < H < 15$	1∶0.75 ~ 1∶1	0.40	$0.40 + 0.05H$

护面墙高度一般不超过 10.0 m,可以分级,中间设平台,墙背中设耳墙,纵向每隔 10 ~ 15 m 设一条伸缩缝,墙身应预留泄水孔,基础要求稳固,顶部应封闭。墙基软弱地段,可用拱形结构跨过。为避免坡面开挖后形成凹陷,应以石砌圬工填塞平整,称之为支补墙。具体要求与尺寸,可参考公路设计手册《路基》。

3.5.3　冲刷防护

为了防止水流直接危害沿河、滨海路堤边坡和坡脚,必须采取一定的防止冲刷措施。防止冲刷的措施有直接防护与间接防护两种。根据河流情况、水流性质及岸坡具体受冲刷情况,可单独使用一种,亦可两种同时使用综合治理。

1. 直接防护

直接防护的措施有植物防护、砌石防护、抛石与石笼,以及必要时设置的支挡(驳岸等)。其中植物防护和砌石防护与前述坡面防护基本相同,但堤岸的防冲刷原因是洪水急流,水位变迁不定,水流速度较大,因此其相应的要求更高。

(1) 抛石防护

抛石防护主要用于防护直接受水流冲刷的边缘和坡脚,对于季节性浸水和长期浸水的情况均适用。盛产石料地区,当水流速大于 3.0 m/s 或更高时,植树与砌石防护无效时,可采用抛石防护。

抛石防护类似于在坡脚处设置护脚,亦称抛石垛,如图 3.37 所示。抛石垛的边坡坡度不应大于浸水后的天然休止角,边坡率 m_1 一般为 1.5 ~ 2.0, m_2 一般为 1.25 ~ 2.0;石料粒径视水深与流速而定,一般为 15 ~ 50 cm。

(2) 石笼防护

当水流速度达到或超过 5.0 m/s 时,可改用石笼防护。石笼用铁丝编织成框架,内填石料,设在坡脚处,以防急流和大风浪破坏堤岸,亦可用来加固河床,防止淘刷。铁丝框架可以做成圆柱形或箱形,如图 3.38 中(a)和(b)所示。笼内填石的粒径最小不小于 4.0 cm,一般为 5 ~ 20 cm,外层用大且棱角突出的石料,内层可用较小石块填充。石笼用于防止冲刷淘底时,在坡脚处的排列应平铺并与坡脚线垂直,且堤岸一端固定,另一端可不固定,淘刷后可以向下沉落贴于底面。用于防止堤岸边坡冲刷时,则叠码平铺成梯形,如图 3.38(c)和(d)所示。单个石笼的大小,以不被相应速度的水流冲动为宜,铺设时须用碎(砾)石垫层铺平底层,各角可用铁棒固定于基底。

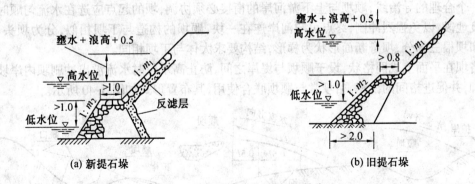

图 3.37　抛石防护示意图(单位:m)

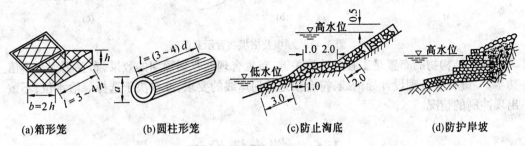

图 3.38　石笼防护示意图(单位:m)

2. 间接防护

设计导治构造物可以改变水流方向,消除和减缓水流对堤岸的直接破坏,同时可以使堤岸近旁缓慢淤积,彻底消除水流对局部堤岸的损害。设导治构造物的间接防护措施主要是设坝,按其与河道的相对位置,一般可分为丁坝、顺坝或格坝几种。

(1) 丁坝

丁坝的作用是导流和挑流,把水流挑离河岸,改善水流状况,间接保护路基。丁坝由坝头、坝身和坝根三部分组成,其断面为梯形。丁坝所受的外力较小,其断面尺寸主要依据构造要求、施工条件和使用要求等因素确定。丁坝的轴线与水流方向的关系不同,分为垂直式、下挑式和上挑式三种,如图 3.39 所示。

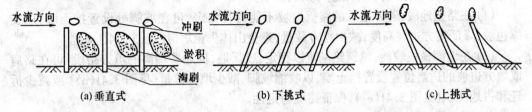

图 3.39　不同布置形式的丁坝及冲淤情况示意图

丁坝的布置,要慎重考虑对岸的情况,如对岸为农田、住房、土堤时,宜多导少挑;若对岸为岩石,要注意被挑过去的水流,在对岸折回后对下游的冲刷。

(2) 顺坝及格坝

顺坝的作用是导流,调整水流曲度、改善流态,基本上不改变原有水流的流态。当河床断面窄小,不允许过多侵占或地质条件不宜修筑丁坝时,可以采用顺坝。布置顺坝前,必须先有一个合理的导治线,顺坝与上下游河岸的衔接必须协调,坝的起点应选在水流匀顺时的过渡地段,以免强烈冲刷,终点可与河岸连在一块。顺坝的构造与丁坝相似,分为坝头、坝身和坝根三部分,坝身断面形状为梯形,结构要求大体与丁坝相同。

格坝在平面上成网格状,设于顺坝与堤岸之间,防止高水位时水流溢出冲刷坝内岸坡和坡脚,并促进格间的淤积。格坝常与顺坝联合使用,其布置形式如图 3.40 所示。

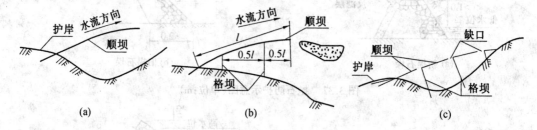

图 3.40　顺坝及格坝布置示意图

导治结构物的布置是工程成败的关键。布置合理能收到预期的效果,布置不当会事倍功半。关键在于合理设计导治线,符合预定的河岸线的要求,亦取决于选择导治水位,不致出现冲刷的情况。

3.6　挡土墙设计

3.6.1　挡土墙的类型和适用条件

1. 挡土墙的用途

挡土墙是一种能够抵抗侧向土压力,用来支撑天然边坡或人工边坡,保持土体稳定的建筑物。它被广泛应用于公路、铁路、水利及其他土建工程中。

挡土墙各部分名称如图 3.41(a)所示。靠回填土(或山体)一侧为墙背,外露临空一侧为墙面(也称墙胸),墙底与墙面交线为墙趾,墙底与墙背的交线为墙踵,墙背与垂线的交角为墙背倾角(α)。

在公路工程中,挡土墙的用途可归纳如下。

(1)在路堑地段,若开挖后的路堑边坡不能自行稳定,可在坡脚处设置挡土墙,以支撑边坡,降低挖方边坡高度,减少挖方数量,避免山体失稳坍滑(见图 3.41(a))。

(2)在地面横坡较陡,填筑路基难以稳定,或征地、拆迁费用高的填方路段,可在路肩或填方边坡的适当位置设置挡土墙,以收缩坡脚,减少填方数量(见图 3.41(b))或减少拆迁和占地面积(见图 3.41(c)),保证路堤稳定性。

(3)对于沿河路基,为避免沿河路基挤压河床,防止水流冲刷路基,可在沿河一侧路基设置挡土墙(见图 3.41(d))。

(4)在某些挖方路段,原地面有较厚的覆盖层或滑坡,可在路堑边坡上方设置挡土墙,防止山坡覆盖层下滑(见图 3.41(e))和抵抗滑坡(见图 3.41(f))。

其他还有设置于隧道洞口的洞口挡土墙和设置于桥头的桥头挡土墙(即桥台)等。

在路基设计中,是否需要设置挡土墙,应通过与其他可能的技术方案进行技术、经济比较来确定。

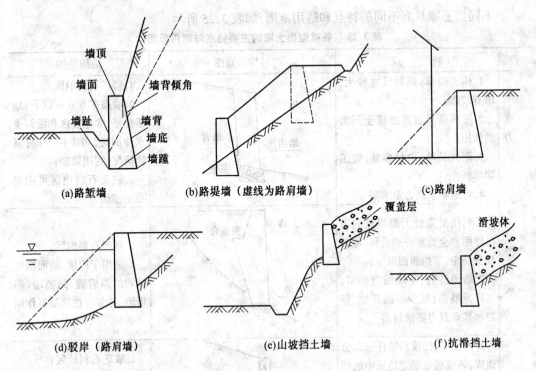

图 3.41 设置挡土墙的位置(图中虚线表示不设挡土墙时的路基边坡)

2.挡土墙的类型

挡土墙可按墙所处的位置、墙身材料及其结构形式等进行分类。

(1) 按挡土墙位置分

挡土墙按其所处位置可分为：路堑墙、路堤墙、路肩墙和山坡墙等类型，如图 3.41 所示。

(2) 按墙体材料分

挡土墙按所用材料可分为：石砌挡土墙、砖砌挡土墙、砼挡土墙、钢筋砼挡土墙和加筋土挡土墙等类型。

(3) 按墙的结构形式分

挡土墙按其结构形式可分为：重力式、衡重式、半重力式、悬壁式、扶壁式、锚杆式、柱板式、垛式等类型，如表 3.25 所示。其中重力式、衡重式多用石砌。半重力式用砼浇注，视需要也可在受拉区加少量钢筋，以节省圬工。其他类型多用钢筋砼就地制作或预制拼装。

(4) 按支挡机理分

挡土墙按支挡机理的不同，可分为外部支挡系统、内部稳定系统和杂交系统。外部支挡系统利用墙体的重量和刚度来抵挡土体的滑动和倾覆，例如，重力式、悬臂式等挡土墙。内部稳定系统是对可能滑动的土体内部进行加筋，利用筋带与填料之间的摩阻及加筋单元的被动土的抗力维持土体的稳定，例如，加筋挡土墙。杂交系统则是上述两种的组合，例如，加筋的笼式挡土墙。

3. 挡土墙的特点与使用范围

不同挡土墙具有不同的特点和适用范围,如表 3.25 所示。

表 3.25 各类型挡土墙的主要特点与适用范围

类型	特　点	结构示意图	适用范围
重力式	1.构造简单,断面尺寸较大,墙身较重; 2.依靠墙身自重抵抗土压力的作用; 3.形式简单,取材容易,施工简单; 4.对地基承载力要求高	(墙顶、墙面、墙背、基底)	1.盛产石料地区; 2.墙高在 6.0 m 以下,地基良好,非地震区和沿河受水冲刷时,可采用干砌;其他情况,宜用浆砌; 3.缺乏石料地区可用混凝土砌筑
衡重式	1.利用衡重台上部填土的下压作用和全墙重心的后移,增加墙身稳定,节约断面尺寸; 2.墙面陡直,下墙墙背仰斜,可降低墙高,减少基础开挖,但对地基承载力要求较高	(上墙、衡重台、下墙)	1.盛产石料地区; 2.适用于山区、地面横坡陡峻的路肩墙、路堑墙、路堤墙,并兼有拦挡坠石作用
锚杆式	1.由立柱、挡板和锚杆三部分组成,靠锚固在稳定地层中的锚杆的抗拔力保证土体的稳定; 2.断面尺寸小,节省材料;立柱、挡板可预制安装,施工速度快; 3.对地基的适应性强		1.缺乏石料地区; 2.高挡土墙; 3.应备有钻岩机、压浆机等设备; 4.较宜用于路堑墙,亦可用于路肩墙
锚定板式	1.靠稳定地层中的锚定板前的被动土抗力保证土体的稳定; 2.其他同锚杆式挡墙	(挡板、立柱、破裂面、锚定板、拉杆)	1.适合于路堤墙、路肩墙
柱板式	1.由立柱、底梁、挡板、底板和基座组成,借助底板上的土重保持墙的稳定; 2.基础开挖较悬臂式和扶壁式少; 3.断面尺寸小,节省材料;可预制拼装,快速施工	(立壁、挡板、底板、底梁、牛腿、基座)	1.高墙; 2.较适宜于路堑墙,特别适用于支挡土质路堑高边坡或处治边坡坍滑

续表 3.25

类型	特　点	结构示意图	适用范围
钢筋混凝土悬臂式	1. 由立壁、墙趾板和墙踵板3个悬臂梁组成，断面尺寸较小；由墙体自重及踵板上的土的重量保持墙的稳定； 2. 墙高时，立壁下部的弯矩大，消耗钢筋多，不经济； 3. 对地基的适应性强	（立壁、墙趾板、墙踵板示意图）	1. 缺乏石料地区； 2. 普通高度的路肩墙； 3. 地基情况可以差些
钢筋混凝土扶壁式	沿悬臂式挡土墙的墙长，隔一定距离加一道扶壁，使立壁与墙踵板连接起来，以承受更大的弯矩，其余同悬臂式	（扶壁示意图）	在挡墙较高时较悬臂式经济，其余同悬臂式
加筋土挡土墙	1. 由加筋、墙面板和填土三部分组成，借筋带与填料之间的摩擦力及加筋单元的被动土抗力保持墙身稳定； 2. 施工简便，造型美观； 3. 对地基的适应性强，占地少	（面板、加筋条、填土示意图）	1. 缺乏石料地区； 2. 适用于石质土、砂性土、黄土地区修建较高的路肩墙或路堤墙
垛式挡土墙	实际上是一种在钢筋混凝土杆件装配的框架内填以土石的重力式挡土墙，依靠钢筋混凝土杆件及其内部的填料重保持墙的稳定	（纵向杆件、横向杆件示意图）	1. 缺乏石料地区； 2. 适用于路肩墙和路堤墙

3.6.2 挡土墙土压力的计算

1. 作用在挡土墙上的力系

作用在挡土墙上的力系，按其作用性质分为主要力系、附加力系和特殊力。

主要力系是经常作用于挡土墙的各种力，如图 3.42 所示。它包括：

(1) 挡土墙自重 G 及位于墙上的衡载。

(2) 墙后土体的主动土压力 E_a（包括作用在墙后填料破裂棱体上的荷载，简称超载）。

(3) 基底的法向力 N 和摩擦力 T。

(4) 墙前土体的被动土压力 E_p。

对于浸水挡土墙而言,主要力系中尚应包括常水位时的静水压力和浮力。

附加力系是指季节性地作用于挡土墙的各种力。例如,洪水时的静水压力和浮力、动力压力、波浪冲击力,以及冻胀压力等。

特殊力是偶然出现的力。例如,地震力、施工荷载、水流漂浮物的撞击力等。

在一般地区,挡土墙设计仅考虑主要力系,在浸水地区还应考虑附加力,而在地震区则应考虑地震对挡土墙的影响。各种力的取

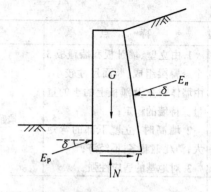

图 3.42 作用在挡土墙上的主要力系

舍,应根据挡土墙所处的具体工程条件,按最不利组合作为设计的依据。

2. 一般条件下的库仑(Coulomb)主动土压力计算

土压力是挡土墙设计的主要荷载。挡土墙的位移情况不同,可以形成不同性质的土压力,如图 3.43 所示。当挡土墙向外移动(位移或倾覆)时,土压力随之减少,直到墙后土体沿破裂面下滑而处于极限平衡状态,此时作用于墙背的土压力称为主动土压力;当墙向土体挤压移动,土压力随之增大,土体被推移向上滑动处于极限平衡状态,此时土体对墙的抗力称为被动土压力;墙处于原来位置不动时,土压力介于两者之间,称为静止土压力。采采哪种性质的土压力作为挡土墙设计荷载,要根据挡土墙的具体条件而定。

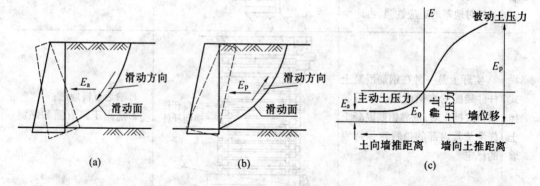

图 3.43 三种不同性质的土压力

路基挡土墙一般都可能有向外的位移或倾覆。因此,在设计中按墙背土体达到主动极限平衡状态,且设计时取一定的安全系数,以保证墙背土体的稳定。对于墙趾前的被动土压力 E_p,对挡土墙起稳定作用,一般均不计,以偏于安全。

主动土压力计算的理论和方法,在土力学中已有专门论述,这里仅结合路基挡土墙的设计,介绍库仑土压力的计算方法和具体应用。

(1) 库仑理论的基本假设

① 当挡土墙向前滑移时(见图 3.44),墙后土体将形成一个沿墙背 AB 和破裂平面 BC 向下滑动的破裂棱体 ABC(或称土楔),此时土楔处于主动应力状态。

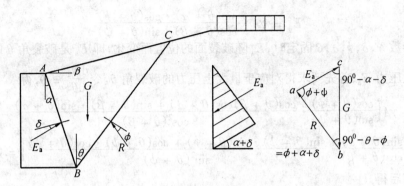

图 3.44 库仑主动土压力计算

② 墙后土体为均质松散颗粒,粒间仅有摩阻力而无粘结力存在。挡土墙和土楔都是无压缩或拉伸变形的刚体。

③ 土楔开始形成时,土楔在自重 G 与墙背反力 E_a 及破裂面反力 R 的作用下保持静力平衡,故土体处于极限平衡状态。由于土楔与墙背和破裂面间有摩阻力,故 E_a 和 R 分别与各自的作用面的法线成 δ 角(墙背与土体间摩阻角,简称外摩阻角)和 ϕ 角(土的内摩阻角)。

(2) 各种边界条件下的库仑主动土压力计算

根据上述假定,即可推导出不同边界条件下,挡土墙土压力的计算公式。

现以破裂面交于路基内边坡的边界条件为例,介绍库仑理论计算土压力的原理。

图 3.44 所示中 AB 为挡土墙的墙背,BC 为破裂面,BC 与铅垂线的夹角 θ 为破裂角,ABC 为破裂棱体。棱体上作用着 3 个力,即破裂棱体自重 G、主动土压力的反力 E_a 和破裂面上的反力 R。E_a 的方向与墙背法线成 δ 角,且偏于阻止棱体下滑的方向;R 的方向与破裂面法线成 ϕ 角,且偏于阻止棱体下滑的方向,根据力平衡原理,G、E_a 和 R 构成一矢量三角形 abc。取挡墙长度为 1 m 计算,从作用于破裂棱体上的平衡力三角形 abc,按正弦定理可得

$$E_a = \frac{\sin(90° - \theta - \phi)}{\sin(\theta + \psi)} gG = \frac{\cos(\theta + \phi)}{\sin(\theta + \psi)} gG \tag{3.48}$$

式中 $\psi = \phi + \alpha + \delta$

由于 $G = \frac{1}{2}\gamma \cdot \overline{AB} \cdot \overline{BC} \cdot \sin(\alpha + \theta)$

而 $AB = H\sec\alpha$

$$BC = \frac{\sin(90° - \alpha + \beta)}{\sin(90° - \alpha - \beta)} \cdot AB = H \cdot \sec\alpha \cdot \frac{\cos(\alpha - \beta)}{\cos(\theta + \beta)}$$

所以
$$G = \frac{1}{2}\gamma H^2 \cdot \sec^2\alpha \cdot \frac{\cos(\alpha - \beta)\sin(\alpha + \theta)}{\cos(\theta + \beta)} \tag{3.49}$$

将式(3.49)代入式(3.48),得

$$E_a = \frac{1}{2}\gamma H^2 \sec^2\alpha \cdot \frac{\cos(\alpha - \beta) \cdot \sin(\alpha + \theta)}{\cos(\theta + \beta)} \cdot \frac{\cos(\theta + \phi)}{\sin(\theta + \psi)} \tag{3.50}$$

令 $A = \frac{1}{2}H^2 \cdot \sec^2\alpha \cdot \cos(\alpha - \beta)$

则
$$E_a = \gamma A \cdot \frac{\sin(\theta + \alpha) \cdot \cos(\theta + \phi)}{\cos(\theta + \beta) \cdot \sin(\theta + \psi)} \tag{3.51}$$

当参数 $\gamma, \delta, \phi, \alpha, \beta$ 固定时，E_a 随破裂面的位置而变化，即 E_a 是破裂角 θ 的函数。为求最大土压力 E_a，首先要求得对应于最大土压力的破裂角 θ。令 $\dfrac{\mathrm{d}E_a}{\mathrm{d}\theta} = 0$，得

$$\gamma A \left[\frac{\cos(\theta + \phi)}{\sin(\theta + \psi)} \cdot \frac{\cos(\theta + \beta)\cos(\theta + \alpha) + \sin(\theta + \beta) \cdot \sin(\theta + \alpha)}{\cos^2(\theta + \beta)} - \right.$$
$$\left. \frac{\sin(\theta + \alpha)}{\cos(\theta + \beta)} \cdot \frac{\sin(\theta + \psi) \cdot \sin(\theta + \phi) + \cos(\theta + \psi) \cdot \cos(\theta + \phi)}{\sin^2(\theta + \psi)} \right] = 0$$

整理化简后得
$$P\tan^2\theta + Q \cdot \tan\theta + R = 0$$
$$\tan\theta = \frac{-Q \pm \sqrt{Q^2 - 4PR}}{2P} \tag{3.52}$$

式中
$$P = \cos\alpha \cdot \sin\beta \cdot \cos(\psi - \phi) - \sin\phi \cdot \cos\psi \cdot \cos(\alpha - \beta)$$
$$Q = \cos(\alpha - \beta) \cdot \cos(\psi + \phi) - \cos(\psi - \phi) \cdot \cos(\alpha + \delta)$$
$$R = \cos\phi \cdot \sin\psi \cdot \cos(\alpha - \beta) - \sin\alpha \cdot \cos(\psi - \phi) \cdot \cos\beta$$

将式(3.52)求得的 θ 值代入式(3.51)，即可求得最大主动土压力 E_a 值，即

$$E_a = \frac{1}{2}\gamma H^2 K_a = \frac{1}{2}\gamma H^2 \frac{\cos^2(\phi - \alpha)}{\cos^2\alpha \cdot \cos(\alpha + \delta)\left[1 + \sqrt{\dfrac{\sin(\phi + \delta) \cdot \sin(\phi - \beta)}{\cos(\alpha + \delta) \cdot \cos(\alpha - \beta)}}\right]^2}$$
(3.53)

式中 γ—— 墙后填土的容重，kN/m^3；
ϕ—— 填土的内摩擦角；
δ—— 墙背与填土间的摩擦角；
β—— 墙后填土表面的倾角；
α—— 墙背倾斜角，俯斜墙背 α 为正，仰斜墙背 α 为负；
H—— 挡土墙高度，m；
K_a—— 主动土压力系数。

土压力的水平和垂直分力分别为
$$\left.\begin{array}{l} E_x = E_a\cos(\alpha + \delta) \\ E_y = E_a\sin(\alpha + \delta) \end{array}\right\} \tag{3.54}$$

按照荷载横向分布与破裂棱体相对位置的不同，土压力的计算有 3 种图式：即局部荷载位于破裂棱体上、全部荷载位于破裂棱体上和破裂棱体上无荷载。图 3.45 所示即为全部荷载位于破裂棱体上的情况。各种情况下的土压力计算公式均可用上述方法推导，应用时可查阅铁路设计手册《挡土墙》和公路设计手册《路基》。

在用公路设计手册《路基》计算某一边界条件下的挡土墙土压力 E_a 时，先要求出破裂角 θ，即首先确定产生最大土压力的破裂面。这一破裂面将按哪一种边界条件出现，事先并不知道，因此必须计算。计算时可先假定破裂面交于路基的位置(一般是先假定交于荷载中部)，按此图式选择相应的计算公式算出 θ 角，再与原假定的破裂面位置(边界条件)

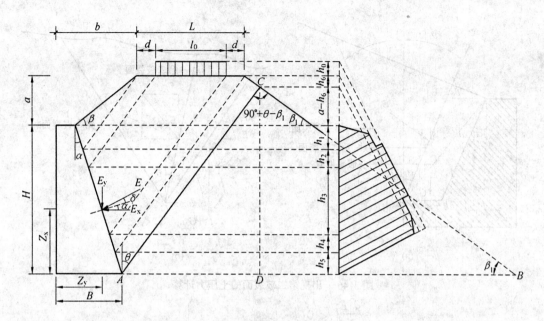

图 3.45 全部荷载位于破裂棱体上

相比较,看是否相符。如与假定不符,根据计算的 θ 角重新假定破裂面位置,按相应的公式重复上述计算,直至相符为止。最后根据此破裂角计算最大主动土压力。在个别情况下,可能出现验证与假定不符,改变图式后仍然不符,此时可假定破裂面交于两种边界条件的分界点(如交于荷载边缘)来计算破裂角。

(3) 大俯角墙背的主动土压力计算

在挡土墙设计中,往往会遇到俯斜墙背很缓,即墙背倾角 α 很大的情况,如折线形挡土墙上墙墙背,衡重式挡土墙的上墙假想墙背(见图 3.46(a))。当墙后土体达到主动极限平衡状态时,破裂棱体并不沿墙背或假想墙背 CA 滑动,而是沿着土体的另一破裂面 CD 滑动,CD 即称为第二破裂面,α_i 和 θ_i 为相应的破裂角,而远离墙的破裂面 CF 称为第一破裂面。这时挡土墙承受着作用于第二破裂面上的土压力 E_a,E_a 是 α_i 和 θ_i 的函数。而 E_x 是 E_a 的水平分力,因此可以列出以下函数关系

$$E_x = f(\alpha_i, \theta_i) \tag{3.55}$$

为了确定最不利的破裂角 α_i 和 θ_i 及相应的主动土压力值,可以求解下列偏微分方程组

$$\left.\begin{array}{l} \dfrac{\partial E_x}{\partial \alpha_i} = 0 \\ \dfrac{\partial E_x}{\partial \theta_i} = 0 \end{array}\right\} \tag{3.56}$$

并满足下列条件

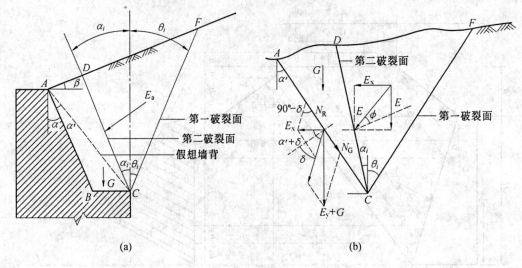

图 3.46 出现第二破裂面的土压力计算

$$\left. \begin{array}{l} \dfrac{\partial^2 E_x}{\partial \alpha_i^2} < 0 \\[6pt] \dfrac{\partial^2 E_x}{\partial \theta_i^2} < 0 \\[6pt] \dfrac{\partial^2 E_x}{\partial \alpha_i^2} \cdot \dfrac{\partial^2 E_x}{\partial \theta_i^2} - \left(\dfrac{\partial^2 E_x}{\partial \alpha_i \partial \theta_i} \right)^2 > 0 \end{array} \right\} \quad (3.57)$$

出现第二破裂面的条件是:

① 墙背或假想墙背的倾角 α 或 α' 大于第二破裂面倾角 α_i。

② 在墙背或假想墙背上产生的抗滑力 N_R 大于其下滑力 N_S,使破裂棱体不会沿墙背或假想墙背下滑。

第二个条件的又一个表达方式为:作用于墙背或假想墙背上的土压力对墙背法线的倾角 δ' 小于或等于墙背摩擦角 δ。

一般为避免土压力过大,俯斜式挡土墙很少采用平缓式背坡,故不易出现第二破裂面。衡重式的上墙或悬臂式挡土墙,因系假想墙背,$\delta = \phi$,只要满足第一个条件,即出现第二破裂面,设计时应首先加以判别,然后再用相应的公式计算土压力。其做法是先拟定两组破裂面,按相应公式算出 θ_i,以确定第一破裂面的位置;如与假定相符,再按与此边界条件相对应的公式计算 α_i;如 $\alpha_i > \alpha'$,表明不会出现第二破裂面,应按一般库仑公式计算土压力;如 $\alpha_i < \alpha'$,表明有第二破裂面出现,应按出现的第二破裂面的库仑公式计算土压力。表 3.26 列出了两种边界条件下出现第二破裂面的土压力计算公式,表中及其他边界条件下的第二破裂面土压力计算公式的推导可参考公路或铁路《路基设计》手册。

表3.26 第二破裂面土压力计算公式表

类型	路堤墙、路堑墙	路肩墙
边界条件	第一破裂面交于边坡	第一破裂面交于荷载内
计算简图	(图示)	(图示)
破裂角计算公式	$\theta_i = \frac{1}{2}(90°-\phi) + \frac{1}{2}(\varepsilon - \beta)$ $\alpha_i = \frac{1}{2}(90°-\phi) - \frac{1}{2}(\varepsilon - \beta)$ $\varepsilon = \sin^{-1}\frac{\sin\beta}{\sin\phi}$	$\alpha_i = \theta_i = 45° - \frac{\phi}{2}$
土压力及土压力系数计算公式	$E_1 = \frac{1}{2}\gamma H_1'^2 K$ $E_{1x} = E_1\cos(\alpha_i + \phi)$ $E_{1y} = E_1\sin(\alpha_i + \phi)$ $K = \dfrac{\cos^2(\phi - \alpha_i)}{\cos^2\alpha_i \cos(\alpha_i + \phi)\left[1 + \sqrt{\dfrac{\sin 2\phi \sin(\phi - \beta)}{\cos(\alpha_i + \phi)\cos(\alpha_i - \beta)}}\right]^2}$ $H_1' = H\dfrac{1 + \tan\alpha_i'\tan\beta}{1 + \tan\alpha_i'\tan\beta}$ $Z_{1x} = \frac{1}{3}H_1'$	$E_1 = \frac{1}{2}\gamma H_1^2 K K_1$ $E_{1x} = E_1\cos(\alpha_1 + \phi)$ $E_{1y} = E_1\sin(\alpha_1 + \phi)$ $K = \dfrac{\tan^2\left(45° - \dfrac{\phi}{2}\right)}{\cos\left(45° + \dfrac{\phi}{2}\right)}$ $K_1 = 1 + \dfrac{2h_0}{H}$ $Z_{1x} = \dfrac{H_1}{3} + \dfrac{h_0}{3K_1}$

(4) 粘性土土压力计算

库仑理论只考虑不具有粘聚力的砂性土的土压力问题。若墙背填料的为粘性土,则土粒间不仅有摩阻力存在,而且还有粘聚力。显然,这与库仑理论假定是不相符合的,然而迄今为止尚无一种切合实际的有效方法进行粘性土的土压力计算。因此,仍只能采用以库仑理论为基础计算粘性土主动土压力的近似方法——等效内摩阻角法和内多边形法,现介绍如下。

① 等效内摩阻角法

这种方法是将内摩阻角 ϕ 与单位粘聚力 c,换算成较实有 ϕ 值大的"等效内摩阻角" ϕ_D 来代替,然后按砂性土的库仑土压力公式计算土压力。

ϕ_D 值可以按换算前后土的抗剪强度相等或土压力相等的原则来计算,一般是把粘性土的内摩阻角值增大 $5° \sim 10°$,或取等效内摩阻角 ϕ_D 为 $30° \sim 35°$。

由于影响土压力数值的因素是多方面的,包括墙高、墙型、墙后填料的表面以及荷载的情况等,不可能用上述方法为之确定一个固定的换算关系或固定的换算值。用上述方法换算的内摩阻角,只与某一特定的墙高相适应,一般对于矮墙偏于安全,对于高墙则偏于危险。因此,在设计高墙时,应按墙高酌情降低 ϕ_D 值。最后按实测的 c、ϕ 值,用力多边形法计算粘性土的主动土压力。

② 力多边形法(数解法)

如图 3.47 所示,当挡土墙向外有足够位移时,粘性土层顶部将出现拉应力,使土层产生竖向裂缝,裂缝从表面向下延伸到拉应力趋于零处。裂缝深度 h_c 可按下式计算

$$h_c = \frac{2c}{\gamma}\tan(45° + \frac{\phi}{2}) \tag{3.58}$$

式中　c——填料的单位粘聚力,kPa。

在垂直裂缝区 h_c 范围内,竖直面上的侧压力等于零,因此在此范围内不计土压力。

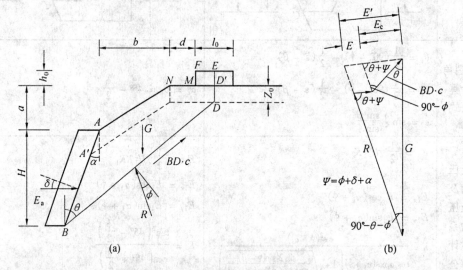

图 3.47　粘性土主动土压力计算

根据库仑理论,假设破裂面为一平面,沿破裂面上土的抗剪强度由土的内摩阻力 $\sigma \cdot \tan\phi$ 和粘聚力 c 组成。墙背和土之间的粘聚力 c',由于影响因素很多,为简化计算,可忽略不计,以偏于安全。

现以路堤墙后破裂面交于荷载内的情况为例,介绍力多边形法计算粘性土压力公式的推导。

图 3.47(a) 为路堤式挡土墙,填土表面有局部荷载,裂缝深度假定从荷载作用面以下产生。BD 为破裂面,破裂棱体为 $ABDEFMN$。在主动极限平衡状态下,棱体在自重 G、墙背反力 E_a、破裂面反力 R 和破裂面粘聚力 $\overline{BD} \cdot c$ 四个力的作用下保持静力平衡,这4个力构成力矢量多边形(见图 3.47(b))。从力多边形可知,作用于墙背的主动土压力为

$$E_a = E' - E_c \tag{3.59}$$

式中　E'——当 $c = 0$ 时的土压力,根据公式(3.48)得

$$E' = \frac{\cos(\theta + \phi)}{\sin(\theta + \psi)} \cdot G$$

　　G——棱体 $ABDEFMN$ 的自重,在图 3.47(a) 所示边界条件下

$$G = \gamma \cdot (A_0\tan\theta - B_0)$$

式中
$$A_0 = \frac{1}{2}(H+a)^2 - \frac{1}{2}h_c^2 + h_0(H+a-h_c)$$
$$B_0 = \frac{1}{2}ab + (b+d)h_0 + \frac{H}{2}(H+2a+2h_0)\tan\alpha$$

将 G 代入式 E' 得

$$\begin{aligned}E' &= \gamma(A_0\tan\theta - B_0)\frac{\cos(\theta+\phi)}{\sin(\theta+\psi)} = \\ &\gamma A_0(\tan\theta+\tan\psi)\frac{\cos(\theta+\phi)}{\sin(\theta+\psi)} - \gamma A_0\tan\psi\frac{\cos(\theta+\phi)}{\sin(\theta+\psi)} - \gamma B_0\frac{\cos(\theta+\phi)}{\sin(\theta+\psi)} = \\ &\frac{\gamma A_0}{\cos\psi}\cdot\frac{\cos(\theta+\phi)}{\cos\theta} - \gamma(A_0\tan\psi + B_0)\frac{\cos(\theta+\phi)}{\sin(\theta+\psi)}\end{aligned} \quad (3.60)$$

式(3.59)中的 E_c 是由于粘聚力 $\overline{BD}\cdot c$ 的作用而减少的土压力,从图 3.47(b) 可得

$$E_c = \frac{\overline{BD}\cdot c\cdot\cos\phi}{\sin(\theta+\psi)} = \frac{c(H+a-h_c)\cos\phi}{\cos\theta\sin(\theta+\psi)} \quad (3.61)$$

令
$$\frac{dE_a}{d\theta} = \frac{dE'}{d\theta} - \frac{dE_c}{d\theta} = 0$$

得
$$\frac{dE_a}{d\theta} = -\frac{\gamma A_0}{\cos\psi}\cdot\frac{\sin\phi}{\cos^2\theta} + \frac{\gamma(A_0\tan\psi+B_0)\cos(\phi-\psi)}{\sin^2(\theta+\psi)} + \\ c(H+a-h_c)\cos\phi\frac{\cos\theta\cos(\theta+\phi)-\sin\theta\sin(\theta+\psi)}{\cos^2\theta\sin^2(\theta+\psi)} = 0$$

将上式整理化简即可得到破裂角 θ 的计算公式

$$\tan\theta = -\tan\psi \pm \sqrt{\sec^2\psi - D} \quad (3.62)$$

式中
$$D = \frac{A_0\sin(\phi-\psi) - B_0\cos(\phi-\psi)}{\cos\psi\left[A_0\sin\phi + \frac{c}{\gamma}(H+a-h_c)\cos\phi\right]}$$

将 θ 代入 E_a 的表达式,即可求得主动土压力 E_a。

两种边界条件的粘性土压力计算公式和其他边界条件下的粘性土压力计算公式,可参见公路设计手册《路基》。

(5) 折线形墙背的土压力计算

凸形墙背的挡土墙和衡重式挡土墙,其墙背不是一个平面而是折面,称为折线形墙背。对于这类墙背,以墙背转折点或衡重台为界,分成上墙与下墙,分别按库仑方法计算上下墙的主动土压力,然后取两者的矢量和作为全墙的土压力。

计算上墙土压力时,不考虑下墙的影响,凸形墙背上墙按俯斜墙背计算其土压力。衡重式挡土墙的上墙,由于衡重台的存在,通常将墙顶内缘与衡重台上缘的连线作为假想墙背,假想墙背与实际墙背间的土楔假设与实际墙背一起移动。计算土压力时先按墙背倾角 α 或假想墙背倾角 α' 是否大于第二破裂面倾角 α_i,判断是否出现第二破裂面,如出现第二破裂面,按第二破裂面的主动土压力公式计算作用于上墙的土压力,如不出现第二破裂面,以实际墙背或假想墙背为边界条件,按一般直线墙背库仑主动土压力计算。

下墙土压力计算较复杂,目前多种简化的计算方法,下面介绍常用的两种计算方法。

① 延长墙背法

如图 3.48 所示,在上墙土压力算出后,延长下墙墙背交于填土表面 C,以 $B'C$ 为假想墙背,根据延长墙背的边界条件,用相应的库仑公式计算土压力,并绘出墙背土压力分布

图,从中截取下墙 BB' 部分的应力图作为下墙的土压力。将上、下墙两部分的应力图叠加,即为全墙土压力。

这种方法存在着一定的误差。第一,虽然考虑了在延长墙背与实际墙背上土压力方向不同而引起的垂直分力差,但忽略了延长墙背与实际墙背间的土楔及荷载重,两者虽能相互补偿,但未能相抵消。第二,绘制土压力应力图形时,假定上墙破裂面与下墙破裂面平行,但多数情况下两者是不平行的,由此存在计算下墙土压力所引起的误差。由于以上误差一般偏于安全,且计算简便,此法至今仍被广泛采用。

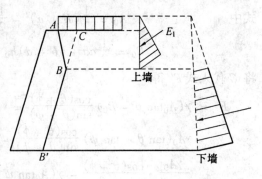

图 3.48 延长墙背法

② 力多边形法

在墙背土体处于极限平衡条件下,作用于破裂棱体上的力系,应构成闭合的力矢量多边形。在算得上墙土压力 E_1 后,就可绘出下墙任一破裂体的力多边形,利用力多边形来推求下墙土压力,这种方法叫力多边形法。

现以路堤挡土墙下墙破裂面交于荷载范围内(见图 3.49)的边界条件为例,介绍力多边形法计算下墙土压力的公式推导。

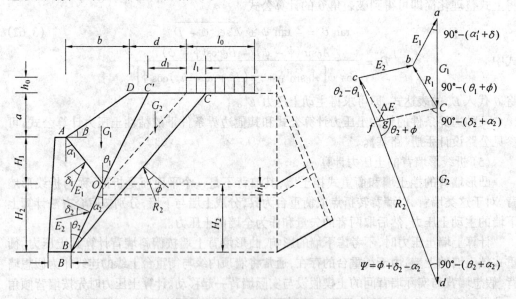

图 3.49 力多边形法求下墙土压力

在极限平衡条件下,破裂棱体 $AOBCD$ 的力多边形为 $abcd$,其中 abc 为上墙破裂棱体 $AOC'D$ 的力平衡三角形,$bcdc$ 为下墙破裂棱体 $C'OBC$ 的力平衡多边形。图中 $eg \parallel bc$,$cf \parallel be$,$gf = \Delta E$。在 $\triangle cfd$ 中,由正弦定理得

$$E_2 + \Delta E = G_2 \frac{\sin(90° - \theta_2 - \phi)}{\sin(\theta_2 + \psi)}$$

$$E_2 = G_2 \frac{\cos(\theta_2 + \phi)}{\sin(\theta_2 + \psi)} - \Delta E \tag{3.63}$$

式中
$$\psi = \phi + \delta_2 - \alpha_2$$

按土墙下部破裂棱体重量 G_2 为
$$G_2 = \gamma \cdot S_{C'OBC} = \gamma(A_0 \cdot \tan\theta_2 - B_0)$$

式中
$$A_0 = \frac{1}{2}(H_2 + H_1 + a + 2h_0)(H_2 + H_1 + a)$$
$$B_0 = \frac{1}{2}(H_2 + 2H_1 + 2a + 2h_0)H_2 \cdot \tan\alpha_2 + \frac{1}{2}(a + H_1)^2\tan\theta_1 + (d + b - H_1\tan\alpha_1)h_0$$

在 △efg 中,有
$$\Delta E = R_1 \frac{\sin(\theta_2 - \theta_1)}{\sin[180° - (\theta_2 + \psi)]} = R_1 \frac{\sin(\theta_2 - \theta_1)}{\sin(\theta_2 + \psi)} \tag{3.64}$$

在 △abc 中,上墙土压力已求出,则
$$R_1 = E_1 \frac{\sin[90° - (\alpha_1 + \delta_1)]}{\sin[90° - (\theta_1 + \phi)]} = E_1 \frac{\cos(\alpha_1 + \delta_1)}{\cos(\theta_1 + \phi)} \tag{3.65}$$

将 G_2 及 ΔE 代入式(3.62),得
$$E_2 = \gamma(A_0 \cdot \tan\theta_2 - B_0)\frac{\cos(\theta_2 + \phi)}{\sin(\theta_2 + \psi)} - R_1\frac{\sin(\theta_2 - \theta_1)}{\sin(\theta_2 + \psi)} \tag{3.66}$$

由式(3.66)可知,下墙土压力 E_2 是破裂角 θ_2 的函数。因此,为求得 E_2 最大值,可令 $\frac{dE_2}{d\theta_2} = 0$,得

$$\tan\theta_2 = -\tan\psi \pm \sqrt{(\tan\psi + \cos\psi)\left(\tan\psi + \frac{B_0}{A_0}\right) - \frac{R_i\sin(\psi + \theta_1)}{A_0\gamma\sin\phi\cos\psi}} \tag{3.67}$$

把求得的破裂角 θ_2 代入式(3.66),即可求得下墙土压力 E_2。

在作用于下墙的土压力图形(见图 3.49)中,可近似假定 $\theta_1 \approx \theta_2$,即
$$\frac{h_1}{H_2} = \frac{d_1}{l_1 + d_1}$$

则
$$h_1 = \frac{d_1}{l_1 + d_1}H_2 = \frac{d + b - H_1\tan\alpha_1 - (H_1 + a)\tan\theta_1}{(H_2 + H_1 + a)\tan\theta_2 - H_2\tan\alpha_2 - (H_1 + a)\tan\theta_1}H_2$$

土压力作用点为
$$\left.\begin{array}{l} Z_{2x} = \dfrac{H_2^3 + 3H_2^2(H_1 + a + h_0) - 3h_0h_1(2H_1 - h_1)}{3[H_2^2 + 2H_2(H_1 + a) + 2h_0(H_2 - h_1)]} \\ Z_{2y} = B + Z_{2x}\tan\alpha_2 \end{array}\right\} \tag{3.68}$$

其他边界条件下折线形墙背下墙土压力的力多边形计算公式,详见公路设计手册《路基》。

3. 车辆荷载的换算及计算参数

(1) 车辆荷载的换算

作用于墙后破裂棱体上的车辆荷载,在土体中产生附加的竖向应力,从而产生附加的侧向压力。考虑到这种影响,可将车辆荷载近似地按均布荷载考虑,换算成容重与墙后填

料相同的均布土层,其换算厚度 h_0 为

$$h_0 = \frac{\sum Q}{\gamma B_0 L} \tag{3.69}$$

式中 γ——墙后填料的容重,kN/m^3;

$\sum Q$——布置在 $B_0 \times L$ 面积内的车轮总重,kN;

横向布置:当为路肩墙时,车轮后轮外缘靠墙顶内缘布置;若为路堤墙,车辆后轮中心距路基边缘 0.5 m。当多车道加载时,应按规定折减。

B_0——破裂棱体的宽度,对于路堤墙,为破裂棱体范围内的路基宽;

L——挡土墙的计算长度,m;可按下式计算,如图 3.50 所示。

$$L = L_0 + (H + 2a)\tan 30° \tag{3.70}$$

式中 L_0——标准汽车前后轴距加一个轮胎的着地长度,取 13 m;

H——挡土墙高度,m;

a——挡土墙顶面以上的填土高度,m。

当挡土墙分段长度小于 13 m 时,L 取分段长度,并在该长度内按不利情况布置轮重。

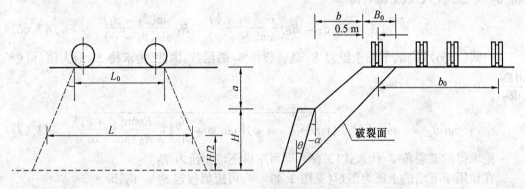

图 3.50 车辆荷载换算

(2)计算参数

①墙后填料的内摩擦角及容重

设计挡土墙时,应按实际情况由试验并考虑一定的安全度后确定墙后填料的内摩阻角及容重,无条件时可参考表 3.27 选用。

表 3.27 填料的内摩擦角及容重参考值

填料种类	计算内摩擦角 $\phi/(°)$	容重 $\gamma/(kN \cdot m^{-3})$
粘性土	15 ~ 30	17
砂性土	28 ~ 40	18
砂砾、卵石土	35 ~ 40	18 ~ 19
碎石土、不易风化的岩石碎块	40 ~ 45	19
不易风化的石块(开山石)	45 ~ 50	19 ~ 20

② 墙背摩擦角

墙背摩擦角的大小与墙背的粗糙程度(越粗糙越大)、墙后填料的内摩擦角和墙后排水条件(排水条件越好越大) 等有关,设计时可按表 3.28 选用。

表 3.28 墙背摩擦角参考值

挡土墙墙背性质	墙后排水情况	墙背摩擦角 $\delta/(°)$
墙背光滑	不良	$(0 \sim 1/3)\phi$
片、块石砌体、粗糙	良好	$(1/3 \sim 1/2)\phi$
干砌片、块石、很粗糙	良好	$(1/2 \sim 2/3)\phi$
第二破裂面,无滑动	良好	ϕ

3.6.3 重力式挡土墙的设计

1. 重力式挡土墙的构造

常用的重力式挡土墙一般由墙身、基础、排水设施和伸缩缝等几部分构成。

(1) 墙身

① 墙身断面形式及其特点

根据墙背的倾斜方向,墙身断面形式可分为仰斜、垂直、俯斜、凸形折线和衡重式几种,如图 3.51 所示。

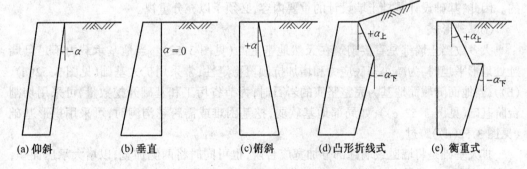

(a) 仰斜　　(b) 垂直　　(c) 俯斜　　(d) 凸形折线式　　(e) 衡重式

图 3.51 重力式挡土墙的断面形式

在其他条件相同时,仰斜墙背所承受的土压力比俯斜墙背小,故其墙身断面亦较俯斜墙背经济。同时,由于仰斜级的倾斜方向与开挖面边坡方向一致,故开挖量和回填量均比俯斜墙背小。然而,由于仰斜式挡土墙的基础外移,当墙趾处地面横坡较陡时,会使墙身增高,断面增大。因此,仰斜式挡墙适用于作路堑墙及墙趾处地面平坦的路堤墙或路肩墙。

俯斜墙背所承受的土压力较大,在地面横坡陡峻时,俯斜式挡土墙可用陡直的墙面,以减少墙高。俯斜墙背亦可做成台阶形,以增加墙背与填料间的摩阻力。

垂直墙背的特点介于仰斜和俯斜墙背之间。

若将仰斜式挡土墙的上部墙背改为俯斜,即构成凸形折线式。与仰斜式比较,其上部尺寸有所减少,故断面亦较节省,多用于路堑墙,也可用于路肩墙。

若在凸形折线式的上下墙之间增设一平台,并采用陡直墙面,即为衡重式断面。在其他条件相同时,衡重式的断面积比俯斜式小而比仰斜式大,但其基底应力较大,故对地基承载力要求相对较高。

② 墙身断面尺寸

a.墙背坡度。俯斜式墙背坡度一般为 $1:0.15 \sim 1:0.4$(即 $\alpha = +8°32' \sim +21°48'$)。仰斜式不宜缓于 $1:0.3$(即 $\alpha \leqslant -16°42'$),以免施工困难。衡重式之上墙背为 $1:0.25 \sim 1:0.45$(即 $\alpha_{上} = +14°02' \sim +24°14'$),下墙背在 $1:0.25$(即 $\alpha_{下} = -14°02'$)左右,上下墙高比一般采用 $2:3$。

b.墙面。墙面一般为平面,其坡度除应与墙背坡度相协调外,还应密切结合墙趾处的地面横坡合理选择。当地面横坡较陡时,为减少墙高,宜采用垂直墙面或仰斜 $1:0.05 \sim 1:0.20$;当地面横坡较缓时,可放得更缓些,但不宜缓于 $1:0.4$,以免过分增加墙高。

c.墙顶。墙顶最小宽度,浆砌挡土墙不宜小于 0.5 m,干砌不宜小于 0.6 m。浆砌路肩墙墙顶一般宜采用粗粒石或低标号砼做成顶帽,顶帽厚约 0.4 m。如不做顶帽或为路堑墙或路堤墙,墙顶应以较大块石砌筑,并用砂浆勾缝,或用 5 号砂浆抹平顶面,砂浆厚约 2 cm。干砌挡土墙墙顶 0.5 m 高度内,用 2.5 号砂浆砌筑,以增加墙身稳定性。

d.护栏。为保证交通安全,在地形险峻地段,或过高过长的路肩墙,需在墙顶设置护栏。为保持路肩宽度,护栏内侧边缘距路面边缘的距离,二、三级路不小于 0.75 m,四级路不小于 0.5 m。

(2)基础

在实际工程中,挡土墙的破坏在多数情况下,都是由于地基不良和基础处理不当引起的。因此,基础设计是挡土墙设计的重要内容,必须予以充分重视。

①基础形式

大多数挡土墙都是直接砌筑在天然地基上的(见图 3.52)。当地基承载力不足且墙趾处地形平坦时,为减小基底应力和增加抗倾覆稳定性,常采用扩大基础(见图 3.52(a)、(b));当地面陡峻而地基为完整坚实的岩石时,为节省圬工和基础开挖数量,可采用切割台阶基础(见图 3.52(c));如局部地基软弱,挖基困难或需跨越沟涧时,可采用拱形基础(见图 3.52(d))跨过。

扩大基础是将墙趾或墙踵部分加宽成台阶,也可同时将两侧加宽,以增大承压面积,减小基底应力。台阶的宽度视基底应力需要减小的程度和加宽后的合力偏心距大小而定,一般不宜小于 0.2 m。台阶高度按加宽部分的抗剪、抗弯和基础材料的扩散角(刚性角)要求确定。高宽比可采用 3:2 或 2:1。

当基底应力超出地基容许承载力过多时,基底需加宽的数值较大,台阶高度亦随之增加。为减少台阶高度,基础可改为钢筋混凝土底板,底板高度根据剪应力和主拉应力的要求确定。

切割台阶基础,每一台阶的宽度需要根据地形和地质条件而定,高宽比不宜大于 2:1。最下一个台阶的底宽应满足偏心距的有关规定,一般不宜小于 $1.5 \sim 2.0$ m,其余台阶的宽度不宜小于 0.5 m,高度一般约为 1.0 m。

②基础埋置深度

为保证挡土墙的稳定性,必须根据下列要求,将基础埋入地面以下适当深度。

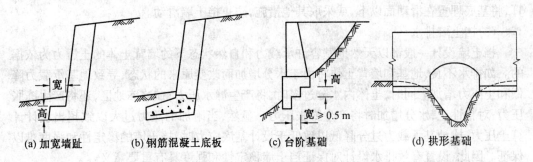

图 3.52 挡土墙的基础形式

a. 应保证基底土层的容许承载力大于基底可能出现的最大应力。不同深度的土层具有不同的承载力。基底应力分布因基础埋置深度不同而有所差异,埋入土中的基础,基底应力分布比置于地面的均匀。所以,将基础置于具有足够承载力的土层上,以避免地基产生剪切破坏,保证基础稳定。

b. 应保证基础不受冲刷。在墙前地基受水冲刷地段,如未采取专门的防冲刷措施,应将基础埋到冲刷线以下,以免基底和墙趾前的土层被水掏蚀。

c. 在季节性冰冻地区,应将基础埋置到冰冻线以下,以防止地基因冻融而破坏。

对于上述要求,公路上的一般规定是:

a. 设置在土质地基上的挡土墙,基底埋置深度一般应在天然地面以下至少 1.0 m;受水冲刷时应在冲刷线以下至少 1.0 m;受冻胀影响时,应在冻结线以下不少于 0.25 m,当冻深超过 1.0 m 时,仍采用 1.25 m,但基底应夯填一定厚度的砂砾或碎石垫层,垫层底面亦应位于冻结线以下不少于 0.25 m。

b. 设置在石质地基上的挡土墙,应清除表面风化层,当风化层厚难于全部清除时,可根据地基风化程度及其容许承载力,将基底埋入风化层中。基础嵌入岩层的深度,可参照表 3.29 确定。当墙趾前地面横坡较陡时,基底埋深必须满足墙趾前的安全襟边宽度 L,以防止地基剪切破坏。

表 3.29 挡土墙基础嵌入岩石地基深度襟边宽度

岩层种类	基础埋深 h/m	襟边宽度 L/m	示 意 图
较完整的坚硬岩石	0.25	0.25~0.5	
一般岩石(如砂页岩互层等)	0.6	0.6~1.5	
松散岩石(如千枚岩等)	1.0	1.0~2.0	
砂夹砾石	≥1.0	1.5~2.5	

当挡土墙位于地质不良地段,地基内可能出现滑动面时,应进行地基抗滑稳定性验

算,将基底埋置在滑动面以下,或采取其他措施,防止挡土墙滑动。

(3)挡土墙排水

挡土墙设计一般都以天然地基容许承载力和自然状态下的墙背土体的土压力为依据的。如排水不良,地基和墙背土体将由于水分增加而改变原来的状态,导致地基承载力降低和土压力增加。同时,土体内水分过多时,将产生静水压力;在冰冻地区,还将产生冻胀压力;对粘性土,水分增加时将产生膨胀压力。显然,当附加的压力过大以致超出设计计算土压力,或地基承载力过分降低以致低于设计基底应力时,挡土墙的稳定性和强度难以保证。因此,设置有效排水设计对保证挡土墙稳定性和强度具有重要意义。

挡土墙常用的排水设施可分为地面排水和墙身排水两部分。

地面排水主要是防止地表水渗入墙背土体或地基。主要措施包括:在墙后地面设置排水沟、夯实地表松土,必要时采取封闭处理;对路堑挡土墙墙趾前的边沟予以铺砌加固等。

墙身排水主要是为了迅速排除墙后土体内积水。其方法是在浆砌挡土墙墙身的适当高度处设置一排或数排泄水孔(见图 3.53),泄水孔尺寸一般为 5 cm × 10 cm,10 cm × 10 cm,15 cm × 20 cm 矩形孔,或直径为 5~10 cm 的圆形孔。泄水孔间距一般为 2~3 m,干旱地区可适当增大,渗水量大时可适当加密。上、下排泄水孔交错布置。为保证顺利泄水和避免墙外水流倒灌,泄水孔应向外侧倾斜,最下一排泄水孔出口应高出地面或边沟、排水沟及积水地区的常水位 0.3 m。为防止水分渗入地基,最下一排的底部需铺设 30 cm 厚的粘土隔水层。泄水孔的进水口附近应设置粗粒料反滤层,以免孔道阻塞。当墙背透水性差或可能发生冻胀时,应在最低一排泄水孔至墙顶以下 0.5 m 高度范围内铺设砂卵石排水层(见图 3.53(c))。

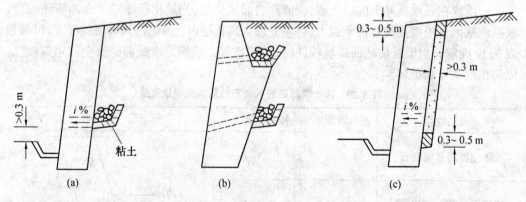

图 3.53 挡土墙排水孔及反滤层的构造

(4)沉降缝与伸缩缝

为防止墙身因地基不均匀沉降而引起断裂,需根据地基地质条件和墙高、墙身断面变化情况设置沉降缝。为防止墙身因圬工砌体硬化收缩,或温度变化所产生的温度应力引起开裂,需设置伸缩缝。

设计时一般将沉降缝和伸缩缝合并设置,统称为伸缩缝。沿路线方向每隔 10~15 m 设一道,缝宽 2~3 cm,缝内可用胶泥填塞,但在渗水量大,填料容易流失或冻害严重地区,宜用沥青麻筋或涂以沥青的木板等具有弹性的材料,沿内、外、顶三方填塞,填深不宜小于 15 cm。当墙背为填石且冻害不严重时可不填缝。

干砌挡土墙,缝的两侧应选用平整石料砌筑,使成垂直通缝。

2.挡土墙的布置

挡土墙的布置,通常在路基横断面图和墙址纵断面上进行。布置前,应实地核对路基横断面(不足时应补测),测绘墙址处的纵断面图,收集墙址处的地质和水文等资料。

(1)挡土墙的位置

路堑墙大多设在边沟旁。山坡挡土墙,应考虑设在基础可靠处。墙的高度,应保证在设置墙后墙顶以上边坡的稳定。

若路堤墙与路肩墙的墙高或截面圬工数量相近,基础情况相仿时,做路肩挡土墙较为有利。采用路肩挡土墙、路堤挡土墙或砌石路基,应结合具体条件考虑,必要时应作技术经济比较后确定。

当墙身位于弧形地段时,受力情况与平行路基的直线挡土墙不同,受力后沿墙延长切线方向产生张力,容易出现竖向裂缝,宜缩短伸缩缝间距,或考虑其他措施。

沿河挡土墙要结合河流的水文、地质情况及河道工程来布置,注意设墙后仍保持水流顺畅,不致挤压河道,引起局部冲刷。

(2)纵向布置

挡土墙的纵向布置,在墙址纵断面图上进行,并绘成挡土墙正面图,如图 3.54 所示,布置的内容为:

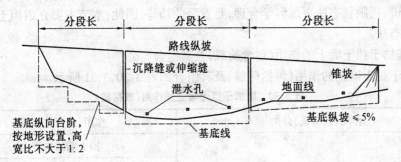

图 3.54 挡土墙正面图

①确定挡土墙的起讫点或墙长,选择挡土墙与路基或其他结构物的连接方式。路肩式挡土墙若不能嵌入挖方,而是与路堤相连接,则应在衔接处做好锥坡。

②按地基及地形情况进行分段,确定沉降缝及伸缩缝的位置。

③布置各段挡土墙的基础。当墙址外地面有纵坡时,挡土墙的基底宜做成不大于 5%的纵坡。当地基为岩石时,为减少开挖,可在纵向做成台阶,台阶的尺寸随地形变动,但其高宽比不宜大于 1:2。

④确定泄水孔的位置,包括数量、间距和尺寸等。

在纵向布置图上应注明各特征断面的桩号、墙顶、基础顶面、基底、冲刷线、冰冻线、常水位或设计洪水位的标高等。

(3)绘横断面图

绘制起讫点、墙高最大处、墙身断面和基础形式变异处以及其他必需桩号的挡土墙横断面图。图上，按计算结果绘制墙身断面，确定基础形式和埋置深度，布置排水设备，指定墙背填料的类别等等。

(4)平面布置

个别复杂的挡土墙，例如，高、长的沿河曲线挡土墙或需要在纸上研究挡土墙平面位置的复杂挡土墙，除了横纵向布置外，还应作平面布置。

绘制平面图，图中标示挡土墙与路线的平面位置、地貌和地物(特别是与挡土墙有干扰的建筑物)等情况。沿河挡土墙还应绘出河道及水流方向，其他防护、加固工程等。

上述布置图组成了挡土墙设计图的主要部分。此外，在设计图上还应说明：

①采用标准图的编号。
②选用挡土墙设计参数的依据。
③所需的工程材料数量。
④其他有关材料及施工的要求和注意事项等。

3.重力式挡土墙的结构设计与验算

挡土墙的设计方法有容许应力法和极限状态法两种。容许应力法是把结构材料视为理想的弹性体。在荷载作用下产生的应力和变形不超过规定的容许值。极限状态法是根据结构在荷载作用下的工作特征，在容许应力法基础上发展形成的一种设计方法。这种方法不再采用均质弹性体的假定，而是承认结构在临近破坏时处于弹塑性工作阶段，以结构物在各种荷载组合情况下均不得达到其极限状态为前提，同时具有足够的安全储备。从理论上讲，极限状态法更加科学合理，是发展的趋势，因此，本节主要介绍挡土墙设计中的极限状态法。

(1)施加于挡土墙上的作用(包含荷载)及其组合

施加于挡土墙上的作用(包括荷载)及其组合如表 3.30、3.31 所示。

表 3.30 施加于挡土墙上的作用(或荷载)

作用(或荷载)分类	作用(或荷载)名称
永久作用(或荷载)	挡土墙结构重力
	填土(包括基础襟边以上土)重力
	填土侧压力
	墙顶以上的有效永久荷载
	墙顶与第二破裂面之间的有效荷载
	计算水位的浮力及静水压力
	预加力
	混凝土收缩与徐变
	基础变位影响力

续表 3.30

作用(或荷载)分类		作用(或荷载)名称
可变作用(或荷载)	基本可变作用(或荷载)	车辆荷载引起的土侧压力
		人群荷载及其引起的侧压力
	其他可变作用(或荷载)	水位退落时的动水压力
		流水压力
		波浪压力
		冻胀压力和冰压力
		温度影响力
	施工荷载	与挡土墙施工有关的临时荷载
偶然作用(或荷载)		地震作用力
		滑坡、泥石流作用力
		作用于墙顶护栏上的车辆撞击力

表 3.31 常用作用(或荷载)组合

组合	作用(或荷载)名称
Ⅰ	挡土墙结构重力、墙顶以上的有效永久荷载、填土(包括基础襟边以上土)重力、填土侧压力及其他永久荷载组合
Ⅱ	组合Ⅰ与基本可变作用(或荷载)组合
Ⅲ	组合Ⅱ与其他可变作用(或荷载)、偶然作用(或荷载)组合

注:①洪水与地震力不同时考虑。
②冻胀力、冰压力与流水压力或波浪压力不同时考虑。
③车辆荷载与地震力不同时考虑。

(2)挡土墙的破坏形式

重力式挡土墙的破坏形式及原因如下:
①由于基础滑动而造成的破坏。
②由于绕墙趾转动所引起的倾覆。
③因基础产生过大或不均匀的沉陷而引起的墙身倾斜。
④因墙身材料强度不足而产生的墙身剪切破坏。
⑤沿通过墙踵的某一滑动圆弧的浅层剪切破坏和沿基底下某一深度(如通过软土下卧层底面)的滑弧的深层剪切破坏。

为避免挡土墙发生上述破坏,保证其具有足够的整体稳定性和强度,设计挡土墙时,一般均应验算沿基底的滑动稳定性、绕墙趾转动的倾覆稳定性、基底应力和偏心距,以及墙身断面的强度,如地基有软弱下卧层存在,还需验算沿基底下某一可能的滑动面滑动的稳定性。

(3)挡土墙的验算

①抗滑稳定性验算

为保证挡土墙抗滑稳定性,应验算在土压力及其他外力作用下,基底摩阻力抵抗挡土墙滑移的能力。

如图 3.55 所示,在一般情况下:

$$(0.9G + \gamma_{Q1}E_y)\mu + 0.9G\tan\alpha_0 \geq \gamma_{Q1}E_x \tag{3.71}$$

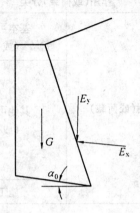

图 3.55 挡土墙的抗滑动稳定

式中　G——挡土墙自重;
　　　E_x、E_y——墙背主动土压力的水平与垂直分力;
　　　α_0——基底倾斜角(°);
　　　μ——基底摩擦系数。可通过现场试验确定,无试验资料时,可参考表 3.32 的经验数据;
　　　γ_{Q1}——主动土压力分项系数,当组合为Ⅰ、Ⅱ时,$\gamma_{Q1} = 1.4$;当组合为Ⅲ时,$\gamma_{Q1} = 1.3$。

表 3.32　基底摩擦系数 μ 参考值

地基土分类	μ	地基土分类	μ
软塑粘土	0.25	碎石类土	0.5
硬塑粘土	0.3	软质岩石	0.4 ~ 0.6
砂类土、粘砂土、半干硬粘土	0.3 ~ 0.4	硬质岩石	0.6 ~ 0.7
砂类土	0.4		

②抗倾覆稳定性验算

为保证挡土墙抗倾覆稳定性,须验算它抵抗墙身绕墙趾向外转动倾覆的能力,如图 3.56 所示。

$$0.9GZ_G + \gamma_{Q1}(E_yZ_x - E_xZ_y) > 0 \tag{3.72}$$

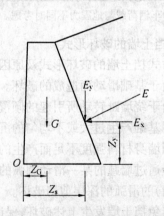

图 3.56 挡土墙的抗倾覆稳定

式中　Z_G——墙身、基础及其上的土重合力重心到墙趾的水平距离,m;
　　　Z_x——土压力垂直分力作用点到墙趾的水平距离,m;
　　　Z_y——土压力水平分力作用点到墙趾的水平距离,m。

在验算挡土墙的稳定性时,一般均未计趾前土层对墙面所产生的被动土压力。验算结果如不满足以上要求,则表明抗滑稳定性或抗倾覆稳定性不够,应改变墙身断面尺寸重新计算。

③ 基底应力及合力偏心距验算

为了保证挡土墙基底应力不超过地基承载力，应进行基底应力验算；同时，为了避免挡土墙不均匀沉陷，应控制作用于挡土墙基底的合力偏心距，如图 3.57 所示。

a. 基础底面的压应力

轴心荷载作用时

$$P = \frac{\sum N}{A} \tag{3.73}$$

式中 P——基底平均压应力，kPa；
A——基础底面每延米的面积，即基础宽度，$B \times 1.0 \text{ m}^2$；
N——每延米作用于基底的总竖向力设计值，kN。

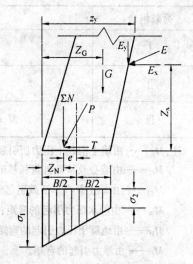

图 3.57 基底应力与合力偏心矩

$$\sum N = (G\gamma_G + \gamma_{Q1} E_y)$$

式中 E_y——墙背主动土压力（含附加荷载引起）的垂直分力，kN；
E_x——墙背主动土压力（含附加荷载引起）的水平分力，kN。

偏心荷载作用时

作用于基底的合力偏心距 e 为

$$e = \frac{B}{2} - Z_N \tag{3.74}$$

式中

$$Z_N = \frac{\sum M_y - \sum M_0}{N} = \frac{GZ_G + E_y Z_y - E_x Z_x}{G + E_y}$$

当 $|e| \leq \frac{B}{6}$ 时

$$\frac{\sigma_1}{\sigma_2} = \frac{\sum N}{A} \pm \frac{\sum M}{W} = \frac{\sum N}{A}\left(1 \pm \frac{6e}{B}\right)$$

$$\left.\begin{array}{l} p_{\max} = \dfrac{\sum N}{A}\left(1 + \dfrac{6e}{B}\right) \\[2ex] p_{\min} = \dfrac{\sum N}{A}\left(1 - \dfrac{6e}{B}\right) \end{array}\right\} \tag{3.75}$$

式中 $p_{\max}$、$p_{\min}$——基底边缘最大、最小压应力设计值，kN；
M——作用于基底形心的弯矩设计值，按表 3.33 采用；
B——基础宽度，m；
W——基底截面模量，$W = B^2/6$。

表 3.33 基底弯矩值计算表

荷载组合	作用于基底形心的弯矩设计值
Ⅰ	$M = 1.4M_E + 1.2M_G$
Ⅱ	$M = 1.4M_{E1} + 1.2M_G$
Ⅲ	$M = 1.3M_E + 1.2M_G + 1.05M_W + 1.1M_f + 1.2M_P$

注：M_E——由填土恒载土压力所引起的弯矩；
　　M_G——由墙身及基础自重和基础上的土重引起的弯矩；
　　M_{E1}——由填土及汽车活载引起的弯矩；
　　M_W——由静水压力引起的弯矩；
　　M_P——由地震土压力引起的弯矩；
　　M_f——由浮力引起的弯矩。

对岩石地基，当 $|e| > \dfrac{B}{6}$ 时，此时基础一侧产生拉应力，而地基不能承受拉力，因此重新分布，如图 3.58 所示。

$$\sum N = \frac{1}{2}\sigma_{max} \times 3Z_N$$

即

$$p_{max} = \sigma_{max} = \frac{2\sum N}{3Z_N}$$

$$p_{min} = 0 \qquad (3.76)$$

式中

$$\sum N = (G\gamma_G + \gamma_{Q1}E_y)$$

$$Z_N = \frac{B}{2} - e \quad (e \leq \frac{B}{2})$$

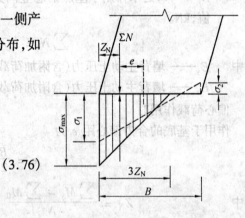

图 3.58 基底应力重分布

b. 基底合力偏心距
基底合力偏心距应满足表 3.34 的要求。

表 3.34 基底合力偏心距

地基条件	合力偏心距	地基条件	合力偏心距
非岩石地基	$e_0 \leq B/6$	软土、松砂、一般粘土	$e_0 \leq B/6$
较差的岩石地基	$e_0 \leq B/5$	紧密细砂、粘土	$e_0 \leq B/5$
坚密的岩石地基	$e_0 \leq B/4$	中密碎、砾石、中砂	$e_0 \leq B/4$

c. 地基承载力抗力值
地基应力的设计值应满足地基承载力的抗力值要求，即满足以下各式。
当轴向荷载作用时

$$P \leq f \tag{3.77}$$

式中 P——见式(3.73);
f——地基承载力抗力值,kPa。

当偏心荷载作用时

$$P \leq 1.2f \tag{3.78}$$

地基承载力抗力值的规定。

当挡土墙的基础宽度大于 3 m,或埋置深度大于 0.5 m,除岩石地基外,地基承载力抗力值按下式计算

$$f = f_k + \kappa_1 \gamma_1 (b - 3) + \kappa_2 \gamma_2 (h - 0.5) \tag{3.79}$$

式中 f——地基承载应力抗力值;
f_k——地基承载应力标准值;
κ_1、κ_2——承载力修正系数,见表 3.35;
γ_1——基底下持力层上土的天然容重,kN/m³,如在水面以下且不透水者,应采用浮容重;
γ_2——基础底面以下各土层的加权平均容重,水面以下用有效浮容重,kN/m³;
b——基础底面宽度小于 3 m 时取 3 m,大于 6 m 时取 6 m;
h——基础底面的埋置深度,m,从天然地面算起;有水流冲刷时,从一般冲刷线算起。

表 3.35 承载力修正系数

土 的 类 别		κ_1	κ_2
淤泥和淤泥质土	$f_k < 50$ kPa	0	1.0
	$f_k \geq 50$ kPa	0	1.0
人工填土 e 或 $I_L \geq 0.85$,粘性土 $e \geq 0.85$ 或稍湿的粉土		0	1.1
红粘土	含水比 > 0.8	0	1.2
	含水比 ≤ 0.8	0.15	1.4
e 或 I_L 均小于 0.85 的粘质土		0.3	1.6
粉砂、细砂(不包括很湿、稍密)		2.0	3.0
中砂、粗砂、砾砂和碎石土		3.0	4.4

注:①S_r 为土的饱和度,$S_r \leq 0.5$ 稍湿,$0.5 < S_r \leq 0.85$ 很湿,$S_r > 0.85$ 饱和。
②强风化岩石,可参照相应土的承载力取值。
③I_L 为含水比。
④e 为空隙比。

当不满足式(3.78)的计算条件或计算出的结果 $f < 1.1f_k$ 时,可按 $f = 1.1f_k$ 直接确定地基承载应力抗力值。

f 值可以根据不同荷载组合予以提高,提高系数 k 按表 3.36 取值。

表 3.36 提高系数 k

荷载组合	提高系数 k	荷载组合	提高系数 k
主要组合	1.0	偶然组合	1.5
附加组合	1.3		

当偏心距 e 小于或等于 0.333 倍基础底面宽度时,可根据土的抗剪强度指标确定地基承载力抗力值(见图 3.41)。

④ 墙身截面强度验算

为了保证墙身具有足够的强度,应根据挡土墙横断面情况选择 1~2 个控制断面进行验算,如墙身底部、1/2 墙高处、上下墙(凸形及衡重式墙)交界处等(见图 3.59)。

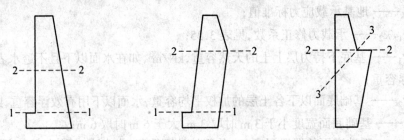

图 3.59 验算断面的选择

根据《公路砖石及混凝土桥涵设计规范》的规定,当构件采用分项安全系数的极限状态设计时,荷载效应不利组合的设计值,应小于或等于结构抗力效应的设计值。

a. 强度计算(见图 3.60)

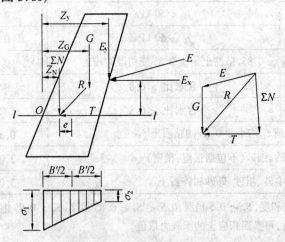

图 3.60 墙身截面法向应力验算

$$N_j \leq \alpha_k A R_k / \gamma_k \tag{3.80}$$

按每延米墙长计算

$$N_j = \gamma_0 (\gamma_G N_G + \gamma_{Q1} N_{Q1} + \sum \gamma_{Qi} \psi_{Ci} N_{Qi}) \tag{3.81}$$

式中 N_j——设计轴向力,kN;

γ_0——重要性系数;

ψ_{Ci}——荷载组合系数(见表 3.37);

表 3.37 荷载组合系数表

荷载组合	ψ_{Ci}	荷载组合	ψ_{Ci}
Ⅰ、Ⅱ	1.0	施工荷载	0.7
Ⅲ	0.8		

N_G——恒载(自重及襟边以上土重)引起的轴向力,kN;

N_{Q1}——主动土压力引起的轴向力,kN;

$V_{Qi}(i=2\sim6)$——被动土压力、水浮力、静水压力、动水压力、地震力引起的轴向力,kN;

γ_K——抗力分项系数,按表 3.38 选用;

表 3.38 抗力分项系数

圬工种类	受力情况	
	受压	受弯、剪拉
石料	1.85	2.31
片石砌体、片石混凝土砌体	2.31	2.31
块石砌体、粒料石砌体、混凝土预制块砌体	1.92	2.31
混凝土	1.54	2.31

R_K——材料极限抗压强度,kPa;

A——挡土墙构件的计算截面积,m²;

α_k——轴向力偏心影响系数,$\alpha_k = \dfrac{1-256\left(\dfrac{e_0}{B}\right)^8}{1+12\left(\dfrac{e_0}{B}\right)^2}$

当挡土墙墙身或基础为纯圬工截面时,其偏心距应小于表 3.39 的要求。

表 3.39 圬工结构容许偏心距

荷载组合	容许偏心距	荷载组合	容许偏心距
Ⅰ、Ⅱ	0.25B	施工荷载	0.33B
Ⅲ	0.30B		

b.稳定计算

$$N_j \leqslant \psi_k \alpha_k A R_k / \gamma_k \qquad (3.82)$$

式中 N_j、α_k、A、γ_k 意义同前;

ψ_k——弯曲平面内的纵向翘曲系数,按下式计算;

$$\psi_k = \dfrac{1}{1+\alpha_s \beta_s (\beta_s - 3)[1+16(e_0/B)]}$$

β_s——$2H/B$,H 为墙有效高度(视下端固定,上端自由),m;

B——墙的宽度,m;

α_s——系数,查表 3.40。

表 3.40 α_s 系数表

砌体砂浆强度等级	≥ M5	M2.5	M1	混凝土
α_s	0.002	0.0025	0.004	0.002

一般情况下挡土墙尺寸不受稳定控制,但应判断是细高墙或是矮墙。

当 H/B 小于 10 时为矮墙,其余则为细高墙。但当墙顶为自由时 H/B 应小于 30。对于矮墙可取 $\psi_k = 1$,即不考虑纵向稳定。

c. 当 e_0 超过表 3.39 的规定时,还可以利用弯曲抗拉极限强度 R_{WL} 进行验算或确定截面尺寸。

$$N_j \leq \frac{AR_{WL}}{\left(\dfrac{Ae_0}{W} - 1\right)\gamma_k} \quad (3.83)$$

式中 W——截面系数,m³。

当挡土墙长度取 1 延长米为计算单元时:$A = 1 \times B$,则式(3.83) 为

$$N_j \leq \frac{BR_{WL}}{\left(\dfrac{6e_0}{B} - 1\right)\gamma_k} \quad (3.84)$$

d. 正截面直接受剪验算

$$Q_j \leq A_j R_j/\gamma_k + f_m N_1 \quad (3.85)$$

式中 Q_j——正截面剪力,kN;

A_j——受剪截面面积,m²;

R_j——砌体截面的抗剪极限强度,kPa;

f_m——摩擦系数,$f_m = 0.42$。

(4)增加挡土墙稳定性的措施

(1)增加抗滑稳定性的方法

① 采用倾斜基底(见图 3.61)

采用向内倾斜的基底,可以增加抗滑力和减小滑动力,从而增加抗滑稳定性,这是增加挡土墙抗滑稳定性的常用方法。采用倾斜基底时,基底倾角 α_0 越大,对抗滑稳定性越有利,但应考虑挡土墙连同地基土体一起滑动的可能性,因此对地基倾斜度应加以控制。通常,对土质地基,不陡于 1:5($\alpha_0 \leq 11°19'$);对岩石地基,不陡于 1:3($\alpha_0 \leq 16°42'$)。

此外,在验算沿基底的抗滑稳定性的同时,还应验算通过墙踵的地基水平面(见图 3.61 中的 I-I 水平面)的滑动稳定性。

② 采用凸榫基础(见图 3.62)

在挡土墙底部设置砼凸榫基础的作用在于利用榫前被动土压力,增加其抗滑力,从而增加挡土墙的抗滑稳定性。

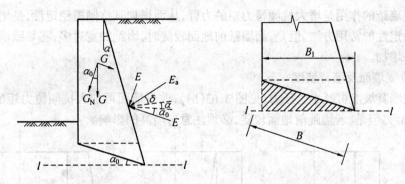

图 3.61 采用倾斜基底增加挡土墙抗滑稳定性

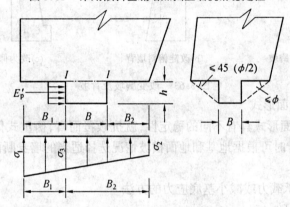

图 3.62 凸榫基础

为了增加榫前被动阻力,应使榫前土楔不超过墙趾。同时,为防止因设凸榫而增加墙背的主动土压力,应使凸榫后棱与墙踵的连线与水平线的夹角不超过土体内摩阻角 ϕ。因此,应将整个凸榫置于通过墙趾并与水平线成 $45° - \dfrac{\phi}{2}$ 角线和通过墙踵并与水平线成 ϕ 角线所形成的三角形范围内。

榫前的被动土压力,按朗金(Rankine)理论计算

$$e_p = \gamma h_T \tan^2\left(45° + \dfrac{\phi}{2}\right) \approx \dfrac{1}{2}(\sigma_1 + \sigma_3)\tan^2\left(45° + \dfrac{\phi}{2}\right) \qquad (3.86)$$

实际生产中,考虑到结构安全的需要,e_p 可取上式的 $1/3$;则

$$E_p = e_p \times h_T \qquad (3.87)$$

凸榫的宽度和高度的计算可参考有关文献。

③ 采用人工基础

采用换土的办法,增加墙底与地基之间的摩阻系数,从而加大抗滑力,增加挡土墙的抗滑稳定性。

(2)增加抗倾覆稳定性的方法

根据抗倾覆稳定系数的计算原理,应采取加大稳定力矩和减小倾覆力矩的方法增加抗倾覆稳定性。

① 展宽墙趾

展宽墙趾的作用是增大抗倾覆力矩的力臂,从而增加其抗倾覆稳定性,是增加挡土墙抗倾覆稳定性的常用方法。但是,当墙趾前地面较陡时,墙趾加宽过多,将导致墙高和圬工体积显著增加。

② 改变墙面及墙背坡度

改陡墙背坡度可减小土压力(见图3.63(b)),改缓墙面可加大抗倾覆力矩的力臂(见图3.63(a))。但是,若墙趾前地面较陡,必须注意对墙高的影响。

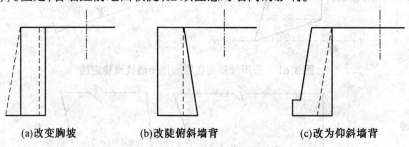

(a)改变胸坡　　　(b)改陡俯斜墙背　　　(c)改为仰斜墙背

图3.63　改变胸坡及背坡

③ 改变墙身断面形式

不同的墙身断面形式具有不同的稳定性,就抗倾覆而言,衡重式优于仰斜式,仰斜式又优于俯斜式。设计时可根据地基和地面横坡情况选择适当的墙身断面形式,以增加挡土墙的抗倾覆稳定性。

(3) 提高地基承载力或减小基底应力的方法

① 采用人工基础

通过换土或人工加固地基的办法来扩散地基应力提高地基承载力。

② 采用扩大基础

扩大基础的目的是加大承压面积,以减小基底应力。

3.6.4　浸水及地震地区挡土墙设计简介

1.浸水地区挡土墙设计

设置于河滩路堤、沿河路基等处的挡土墙,由于受到经常性或季节性浸水的影响,故称为浸水挡土墙。设计时应考虑水对挡土墙的影响。

① 土压力因填料受浮力影响而降低。

② 除作用于一般挡土墙的力系外,尚有动水压力及静水压力的作用。

由于上述两因素的影响,挡土墙的抗滑动与抗倾覆稳定性降低。

(1) 浸水挡土墙的土压力计算

由于墙后填料浸水部分的土压力因浮力的作用而减小,因此,作用于整个墙背的总土压力 E_b 亦将相应降低。

① 填料为砂性土

计算时考虑如下因素(假设):

a.浸水前后内摩阻角不变。

b.破裂面为一平面,由于浸水后破裂面位置的变动对计算土压力的影响不大,因而不考虑浸水的影响。

c. 浸水部分填料容重采用浮容重。

在此情况下,浸水挡土墙墙背土压力 E_b 可采用不浸水时的土压力 E_a 扣除计算水位以下因浮力影响而减小的土压力 ΔE_b(见图 3.64),即

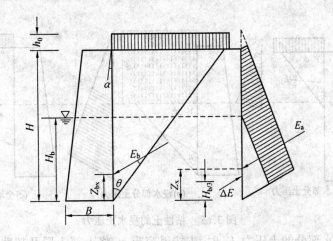

图 3.64 砂性土的浸水土压力

$$E_b = E_a - \Delta E_b \tag{3.88}$$

$$\Delta E_b = \frac{1}{2}(\gamma - \gamma_f) H_b^2 \cdot K_a \tag{3.89}$$

$$\gamma_f = \frac{\gamma_0 - \gamma_w}{1 + \varepsilon_0} \tag{3.90}$$

式中 E_a——未浸水的主动土压力,kPa;

ΔE_b——浸水部分因浮力影响而减小的土压力,kPa;

γ、γ_f——填料的天然容重及浮容重,kN/m³;

H_b——浸水部分墙高,m;

K_a——土压力系数;

γ_w、γ_0——水及填料的容重,一般 $\gamma_w = 9.8$ kN/m³;

ε_0——填料的孔隙比。

土压力 E_b 的水平分力 E_{bx} 和垂直分力 E_{by} 分别为

$$E_{bx} = E_b \cos(\alpha + \delta)$$
$$E_{by} = E_b \sin(\alpha + \theta)$$

其相应的作用点位置为

$$\left. \begin{array}{l} Z_{bx} = \dfrac{E_a \cdot Z_x - \Delta E_b \left(\dfrac{H_b}{3}\right)}{E_a - \Delta E_b} \\ Z_{by} = B - Z_{bx} \tan \alpha \end{array} \right\} \tag{3.91}$$

式中符号意义同前。

② 填料为粘性土

由于粘性土浸水后,其内摩阻角 φ 值显然降低,因此将填土上下两部分视为不同性质的土层,分别计算其土压力,如图 3.65 所示。计算时先求出计算水位以上填土的土压力 E_1,然后将上层填土重量作为荷载,计算浸水部分的土压力 E_2。E_1 与 E_2 的矢量和即为全墙土压力。

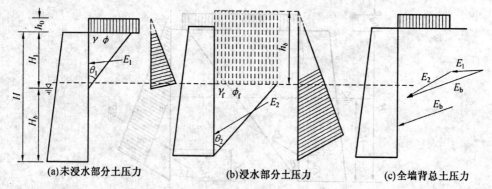

(a)未浸水部分土压力　　(b)浸水部分土压力　　(c)全墙背总土压力

图 3.65　粘性土的浸水土压力

在计算浸水部分的土压力 E_2 时,先按浮容重 γ_f 将上部土层及超载换算为均布土层作为超载。均布土层厚 h_b 为

$$h_b = \frac{\gamma(h_0 + H_1)}{\gamma_f} = \frac{\gamma}{\gamma_f}(h_0 + H - H_b) \tag{3.92}$$

(2) 静水压力、动水压力和上浮力

① 静水压力

如图 3.66 所示,作用于墙面静水压力 P'_1 为

$$P'_1 = \frac{1}{2}\gamma_w H'^2_b \frac{1}{\cos \alpha'} \tag{3.93}$$

其水平分力与垂直分力分别为

$$P'_{1x} = \frac{1}{2}\gamma_w H'^2_b$$

$$P'_{1y} = \frac{1}{2}\gamma_w H'^2_b \tan \alpha'$$

墙背静水压力 P_1 为

$$P_1 = \frac{1}{2}\gamma_w H^2_b \frac{1}{\cos \alpha} \tag{3.94}$$

其水平分力与垂直分力分别为

$$P_{1x} = \frac{1}{2}\gamma_w H^2_b$$

$$P_{1y} = \frac{1}{2}\gamma_w H^2_b \tan \alpha$$

当计算动水压力时,$H_b - H'_b$ 段之静水压力已为动水压力所代替,则墙背静水压力 P_{1x} 为

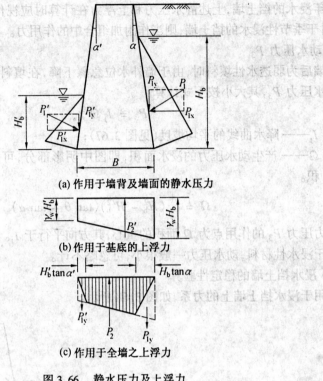

(a) 作用于墙背及墙面的静水压力

(b) 作用于基底的上浮力

(c) 作用于全墙之上浮力

图 3.66 静水压力及上浮力

$$P_{1x} = \frac{1}{2}\gamma_2(2H_b H'_b - H'^2_b) \tag{3.95}$$

② 上浮力 P_2

如图 3.66 所示,作用于基底的上浮力 P'_2 为

$$P'_2 = \frac{1}{2}\gamma_2(H_b + H'_b)B \cdot C \tag{3.96}$$

式中 B——基底宽,m;
C——上浮力折减系数,表示基底面渗水程度对上浮力的影响,根据墙基底面水的渗透情况而定,如表 3.41。

表 3.41 上浮力折减系数 C 值

墙基底面水的渗透情况	C
透水的地基	1.0
不能肯定是否透水的地基	1.0
岩石地基,在基底与岩石间浇注混凝土,认为相对不透水时	0.5

墙身受到的上浮力 P_2 是基底上浮力 P'_2 与作用于墙面和墙背上的垂直静水压力之差,即

$$P_2 = P'_2 - P'_{1y} - P_{1y} = \frac{1}{2}\gamma_w[(H_b + H'_b) \cdot B \cdot C - (H'^2_b \tan\alpha' + H^2_b \tan\alpha)] \tag{3.97}$$

对于常年浸水的挡土墙,上述静水压力和上浮力在计算时应视作主要荷载组合中的作用力;而对于季节性浸水的挡土墙,则当作附加组合中的作用力。

③ 动水压力 P_3

当墙后为弱透水性填料时,由于墙外水位急骤下降,在填料内部将产生渗流,由此而引起动水压力 P_3,其大小按下式计算

$$P_3 = I_j \Omega \gamma_w \tag{3.98}$$

式中　I_j——降水曲线的平均坡度(见图 3.67);
　　　Ω——产生动水压力的浸水面积,即图中阴影部分,可近似地取梯形 $abcd$ 的面积。

$$\Omega = \frac{1}{2}(H_b^2 - H'^2_b)(\tan\theta + \tan\alpha) \tag{3.99}$$

动力压力 P_3 的作用点为 Ω 面积的重心,其方向平行于 I_j。

对于浸水性材料,动水压力一般很小,可忽略不计。

(3) 浸水挡土墙的稳定性验算

作用于浸水挡土墙上的力系,如图 3.68 所示。

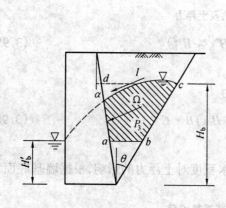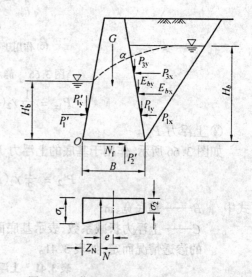

图 3.67　动水压力　　　　图 3.68　作用在浸水挡土墙上的力系

浸水挡土墙的稳定性验算与一般地区挡土墙的稳定性验算相同,只是验算时注意考虑浸水挡土墙的受力特点,并将静水压力、动水压力及上浮力计入即可。

由于浸水对墙身及填料产生不同的影响,挡土墙的稳定性直接与水位的高低有关。最高水位也并不是在所有情况下都是最不利水位。浸水挡土墙设计应以最不利水位为依据,所谓最不利水位是指抗滑稳定系数和抗倾覆稳定系数同时出现最小值,或其中一个出现最小值时的水位。为了寻求最不利水位,必须作反复试算,为减少工作量,可采用优选法(0.618 法)试算。

下面介绍用优选法求最小稳定系数和最不利水位的步骤。

如图 3.69 所示,设浸水挡墙的高度为 H,试算水位均从挡土墙基底算起。

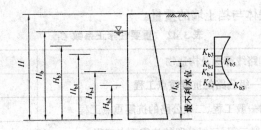

图 3.69 计算最不利水位

① 求算 H_{b1} 处的稳定系数 K_{b1},$H_{b1} = 0.618H_b$。

② 求算与 H_{b1} 对称的 H_{b2} 处的 K_{b2},$H_{b2} = 0.382H_b$。

③ 比较 K_{b1} 和 K_{b2},若 $K_{b1} > K_{b2}$,舍去 $0 \sim H_{b2}$,求算剩余段中与 H_{b1} 对称的 H_{b3} 处的 K_{b3},$H_{b3} = H_{b2} + H_b - H_{b1} = 0.764H_b$。

④ 比较 K_{b1} 和 R_{b3},若 $K_{b3} > K_{b1}$,再求算新剩余段中与 H_{b1} 对称的 H_{b4} 处的 K_{b4},$H_{b4} = H_{b2} + H_{b3} - H_{b1} = 0.528H_b$。

⑤ 再比较 K_{b1} 和 K_{b4},若 $K_{b1} > K_{b4}$,再求 H_{b5} 与 K_{b5}。

如此试算三五次,并将各试算水位的稳定系数 K_{b1},K_{b2}… 绘成 $K - K_b$ 曲线(见图3.69)。从曲线上找到 $K_{\min}$(此例为 K_{b5}),则其相应的水位(H_{b5})即为最不利水位。

至于基底应力,它随水位的降低而增大,而在枯水位时接近或达到最大,故在浸水挡土墙基底应力验算时,通常以枯水位作为验算水位。

2. 地震地区挡土墙设计

在下列情况下,挡土墙应进行抗震强度和稳定性验算:设计烈度8度或8度以上地区;设计烈度7度但地基为软弱粘土或可液化土层,或地震时可能发生大规模滑坡、崩坍地段。验算时,考虑破裂棱体和挡土墙分别承受地震力的作用,将地震荷载与恒载组合;在浸水地区,还需考虑常年水位的浮力,不考虑季节性浸水的影响;其他外力,包括车辆荷载的作用均不考虑。

验算方法,一般仍采用以静力理论为基础的库仑法,与一般挡土墙的区别在于计算土压力时需考虑重力加速度的影响和水平地震力的作用。

(1) 水平地震力的计算

在挡土墙设计中,一般只考虑水平地震力,竖向地震力因影响很小,可略去不计。作用于破裂棱体与挡土墙重心上的水平地震力 P_s 可用下式计算

$$P_s = C_1 C_Z K_H G \tag{3.100}$$

式中　C_1——重要性系数,见表3.42;

C_Z——综合影响系数,表示实际建筑物的地震反应与理论计算间的差异,一般采用 0.25;

K_H——水平地震系数,为地震时地面最大水平加速度的统计平均值与重力加速度的比值,如表3.43;

G——破裂棱体与挡土墙的重量。

表 3.42 重要性修正系数 C_1

路线等级及构造物	重要性修正系数
高速、一级公路的抗震重点工程	1.7
高速、一级公路的一般工程、二级公路的抗震重点工程	1.3
二级公路的一般工程、三级公路的抗震重点工程	1.0
三级公路的一般工程、四级公路的抗震重点工程	0.6

表 3.43 水平地震系数

设计裂度/度	7	8	9
水平地震系数 K_H	0.1	0.2	0.4

图 3.70 所示为挡土墙重 G 与水平地震力 P_S 的合力 G_1,其与竖直线的夹角 θ_S 称为地震角。

$$\theta_S = \arctan C_Z K_H \tag{3.101}$$

(2) 地震作用下的土压力计算

已知地震力与重力的合力的大小与方向,假定在地震作用下土的内摩阻角 ϕ 及其与墙背的摩阻角 δ 不变,则墙后破裂棱体的平衡力系及力多边形 abb_1c(或力三角形 abc),如图 3.71 所示。从图中可以看出,当用 $\gamma_s = \dfrac{\gamma}{\cos \theta_s}$、$\delta_s = \delta + \theta_s$ 和 $\phi_s = \phi - \theta_s$ 取代 γ、δ 和 ϕ 值时,地震作用下的力三角 abc 与图 3.71 中一般情况下的力三角形 abc 完全相似,因此可以直接采用一般库仑土压力公式来计算地震土压力。

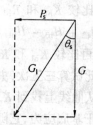

图 3.70 水平地震力与地震角

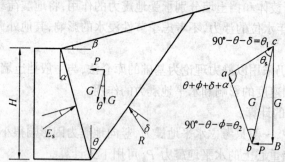

图 3.71 地震作用下的主动土压力

例如,当填土表面与水平面成 β 角时,由图 3.71 及式(3.53)可知,地震土压力应为

$$E_s = \frac{1}{2} \frac{\gamma}{\cos \theta_s} H^2 K_s =$$

$$\frac{1}{2}\frac{\gamma}{\cos\theta_s}H^2\frac{\cos^2(\phi-\theta_s-\alpha)}{\cos^2\alpha\cos(\alpha+\delta+\theta_s)\left[1+\sqrt{\frac{\sin(\phi+\delta)\cdot\sin(\phi-\theta_s-\beta)}{\cos(\alpha+\delta+\theta_s)\cos(\alpha+\beta)}}\right]^2} \quad (3.102)$$

各种边界条件下的地震土压力均可用 γ_s、δ_s、ϕ_s 取代 γ、δ、ϕ 而按一般求解公式求算。但必须指出,这种方法仅是利用原有公式来求解的计算过程,而地震土压力 E_s 的作用方向仍应按实际墙背摩阻角 δ 决定,在计算 E_x 和 E_y 时,采用 δ 而不用 δ_s。

对于地震荷载作用下的路肩挡土墙,也可用下面的简化公式计算

$$E'_a = (1+3C_Z K_H \tan\phi)E_a \quad (3.103)$$

式中　　E_a——一般非地震地区的挡土墙主动土压力。

（3）地震条件下挡土墙的稳定性验算及防震措施

对地震地区挡土墙,应先按一般条件进行设计,然后再考虑地震荷载作用进行抗震验算。验算项目及方法与一般地区挡土墙相同。

一般防震措施:

① 挡土墙宜采用浆砌片石、混凝土和钢筋混凝土修筑。当采用干砌片(块)石时,墙高须加以限制:设计烈度为 8 度时,一般不应超过 5 m;9 度时,一般不超过 3 m。

② 浆砌片石挡土墙所用砂浆标号应按非地震地区的要求提高一级采用。

③ 建于软弱粘土层和可液化土层地基上的挡土墙,可高具体情况采取换土、扩大基础、桩基等地基处理措施。

④ 墙体应以垂直通缝分段,每段长不宜超过 15 m,地堪变化或地面标高突变处,也应设置通缝。

⑤ 尽可能采用重心低的墙身断面形式。

⑥ 墙后填料应尽量用片、碎石或砂性土分层填筑并夯实,并做好排水设施。

3.6.5 加筋土挡土墙设计

加筋土挡土墙系由填土、填土中布置的筋带(或筋网)和墙面板三部分组成,如图 3.72 所示。它利用加筋与土体的摩擦作用,改善土体的变形条件,提高土体的工程性能,从而达到稳定土体的目的。

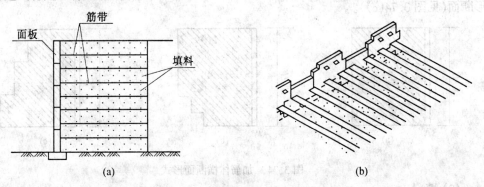

图 3.72　加筋土挡墙基本构造

加筋土挡土墙具有以下特点:① 组成加筋土挡土墙的面板和筋带可以预先制作,使

施工简便、快速、节省劳动力;② 加筋土挡土墙是柔性结构物,能够适应地基的轻微变形和具有较强的抗震能力;③ 节约占地,造型美观;④ 造价比较低,与石砌重力式挡土墙相比,加筋土挡土墙的造价可节约 20% 以上。

1. 加筋土的基本工作原理

加筋土的基本原理是借助于土中的拉筋而提高填土的抗剪强度,从而保证土体平衡,通常用摩擦加筋原理解释。该原理认为,加筋土挡土墙面板由筋带拉住,面板承受的土压力企图将筋带从土中拉出,而筋带材料被土压住,筋带与土之间产生的摩阻力阻止筋带被拔出,因此,只要筋带具有足够的抗拉强度并与土产生足够的摩擦而不滑动,加筋土挡土墙即可保持稳定。

加筋和土之间的摩阻力传递,如图 3.73 所示。

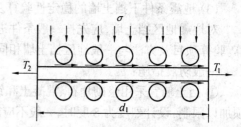

图 3.73　加筋同土粒间的摩阻作用

设土的水平推力在加筋带中引起的拉力沿筋带长度呈非均匀分布,则分析长为 dl,宽为 b 的微分段加筋带的局部平衡,可以得到加筋与土体之间的摩阻力传递为

$$d_T = T_2 - T_1 = 2bN \cdot f^* dl \quad (3.104)$$

式中　N——垂直作用于加筋带的法向力,包括土重和法向力;

f^*——筋带与土之间的摩擦系数。

从式(3.104)可知,若 $d_T < 2bNf^*dl$,加筋与土之间就不会产生相互滑动。因此,在只产生摩擦力而不产生滑移的条件下,加筋改良和提高了土的力学特性,通过加筋和土之间的摩阻力传递作用,使加筋土挡土墙成为能够支承外力和自重的结构体。

2. 加筋体的材料与构体

(1) 加筋体横断面

加筋体的横断面形式,如图 3.74 所示。一般情况下宜用矩形(见图 3.74(a));斜坡地段由于地形条件限制可采用倒梯形断面(见图 3.74(b));在宽敞的填方地段亦可用正梯形断面(见图 3.74(c))。

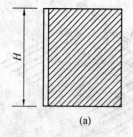
(a)

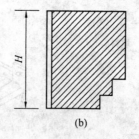
(b)

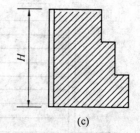
(c)

图 3.74　加筋体横断面形式

(2) 填料

填料是加筋体的主体材料,对填料的基本要求是:

① 易于填筑与压实。
② 能与加筋产生足够摩擦力。
③ 水稳性好。
④ 满足化学和电化学标准。

加筋土挡土墙填料的压实标准,如表3.44所示。

表3.44 加筋土挡土墙填料压实度要求

填土范围	路槽底面以下深度 /cm	压实度/%	
		高速、一级公路	二、三、四级公路
距面板1.0 m以外	0~80	≥96	≥94
	80以下	>94	>93
距面板1.0 m以内	全部墙高	≥93	≥92

注:①表列压实度的确定系按《公路土工试验规程》(JTG E40—2007)重型击实试验标准。
②特殊干旱及潮湿地区可减少2%~3%。

(3)筋带

筋带的作用是承受垂直荷载和水平拉力,并与填料产生摩擦力。因此,筋带材料必须具有以下特性。

①抗拉能力强,延伸率小,蠕变小,不易产生脆性破坏。
②与填料之间具有足够的摩擦力。
③耐腐蚀和耐久性好。
④具有一定的柔性,加工容易,接长及与墙面板的连接简单。
⑤施工简便。

国内以采用聚丙烯土工带、钢塑复合带和钢筋砼带为主,国外广泛使用镀锌钢带。对于高速公路和一级公路应用钢带或钢筋砼带。

(4)墙面板

墙面板的作用是防止填土侧向挤出和传递土压力,以及便于拉筋固定布设和保证填料、拉筋与墙面构成具有一定形状的整体。墙面板不仅要有一定的强度,而且要有足够的刚度,以抵抗预期的冲击和震动。墙面板的设计应满足坚固、美观及运输与安装方便的要求。

国内常用砼或钢筋砼面板。类型有十字型、槽形、六角形、L形、矩形等。

(5)基础

加筋土挡土墙的基础一般情况下只在墙面板下设置宽0.3~0.5 m,厚度为0.25~0.4 m的条形基础(见图3.75),宜用现浇砼或片(块)石砌筑。当地基为土质时,应铺设一层0.1~0.15 m厚的砂砾垫层,如果地基土质较差,承载力不能满足要求,应进行地基处理,如采用换填、土质改良以及补强等措施。

加筋土挡土墙的基础埋置深度,对于一般土质地基不小于0.6 m,当设置在岩石上时应清除表面风化层,当风化层较厚难以全部清除时,亦可采用土质地基的埋置深度。关于加筋土挡土墙的结构设计等其他内容,具体可参考路基第二版的《公路设计手册》。

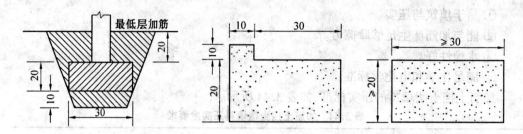

图 3.75 混凝土基础形式(单位:cm)

习 题

1. 路基典型横断面有哪些类型?
2. 简述路基宽度、路基高度的规定。
3. 路基的设计内容有哪些?
4. 某挖方边坡,已有 $\phi = 22, c = 16.7 \text{ kPa}, \gamma = 18.46 \text{ kN/m}^3, H = 5.0 \text{ m}$,现拟采用 1:0.5 的边坡,试验算其稳定性。
5. 简述边坡防护的种类与使用条件。
6. 简述挡土墙的分类及挡土墙所受的力系。
7. 简述出现第二破裂面的条件。
8. 简述加强稳定性措施。

第4章 碎(砾)石路面

4.1 碎、砾石路面的力学特性

4.1.1 碎、砾石路面的强度构成

碎、砾石路面通常是指水结碎石路面、泥结碎石路面以及密级配的碎(砾)石路面等数种，这类路面通常只能适应中低等交通量的公路。

对于碎、砾石路面结构强度形成的特点是：矿料颗粒之间的联结强度，一般都要比矿料颗粒本身的强度小得多；在外力作用下，材料首先将在颗粒之间产生滑动和位移，使其失去承载能力而遭致破坏。因此，对于这种松散材料组成的路面结构强度，其中矿料颗粒本身强度固然重要，但是起决定作用的则是颗粒之间的联结强度。凡在强度特性上具有上述特点的材料，均属于松散介质的范畴。对于松散介质范畴的材料，其抗剪强度可用库仑公式表示。因此，由材料的粘结力和内摩阻角所表征的内摩擦力所决定的颗粒之间的联结强度，即构成了路面材料的结构强度。下面就各类碎(砾)石材料的抗剪特性和影响因素分述如下。

1. 纯碎石材料

纯碎石材料是按嵌挤原则产生强度，它的抗剪强度主要决定于剪切面上的法向应力和材料内摩阻角。由下列三项因素构成。

(1)粒料表面的相互滑动摩擦。
(2)因剪切时体积膨胀而需克服的阻力。
(3)因粒料重新排列而受到的阻力。

单一粒料在另一有粗糙面但表面平整的粒料上滑动，其摩阻角大多在30°以下；许多粒料相互紧密接触，沿某一剪切面相互变位时，因体积膨胀和粒料重新排列而多消耗的功，可使摩阻角增到40°~50°。

纯碎石粒料摩阻角的大小主要取决于石料的强度、形状、尺寸、均匀性、表面粗糙度以及施工时的压实程度。当石料强度高、形状接近正立方体、有棱角、尺寸均匀、表面粗糙、压实度高时则内摩阻力就大。

2. 土－碎(砾)石混合料

这类材料含土少时，也是按嵌挤原则形成强度；当含土量较多时，则按密实原则形成强度。土－碎(砾)石混合料的强度和稳定性取决于内摩阻力粘结力的大小。为得到最大强度和稳定性而设计的颗粒材料，应具有高内摩阻力来抵抗荷载作用下的变形。内摩阻力和由此而产生的抗剪力的大小在很大程度上取决于密实度、颗粒形状和颗粒大小的分

配。在这些因素中,以集料大小的分配,特别是粗细成分比例为最重要。图 4.1 所示为碎(砾)石混合料的三种物理状态。

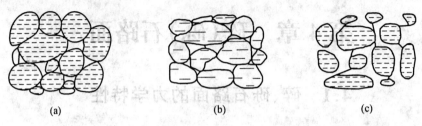

图 4.1 土－碎(砾)石混合料三种物理状态

第一种(见图 4.1(a)):不含或含很少细料(指 0.075 mm 以下的颗粒)的混合料,它的强度和稳定性依靠颗粒之间摩阻力获得。

第二种(见图 4.1(b)):含有足够的细料来填充颗粒间空隙的混合料,它仍然能够通过颗粒接触而获得强度,其抗剪强度、密实度有所提高,透水性低,施工时较第一种情况易压实。

第三种(见图 4.1(c)):含有大量细料,而粗颗粒之间的接触很少,集料仅仅是"浮"在细料之中。这类混合料施工时易压实,但其密实度较低、易冰冻、难于透水,强度和稳定性受含水量影响很大。

图 4.2 所示为不同细料含量时土 - 砾石混合料的密实度和 CBR 的试验结果,图中 CBR 值为试件浸湿后的测定结果。由图可知,随压实力增加,压实度和 CBR 值均增加,而且都存在一个相应的最佳细料含量。最大密度时的最佳细料含量为 8% ~ 10%,而最大 CBR 值时的最佳细料含量为 6% ~ 8%;前者细料含量的状况可代表图 4.1(b) 的状态,而最大值左右两侧的曲线部分则代表图 4.1(a) 和 (c) 两种状态。

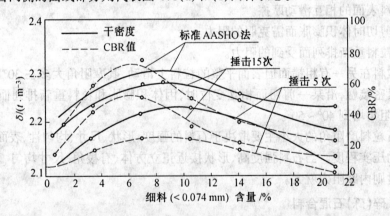

图 4.2 土－砾石混合料密实度和 CBR 值随细料含量而变化

图 4.3 所示为用土 - 碎石混合料试验的结果。由图可见,细料成分对碎石集料 CBR 的影响一般比对砾石的影响小。对于同一粒径级配,由有棱角颗粒组成混合料的 CBR 值通常也比圆滑颗粒混合料的 CBR 值稍大一些。

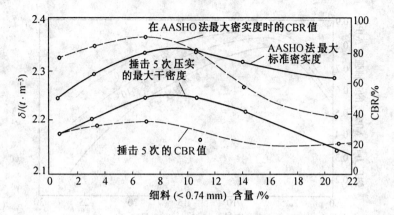

图 4.3 土 – 碎石混合料密实度和 CBR 值随细料含量而变化

如图 4.4 所示是几种粒状材料用 AASHO 标准压实法成型后测得的 CBR 值和干密度的试验结果。密度和 CBR 值都是随集料尺寸增大而增大,但最佳细料含量则降低。此外,细料含量小于最大密实度时的含量,其 CBR 值最大,因而其强度和稳定性也最大。

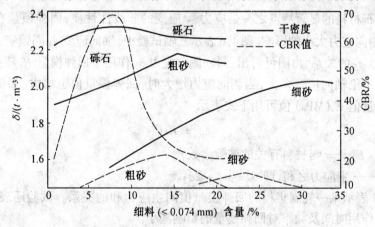

图 4.4 混合料密实度和 CBR 值随细料和最大粒径的变化

由上述分析可知,只有在已知粒径级配的情况下,密实度才可以作为衡量强度和稳定性的依据。细料含量偏多的混合料强度和稳定性大大低于细料含量偏低的混合料,其原因是由于图 4.1(c) 的情况,强度和稳定性受结合料的影响很大,而在图 4.1(a) 的情况下,强度和稳定性受结合料的影响很小,大部分取决于粗颗粒之间的接触情况。

室内试验和工地实践都表明,集料为碎石时,由于颗粒嵌挤作用的增强,其强度和稳定性较圆滑砾石集料为好,渗透系数亦高,更易排水。此外,细料的物理性质对混合料的强度和稳定性也有很大影响,特别是集料颗粒之间的接触破坏时影响更大。如图 4.5 所示为细料的塑性指数对砾石混合料三轴强度的影响。由图可知,当小于 0.42 mm 的细粒土少时,其塑性指数对强度影响很小;而当细粒土的含量增加时,其塑性指数的影响越来越大。因此,对于细料含量多的混合料,必须限制细料的塑性指数。

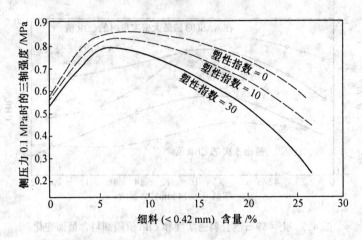

图 4.5 塑性指数对砾石混合料三轴强度的影响

4.1.2 碎、砾石材料的应力-应变特性

碎、砾石材料的显著特点之一是应力-应变的非线性性质,回弹模量在很大程度上受竖向和侧向应力大小的影响。图4.6表示三轴试验中,轴向应变 ε_1 同偏应力 $\sigma_d(\sigma_1-\sigma_3)$ 与侧向应力 σ_3 的关系。由图可看出,同一侧向应力 σ_3 作用下回弹模量 E_r 随偏应力增大而逐渐减小;不伦轴向应变多大,当侧向应力增大时,回弹模量值也增大。根据试验研究结果,回弹模量值 E_r(MPa) 值可用下式表示

$$E_r = K_1 \theta^{K_2} \tag{4.1}$$

式中　　K_1、K_2——与材料有关的试验参数;

　　　　θ——主应力之和,即 $\theta = \sigma_1 + 2\sigma_2$。

图 4.7 表示某一轧制集料的回弹模量值同主应力和的关系。试验还表明,应力重复次数、荷载作用时间及频率对回弹模量的影响甚小。

颗粒材料的模量决定于材料的级配、形状、表面构造、密实度和含水量等。一般密实度越高,模量值越大;棱角多,表面粗糙者有较高模量;当细料含量不多时,含水量仅有甚小影响。

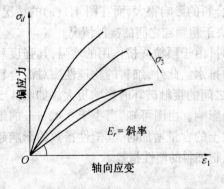

图 4.6　碎(砾)石材料应力-应变关系

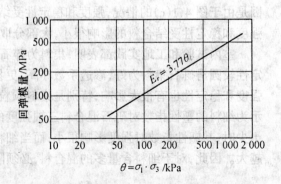

图 4.7　干的轧制集料回弹模量随主应力和变化

4.1.3 碎、砾石材料的形变积累

良好级配砾石在保证良好排水条件下塑性形变的发展,如图 4.8 所示。由图可见,当应力作用次数达到 10 000 次时,形变已基本上不发展;但当应力较大,超过材料的耐久疲劳应力,达到一定次数后,形变随应力作用次数而迅速发展,最终导致破坏。级配组成差的粒料,即使应力作用了很多次,仍继续有塑性形变的增长,但欲获得低的塑性形变,级配料中的细料含量必须少于获得最大密实度时的细料含量。

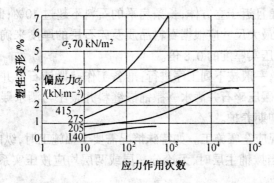

图 4.8 砾石材料在良好排水条件下塑性形变的发展

4.2 碎石路面与基层

碎石路面是用加工轧制的碎石按嵌挤原理铺压而成的路面。碎石路面按施工方法及所用填充结合料的不同,分为水结碎石、泥结碎石、级配碎石和干压碎石等数种。碎石路面通常用砂、砾石、天然砂石或块石为基层,有时亦可直接铺在路基上。碎石路面的优点是投资不高,可以随交通量的增加分期改善;缺点是平整度差,易扬尘,泥结碎石路面雨天还易泥泞。

碎石路面的强度主要依靠石料的嵌挤作用以及填充结合料的粘结使用。嵌挤力的大小主要取决于石料的内摩阻角。粘结作用(用材料的粘结力表示)的大小主要取决于填充结合料本身的内聚力及其与矿料之间的粘附力大小。

碎石颗粒尺寸大致为 0~75 mm,通常按其尺寸大小划分为 6 类,如表 4.1 所示。

表 4.1 各碎石尺寸与分类

编号	碎石名称	粒径范围/mm	用 途
1	粗碎石	75~50	
2	中碎石	50~35	集料
3	细碎石	35~25	
4	石渣	25~15	
嵌缝料	石屑	15~5	
6	米石	0~5	封面料

4.2.1 水结碎石路面

水结碎石路面是用大小不同的轧制碎石从大到小分层铺筑,经洒水碾压后形成的一种结构层。其强度是由碎石之间的嵌挤作用以及碾压时所产生的石粉与水形成的石粉浆的粘结作用而形成的。由于石灰岩和白云岩石粉的粘结力较强,是水结碎石的常选石料。水结碎石路面厚度一般为 10~16 cm。

水结碎石路面对材料的基本要求是:碎石应具有较高的强度(Ⅲ度以上)、韧性和抗磨耗能力;碎石应具有棱角且近于立方体,长条扁平的石料不超过 10%;此外,碎石应干净,不含泥土杂物。碎石的最大尺寸应根据石料品质及碎石层的厚度来确定,坚硬石料的最大粒径不得超过碎石层压实厚度的 0.8 倍。

水结碎石路面施工,一般按下列工序进行:准备工作→撒铺石料并摊平,可分一次或两次撒铺→预碾碎石→碾压碎石并洒水→撒铺嵌缝料并碾压与洒水碾压→撒铺石屑(米石)并洒水碾压成型→初期养护。

水结碎石,一般情况应全幅施工。如特殊情况需要半幅施工时,纵向接缝处理必须仔细,以保证路面质量。当摊铺主层时,无论分一层或两层均应按压实系数(1.25~1.3)一次摊铺,并须仔细找平。

碎石的碾压质量与石料性质、形状、层厚、压路机类型和重量、碾压行程次数,以及洒水与铺撒嵌缝料的适时与否等因素有关。根据碾压时碎石的移动、嵌挤以及最后成型等情况,水结碎石路面的碾压过程可分为三个阶段。

第一阶段为稳定期,此阶段采用 60~80 kN(6~8 t)轻型压路机先干压 2~3 遍后,再随压随洒水,洒水可减少石料之间的摩擦力,目的是使碎石在压路机作用下就位压实,直至碎石挤压不再移动为止。

第二阶段为压实期,宜采用 80~120 kN(8~12 t)中型压路机进行洒水碾压。因在第一阶段碎石一部分被压碎嵌入石料空隙中,使碎石层挤紧,摩阻力增加,碾压效果逐渐减低。故应洒水减少石料之间的摩阻力,以便进一步增加石料间的嵌挤程度。此阶段碾压直至碎石不再松动,不起波浪,表面无轮迹为止。

第三阶段为成型期,需要撒铺嵌缝料,洒水,并以 120 kN(12 t)的重型压路机碾压。直至形成密实的表面层,不出现碾轮轮迹为止。

各个阶段压路机碾压的行程次数,因压路机重量、石料性质及碎石层厚度而异。根据经验,压路机行程次数大致如表 4.2 所列,最后还要在路面上撒米石或粗砂,用中型压路机干压 3~5 遍。

表 4.2 水结碎石路面的碾压行程次数

阶段	压路机类型	车/(km·h^{-1})	行程次数	
			软石	硬石
第一阶段	轻型	头档(1.5~2.25)	6~9(干压 2~3 遍后洒水)	8~11(干压 2~3 遍后洒水)
第二阶段	中型	头档(1.5~2.25)	10~14(洒水)	
第三阶段	重型	二档(2.5~3.0)	20~25(洒水)	

碾压时,应从路两侧开始,逐渐移向路中。碾压轮迹重叠宽度,对三轮压路机为后轮宽度的 1/3~1/2;对双轮压路机则为 20~30 cm。

当用水结碎石做路的基层时,其所用材料质量、规格要求、施工程序和操作工艺皆与水结碎石路面相同,但不需加铺米石或石屑封面,以增进其与面层的结合。

4.2.2 泥结碎石路面

泥结碎石路面是以碎石作为集料、泥土作为填充料和粘结料,经压实修筑成的一种结构。泥结碎石路面厚度一般为 8~20 cm;当总厚度等于或超过 15 cm 时,一般分两层铺筑,上层厚度 6~10 cm,下层厚度 9~14 cm。泥结碎石路面的力学强度和稳定性不仅有赖于碎石的相互嵌挤作用,同时也取决于土的粘结作用。泥结碎石路面虽用同一尺寸石料修筑,但在使用过程中由于行车荷载的反复作用,石料会被压碎而向密实级配转化。

泥结碎石层所用的石料,其等级不宜低于Ⅳ级,长条、扁平状颗粒不宜超过 20%。不产石料地区的次要道路,交通量少时,可采用礓石和碎砖等材料。碎砖粒径宜稍大,一般为路面厚度的 0.8 倍。泥结碎石层所用粘土,应具有较高的粘性,塑性指数以 12~15 为宜。粘土内不得含腐殖质或其他杂物。粘土用量一般不超过混合料总重的 15%~18%。

泥结碎石层施工方法有灌浆法、拌和法及层铺法三种。实践证明灌浆法具有较高的强度和稳定性,因而目前采用较多。

灌浆法泥结碎石路面施工,一般按下列工序进行。

(1)准备工作:包括放样、布置料堆、整理路槽(或基层)与拌制泥浆等。泥浆一般按水与土为 0.8:1~1:1 的体积比进行拌和配制。如过稠,则灌不下去,泥浆要积在面层表面;如过稀,则易流淌于面层底部,干后体积缩小,粘结力降低,均将影响路面的强度和稳定性。

(2)摊铺碎石:在路槽筑好以后,按松铺厚度(约为压实厚度的 1.2~1.3 倍)摊铺碎石,要求大小颗粒均匀分布,纵横断面符合要求,厚度一致。上层矿料粒径:底层一般采用 1~2 号或 2~3 号碎石,面层一般采用 3~4 号碎石。

(3)预压:碎石铺好后,用轻型压路机碾压,碾速宜慢,每分钟约 25~30 m,轮迹重叠 25~30 cm。一般碾压 6~10 遍,至石料无松动为止。过多碾压将堵塞碎石缝隙,影响灌浆。

(4)浇灌泥浆:在预压的碎石层上,浇灌泥浆,浆要浇得均匀、浇得透,以灌满孔隙、表面与碎石齐平为度,但碎石棱角仍应露出泥浆之上。

(5)撒嵌缝料:灌浆 1~2 h 后,待泥浆下注,空隙中空气溢出,表面未干前撒铺 5~15 mm 的嵌缝料(约 1~1.5 m^3/100 m^2),嵌缝料要撒得均匀。

(6)碾压:撒过嵌缝料后,即用中型压路机进行碾压,并随时注意用扫帚将石屑扫匀。如表面太干需略微洒水碾压,如表面太湿需待干后再压。最终碾压阶段,需使碎石缝隙内泥浆能翻到路面上与所散石屑粘成一个坚实的整体为止。

泥结碎石亦能用作路面的基层,但其水稳定性较差,当用作沥青路面基层时,一般只适用于干燥路段。泥结碎石作为基层时,主层矿料的粒径不宜小于 40 mm,并不大于层厚的0.7倍。

嵌缝料应与主层矿料的最小粒径相衔接。土的塑性指数以10~12为宜,含土量不宜大于混合料总重的15%。

4.2.3 泥灰结碎石路面

泥灰结碎石路面是以碎石为集料,用一定数量的石灰和土作粘结填缝料的碎石路面。因为掺入石灰,泥灰结碎石路面的水稳定性比泥结碎石为好。泥灰结碎石路面的粘土质量规格要求与泥结碎石相同;石灰质量不低于3级。石灰与土的用量不应大于混合料总重的20%,其中石灰剂量为土重的8%~12%。施工程序与质量要求与泥结碎石路面相同。采用拌和法时,应先将石灰与粘土拌和均匀,再撒在石料上拌和,摊铺均匀,边压边洒水,使石灰与土在碾压中成浆并充满空隙。

4.2.4 填隙干压碎石基层

碎石基层可采用干压方法,要求填缝紧密,碾压坚实。如土基软弱,应先铺筑低剂量石灰土或砂砾垫层,以防止软土上挤和碎石下陷。石料和嵌缝料的尺寸,视结构层的厚度而定,如压实厚度为8~10 cm,一般采用30~50 mm粒径的石料和5~15 mm粒径的嵌缝料;如压实厚度为11~15 cm,碎石最大尺寸不得大于层厚的0.7倍,50 mm以上粒径的石料应占70%~80%,同时应两次嵌缝,其粒径为20~40 mm和5~15 mm。有些单位使用尺寸较大的碎石(大于80~100 mm)铺筑厚度为15~25 mm的基层,常称为大块碎石基层。为了减轻碾压工作量,有时在碾压碎石的过程中,也适当洒些水。

4.3 级配砾(碎)石路面

级配砾(碎)石路面,是由各种集料(砾石、碎石)和土,按最佳级配原理修筑而成的路面层或基层。由于级配砾(碎)石是用大小不同的材料按一定比例配合、逐级填充空隙,并用粘土粘结,故经过压实后,能形成密实的结构。级配砾(碎)石路面的强度是由摩阻力和粘结力构成,具有一定的水稳性和力学强度。

4.3.1 级配砾(碎)石路面与基(垫)层的厚度和材料

级配砾(碎)石路面厚度,一般为8~16 cm,当厚度大于16 cm时应分两层铺筑,下层厚度为总厚度的0.6倍,上层为总厚度的0.4倍。如基层和面层为同样类型的结构,其总厚度在16 cm以下时,可分两层摊铺,一次碾压。

级配砾(碎)石路面所用材料,主要为天然砾石或较软的碎石。其形状以接近立方体或圆球形为佳,石料强度应不低于Ⅳ级。表4.3所示为级配混合料的级配范围标准,设计时,应以此为准。

级配砾(碎)石基层应密实稳定,其粒径级配范围应按表4.3选用。为防止冻胀和湿软,应注意控制小于0.6 mm细料的含量和塑性指数。在中湿和潮湿路段,用作沥青路面的基层时,应在级配砾石中掺石灰,细料含量可适当增加,掺入石灰剂量为细料含量的

8%~12%。在级配砾石中掺石灰修筑基层,主要是为了提高基层的强度和稳定性。

表4.3 级配砾(碎)石矿料级配表

编号	通过下列筛孔(mm)得质量百分率(%)								小于0.6mm细料性质		使用条件潮湿或有粘土地区
	37.5~63	31.5	19	16	9.5	4.75	2.36	0.6	0.75	液限	塑性指数	
1	—	100	—	60~80	40~60	30~50	20~35	15~25	7~12	≤35	8~14	干旱半干旱或缺乏粘性土地区
2		100	—	70~90	50~70	40~60	25~40	20~32	8~15	≤35	8~12	潮湿路段
3	100	—	55~85	—	35~70	25~60	15~45	10~20	5~10	≤25	≤4	潮湿路段
4			90~100		60~75	40~60	20~50	12~25	5~12	≤25	≤6	中湿或干燥路段
5	100	—	<50		<30	<25	<15	<8	≤3	≤25	≤4	
6			<65		<45	<35	<25	<15	≤5	≤25	≤6	

注:1、2号做面层;3、4号做基层;5、6号做垫层。

用级配砾石的垫层称为级配砂砾垫层,其级配砂砾要求颗粒尺寸在4.75~31.5 mm之间,其中19~31.5 mm含量不少于50%。

4.3.2 级配砾(碎)石路面与基(垫)层的施工

级配砾(碎)石路面与基(垫)层的施工,一般按下列工序进行:开挖路槽→备料运料→铺料→拌和与整型→碾压→铺封层。若施工方法采用拌和机集中拌制,则第三、四两工序分别改为拌和与摊铺整型两工序。

(1)开挖路槽:开挖路槽可使用机械或人工,路槽开挖整修后,用重型压路机碾压数遍,使达到规定以上的密实度。

(2)备料运料:按施工路段长度(与拌和方法有关)分段备运材料。砾(碎)石可直堆放在路槽内,砂及粘土可堆放在路肩上。

(3)铺料:先铺砾石,再铺粘土,最后铺砂。

(4)拌和和整形:可采用平地机或拖拉机牵引铧犁进行。拌和时边拌边洒水,使混合料的湿度均匀,避免大小颗粒分离。混合料的最佳含水量约为5%~9%。混合料拌和均匀后按松厚(压实系数1.3~1.4)摊平并整理成规定的路拱横坡度。

(5)碾压:先用轻型压路机压2~3遍,继而用中型压路机碾压成型。碾压工作应注意在最佳含水量下进行,必要时可适当洒水,每层压实厚度不得超过16 cm,超过时需分层铺筑碾压。

(6)铺封层:施工的最后工序是加铺磨耗层和保护层,其施工方法见4.5.1。

除上述外,也可采用天然砂砾修筑基(垫)层,它可以就地取材,且施工简易,造价低廉。天然砂砾料含土少，水稳性好，宜作为路面的底基层或垫层。

天然砂砾基层所用的砂砾材料，虽无严格要求，但为了保证其干稳性及便于稳定成型，对于颗粒组成应予适当控制。综合各地初步使用经验，其颗粒组成中，大于 20 mm 的粗集料要占 40% 以上，最大粒径不宜大于压实厚度的 0.7 倍，并不得大于 100 mm，小于 0.5 mm 的细料含量应小于 15%，细料塑性指数不得大于 4。

天然砂砾基层施工的关键在于洒水碾压。砂砾摊铺均匀后，先用轻型压路机稳压几遍，接着洒水用中型压路机碾压，边压边洒水，反复碾压至稳定成型。由于天然砂砾基层的颗粒组成不是最佳级配，且缺乏粘结料，故其整体性较差，强度不高。为了提高其整体性和强度，可根据交通量和公路线形（如弯道、陡坡）情况，在其表面嵌入碎石或铺碎石过渡层。

4.4 优质级配碎石基层

无结合料处治粒料在国外是一种应用极为普遍的筑路材料，广泛用于柔性路面的基层和底基层，用于基层的常为较优质的碎石层。美国、澳大利亚及南非还把最佳级配的优质碎石用于半刚性基层与沥青路面之间，作为减少沥青路面反射裂缝的措施。我国也在多项大型工程中应用了这类材料和结构，取得了较好的效果。

优质级配碎石基层强度主要来源于碎石本身强度及碎石颗粒之间的嵌挤力。因此，对于碎石基层应保证高质量的碎石，获得高密度的良好级配和良好的施工压实手段。我国相关规程在总结国内外经验及使用情况的基础上，规定高速公路和一级公路的路面级配碎石集料压碎值应不大于 25%。研究表明，集料中小于 0.5 mm 含量及其塑性指数对级配碎石的力学性质有明显的影响。因此，综合考虑结构强度和结构层排水因素，建议液限应小于 25%，同时规定小于 0.5 mm 的细料应无塑性，如特殊情况下难以做到，则塑性指数应小于 4%。

级配是影响级配碎石强度与刚度的重要因素。一般来说，密实的级配易于获得高密度，从而使级配碎石获得高的 CBR 值和回弹模量。用于高等级公路基层或用于半刚性基层和沥青面层之间的最佳级配优质碎石，其级配应获得最大密实度的集料，应具有较好的透水性。表 4.4 给出了几种级配的情况。表中 ASTM 是由美国材料试验协会提供的级配。G_{30}、G_{40}、G_{50} 级配分别为最大粒径为 30 mm、40 mm、50 mm 时，用变 K 法按最大密实度原理推导出的级配。

表 4.4 几种级配集料通过筛孔百分率情况

筛孔/mm \ 种类	JTJ058-94 规范	ASTM（细）	ASTM（中）	ASTM（粗）	G_{30}	G_{40}	G_{50}
37.5	—	—	100	100	—	—	100
31.5	—	—	—	—	—	100	91
29.0	—	—	94	88	—	95	86
26.5	100	—	—	—	100	88	80

第4章 碎(砾)石路面

续表 4.4

种类 筛孔/mm	JTJ058-94 规范	ASTM (细)	ASTM (中)	ASTM (粗)	G_{30}	G_{40}	G_{50}
19	—	—	—	—	93	82	75
16	92.5	100	80	60	84	74	68
9.5	70	77	59	40	63	55	50
4.75	40	60	43	25	46	41	37
2.36	22.5	24	16	7	31	30	25
0.6	15				16	14	13
0.075	4	10	5	0	6	5	5

表4.5给出了室内标准重型击实试验得到7种级配碎石的最大干密度及相应的最佳含水量。

表 4.5 级配碎石击实试验结果

级配 \ 项目	最大干密度/(g·cm^{-3})	最佳含水量/%	空隙率
规范级配	2.31	6	0.137
ASTM(中)	2.23	4.5	0.178
ASTM(细)	2.32	7	0.133
ASTM(粗)	2.07	3	0.227
G_{30}	2.33	4.6	0.130
G_{40}	2.36	4.0	0.119
G_{50}	2.37	5.0	0.115

采用重型击实和振动成型方法对级配碎石的试验表明,振动成型可以使级配碎石获得更高的CBR值和回弹模量值。

回弹模量是表征级配碎石刚度的重要指标及设计参数。一般来说,级配碎石的回弹模量明显低于半刚性基层材料,然而与半刚性材料不同的是,级配碎石材料具有较显著的非线性。这种非线性特性使其在刚度较大的下卧层上,表现出较大的回弹模量,从而亦具有足够的抵抗应力和变形的能力,最终使得级配碎石作为上基层不仅具有减缓半刚性沥青路面反射裂缝的作用,同时也具有较好的抗疲劳能力。

级配碎石回弹模量随应力状态而变的非线性关系,通常可以式(4.1)表示。表4.6是部分静三轴弹性模量试验结果,表4.7是动三轴弹性模量试验结果。

表 4.6 级配碎石静三轴弹性模量试验结果

试件编号	含水量/%	密实度/%	K_1	K_2	相关系数
1	3	95	6 664	0.492	0.93
2	5	100	5 116	0.535	0.90
3	7	100	2 207	0.642	0.92
4	4	100	5 864	0.543	0.91
5	7	97	4 841	0.547	0.91
6	7	97	3 597	0.584	0.91
7	5	95	5 200	0.533	0.92
8	3	95	7 843	0.496	0.91
9	3	100	9 402	0.453	0.90

表 4.7 级配碎石动三轴弹性模量试验结果

试件编号	含水量/%	密实度/%	K_1	K_2	相关系数
1	3	90	26 087	0.420	0.89
2	2.5	93	31 925	0.384	0.90
3	5	95	22 602	0.416	0.87
4	5	100	21 687	0.433	0.90
5	8	90	18 936	0.50	0.80
6	7.5	100	16 939	0.50	0.80
7	3	95	30 025	0.41	0.82
8	5	95	26 746	0.451	0.80
9	8	94	17 628	0.480	0.90

级配碎石弹性模量随应力状态而变化的非线性特性表明,处于路面结构半刚性基层上的级配碎石上基层和处于土基上的级配碎石底基层,由于所处的应力状态不同,它们的弹性模量取值也不同。表 4.8 是级配碎石分别用于上基层及底基层时,根据弹性层状理论分析所得到的常规路面结构碎石层所处的应力状态及模量取值的建议范围。

表 4.8 不同层位级配碎石受力状态及模量取值建议范围

结构层位	最小主应力 σ_3 /MPa	最大主应力 σ_1 /MPa	应力不变量 θ /$(\sigma_1+2\sigma_3)$	回弹模量 E /MPa
级配碎石上基层*	20~120	120~600	250~800	350~55
级配碎石底基层**	受拉	30~120	30~120	150~250

注：* 路面结构为 5~20 cm 沥青面层 + 10~15 cm 碎石上基层 + 40~50 cm 半刚性基层 + 土基。
　　** 路面结构为 5~20 cm 沥青面层 + 20~40 cm 半刚性基层 + 20 cm 碎石底基层 + 土基。

从表中可以看出,对于常规高等级沥青路面结构,当级配碎石作为上基层下卧半刚性基层时其受力远高于传统结构中作底基层时的应力水平。按此应力水平,并取前述动三轴试件模型(K_1、K_2取平均值)$E = 244\,432\theta^{0.47}$(MPa),则级配碎石作上基层时,其模量建议取 350~550 MPa,此范围对应的沥青面层厚度约为 5~20 cm,由于目前高等级公路沥青路面面层厚多为 12~18 cm,对应于此结构的碎石基层模量取 400~450 MPa 是合适的。而当级配碎石作为传统结构基层时,若仍按上述动三轴试验模型,则模量可取 150~250 MPa,此建议值与在工地上用承载板的实测模量基本一致。

4.5 碎(砾)石路面的养护

碎(砾)石路面养护的主要任务是:在各种交通组成和交通量的负荷下,使路面保持应有的强度和平整度;对路面在车辆荷载与自然因素影响下产生的病害,如沉陷、松散、坑洞、车辙及裂缝等,进行事前预防及事后及时维修,使其经常保持良好的状态,以便利行车,并延长使用寿命。为提高碎(砾)石路面的平整度,抵抗行车和自然因素的磨损和破坏作用,应在面层上加铺磨耗层和保护层。

4.5.1 磨耗层和保护层

1. 磨耗层

磨耗层是路面的表面部分,用以抵抗由车轮水平力和轮后吸力所引起的磨损和松散,以及大气温度、湿度变化等因素的破坏作用,并能提高路面平整度。磨耗层应具有足够的坚实性和稳定性,通常多用坚硬、耐磨、抗冻性强的级配粒料铺筑。磨耗层的级配组成可按表 4.9 选用。

表 4.9 磨耗层矿料的级配

编号	通过下列筛孔(mm)的质量百分数/%						小于 0.6 mm 颗粒的塑性指数	厚度 /cm	适用地区
	19	16	9.5	4.75	2.36	0.6			
1	100	80~100	55~75	40~60	25~50	18~30	10~14	3~4	南方潮湿地区
2	—	100	75~90	50~70	38~56	18~35	10~14	2~3	南方潮湿地区
3	—	100	75~90	50~75	38~56	25~40	10~14	2~3	北方半干旱地区
4	—	100	70~85	55~70	44~55	30~45	大于 8	3~4	西北干旱地区
5	—	—	70~100	45~75	20~50		10~14	1~2	南方潮湿地区
6	—	—	100	80~95	60~80	35~50	10~14	2~3	北方半干旱地区
7	—	—	—	90~100	60~80	35~50	10~12	1~2	北方半干旱地区

磨耗层的厚度视所用材料和交通量大小而定,不宜过薄,以免抗磨能力过低,引起过早损坏;也不宜过厚,避免材料浪费和产生车辙。采用坚硬小砾石或石屑时,宜厚 2~3 cm;用砂土时宜厚 1~2 cm;采用软质材料时,以 3~4 cm 厚为宜。

加铺磨耗层时，宜先整平原路面凹坑，矫正路拱，清除面上浮土和松散颗粒，然后洒水，将拌好的混合料均匀铺撒于原路面上。其松铺厚度为压实厚度的 1.3~1.4 倍，即用轻型压路机压 3~4 遍，使形成密实平整、稳定的表层。开放交通两周内调节行车路线，使磨耗层得到全面压实，并适当洒水，以保持最佳含水量。

2. 保护层

保护层在磨耗层上面，用来保护磨耗层，减少车轮对磨耗层的磨损。加铺保护层是一项经常性措施。保护厚度一般不大于 1 cm。

按使用材料和铺设方法的不同，保护层分为稳定保护层与松散保护层两种。前者系使用含有粘土的混合料，借行车碾压，形成稳固的硬壳，粘结在磨耗层上；后者是只用粗砂或小砾石而不用粘土，在磨耗层上呈松散状态。

稳定保护层的做法，是在润湿的磨耗层上浇洒一层粘土，用扫帚扫匀，或先铺粘土，洒水扫浆，接着撒铺粗砂或石屑，扫匀后控制行车碾压。稳定保护层有砂土混合料与土砂封面两种。

砂土混合料是指天然级配的或人工配合的砂土混合料，材料成分如表 4.10 所示。

表 4.10 砂土混合料材料组成

通过筛孔(mm)百分数(%)				<0.6 mm 的混合料塑性指数使用条件	使 用 条 件
9.5	4.75	2.36	0.6		
100	90~100	60~80	35~55	8~12	在过分潮湿和不过于干燥且具有坚实平整面层的路段

土砂封面系用粘土封面后，再撒一层砂，在湿润条件下借行车碾压形成密实的表层。土、砂体积比大致为 1:1。松散保护层是在磨耗层上均匀铺撒粗砂或砂粒(石屑)，粒径一般为 2~5 mm，干旱地区可用 5~10 mm。在行车作用下，砂粒(石屑)常被移动、带走，因此需要经常补充、回砂、扫砂，保持均匀充足。松散保护层材料，按其粒径规格分为三种，如表 4.11 所示。

表 4.11 松散保护层材料组成

编号	粒径规格 /mm	0.6 mm 以下颗粒允许含量/%	使用厚度范围 /mm	适 用 条 件
1	2~5	≤15	5~8	铺有坚实的磨耗层，并出产合适规格的材料
2	2~8	≤15	8~10	磨耗层平整度较差或不够坚实，出产合适规格的材料
3	5~10	≤15	8~12	适用于西北干旱地区

松散保护层施工简便，而且可使车辆水平力所产生的能量(动能)，大部分转化为松散颗粒的自由移动(位移)的位能，从而大大减少了车轮水平力对磨耗层的损坏作用。因此，只要不断回砂、扫砂，就可保护磨耗层不致过早损坏。

松散保护层一般适用于南方潮湿地区。稳定保护层行车阻力小，养护用料少，但施工技术较复杂,在干旱和大风地区宜于采用。

4.5.2 碎(砾)石路面的养护维修与改善

碎(砾)石路面在行车作用下产生的病害和破坏现象有磨耗层破损、路面出现坑槽、车辙、松散以及搓板等。

1. 磨耗层的修理

在行车作用下,如磨耗层发生坎坷不平,可铲去凸出部分,并用同样的级配混合料补平压实;如磨耗层损坏过甚,或大部分被磨坏,应先划出整齐的修补范围,清除残余部分,整平底层,洒水润湿,然后按新铺磨耗层的方法用与周围同样的混合料来铺筑。

磨耗层经行车磨损而厚度逐渐减薄时,可用同样材料加铺一层。为使上下层结合良好,须先将旧磨耗层上的浮砂、泥土等扫净,进行擦毛,然后撒铺薄层粘土,洒水扫浆,或少洒一薄层粘土浆,将拌和好的混合料铺上,整平,洒水压实。

2. 坑槽、车辙的修补

路面上发生坑槽和车辙后,为避免积水和扩大损坏范围,应按破坏面积大小及深浅程度采取下述不同方法及时修补,修补时尽量采用与原路面相同的材料。

对较小较浅的坑槽和较浅的车辙,可先将坑槽和车辙内及其周围的尘土杂物清除,洒水润湿,再用与原路面相同的材料拌和填补,并夯压密实。

若坑槽或车辙较深,面积较大时,应规定较整齐的范围(比损坏面积稍大),按矩形开挖,壁应垂直,深度应不小于坑槽最大深度,也不得小于修补用材料最大颗粒的 1.5 倍。挖槽后,清除槽内杂物并整平槽底,旧路面材料可过筛重用。坑槽的填补,对泥结碎石或级配路面,一般用干拌、浆拌或灌浆法来填补;对水结碎石路面,可将筛出的石料铺于槽底,再添加新石料,耙平,夯压。夯实工作应按先轻后重、先边后中的做法进行,夯实后的补坑部分应略高于原路面,以便行车继续压实。

3. 路面松散和波浪(搓板)的防治

路面呈现松散多在干燥季节,主要是由于所用材料结合力不够、拌和不均、碾压不实或保养不善等所造成。当松散层厚度不大于 3 cm 时,可将松散材料扫集起来,整平路面表层,扫除泥土,洒水润湿,把扫集起来的砂石进行筛分,并添加新料的粘土,洒水重拌,重铺压实。当松散厚度大于 3 cm 时,可按前述补坑方法处理,但应适当提高加铺材料的塑性指数。混合料塑性指数宜大于 10,粘土塑性指数最好大于 15。

为了防止路面松散,应采取预防措施,以防止或减轻松散现象的扩大。平时要使路面保持一定的湿润程度,以增强其稳定性。在气候干燥时应予洒水,结合就地取材,可添加食盐或盐水。

碎(砾)石路面当其表层材料稳定性不足时,经行车作用,往往使表层粒料发生有规则的水平位移堆积引起局部搓动形成波浪。形成波浪的原因很多,一般有如下几种。

(1) 属于材料配合不好

混合料中细料过多,塑性指数过低,粘结力不够,或长条扁平颗粒过多,或圆粒多,内摩阻力小,不能抵抗车轮推挤、震动作用而引起的颗粒位移。

(2) 属于施工不当

拌和不匀,碾压不均匀、不及时、不密实。在铺筑磨耗层、保护层前,对原有底层未加整平即进行铺筑,造成厚薄不一致,出现不平。

(3) 属于养护不善

干燥不洒水,不及时扫除松散粒料和进行整平。松散保护层的粗砂颗粒大小不均,撒铺太厚,回砂、匀砂不及时或操作技术不良等。

此外,路基、路面的强度不足,不能抵抗行车的破坏作用,或强度不均匀,出现不平整,都会促使路面面层波浪的形成。

路面面层产生波浪后,程度轻微的可以刮平,并用相同材料修补;如波浪严重或波谷大于 5 cm 时,则应进行局部彻底翻修。

习 题

1. 碎砾石路面的强度是怎样组成的?
2. 土 – 碎(砾)石混合料有哪三种状态?各有什么特点?
3. 什么是泥结碎石、水结碎石、泥灰结碎石?
4. 磨耗层、保护层的作用是什么?

第5章 无机结合料稳定路面

5.1 概述

在粉碎的或原状松散的土中掺入一定量的无机结合料(包括水泥、石灰或工业废渣等)和水,经拌和得到的混合料在压实与养生后,其抗压强度符合规定要求的材料称为无机结合料稳定材料,以此基础上修筑的路面称为无机结合料稳定路面。

无机结合料稳定路面具有稳定性好、抗冻性能强、自成板体等特点,但其耐磨性较差,因此无机结合料稳定材料广泛用于修筑路面结构的基层和底基层。

无机结合料稳定材料种类较多,例如,石灰土、水泥土、水泥砂砾、石灰粉煤灰碎石等。其物理、力学性质各有特点,使用时应根据结构要求、掺加剂和原材料的供应情况以及施工条件进行技术、经济综合比较后选定。

由于无机结合料稳定材料的刚度介于柔性路面材料和刚性路面材料之间,常称为半刚性材料。以此修筑的基层(底基层)亦称为半刚性基层(底基层)。

半刚性基层(底基层)应具有足够的强度和稳定性、较小的收缩(温缩及干缩)变形和较强的抗冲刷能力,在中冰冻、重冰冻区应检验半刚性基层(底基层)的抗冻性能。

半刚性基层(底基层)按其混合料结构状态分为骨架密实型、骨架空隙型、悬浮密实型和均匀密实型四种结构类型。高速公路、一级公路的基层或上基层宜选骨架密实型混合料。二级及二级以下公路的基层和各级公路的底基层可采用悬浮密实型混合料。均匀密实型混合料适用于高速公路、一级公路的底基层,二级及二级以下公路的基层。骨架空隙型混合料具有较高的空隙率,适用于需考虑路面内部排水要求的基层。

5.2 无机结合料稳定材料的干缩特性与温缩特性

5.2.1 干缩特性

无机结合料稳定材料经拌和压实后,由于水分挥发和混合料内部的水化作用,混合料中水分会不断减少。由此发生的毛细管作用、吸附作用、分子间的引力作用、材料矿物晶体或凝胶体间层间水的作用和碳化收缩作用等会引起石灰、水泥稳定类基层材料的体积收缩。

描述材料干缩特性的指标主要有干缩应变、失水量、失水率、干缩量、干缩系数和平均干缩系数。

干缩应变(ε_d)是指水分损失引起的试件单位长度的收缩量($\times 10^{-6}$)。

$$\varepsilon_d = \Delta l / l \tag{5.1}$$

失水量是指试件失去水分的质量(g)。

失水率是指试件单位质量的失水量(%)。

干缩量是指水分损失时试件的收缩量(10^{-3} mm)。

干缩系数是指某失水量时,试件单位失水率的干缩应变($\times 10^{-6}$)。

平均干缩系数(α_d)指的是某失水量时,试件的干缩应变与试件的失水率之比($\times 10^{-6}$)。

$$\alpha_d = \varepsilon_d / \Delta w \tag{5.2}$$

式中 Δl——含水量损失 Δw 时,试件的整体收缩量。

l——试件的长度。

无机结合料稳定材料的干缩特性(最大干缩应变和平均干缩系数的大小)与结合料的类型、剂量、被稳定材料的类别、粒料含量、小于 0.6 mm 的细颗粒含量、试件含水量和龄期等有关。例如,二灰(石灰+粉煤灰):碎石 = 15:85(重量比)与二灰:碎石 = 20:80 时,7 d 龄期的最大干缩应变分别约为 233×10^{-6}、273×10^{-6},而平均干缩系数分别约为 55×10^{-6}、65×10^{-6}。

对稳定粒料类,石灰、水泥稳定类材料干缩特性的大小次序为:石灰稳定类 > 水泥稳定类 > 石灰粉煤灰稳定类。

对于稳定细粒土,石灰、水泥稳定类材料收缩性的大小排列为:石灰土 > 水泥土和水泥石灰土 > 石灰粉煤灰土。

5.2.2 温缩特性

无机结合料稳定材料是由固相(组成其空间骨架的原材料颗粒和其间的胶结物)、液相(存在于固相表面与空隙中的水和水溶液)和气相(存在于空隙中的气体)组成,所以,其外观胀缩性是三相的不同温度收缩性综合效应的结果。一般气相大部分与大气贯通,在综合效应中影响较小,通常可以忽略。原材料中砂粒以上颗粒的温度收缩性较小,粉粒以下的颗粒温度收缩性较大。

石灰、水泥稳定类材料温度收缩性的大小与结合料类型和剂量、被稳定材料的类别、粒料含量、龄期等有关。试验结果表明:石灰土砂砾(约 16.7×10^{-6}) > 悬浮式石灰粉煤灰粒料(约 15.3×10^{-6}) > 密实式石灰粉煤粒料(约 11.4×10^{-6})和水泥砂砾(5%~7%水泥剂量约为 10×10^{-6} ~ 15×10^{-6})。

石灰、水泥稳定类基层一般在高温季节修建,成型初期基层内部含水量大,且尚未被沥青面层封闭,基层内部的水分蒸发会引起由表及里的干燥收缩。同时,环境温度也存在昼夜温差。因此,修建初期的基层同时受到干燥收缩和温度收缩的综合作用,须注意养生保护。

经过一定龄期的养生,且沥青面层铺筑以后,石灰、水泥稳定类基层内相对湿度略有增大,材料的含水量趋于平衡,这时基层的变形以温度收缩为主。

5.2.3 减少收缩开裂和反射裂缝的措施

考虑无机结合料稳定材料干缩特性和温缩特性的特点。为减少无机结合料稳定路面的开裂现象,可采取以下措施。

(1)选用骨架密实型半刚性基层,严格控制细料含量、结合料剂量和含水量,并及时养生。

(2)适当增加沥青层的厚度,在半刚性基层上设置沥青碎石或级配碎石等柔性基层。

(3)在半刚性基层上设置沥青应力吸收膜、应力吸收层或铺设经实践证明有效的土工合成材料。

5.3 石灰稳定类基层

在粉碎或原状比较松散的土(包括各种粗、中、细粒土)中掺入足量的石灰和水,经拌和、压实及养生后得到的混合料,当其抗压强度符合规定要求时,称为石灰稳定土。石灰稳定土根据混合料中所用的原材料不同,可分为石灰土、石灰碎石土和石灰砾石土等。石灰土是指用石灰稳定细粒土得到的混合料;石灰碎石土是指用石灰稳定级配碎石(包括未筛分碎石)或天然碎石土得到的混合料;石灰砾石土是指用石灰稳定级配砂砾(砂砾中无土)或天然砂砾土得到的混合料。

石灰稳定土具有较高的抗压强度、一定的抗弯强度和抗冻性,也有较好的稳定性,但干缩性和温缩性较大。因此,石灰稳定土适用于各级公路路面的底基层,也可作为二级以下公路的基层,但不应用作高级路面的基层。在冰冻地区的潮湿路段以及其他地区过分潮湿的路段,不宜用石灰稳定土作基层。如果必须用石灰土作基层时,应采取隔水措施,防止水分浸入石灰土层。

5.3.1 石灰稳定土强度形成原理

石灰稳定土的强度形成,主要是石灰与细粒土相互作用的结果。石灰掺入土中加水拌和后,产生一系列的化学反应和物理化学作用,使原来土的性能发生根本的变化。初期主要表现为土的结团、塑性降低、最佳含水量增大以及最大干密度减小等,后期主要表现为结晶结构的形成,从而提高其板体性、强度和稳定性。强度的形成过程中,石灰与土之间的相互作用表现为以下几个方面。

1. 离子交换作用

石灰是一种强电解质,在土中加入石灰和水后,石灰在水溶液中电离出钙离子(Ca^{2+})和氢氧根离子(OH^-)。而土的微小颗粒具有一定的胶体性质,它们一般都带有负电荷,表面吸附着一定数量的钠(Na^+)、氢(H^+)、钾(K^+)等阳离子。石灰掺入土中加水拌和后,钙离子与土中的钠、氢、钾离子产生离子交换作用,原来的钠(钾)土变成钙土,土粒之间更为接近,增强了土粒之间的粘结力,而且,土粒吸附钙离子的结合水膜厚度更薄,受外来水分的影响减弱,水稳定性得到提高。

2. 结晶作用

在石灰土中只有一部分熟石灰($Ca(OH)_2$)进行离子交换作用,而绝大部分饱和的熟石灰自行结晶。熟石灰与水作用生成熟石灰结晶网格,其化学反应式为

$$Ca(OH)_2 + nH_2O \longrightarrow Ca(OH)_2 \cdot nH_2O$$

这种晶体能够互相结合,并与土粒结合起来成为共晶体。由于结晶过程时间较长,所以结晶作用主要形成石灰土的后期强度。

3. 火山灰作用

熟石灰的游离钙离子与土中的活性氧化硅(SiO_2)和氧化铝(Al_2O_3)作用生成含水的硅酸钙和铝酸钙的化学反应就是火山灰作用,其反应式为

$$Ca(OH)_2 + SiO_2 + nH_2O \longrightarrow xCaO \cdot SiO_2(n+1)H_2O$$
$$Ca(OH)_2 + Al_2O_3 + nH_2O \longrightarrow xCaO \cdot Al_2O_3(n+1)H_2O$$

上述所形成的熟石灰结晶网格和含水的硅酸钙和铝酸钙结晶都是胶凝物质,具有水硬性并能在固、液两相环境下发生硬化。这些胶凝物质在土微粒团外围形成一层稳定的保护膜,填充颗粒空隙,减少了颗粒间的空隙与透水性,同时提高了密实度。火山灰作用是石灰土获得强度和水稳定性的基本原因之一,但这种作用比较缓慢。

4. 碳酸化作用

碳酸化作用就是消石灰与二氧化碳相互作用生成碳酸钙($CaCO_3$),其化学反应式为

$$Ca(OH)_2 + CO_2 \longrightarrow CaCO_3 + H_2O$$

碳酸钙是坚硬的结晶体,它和其他复杂盐类把土粒胶结起来,从而大大提高了土的强度和整体性。

5.3.2 影响石灰土结构强度的因素

影响石灰土结构强度的主要因素有土质、灰质(CaO + MgO 含量)、石灰剂量、含水量、密实度、环境条件(温度和湿度)以及龄期等。

(1)土质

各种土都可以用石灰来稳定,其中粘性土稳定的效果比较显著。但土质过粘时,不但不易粉碎和拌和,影响稳定效果,而且易形成缩裂。采用粘性较低的低液限土时虽拌和容易,但难以碾压成型,稳定的效果也较差。硫酸盐类含量超过 0.8% 或有机质含量超过 10% 的土,对强度有显著影响,不宜用石灰稳定。

(2)灰质

石灰应选择消石灰粉或生石灰粉,质量应符合Ⅲ级以上。在同等石灰剂量下,质量好(CaO + MgO 含量高)的石灰,稳定效果好。如采用质量差或存放时间过长的石灰,为了满足石灰土的技术要求,需适当增加石灰剂量。用磨细的生石灰稳定土,其效果优于消石灰。

(3)石灰剂量

石灰剂量是指石灰干质量占干土质量的百分率。石灰剂量对石灰土强度影响显著,石灰剂量较低(小于 3% ~ 4%)时,石灰主要起稳定作用,使土的塑性、膨胀性、吸水量降低,具有一定的水稳性。随着石灰剂量的增加,强度和稳定性提高,但剂量超过一定范围时,过多的石灰在空隙中以自由灰的形式存在,石灰土的强度反而降低。生产实践中常用的最佳石灰剂量范围,对于粘性土及粉性土约为 8% ~ 14%;对砂性土约为 9% ~ 15%。

准确的石灰剂量应根据结构层的技术要求进行混合料的组成设计来确定。

(4)含水量

水是石灰土的重要组成部分。它促使石灰土发生一系列物理化学变化,形成强度。适量的水既便于土的粉碎、拌和与压实,又利于养生。石灰土中的含水量以达到最佳含水量为好。不同土质的石灰土有不同的最佳含水量,需通过标准击实试验确定,并用以控制施工中的实际加水量。

(5)密实度

石灰土的强度随密实度的增加而增长。实践证明,石灰土的密实度每增减1%,强度约增减4%左右,而且密实石灰土的抗冻性、水稳定性也好,缩裂现象也会减少。

(6)龄期

石灰土的强度具有随龄期增加而增长的特点。一般石灰土的初期强度较低,前期(1~2个月)增长速率较后期快。石灰土强度与龄期关系可大致表示为

$$R_t = R_1 t^\beta \tag{5.3}$$

式中 R_1——1个月龄期抗压强度;

R_t——t个月龄期抗压强度;

β——系数,约为0.1~0.5。

(7)养生条件

石灰土的养生条件主要指温度与湿度。养生条件不同,其强度也有差异。当温度高时,物理化学反应速度快、硬化快,强度增长也快(见图5.1)。反之强度增长慢,负温条件下甚至不增长。适当的湿度可为石灰土的结晶作用和火山灰作用提供必要的结晶水,但过大的湿度会影响生成物的胶凝结晶硬化,过小的湿度不能满足化学反应和结晶所需的水分,均会影响石灰土强度的形成。

5.3.3 材料要求及混合料组成设计

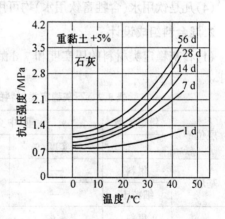

图5.1 养生温度对石灰稳定土抗压强度的影响

1.材料要求

(1)土的性能应符合设计要求,土块要经过粉碎。塑性指数为15~20的粘性土以及含有一定数量粘性土的中粒土与粗粒土均可用石灰稳定,但塑性指数大于15的粘性土更适宜于用石灰和水泥综合稳定。用石灰稳定无塑性指数的级配砂砾、级配碎石和未筛分碎石时,应添加15%的粘性土。塑性指数小于10的亚砂土和砂土用石灰稳定时,应采取适当措施。塑性指数偏大的粘性土,应加强粉碎,粉碎后土块的最大尺寸不应大于15 mm。可以采用两次拌和法,第一次加部分石灰拌和后,闷放1~2 d,再加入其余的石灰,进行第二次拌和。

(2)石灰的技术指标应符合表5.1的规定。应尽量缩短石灰的存放时间,在野外堆放

时间较长时,应覆盖防潮。

表 5.1 石灰的技术指标

技术指标	材料种类	钙质生石灰	镁质生石灰	钙质消石灰	镁质消石灰
有效钙加氧化镁/%		≥70	≥65	≥55	≥50
未消化残渣含量[①]/%		≤17	≤20	—	—
含水量/%		—	—	≤4	≤4
细度	0.71 mm[②]筛余/%	—	—	≤1	≤1
	0.125 mm[②]筛余/%	—	—	20	20
钙美石灰的分类界限,氧化镁含量/%		≤5	>5	≤4	>4

注:①5 mm 圆孔筛筛余。
②方孔筛。

(3)石灰稳定集料用于基层时,最大粒径不应大于 37.5 mm;用于底基层时,最大粒径不应大于 53 mm。不含粘性土的砂砾、级配碎石和未筛分碎石用石灰稳定时,应采用石灰土稳定,石灰土与集料的质量比宜为 1:4,集料应具有良好的级配。

(4)凡是饮用水(含牲畜饮用水)均可用于石灰土的施工。

2.混合料组成设计

(1)石灰稳定类材料的压实度和 7 d 龄期的无侧限抗压强度代表值应符合表 5.2 的要求。

表 5.2 石灰稳定类材料的压实度及 7 d 无侧限抗压强度

层位	稳定类型	重、中交通		轻交通	
		压实度/%	抗压强度/MPa	压实度/%	抗压强度/MPa
基层	集料	—	—	≥97	≥0.8[①]
	细粒土	—	—	≥95[③]	
底基层	集料	≥97	≥0.8	≥96	≥0.7[②]
	细粒土	≥95		≥95	

注:①在低塑性土(塑性指数小于 10)地区,石灰稳定砂砾土和碎石土的 7 d 抗压强度应大于 0.5 Mpa。
②低限用于塑性指数小于 10 的土,高限用于塑性指数大于 10 的土。
③三、四级公路,压实机具有困难时压实度可降低 1%。

(2)石灰稳定类材料的组成设计应根据表 5.2 的强度标准,通过试验选取最适宜于稳定的土,确定必需的或最佳的石灰剂量和混合料的最佳含水量,在需要改善混合料的物理力学性能时,还应确定掺加料的比例。

(3)石灰稳定材料的各项试验应按照行业标准《公路工程无机结合料稳定材料试验规程》(JTJ 057)进行。

(4)在石灰稳定土层施工前,应取所选料场中有代表性的土样进行下列试验:①颗粒分析试验;②液限和塑性指数试验;③击实试验;④碎石或砾石的压碎值试验;⑤有机质含量试验(必要时);⑥硫酸盐含量试验(必要时)。

(5)如碎石、碎石土、砂砾、砂砾土等的级配不良,宜先改善其级配。

(6)应检验石灰的有效钙和氧化镁含量。

5.4 水泥稳定类基层

在粉碎的或原状松散的土中,掺入适量的水泥和水,按照技术要求,经拌和摊铺,在最佳含水量条件下压实及养护成型,其抗压强度符合规定要求时,以此修建的路面基层称水泥稳定类基层。当用水泥稳定细粒土(砂性土、粉性土或粘性土)时,简称水泥土。

水泥是水硬性结合料,绝大多数的土类(高塑性粘土和有机质较多的土除外)都可以用水泥来稳定,改善其物理力学性质,适应各种不同的气候条件与水文地质条件。水泥稳定类基层具有良好的整体性、也具有足够的力学强度、抗水性和耐冻性。因此,它的水稳定性和抗冻性都比石灰稳定土好。水泥稳定土的初期强度较高,且强度随龄期增长,它的力学强度还可以根据需要进行调整。因此,水泥稳定土可以在各级公路上用作基层或底基层,但是,暴露的水泥稳定土易因干缩和温缩而产生裂缝,因此,水泥稳定土禁止用作二级和三级以上路面的基层,也不宜用作水泥混凝土面板的基层,只能用做底基层。

5.4.1 水泥稳定土强度形成原理

在利用水泥来稳定土的过程中,水泥、土和水之间发生了多种非常复杂的作用,从而使土的性能发生了明显的变化。这些作用可以包括:

(1)化学作用。如水泥颗粒的水化、硬化作用,有机物的聚合作用,以及水泥水化产物与粘土矿物之间的化学作用等。

(2)物理-化学作用。如粘土颗粒与水泥及水泥水化产物之间的吸附作用,微粒的凝聚作用,水及水化产物的扩散、渗透作用,水化产物的溶解、结晶作用等。

(3)物理作用。如土块的机械粉碎作用,混合料的拌和、压实作用等。

其中一些主要的作用过程如下。

1.水泥的水化作用

在水泥稳定土中,首先发生的是水泥自身的水化反应,从而产生出具有胶结能力的水化产物,这是水泥稳定土强度的主要来源。水泥水化过程的反应简式如下:

硅酸三钙:$2C_3S + 6H_2O \longrightarrow C_3S_2H_3 + 3CH$

硅酸二钙:$2C_3S + 4H_2O \longrightarrow C_3S_2H_3 + 1CH$

铝酸三钙:$2C_3A + 6H_2O \longrightarrow C_3AH_6$

铁铝酸四钙:$C_4AF + 7H_2O \longrightarrow C_4AFH_7$

水泥水化生成的水化产物,在土的孔隙中相互交织搭接,将土颗粒包覆连接起来,使土逐渐丧失了原有的塑性等性质,并且随着水化产物的增加,混合料也逐渐坚固起来。但水泥稳定土中水泥的水化与水泥混凝土中水泥的水化之间还有所不同。这是因为:①土具有非常高的比表面积和亲水性;②水泥稳定土中的水泥含量较少;③土对水泥的水化产物具有强烈的吸附性;④在一些土中常存在酸性介质环境。由于这些特点,在水泥稳定土中,水泥的水化硬化条件较混凝土中差得多;特别是由于粘土矿物对水化产物中的 $Ca(OH)_2$ 具有极强的吸附和吸收作用,使溶液中的碱度降低,从而影响了水泥水化产物的稳定性;水化硅酸钙中的 C/S 会逐渐降低析出 $Ca(OH)_2$,从而使水化产物的结构和性能发生变化,进而影响到混合料的性能。因此在选用水泥时,在其他条件相同时,应优先选用硅酸盐水泥,必要时还应对水泥稳定土进行"补钙",以提高混合料中的碱度。

2. 离子交换作用

土中的粘土颗粒由于颗粒细小、比表面积大,因而具有较高的活性,当粘土颗粒与水接触时,粘土颗粒表面通常带有一定量的负电荷,在粘土颗粒周围形成一个电场,这层带负电荷的离子称为电位离子。带负电的粘土颗粒表面,会吸引周围溶液中的正离子,如 K^+、Na^+ 等,而在颗粒表面形成了一个双电层结构,这些与电位离子电荷相反的离子称为反离子。在双电层中电位离子形成了内层,反离子形成外层。靠近颗粒的反离子与颗粒表面结合较紧密,当粘土颗粒运动时,结合较紧密的反离子将随颗粒一起运动,而其他反离子将不产生运动,由此在运动与不运动的反离子之间便出现了一个滑移面。

由于在粘土颗粒表面存在着电场,因此也存在着电位,颗粒表面电位离子形成的电位称为热力学电位(φ),滑动面上的电位称为电动电位(ξ);由于反离子的存在,离开颗粒表面越远电位越低,经过一定的距离电位将降低为零,此距离称为双电层厚度。由于各个粘土颗粒表面都具有相同的双电层结构,因此粘土颗粒之间往往间隔着一定的距离。

在硅酸盐水泥中,硅酸三钙和硅酸二钙占主要部分,其水化后所生成的氢氧化钙所占的比例也较高,可达水化产物的 25%。大量的氢氧化钙溶于水以后,在土中形成了一个富含 Ca^{2+} 的碱性溶液环境。当溶液中富含 Ca^{2+} 时,因为 Ca^{2+} 的电价高于 K^+、Na^+ 等离子,与电位离子的吸引力较强,从而会取代 K^+、Na^+,成为反离子,同时 Ca^{2+} 双电层电位的降低速度也加快,因而使电动电位减小,双电层的厚度降低,使粘土颗粒之间的距离减小,导致土的凝聚,从而改变土的塑性,使土具有一定的强度和稳定性,这种作用就称为离子交换作用。

3. 化学激发作用

钙离子的存在不仅影响到了粘土颗粒表面双电层的结构,而且在这种碱性溶液环境下,土本身的化学性质也将发生变化。

土的矿物组成基本上都属于硅铝酸盐,其中含有大量的硅氧四面体和铝氧八面体。在通常情况下,这些矿物具有比较高的稳定性,但当粘土颗粒周围介质的 PH 值增加到一定程度时,粘土矿物中的部分 SiO_2 和 Al_2O_3 的活性将被激发出来,与溶液中的 Ca^{2+} 进行反应生成新的矿物,这些矿物主要是硅酸钙和铝酸钙系列,如 $4CaO \cdot 5SiO_2 \cdot 5H_2O$、$4CaO \cdot Al_2O_3 \cdot 19H_2O$、$3CaO \cdot Al_2O_3 \cdot 16H_2O$、$CaO \cdot Al_2O_3 \cdot 10H_2O$ 等等。这些矿物的组成和结构与水泥的水化产物都有很多类似之处,并且同样具有胶凝能力。这些胶结物质包裹着粘土颗粒表面,与水泥的水化产物一起,将粘土颗粒凝结成一个整体。因此,氢氧化钙对粘土矿物的激发作用,可进一步提高水泥稳定土的强度和水稳定性。

4. 碳酸化作用

水泥水化生成的 $Ca(OH)_2$，除了可与粘土矿物发生化学反应外，还可以进一步与空气中的 CO_2 发生碳酸化反应并生成碳酸钙晶体。其反应式为

$$Ca(OH)_2 + CO_2 \longrightarrow CaCO_3 + H_2O$$

碳酸钙生成过程中会产生体积膨胀，也可以对土的基体起到填充和加固的作用，只是这种作用较弱，反应过程也较慢。

由此可以看出，水泥稳定土的强度是水泥石的骨架作用与氢氧化钙的物理化学反应共同作用的结果。物理化学作用使土粒形成稳定的团粒结构，而水泥石则把这些团粒包覆和连接成坚强未被分解粉碎的各种大小的土粒团。所以，在拌制水泥时会出现水泥浆包括土团粒，而在土团粒内部却没有水泥的现象。只有在长时间的扩散作用下，土团内部才会渗入水泥水解物。

5.4.2 影响强度的主要因素

1. 土质

土的类别和性质是影响水泥稳定土强度的重要因素，各类砂砾土、砂土、粉土和粘土均可利用水泥进行稳定，但稳定的效果并不相同。试验和生产实践证明，用水泥稳定级配良好的碎（砾）石效果最好，不但强度较高，而且水泥用量少，其次是砂土，再次是粉土和粘土。有机质含量较多的土、硫酸盐含量超过 0.25% 的土及重粘土（难于粉碎和拌和），不宜单独用水泥来稳定。

2. 水泥的成分和剂量

试验研究表明，水泥的矿物成分和分散度对稳定效果影响显著。对于同一种土，一般情况下硅酸盐水泥的稳定效果优于铝酸盐水泥。当水泥硬化条件相似、矿物成分相同时，随着水泥分散度的增加，其活性程度和硬化能力也有所增大，从而水泥土的强度也大大提高。

水泥土的强度随水泥剂量的增加而增长。但过多的水泥用量，虽可获得强度的增加，在经济上却不一定合理，在效果上也不一定显著，而且容易出现开裂现象。试验和研究证明，5%~10% 的水泥剂量较为合适。

3. 含水量

含水量对水泥稳定土强度的影响很大，当含水量不足时，水泥不能在混合料中完全水化和水解，发挥不了水泥对土的固结和稳定作用，从而影响强度的形成。同时，含水量小、达不到最佳含水量也将严重影响水泥稳定土的压实。因此，控制最佳含水量的同时，也要满足水泥完全水化和水解的需要，水泥正常水化所需的水量约为水泥重的 20%，对于砂性土，完全水化达到最高强度的含水量较最佳密度的含水量为小；而对于粘性土则相反。

4. 施工工艺过程

水泥、土和水拌和得越均匀，且在最佳含水量下压实得越充分，其强度和稳定性就越

高。水泥土从开始加水拌和到完成压实的时间要尽可能短,一般不应超过3~4 h。若时间过长,则水泥会出现凝结,碾压时不但达不到规定的压实度,而且会破坏已结硬水泥的胶凝作用,反而使水泥不稳定土强度下降(见图5.2)。在水泥终凝时间达不到规定要求时,可以使用一定剂量的缓凝剂,其品种和数量可由试验确定。

水泥稳定土需湿法养生,以满足水泥水化形成强度的需要。养生温度越高,强度增长得越快(见图5.3),因此,要保证水泥稳定土养生的温度和湿度条件。

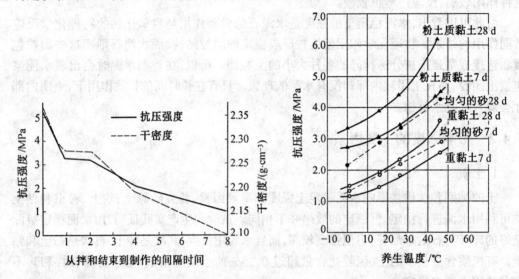

图5.2 延续时间对水泥砂砾的强度和干密度影响　　图5.3 养生温度对水泥稳定土抗压强度的影响

5.4.3 材料要求及混合料组成设计

1.材料要求

不同结构状态的水泥稳定类材料,用作基层和底基层时,其集料的颗粒组成范围并不相同。

(1)悬浮密实型水泥稳定类基层集料的最大粒径不大于31.5 mm,用作底基层时,集料的最大粒径不大于37.5 mm,集料级配范围宜符合表5.3的要求。

表5.3 悬浮密实型水泥稳定类集料级配

层位	通过下列方孔筛(mm)的质量百分率(%)							
	37.5	31.5	19.0	9.50	4.75	2.36	0.6	0.075
基层		100	90~100	60~80	29~49	15~32	6~20	0~5
底基层	100	93~100	75~90	50~70	29~50	15~35	6~20	0~5

(2)骨架密实型水泥稳定类基层集料的最大粒径不大于31.5 mm,集料级配范围宜符合表5.4的要求。

表 5.4 骨架密实型水泥稳定类集料级配

层位	通过下列方孔筛(mm)的质量百分率(%)						
	31.5	19.0	9.50	4.75	2.36	0.6	0.075
基层	100	68~86	38~58	22~32	16~28	8~15	0~3

(3)水泥稳定集料的水泥剂量一般为 3%~5.5%,当达不到表 5.5 中的强度要求时应调整级配,水泥的最大剂量不应超过 6%。

(4)对水泥稳定含泥量大的砂、砂砾宜掺入一定石灰进行综合稳定。当水泥用量占结合料总质量的 30% 以上时,应按水泥稳定类进行设计,否则按石灰稳定类设计。对集料颗粒较均匀而无级配,或含细料很少的砂砾、碎石或不含土的砂,宜在集料中添加适量的粉煤灰或剂量为 8%~12% 的石灰土进行综合稳定。

2.混合料组成设计

水泥稳定土混合料组成设计与石灰稳定土基本相同。

(1)强度和压实度标准

各级公路采用水泥稳定类材料时,其 7 d 龄期无侧限抗压强度代表值应符合表 5.5 中的规定,且不宜超过高限。混合料试件成型宜采用振动成型方法,缺乏试验条件时对悬浮密实和均匀密实型混合料可采用静压成型方法。

表 5.5 水泥稳定类材料的压实度及 7 d 无侧限抗压强度

层位	稳定类型	特重交通		重、中交通		轻交通	
		压实度/%	抗压强度/MPa	压实度/%	抗压强度/MPa	压实度/%	抗压强度/MPa
基层	集料	≥98	3.5~4.5	≥98	3~4	≥97	2.5~3.5
	细粒土	—	—	—	—	≥96	
底基层	集料	≥97	≥2.5	≥97	≥2.0	≥96	≥1.5
	细粒土	≥96		≥96		≥95	

(2)设计参数

在进行路面结构组成设计时,水泥稳定类材料的设计参数可参考表 5.6。

表 5.6 水泥稳定类材料用于基层、底基层时的材料设计参数

材料名称	配合比或规格要求	抗压模量 E/MPa (弯沉计算用)	抗压模量 E/MPa (抗应力计算用)	劈裂强度 σ/MPa
水泥砂砾	4%~6%	1 100~1 500	3 000~4 200	0.4~0.6
水泥碎石	4%~6%	1 300~1 700	3 000~4 200	0.4~0.6

(3)设计步骤

①分别按下列 5 种水泥剂量(在能估计合适剂量的情况下,可以将 5 种剂量缩减至 3~4 个)配制同一种土样,得到不同水泥剂量的混合料。

作基层用时,对于中粒土和粗粒土:3%、4%、5%、6%、7%(如果要求用作基层的混合

料有较高的强度时,水泥剂量可用4%、5%、6%、7%、8%);对于塑性指数小于12的土:5%、7%、8%、9%、11%;对于其他细粒土:8%、10%、12%、14%、16%。

作底基层用时,对于中粒土和粗粒土:2%、3%、4%、5%、6%;对于塑性指数小于12的土:4%、5%、6%、7%、8%;对于其他细粒土:6%、8%、9%、10%、12%。

②确定各种混合料的最佳含水量和最大干密度(或压实度),至少应进行3个不同水泥剂量的击夯试验,即确定最小剂量、中间剂量和最大剂量。其他两个剂量混合料的最佳含水量和最大干密度用内插法确定。

③按规定的压实度分别计算不同水泥剂量的试件应有的干密度。

④按最佳含水量计算得到的干压实密度制作试件。进行强度试验时,作为平行试验的最少试件数量应小于表5.7中的规定。如果试验结果的偏差系数大于表5.7中规定的值,应当重新进行试验,并找出原因,加以解决。如果不能降低偏差系数,则应增加试件的数量。

表5.7 最少试件数量

土的类别 \ 试件数量	偏差系数		
	<10%	10%~15%	15%~20%
细粒土	6	9	—
中粒土	6	9	13
粗粒土	—	9	13

⑤试件在规定温度下保湿养生6 d,浸水24 h后,按照《公路工程无机结合料稳定材料试验规程》(JTJ 057)有关规定进行无侧限抗压强度试验。

⑥计算试验结果的平均值和偏差系数。

⑦根据表5.5中的强度标准,选择合适的水泥剂量,此剂量试件室内试验结果的平均抗压强度应符合下式的要求。

$$R \geq R_d/(1 - Z_a C_v)$$

式中 R——试件试验的平均抗压强度,MPa;

R_d——设计抗压强度,MPa;

Z_a——标准正态分布表中随着保证率(或置信度)而变的系数,高速公路和一级公路应取保证率95%,即为1.645;其他公路应取保证率为90%,即为1.282;

C_v——试验结果的偏差系数,以小数计。

水泥改善土的塑性指数应不大于6,承载比应不小于240。

⑧工地实际采用的水泥剂量应比室内试验确定的剂量多0.5%~1.0%。采用集中厂拌法施工时,可以增加0.5%;采用路拌法施工时,宜增加1.0%。

5.5 工业废渣稳定基层

一定数量的石灰和粉煤灰或石灰和煤渣与其他集料相配合,加入适量的水,经拌和、压实及养生后得到的混合料,当其抗压强度符合规定的要求时,称为石灰工业废渣稳定土,简称石灰工业废渣。

石灰工业废渣可分为两大类:一类是石灰粉煤灰类(石灰和粉煤灰简称二灰),可分为二灰土、二灰砂砾、二灰碎石、二灰矿渣,其中砂砾、碎石、矿渣和煤矸石等属于中粒土或粗粒土,称为集料;另一类是石灰煤渣(简称二渣)等废渣类。

5.5.1 石灰工业废渣强度形成机理

火车发电厂的粉煤灰和煤渣、钢铁厂的高炉渣和钢渣、化肥厂的电石渣,以及煤矿的煤矸石等都是公路上常用的工业废渣。工业废渣(尤其是粉煤灰和煤渣)中含有较多的氧化硅、氧化钙或氧化铝等活性物质。用石灰稳定工业废渣时,石灰的作用一方面是作为胶结材料;另一方面是作为激发剂——废渣中的活性氧化硅和氧化铝在石灰与水作用形成的饱和 $Ca(OH)_2$ 溶液中发生火山灰反应,生成具有胶凝作用的水化硅酸钙和水化铝酸钙,从而把颗粒胶凝在一起,随着水化物的不断产生而结晶硬化。因此,用二灰稳定砂性土等低塑性土的效果要比单纯的石灰好得多。

由于混合料中的火山灰反应相当缓慢,使得工业废渣的早期强度比较低,但随着龄期的增长,其强度增长幅度大;当温度较高时,强度增长也比较快。在二灰土中加入早强剂或少量水泥,可明显提高其早期强度。

石灰稳定工业废渣基层具有良好的力学性能、整体性、水稳定性和一定的抗冻性。工程实践证明,其抗冻性比石灰土高得多,抗裂性比石灰土和水泥土都好。因而,适用于各级公路的基层和底基层,但不应作为高级沥青路面的基层,在高速公路和一级公路的水泥混凝土面板下,二灰土也不应用作基层。

5.5.2 对材料的要求

1. 对石灰的要求

应尽量缩短石灰的存放时间,如果存放时间较长,应采取覆盖封存措施,妥善保管。石灰等级宜高于Ⅲ级,技术指标应符合表 5.1 有关要求。

有效钙含量在 20% 以上的等外石灰、贝壳石灰、珊瑚石灰、电石渣等,当其混合料的强度通过试验符合表 5.8 中的标准时,可以应用。

表5.8 二灰混合料的抗压强度标准

层位 \ 公路等级	二级和二级以下公路	高速公路和一级公路
基层/MPa	0.6~0.8	0.8~1.2
底基层/MPa	≥0.5	≥0.6

2. 对粉煤灰的要求

粉煤灰的质量好坏直接影响二灰土的质量,因此用于石灰工业废渣的粉煤灰,应符合以下要求:粉煤灰中氧化硅(SiO_2)、氧化铝(Al_2O_3)和氧化铁(Fe_2O_3)的总含量应大于 70%,

烧失量不宜大于20%；比表面积宜大于2 500 cm²/g 或 0.075 mm 筛孔通过率应大于60%。干粉煤灰和湿粉煤灰均可用于石灰工业废渣稳定土，但湿粉煤灰的含水量不宜超过35%。

3.对煤渣的要求

用于石灰工业废渣稳定土的煤渣，其最大粒径不应大于30 mm，颗粒组成宜有一定的级配，且不宜含有杂质。

4.对土的要求

石灰工业废渣稳定土宜采用塑性指数 12~20 的粘性土(亚粘土)。土块的最大尺寸不应大于15 mm，有机质含量超过10%的土不宜选用，用石灰、粉煤灰稳定的中粒土和粗粒土，不宜用含有塑性指数的土。

5.对集料压碎值的要求

碎石或砾石的压碎值应符合下列要求：对于基层，高速公路和一级公路集料的压碎值应不大于30%，二级公路和二级以下公路集料的压碎值应不大于35%；对于底基层，高速公路和一级公路集料的压碎值应不大于35%，二级和二级以下公路集料的压碎值应不大于40%。

6.对水的要求

凡是饮用水(包括牲畜饮用水)均可用于石灰工业废渣稳定土。

7.级配、抗冻性、强度等要求

不同结构状态的石灰粉煤灰稳定类材料，用作基层和底基层时，其集料的颗粒组成范围并不相同。

(1)骨架密实型石灰粉煤灰稳定类基层集料的最大粒径不大于31.5 mm，集料级配范围宜符合表5.9 的要求。

表5.9 骨架密实型石灰粉煤灰稳定类集料级配

层位	通过下列方孔筛(mm)的质量百分率(%)								
	31.5	26.5	19.0	9.50	4.75	2.36	1.18	0.6	0.075
基层	100	95~100	48~68	24~34	11~21	6~16	2~12	0~6	0~3

(2)悬浮密实型石灰粉煤灰稳定碎石基层、底基层，集料的最大粒径分别不大于31.5 mm、37.5 mm，其级配范围宜符合表5.10 的要求。

表5.10 悬浮密实型石灰粉煤灰稳定碎石的集料级配

层位	通过下列方孔筛(mm)的质量百分率(%)								
	37.5	31.5	19.0	9.50	4.75	2.36	1.18	0.6	0.075
基层	—	100	88~98	55~75	30~50	16~36	10~25	4~18	0~5
底基层	100	94~100	79~92	51~72	30~50	16~36	10~25	4~18	0~5

悬浮密实型石灰粉煤灰稳定砂砾基层、底基层，砂砾的级配范围宜符合表5.11 的要

求。

表 5.11 悬浮密实型石灰粉煤灰稳定砂砾的集料级配

层位	通过下列方孔筛(mm)的质量百分率(%)								
	37.5	31.5	19.0	9.50	4.75	2.36	1.18	0.6	0.075
基层	—	100	85~98	55~75	39~59	27~47	17~35	10~25	0~10
底基层	100	85~100	65~89	50~72	35~55	25~45	17~35	10~27	0~15

(3)中冰冻、重冰冻区的高速公路、一级公路采用石灰粉煤灰稳定类材料做基层时,应进行抗冻性能检验。

抗冻性能采用 28 d 龄期的试件经 18℃ ~ -18℃ 的 5 次冻融循环后的残留抗压强度与 28 d 龄期的抗压强度(MPa)之比进行评价,其指标应符合表 5.12 的要求。

表 5.12 石灰粉煤灰稳定类材料抗冻性能技术要求

气候分区	重冻区	中冻区
残留抗压强度比/%	≥70	≥65

可在石灰粉煤灰稳定类材料中掺入水泥或其他早强剂,以提高其早期强度或抗冻性能,掺入剂量通过试验确定。

(4)水泥粉煤灰稳定类材料的压实度和 7 d 龄期的无侧限抗压强度代表值应符合表 5.13 的要求。

表 5.13 水泥粉煤灰稳定类材料的压实度和 7 d 无侧限抗压强度

层位	类别	特重、重、中交通		轻交通	
		压实度/%	抗压强度/MPa	压实度/%	抗压强度/MPa
基层	集料	≥98	1.5~3.5	≥97	1.2~1.5
底基层	集料	≥97	≥1.0	≥96	≥0.6

5.5.3 石灰粉煤灰基层

石灰粉煤灰(简称二灰)基层是用石灰和粉煤灰按一定配比,加水拌和、摊铺、碾压及养生而成型的基层。其混合料的配比组成,各地可根据当地的实践经验参照下面配比选用:采用石灰粉煤灰土做基层或底基层时,石灰与粉煤灰的比,常用 1:2 ~ 1:4(对于粉土,以 1:2 为合适);石灰粉煤灰与细粒土的比为 30:70 ~ 50:50。

采用石灰粉煤灰与级配的中粒土和粗粒土时,石灰与粉煤灰的比为 1:2 ~ 1:4,石灰粉煤灰与粒料的比常采用 20:80 ~ 15:85。

为防止裂缝,采用石灰与粉煤灰的配比为 1:3 ~ 1:4,集料含量为 80% ~ 85% 左右为最佳,既可抗干缩又可抗温缩。不少地区在修筑高级或次高级路面时选用这种基层和底基层,既减少了因基层反射裂缝而引起的面层开裂问题,又减轻了沥青路面的车辙现象。

石灰粉煤灰类的基层施工,同石灰稳定土基层的施工。施工时,应尽量安排在高温季节,以利于早期强度的形成。

5.5.4 石灰煤渣类基层

石灰煤渣(简称二渣)基层是用石灰和煤渣按一定配合比,加水拌和、摊铺、碾压、养生而成型的基层。二渣中如掺入一定量的粗骨料便称三渣;若掺入一定量的土,称为石灰煤渣土。混合料的配合比,各地可根据当地气候、水文地质条件,公路等级及实践经验参照如下配比选用。

采用石灰煤渣做基层或底基层时,石灰与煤渣的比可以是20:80~15:85。

采用石灰煤渣土做基层或底基层时(土为细粒土),石灰与煤渣的比可用1:2~1:3,但混合料的石灰不应小于10%。

采用石灰煤渣粒料做基层或底基层时,石灰:煤渣:粒料可以是(7~9):(26~33):(67~58)。

为了提高石灰煤渣和石灰煤渣土的早期强度,可外加2%~10%的水泥。

石灰煤渣、石灰煤渣土和三渣皆具有水硬性,物理力学性质基本上与石灰土相似,但其强度与水稳定性都比石灰土好。石灰煤渣的28 d强度可达1.5~3.0 MPa,并随龄期而增长。初期强度增长慢,且有一定的塑性,达到一定龄期后,处于弹性工作状态,成板体,具有刚性。研究表明,当采用石灰煤渣粒料时,抗缩裂能力有所改善。

石灰煤渣基层的施工程序和方法基本上与石灰土基层相同,但要加强养生,重视提高初期强度,防止早期重交通量下出现早期破坏现象。

第6章 沥青路面

6.1 概 述

6.1.1 沥青路面的基本特性

沥青路面是用沥青材料作结合料粘结矿料修筑面层与各类基层和垫层所组成的路面结构。

沥青路面经过长期发展,其种类、铺筑工艺、使用性能不断地被拓展和改善,已成为目前世界高等级公路的主要路面结构形式。沥青路面之所以占主导地位,归功于这类路面的多方面优点,如表面平整、无接缝、行车舒适、与汽车轮胎的附着力好、耐磨、振动小、噪声低、施工期短、养护维修简便、适宜于分期修建、旧沥青混合料可再生利用等。

沥青路面属柔性路面,其强度与稳定性在很大程度上取决于土基和基层的特性。沥青路面的抗弯强度较低,因而要求路面的基础应具有足够的强度和稳定性,所以,在施工时必须掌握路基土的特性进行充分的压实。对软弱土基或翻浆路段,必须预先加以处理。在低温时,沥青路面的抗变形能力很低,在寒冷地区为了防止土基不均匀冻胀而使沥青路面开裂,需设置防冻层。沥青面层修筑后,由于它的透水性小,从而使土基和基层内的水分难以排出,在潮湿路段,土基和基层易变软,导致路面受损。因此,必须提高基层的水稳性,尽可能采用结合料处治的整体性基层。对交通量较大的路段,为使沥青路面具有一定的抗弯拉和抗疲劳开裂的能力,宜在沥青面层下设置沥青混合料的联结层。采用较薄的沥青面层时,特别是在旧路面上加铺面层时,要采取措施加强面层与基层之间的粘结,以防止水平力作用而引起沥青面层的剥落、推挤、拥包等破坏。

6.1.2 沥青路面的分类

(1)按强度构成原理,沥青路面可分为密实类和嵌挤类两大类。

密实类沥青路面要求矿料的级配按最大密实原则设计,其强度和稳定性主要取决于混合料的粘聚力和内摩阻力。密实类沥青路面按其空隙率的大小可分为闭式和开式两种。闭式混合料中含有较多的小于0.5 mm和0.074 mm的矿料颗粒,空隙率小于6%,混合料致密而耐久,但热稳定性较差;开式混合料中小于0.5 mm的矿料颗粒含量较少,空隙率大于6%,其热稳定性较好。

嵌挤类沥青路面要求采用颗粒尺寸比较均一的矿料作为骨料,路面的强度和稳定性主要依靠骨料颗粒之间相互嵌挤所产生的内摩阻力,而粘聚力则起着次要的作用。按照嵌挤原则修筑的沥青路面,其热稳定性较好,但因空隙率较大,易渗水,因而耐久性较差。

(2)按施工工艺的不同,沥青路面可分为层铺法、路拌法和厂拌法三类。

层铺法路面是用分层洒布沥青，分层摊铺矿料和碾压的方法修筑的路面，其主要优点是工艺和设备简便、功效较高、施工进度快、造价较低，其缺点是路面成型期较长，需要经过炎热季节行车碾压之后路面方能成型。用这种方法修筑的沥青路面有沥青表面处治路面和沥青贯入式路面两种。

路拌法路面是在路上用机械将矿料和沥青材料就地拌和、摊铺并碾压密实而成的沥青面层。此类面层所用的矿料为碎(砾)石者称为路拌沥青碎(砾)石；所用的矿料为土者称为路拌沥青稳定土。路拌沥青面层，通过就地拌和，使得沥青材料在矿料中分布比层铺法均匀，可以缩短路面的成型期。但因所用的矿料为冷料，需使用粘稠度较低的沥青材料，故混合料的强度较低。

厂拌法路面是将规定级配的矿料和沥青材料在工厂用专用设备加热拌和，然后送到工地摊铺碾压而成的沥青路面。矿料中细颗粒含量少，不含或含少量矿粉，混合料为开级配的(空隙率达10%~15%)，称为厂拌沥青碎石；若矿料中含有矿粉，混合料是按最佳密实级配配制的(空隙率10%以下)称为沥青混凝土。根据混合料铺筑时温度的不同，厂拌法路面又可分为热拌热铺和热拌冷铺两种。热拌热铺路面是混合料在专用设备加热拌和后立即趁热运到路上摊铺压实而成的路面；如果混合料加热拌和后储存一段时间再在常温下运到路上摊铺压实，则称为热拌冷铺路面。厂拌法路面使用较粘稠的沥青材料，且矿料经过精选，因而混合料质量高，使用寿命长，但修建费用也较高。

(3)按沥青路面的技术特性，可分为沥青混凝土路面、热拌沥青碎石路面、乳化沥青碎石路面、沥青贯入式路面以及沥青表面处治路面等类型。此外，沥青玛蹄脂碎石近年来在许多国家也得到了广泛应用。

沥青混凝土路面是指用沥青混凝土作面层的路面，其面层可由单层或双层或三层沥青混合料组成，各层混合料的组成设计应根据其层厚、层位、气温和降雨量等气候条件、交通量和交通组成等多方面因素综合考虑确定，以满足对沥青面层使用功能的要求。沥青混凝土常用作高等级公路的面层。

沥青碎石路面是指用沥青碎石作为面层的路面，沥青碎石的配合比设计应根据工程实践经验和马歇尔试验的结果，并通过正式施工前的试拌、试铺确定。沥青碎石有时也用作联结层。

乳化沥青碎石混合料适用作三级、四级公路的沥青面层，也可适用于二级公路的养护罩面以及各等级公路的调平层。国外有的用作柔性基层。

沥青贯入式路面是指用沥青贯入碎(砾)石作面层的路面。沥青贯入式路面的厚度一般为4~8 cm。当沥青贯入式的上部加铺拌和的沥青混合料时，也称为上拌下贯，此时拌和层的厚度宜为2.5~4 cm，其总厚度宜为7~10 cm。贯入式沥青碎石和上拌下贯式沥青碎石可用于三、四级公路的面层。

沥青表面处治路面是指用沥青和集料按层铺法和拌和法铺筑而成的厚度不超过3 cm的沥青路面，沥青表面处治的厚度一般为1.5~3.0 cm。层铺法可分为单层、双层和三层。单层表面处治厚度为1.0~1.5 cm，双层表面处治厚度为1.5~2.5 cm，三层表面处治厚度为2.5~3.0 cm。沥青表面处治适用于三级、四级公路的面层、旧沥青面层上加铺罩面或抗滑层、磨耗层等。稀浆封层是指用一定级配的石屑或砂、填料(水泥、石灰、粉煤灰、石粉等)与乳化沥青、外掺剂和水,按一定比例拌制成流动型混合料,再均匀洒布于路面上的封层。稀浆封层可用于新建公路的磨耗层或保护层,也可用作下封层,按矿料粒径的不同,稀浆封层可分为ES—1型(适用于三、四级公路、停车场的罩面)、ES—2型(适用于二级和二级以下公路的罩面,新建公路的下封层)和ES—3型(适用于二级公路的罩面,新建公路的下封层),单层厚度分别为2.5~3 mm、4~6 mm和8~10 mm。微表处是指用一定级配的石屑或砂、填料(水泥、石灰、粉煤灰、石粉等)与聚合物改性乳化沥青、外掺剂和水,按一定比例拌制成流动型混合料,再均匀洒布于路面上的封层。按照矿料粒径的不同,微表处可分为MS—2型(适用于中等交通量高速公路,一、二级公路的罩面)和MS—3型(适用于高速公路,一级公路的罩面),单层厚度分别为4~6 mm和8~10 mm。

沥青玛蹄脂碎石路面是指用沥青玛蹄脂碎石混合料作面层或抗滑层的路面。沥青玛蹄脂碎石混合料(简称SMA)是以间断级配为骨架,用改性沥青、矿粉及木质纤维素组成的沥青玛蹄脂为结合料,经拌和、摊铺、压实而形成的一种构造深度较大的抗滑面层。它具有抗滑耐磨、空隙率小、抗疲劳、高温抗车辙、低温抗开裂等优点,是一种全面提高密级配沥青混凝土使用性能的新材料,适用于高速公路、一级公路和其他重要公路的表面层。

采用不同的施工工艺和材料可以修筑不同类型的沥青路面。因此,必须根据路面的使用要求和施工的具体条件,按照技术、经济原则来综合考虑,选定最适当的路面类型。

选择沥青路面的类型,应根据任务要求(如道路的等级、交通量、使用年限、修建费用等)和工程特点(如施工季节、施工期限、基层状况等);同时,还应考虑材料供应情况、施工机具、劳动力和施工技术条件等因素,路面类型的选择可参照表6.1选定。

表6.1 路面类型的选择

公路等级	路面等级	面 层 类 型	设计年限/年	设计年限内累计标准轴次(万次/车道)
高速公路一级公路	高级路面	沥青混凝土沥青玛蹄脂碎石	15	>400
二级公路	高级路面	沥青混凝土	12	>200
	次高级路面	热拌沥青碎石混合料、沥青贯入式	10	100~200
三级公路	次高级路面	乳化沥青碎石混合料、沥青表面处治	8	10~100
四级公路	中级路面	水结碎石、泥结碎石、级配碎(砾)石、半整齐石块路面	5	≤10
	低级路面	粒料改善土	5	

从施工季节来讲,沥青类路面一般都要求在温暖干燥的气候条件下施工,所用沥青材料在施工时具有较大的流动性,便于路面摊铺和压实成型。热拌热铺类的沥青碎石或沥青混凝土面层,气候对其影响较小,仅要求在晴朗天气和气温不低于5℃时施工,若施工气温较低,则选用热拌冷铺法施工较为适宜。

沥青类路面一般不宜铺筑在纵坡大于6%的路段上,对于纵坡大于3%的路段,考虑抗滑的要求,应采用粗粒式的沥青碎石或粗粒式的沥青表面处治。

6.2 沥青路面材料的力学特性与稳定性

6.2.1 沥青混合料的强度特性

表征沥青混合料力学强度的参数是:抗压强度、抗剪强度和抗拉(包括抗弯拉)强度。一般沥青混合料均具有较高的抗压强度,而抗剪和抗拉强度则较低,因此,沥青路面的损坏,往往是由拉裂或滑移开始而逐渐扩展。

1. 抗剪强度

沥青混合料的剪切破坏可按摩尔-库仑原理进行分析。若要材料在外力作用下不产生剪切破坏,则应具备下列条件

$$\tau_{max} = \sigma \tan \phi + c \tag{6.1}$$

式中 τ_{max}——外荷载作用下,某一点所产生的最大剪应力;

σ——外荷载作用下,同一剪切面上的正应力;

c——材料的粘结力;

ϕ——材料的内摩阻角。

在沥青路面的最不利位置取一单元体,设其三个方向的主应力为 σ_1、σ_2 和 σ_3,且 $\sigma_1 > \sigma_2 > \sigma_3$。由于单元体中最不利的剪切条件取决于 σ_1 和 σ_3,故仅根据 σ_1 和 σ_3 分析单元体的应力状况,如图 6.1 所示为单元体应力状况的摩尔圆。

从图 6.1 可得

$$\tau = \frac{1}{2}(\sigma_1 - \sigma_3)\cos\phi \tag{6.2}$$

$$\sigma = \frac{1}{2}(\sigma_1 + \sigma_3)\cos^2\phi - \frac{c}{\tan\phi}\sin^2\phi \tag{6.3}$$

将式(6.2)、(6.3)代入式(6.1)得

$$\frac{1}{2\cos\phi}[(\sigma_1 - \sigma_3) - (\sigma_1 + \sigma_3)\sin\phi] \leq c$$

$$\frac{\tau_{max}}{\cos\phi} - (\sigma - \tau_{max})\tan\phi \leq c \tag{6.4}$$

式(6.4)为沥青路面材料强度的判别式。式左端称为活动剪应力,当活动剪应力等于粘结力 c 时,材料处于极限平衡;若大于粘结力 c,材料出现塑性变形。根据式(6.4)可求得沥青路面材料应具有的 c 和 ϕ 值。

c 和 ϕ 值可通过三轴剪切试验取得。三轴剪切试验的装置,如图 6.2 所示。三轴剪切试验所用试件的直径应大于矿料最大粒径的 4 倍,试件的高与直径之比应大于 2。当矿料最大粒径小于 2.5 cm 时,试件直径为 10 cm,高为 20 cm。试验时,将一组试件分别在不同侧压力下以一定加荷速度施加垂直压力,直至试件破坏。此时测得的最大垂直压力,即为沥青混合料的最大主应力 σ_1,侧压力即为最小主应力 σ_3($\sigma_2 = \sigma_3$)。根据各试件的侧压力和最大垂直压力给出相应的摩尔圆,这些圆的公切线称为摩尔包线,切线与 τ 轴相交的截距即

为粘结力,切线的斜率即为内摩阻角 ϕ,如图 6.3 所示。

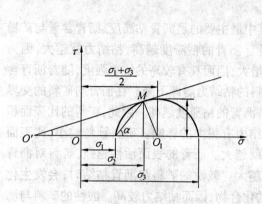

图 6.1 应力状况摩尔圆图

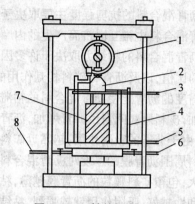

图 6.2 三轴剪切实验装置

1—压力环;2—活塞;3—出水口;4—保温罩;5—进水口;6—接压力盒;7—试件;8—接水银压力计

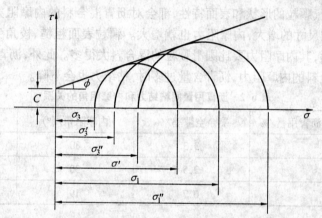

图 6.3 决定 c,ϕ 值的摩尔圆包线图

由于温度对沥青混合料的抗剪强度有很大的影响,故试件应在高温条件(65℃ 或 50℃)下进行测试。

粘结力 c 和内摩阻角 ϕ 值,也可根据无侧限抗压和轴向拉伸试验取得的抗压强度和抗拉强度来计算

抗压强度
$$R = 2c\tan\left(\frac{\pi}{4} + \frac{\phi}{2}\right) \tag{6.5}$$

抗拉强度
$$r = \frac{2c}{\tan\left(\frac{\pi}{4} + \frac{\phi}{2}\right)} \tag{6.6}$$

由式(6.5)、(6.6) 可得
$$\phi = \sin^{-1}\left(\frac{R-r}{R+r}\right) \tag{6.7}$$

$$c = 0.5\sqrt{Rr} \tag{6.8}$$

沥青混合料的抗剪强度主要取决于沥青与矿料相互作用而产生的粘结力,以及矿料在沥青混合料中相互嵌挤而产生的内摩阻角。

沥青混合料的粘结力取决于许多因素,其中最主要的是沥青粘滞度、沥青含量与矿粉含量的比值,以及沥青与矿料相互作用的特性。沥青的粘滞度越高,粘结力就越大,因为高粘滞度的沥青能使沥青混合料的粘滞阻力增大,因而具有较高的抗剪强度,随着沥青含量增加,矿料颗粒间自由沥青增加,沥青混合料的粘结力随即下降。在沥青与矿料的交界面上,由于分子的吸附作用,越靠近矿料表面,沥青的粘滞度越高。因此,矿料的比表面积和矿料周围沥青膜的厚度对沥青混合料的粘结力有很大的影响。矿料颗粒越小,比表面积越大,包覆矿料颗粒的沥青膜越薄,粘结力就越大。沥青的表面活性越强,矿料对沥青的亲和性越好,吸附作用就越强烈,粘结力也越大。碱性的矿料与沥青粘结时,会发生化学吸附作用,在矿料与沥青接触面上形成新的化合物,因而粘结力较高。酸性的矿料与沥青粘结时,就不会发生化学吸附作用,因而粘结力就较低。

矿料的级配、颗粒的形状和表面特性,都会对沥青混合料的内摩阻力产生影响(见表6.2)。随着颗粒尺寸的增大,内摩阻力也就增大。颗粒表面粗糙、棱角尖锐的混合料,由于颗粒相互嵌紧,其内摩阻力要比圆滑颗粒的混合料大得多。此外,沥青混合料中沥青的存在会降低混合料的内摩阻力,沥青含量过多时,粘结力也会下降。

表6.2 沥青用量同粘结力和内摩阻角的关系

沥青混凝土中的沥青用量/%	剩余空隙率/%	内摩阻角/(°)	粘结力/MPa
5	3.3	30	0.190
6	2.5	30	0.155
7	0.7	19	0.060

2.抗拉强度

在气候寒冷地区,冬季气温下降,特别是急剧降温时,沥青混合料发生收缩,如果收缩受阻,就会产生拉应力,该应力超过沥青混合料的抗拉强度时,路面就会开裂。

沥青混合料的抗拉强度,可用直接拉伸试验或间接拉伸试验(劈裂试验)确定。直接拉伸试验(见图6.4)是将沥青混合料制成圆柱形试件,试件两端粘结在球形铰接的金属盖帽上,试件上安置变形传感器,在给定温度下,以一定加荷速度拉伸,记录各荷载应力下的变形值。应力-应变曲线中的最大应力值即为极限抗拉强度。

间接拉伸试验(见图6.5)是将沥青混合料用马歇尔标准击实法制成直径101.6 ± 0.25 mm、高63.5 ± 1.3 mm,或从轮碾机成型的板块试件或从道路现场钻取直径$\phi 100 \pm 2.0$ mm或$\phi 150 \pm 2.5$ mm,高为40 ± 5.0 mm的圆柱体试件,试件两侧垫上金属压条。试件直径为100 ± 2.0 mm或101.6 ± 0.25 mm时,压条宽度为12.7 mm,内侧曲率半径为50.8 mm;试件直径为150 ± 2.5 mm时,压条宽度为19 mm,内侧曲率半径为75 mm,压条两端均应磨圆。在给定温度下,沿试件直径方向通过试件两侧压条按一定加荷速度施加压力,直到试件劈裂破坏。

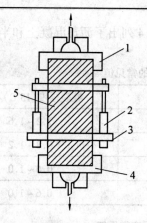
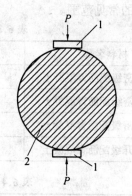

图 6.4　直接拉伸试验示意图
1—上盖帽；2—变形传感器；3—金属帽；4—下盖帽；
5—试件

图 6.5　间接拉伸试验示意图
1—压条；2—试件

施加压力时，试件中的应力分布如图 6.6 所示。

水平直径平面的应力为

$$\sigma_x = \frac{2P}{\pi t d}\left[\frac{d^2 - 4x^2}{d^2 + 4x^2}\right]^2 \quad (6.9)$$

$$\sigma_y = -\frac{2P}{\pi t d}\left[\frac{4d^2}{d^2 + 4x^2} - 1\right] \quad (6.10)$$

$$\tau_{xy} = 0 \quad (6.11)$$

垂直直径平面（沿加荷轴）的应力为

$$\sigma_x = \frac{2P}{\pi t d} = 常数 \quad (6.12)$$

$$\sigma_y = -\frac{2P}{\pi t}\left[\frac{2}{d - 2y} + \frac{2}{d + 2y} - \frac{1}{d}\right] \quad (6.13)$$

$$\tau_{xy} = 0 \quad (6.14)$$

式中　P——总荷载，MN；
　　　t——试件的厚度，m；
　　　d——试件的直径，m；
　　　x、y——从试件中心算起的坐标值。

上述计算式中正号为拉应力，负号为压应力。

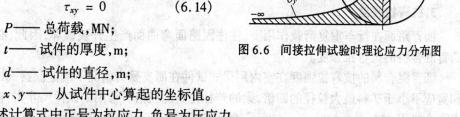
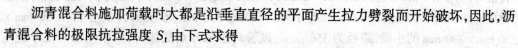

图 6.6　间接拉伸试验时理论应力分布图

沥青混合料施加荷载时大都是沿垂直直径的平面产生拉力劈裂而开始破坏，因此，沥青混合料的极限抗拉强度 S_t 由下式求得

$$S_t = \frac{2P_{max}}{\pi t d} \quad (6.15)$$

沥青混合料在低温下的抗拉强度同沥青性质、沥青含量、矿质混合料级配、测试温度等因素有关。

我国现行的《公路沥青路面设计规范》(JTG D50—2006)中沥青混凝土和半刚性材料

的抗拉强度采用劈裂试验测得的劈裂强度。表6.3、6.4列出了沥青混凝土和半刚性材料劈裂强度的常见范围。

表6.3 沥青混凝土劈裂强度的常见值

材料名称	沥青针入度	劈裂强度(15℃)/MPa
细粒式密级配沥青混凝土	≤90	1.2~1.6
中粒式密级配沥青混凝土	≤90	0.8~1.2
粗粒式密级配沥青混凝土	≤90	0.6~1.0
细粒式开级配沥青混凝土	≤90	0.6~1.0

表6.4 半刚性基层材料劈裂强度常见值

材料名称	配合比或规格要求	劈裂强度/MPa
二灰砂砾	7:13:80	0.6~0.8
二灰碎石	8:17:80	0.5~0.8
水泥砂砾	4%~6%	0.4~0.6
水泥碎石	4%~6%	0.4~0.6
水泥粉煤灰碎石	4:16:80	0.4~0.55
石灰水泥粉煤灰砂砾	6:3:16:75	0.4~0.55
石灰土碎石	粒料>60%	0.3~0.4
碎石灰土	粒料>40%~50%	0.25~0.35
水泥石灰砂砾土	4:3:25:68	0.3~0.4
二灰土	10:30:60	0.2~0.3
石灰土	8%~12%	0.2~0.25

3. 抗弯拉强度

沥青路面在行车重复荷载作用下,往往因路面弯曲而产生开裂破坏,因此,必须验算沥青混合料的抗弯拉强度。

沥青混合料的抗弯拉强度在室内用梁式试件在简支受力情况下测定。梁式试件的高和宽应不小于矿料最大粒径的四倍,梁的跨径为高的三倍。常用的试件尺寸为:粗粒式沥青混合料用 150 mm × 150 mm × 550 mm 的大梁,跨径为 450 mm;中粒式、细粒式沥青混合料用 100 mm × 100 mm × 400 mm 的中梁,跨径为 300 mm;砂质沥青混合料用 50 mm × 50 mm × 240 mm 的小梁,跨径为 150 mm。试验时用三分点法加荷,梁中间部分处于纯弯拉状态(见图6.7)。我国《公路工程沥青及沥青混合料试验规程》(JTJ 052)规定的试件尺寸是由轮碾成型后切制的长 250 ± 2.0 mm,宽 30 ± 2.0 mm,高 35 ± 2.0 mm 的棱柱体小梁,其跨径为 200 ± 0.5 mm。试验温度采用 15 ± 0.5℃,评价沥青混合料的低温拉伸性能时,宜采用试验温度 -10 ± 0.5℃。

此外,为了能更好地反映沥青混合料的特性,相关研究认为梁式试件宜采用更大的尺寸。如美国公路战略研究计划（SHRP）采用的小梁试件的宽和高分别为 6.35 cm 和 5.0 cm，梁的长度为 38.1 cm，两端支点的距离是 35.6 cm。

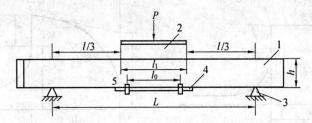

图 6.7　抗弯拉强度试验加荷形式示意图
1—试验梁；2—承压板；3—支点；4—顶杆；5—千分表

沥青混合料的抗弯拉强度为

$$\sigma_1 = \frac{PL}{bh^2} \tag{6.16}$$

式中　P——最大荷载，MN；
　　　b——试件宽度，m；
　　　h——试件高度，m；
　　　L——跨径，m。

沥青混合料的抗弯拉强度，取决于所用材料的性质（沥青的性质、沥青的用量、矿料的性质、混合料的均匀性等）及结构破坏过程的加荷状况（重复次数、应力增长速度等），此外，计算时的温度状况对抗弯拉强度也有很大的影响。

6.2.2　沥青混合料的应力－应变特性

沥青混合料在应力－应变关系中呈现出不同的性质，有时仅呈现为弹性性质，有时则主要呈粘塑性性质。而大多数情况下，同时呈现上述性质，即沥青混合料是一种弹性－粘塑性材料。掌握表征这些性质的指标，就能正确地判断沥青混合料在不同条件下的特性，特别是沥青混合料在最高和最低温度下的变形特性。

为了研究沥青混合料的工作性质，必须考虑材料的蠕变和应力松弛现象。蠕变是材料在固定的应力作用下，变形随时间而发展的过程。沥青混合料的蠕变试验表明，在作用应力恒定时，弹性－粘塑性材料的变形随时间的发展，取决于作用应力的大小。当作用应力相当小，低于弹性极限或屈服点时（见图 6.8(a)），应力作用后，一部分变形瞬即在该材料中产生，并在应力撤除之后，仍以同样的速度消失，这是沥青混合料的纯弹性变形（或称瞬时弹性变形），在这个范围内应力和应变呈直线关系。另一部分变形随力的作用时间而缓慢增大，应力撤除后，变形也随时间增加而缓慢消失，这是沥青混合料的粘弹性变形（或称滞后弹性变形）。这种情况说明，沥青混合料受力较大时，即高于弹性极限或屈服点，特别是受力的时间很短促时，材料呈现出弹性或兼有粘弹性的性质。当作用力相当大时（见图 6.8(b)），在相当长的时间内（超过弹性变形发展的时间），材料的变形除有瞬时弹性变形和滞后弹性变形外，还存在粘滞性塑性流动变形。应力撤除后，这部分变形并不消失，即为塑性变形。这种情况说明，沥青混合料受力较大、且受力时间较长时，材料不仅产生弹性变形,而且有随时间而发展的塑性变形。

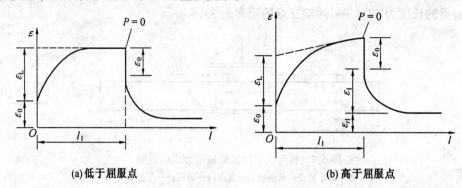

(a) 低于屈服点　　　　　　　(b) 高于屈服点

图 6.8　应力作用下变形的发展

为了正确地了解沥青混合料的工作状况,还应考虑沥青混合料在应力－应变状态下呈现出的应力松弛特性。所谓应力松弛就是变形物体在恒定应变下应力随时间而自动降低的过程,这是物体内部流动的结果。为使物体保持变形的状态,随着时间的推移,所需的力越来越小,应力下降到初始数值的那段时间,叫做松弛时间,这是表征松弛过程的主要因素。

弹性－粘塑性松弛时间 t' 与粘滞度 η 和弹性模量 E 的关系为

$$t' = \frac{\eta}{E} \tag{6.17}$$

可见沥青混合料的松弛时间主要取决于粘滞度。随着温度的增高与粘滞度的降低,沥青混合料的松弛时间会缩短。

沥青混合料呈现弹性还是粘塑性质,只决定于荷载作用时间与应力松弛时间的比值。若荷载作用时间比应力松弛时间短得多,材料就呈现为理想的弹性体,反之,若荷载作用的时间比应力松弛时间长得多,则呈现为粘塑性体。如果荷载作用时间与应力松弛时间相同,则材料是弹－粘－塑性的,同时呈现弹性和流动性。荷载作用时间相同的情况下,沥青混合料的性质,既可能是弹性体,也可能是粘塑性体,视温度的高低而定。

沥青混合料在冬季低温时具有很高的粘滞度,因而应力松弛时间大大超过荷载作用时间。在此情况下,沥青混合料就呈现为弹性体,并且具有弹性体的变形特性。夏季高温时,沥青混合料的粘滞度迅速降低,因此,应力松弛时间也就大大缩短,与荷载作用时间接近或比它短得多,在临界状态下就产生塑性变形。

由此可见,沥青混合料的应力－应变特性,不仅同荷载大小和作用时间有关,而且与材料的温度有关。

考虑到荷载作用时间和温度对沥青及沥青混合料应力－应变特性的影响,C.范德甫(Vander Poel)提出用劲度模量(简称劲度)作为表征弹－粘塑材料的性质指标。所谓劲度模量,就是材料在给定的荷载作用时间和温度条件下应力与总应变的比值。即

$$S_{t,T} = \left(\frac{\sigma}{\varepsilon}\right)_{t,T} \tag{6.18}$$

式中　$S_{t,T}$ ——劲度模量,MPa;

σ—— 施加的应力,MPa;
ε—— 总应变;
t—— 荷载作用时间,s;
T—— 材料的温度,℃。

6.2.3 沥青混合料的疲劳特性

与其他路面材料相同,沥青混合料的变形和破坏,不仅与荷载应力的大小有关,而且与荷载的作用次数有很大关系。路面材料在低于极限抗拉强度下经受重复拉应力或拉应变而最终导致的破坏,称为疲劳破坏。导致路面材料最终破坏(即开始疲劳开裂)的荷载作用次数,称为疲劳寿命。

影响沥青混合料疲劳特性的因素很多,除了与材料的性质(种类、组成等)、环境因素(温度、湿度等)、加荷方式等因素有关外,还取决于沥青混合料的劲度。因此,任何影响劲度的因素(矿料级配、沥青种类和用量、混合料的压实程度和空隙率、试验的温度、加荷速度和应力级等)对混合料的疲劳特性都有影响。

沥青混合料的疲劳特性可用多种室内试验方法测定。通常采用的方法是在简支的小梁上做重复加荷弯曲试验,也可采用重复加荷间接拉伸试验(劈裂试验)测定。

疲劳试验可以用控制应力或控制应变两种方式控制加荷。如用控制应力方式,则每次对试件施加的荷载为常量。施加荷载过程中,在应力集中处开始产生裂缝,随着荷载作用次数增多,试件不断受到损伤,劲度随之而降低,故尽管荷载应力不变,实际的弯曲应变也随施加荷载次数的增加而增大。对于控制应变方式,在测试过程中,始终保持每次荷载下应变值不变,要不断改变荷载使梁产生一固定值的挠曲,因此,应力随施加荷载次数的增加而不断减小。

试验表明,同一种沥青混合料因试验时所采用的控制方式不同,试件达到破坏的荷载作用总次数有一定的差别,一般情况下,按应力控制得出的疲劳寿命较短。路面设计时,用应力控制还是用应变控制,主要取决于路面的应力状态更接近于哪一种试验的受力状态。这也是目前学术界广泛开展研究的课题,尚有争议。由于应变便于量测,因此,国际上大多数有影响的设计方法均采用应变作为设计指标。

6.2.4 沥青混合料的高温稳定性

沥青面层的主要特点之一是强度和抗变形能力因温度升高而显著降低。我国不少地区夏季高温时日照下沥青面层表面的最高温度可达 60~70℃,汽车轮胎对路面的竖向压力可达 0.5~0.7 MPa,而在启动和制动时,特别是在紧急制动时最大的水平应力可达竖向应力的 0.7~0.9 倍。故当沥青面层材料在高温下的强度和刚度不足时,就会在汽车停车场、停车站、交叉口和车辆经常变速的路段上,出现以推移和车辙为特征的路面剪切变形和塑性累积变形。

对混合料高温稳定性的要求,可根据面层的承载力同材料的剪切强度之间的关系,采用 c 和 φ 作为指标来评定。面层混合料应具有的 c 和 φ 值,由作用在面层上的车轮接触压力大小和极限平衡(承载力)公式确定。混合料的 c 和 φ 值则由三轴压缩试验测得。如

图 6.9 所示为车轮接触压力为 0.7 MPa 时,按上述方法确定的面层内某点出现塑流或屈服时混合料的 c 和 ϕ 值之间的关系。图 6.9 中曲线 1 和 2 分别为 Nijboer 和 Saal 根据条形和圆形荷载的极限承载力公式按塑流条件提出的关系曲线,适用于荷载长期作用的情况,c 和 ϕ 值由很慢的加荷速率和相应于预定使用期内的平均高温条件下的三轴试验确定。曲线 3 为 Smith 根据圆形荷载的极限承载力公式,按屈服标准提出的关系曲线,适用于动荷载的情况,c 和 ϕ 值则由相应于行车荷载的速率和预定使用期内平均高温条件下的三轴试验确定。当组成材料按上述试验条件测

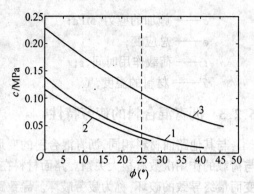

图 6.9 防止沥青混合料产生塑流和屈服时 c 和 ϕ 值的关系图
1—条形荷载(塑流);2—圆形荷载(塑流);3—圆形荷载(屈服)

得的 c 和 ϕ 值位于各曲线的右上方时,混合料在该竖向压力作用下不会出现剪切破坏。

目前许多国家采用马歇尔(Marshall)试验方法,以稳定度(kN)和流值(10^{-2}cm)指标来评定混合料的高温稳定性。评定的标准依据混合料在试验路上的实际使用性能制定,因而,这是一种经验的方法,所制订的标准同试验路段所处的环境和加荷条件有关。表 6.5 所列为对热拌沥青混合料所规定的技术标准。

表 6.5 热拌沥青混合料马歇尔试验技术标准

试验项目	沥青混合料类型	高速公路、一级公路	其他等级公路	行人道路
击实次数/次	沥青混凝土	两面各 75	两面各 50	两面各 35
	沥青碎石、抗滑表层	两面各 50	两面各 50	两面各 35
稳定度/kN	Ⅰ 型沥青混凝土	>7.5	>5.0	>3.0
	Ⅱ 型沥青混凝土	>5.0	>4.0	—
流值/0.1 mm	Ⅰ 型沥青混凝土	20~40	20~45	20~50
	Ⅱ 型沥青混凝土、抗滑表层	20~40	20~45	20~50
空隙率/%	Ⅰ 型沥青混凝土	3~6	3~6	2~5
	Ⅱ 型沥青混凝土、抗滑表层	4~10	4~10	—
	沥青碎石	>10	>10	
沥青饱和度/%	Ⅰ 型沥青、混凝土	60~85	70~85	75~90
	Ⅱ 型沥青混凝土、抗滑表层	60~75	60~75	—
	沥青碎石	40~60	40~60	
残留稳定度/%	Ⅰ 型沥青混凝土	>75	>75	>75
	Ⅱ 型沥青混凝土、抗滑表层	>70	>70	

注:①粗粒式沥青混凝土稳定度可降低 1 kN。

②Ⅰ型细粒式及砂粒式沥青混凝土的空隙率为 2%～6%。
③当沥青碎石混合料试件在 60℃ 水浴中浸泡即发生松散时,可不进行马歇尔试验,但应测定密度、空隙率、沥青饱和度等。
④沥青混凝土混合料的矿料间隙率(VMA)宜符合下表要求。

最大集料粒径 /mm	方孔筛	37.5	31.5	26.5	19.0	16.0	13.2	9.5	4.75
	圆孔筛	50	35 或 40	30	25	20	15	10	5
VMA 不小于/%		12	12.5	13	14	14.5	15	16	18

马歇尔试验所需的设备和方法均较三轴试验简便。然而,不少研究结果表明,马歇尔稳定度和流值指标并不能确切反映混合料在高温时产生永久变形的机理。也即,不能完全依据稳定度和流值指标来正确判别不同混合料高温稳定性的优劣。为此,提出了采用蠕变试验所得到的蠕变模量作为指标的方法。利用不同温度和加荷时间条件下得到的混合料蠕变模量值,可以估算沥青面层的永久变形(车辙)量 Δh,即

$$\Delta h = C_m \sum_{i=1}^{n} \left(h_i \frac{\sigma_{vi}}{S_{mi}} \right) \tag{6.19}$$

式中　　n——沥青面层划分的层数;
　　　　h_i——第 i 层的厚度,cm;
　　　　σ_{vi}——第 i 层的平均竖向应力,MPa;
　　　　S_{mi}——第 i 层混合料在特定温度和加荷时间条件下的蠕变模量,MPa;
　　　　C_m——考虑静态(蠕变)和动态(车辙)差别的动态效应修正系数,由经验确定。

依据路面结构所处的环境(温度)、所承受的荷载(轮压和作用次数)以及容许车辙量,便可由式(6.19)确定混合料应具有的蠕变模量值,依据此设计混合料的组成。因而,这种方法具有既可用以判别混合料的稳定性,以指导混合料的组成设计,又可用以预估可能出现的车辙量,为路面结构设计提供依据的优点。

沥青面层混合料应按上述温度稳定性指标要求进行组成设计。

提高沥青混合料的高温稳定性,主要可采取两种途径。一是提高内摩阻角 ϕ,ϕ 值大,可相应降低对粘结力的要求(见图 6.9)。Nijboer 和 Smith 都建议混合料的摩阻角 ϕ 应不低于 25°。可采用增加粗集料的用量,保持良好的级配以形成稳定而密实的骨架结构和选用纹理粗糙、棱角多的集料等措施,以提高内摩阻角。二是提高粘结力,例如,提高沥青的稠度,采用具有较高活性的石灰石矿粉,控制沥青用量等。此外,在沥青中掺入橡胶粉、硫磺和聚乙烯等外掺剂,也可取得良好效果。

6.2.5 沥青混合料的低温抗裂性

低温时沥青面层虽然强度增大,但其变形能力却因刚度的增大而降低。温度降低,特别是气温骤降时,会在路面结构内部产生温度梯度,面层材料因降温而收缩的趋势受基层和周围材料的约束而产生拉应力,开始时由于沥青混合料的劲度相对较低,拉应力较小,但随着进一步的降温,沥青混合料的劲度增加,从而收缩趋势进一步增大,导致拉应力超过沥青混凝土的极限强度,面层发生开裂。沥青路面的低温缩裂,大致可分为两类:一类

是温度下降而造成的路面开裂,它与沥青混合料的体积收缩有关,这种裂缝是由表面开始而逐渐向下发展成为裂缝;另一类是属于路基或基层收缩与冰冻共同作用而产生的裂缝,这类裂缝是从基层开始逐渐反映到沥青面层的开裂。由于路面收缩的主轴是纵向的,因此低温产生的裂缝大多是横向的。随着低温循环的影响,裂缝将会进一步扩展,随后雨水由裂缝渗入路面结构,逐渐导致路面工作状况的恶化。

影响低温开裂的因素很多,其中主要因素是路面所用沥青的性质、当地气温状况、沥青老化程度、路基的种类和路面层次的厚度等。此外,路面面层与基层的黏着状况,基层所用材料的特性,行车的状况对开裂也有一定的影响。

使用稠度较低、温度敏感性低的沥青,可以减少或延缓路面的开裂。路面所在地区的气温越低,开裂越严重。沥青材料的老化,对低温更为敏感,使路面产生开裂的可能性更大。增加沥青面层的厚度可以减少或者延缓路面的开裂,但是不能根除。

近年来,有的国家提出在沥青路面面层上用沥青 – 橡胶(粘稠沥青 75% + 磨细硫化橡胶粉 25%)混合料铺设一层厚约 10 mm 的薄层,构成应力吸收薄膜,以提高路面的抗拉强度和减少温度对路面开裂的影响。在路面面层与基层之间,用沥青 – 橡胶混合料铺设一层应力吸收薄膜夹层,也能有效地防止路面的反射开裂。

6.2.6 沥青混合料的水稳性

高速公路、一级公路、二级公路的沥青混凝土应具有良好的水稳性。沥青混凝土的水稳性指标,除通常采用浸水马歇尔试验和沥青与矿料的粘附性试验,以检验沥青混合料受水损害时的抗剥落性能外,对年最低气温低于 – 21.5℃的寒冷地区,还应增加沥青混合料冻融劈裂残留强度试验。该试验采用简化的洛特曼试验,用两面各击实 50 次的马歇尔试件,常温下浸水 20 min,0.09 MPa 浸入抽真空 15 min 后,在 – 18℃冰箱中冰冻 16 h,在 60℃水浴中放置 24 h 完成一次冻融循环,再在 25℃水中浸泡 2 h 后测试劈裂强度比,以此指标作为年最低气温低于 – 21.5℃的地区沥青混合料水稳定性指标。

6.3 弹性层状体系理论

由不同材料的结构层及土基组成的路面结构,在荷载作用下其应力形变关系一般呈非线性特性,且形变随应力作用时间而变化,同时应力卸除后常有一部分变形不能恢复。因此,严格地说,沥青路面在力学性质上属于非线性的弹 – 粘 – 塑性体。但是考虑到行驶车辆作用的瞬时性(百分之几秒),在路面结构中产生的粘 – 塑性变形数量很小,所以对于厚度较大、强度较高的高等级路面,将其视作线性弹性体,并应用弹性层状体系理论进行分析计算是较为合适的。

6.3.1 基本假设

弹性层状体系是由若干个弹性层组成,上面各层具有一定厚度,最下一层为弹性半空间体,如图 6.10 所示。应用弹性力学方法求解弹性层状体系的应力、变形和位移等分量时,引入如下一些假设:

(1)各结构层是完全弹性的线变形体。所谓完全弹性的,就是当引起变形的外力移去后能完全恢复原状,无残余变形发生。所谓线变形体就是应力、应变之间是直线关系,即符合虎克定律。

(2)各结构层内部是连续的。即不考虑物质的分子结构,忽略结构物质的空隙,基于这一假定,就可以将应力、应变和位移表示成坐标的连续函数。

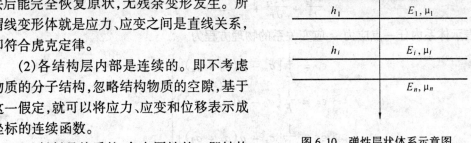

图 6.10 弹性层状体系示意图

(3)材料是均质的,各向同性的。即结构层内各点的性质相同,各方向的性质也相同,这样弹性常数在层内各点、各方向也相同。

(4)路基路面体系的位移是微小的,位移与结构物的尺寸相比,可忽略不计,这样在建立变形微分方程式时,可略去高次微量,使方程变为线性方程,数学上便于求解。

(5)结构物在受车轮荷载作用以前,初应力为零,不考虑路面自重对应力的影响。路面各层有确定的厚度,在水平方向假定是无限大的。土基在水平和深度方向都假定是无限大的。

(6)在结构物表面作用着有限尺寸的荷载,荷载作用范围以外没有其他荷载作用。路面和土基水平方向无限远处,应力、应变和位移等于零。土基无限深处,应力、应变和位移等于零。

(7)接触条件。假设路面各层之间、路面与土基之间是完全连续的,即在界面处两层的垂直应力、剪应力、垂直位移、水平位移相等,在有些情况下,也可假设各层之间是完全滑动的。这里按完全连续的情况计算各向应力、应变和位移。

6.3.2 解题方法

对弹性层状体系进行受力分析时,将车轮荷载简化为圆形均布荷载(垂直荷载与水平荷载),并在圆柱坐标体系中分析各分量。在图 6.11 的圆柱坐标 (r,θ,z) 中,在弹性层状体系内微分单元体上,应力分量有三个法向应力 σ_r、σ_θ 和 σ_z 及三对剪应力 $\tau_{rz} = \tau_{zr}$、$\tau_{r\theta} = \tau_{\theta r}$、$\tau_{z\theta} = \tau_{\theta z}$。

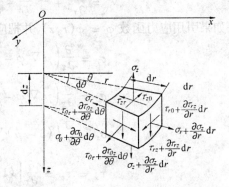

图 6.11 圆柱坐标下的单元体

当层状体系表面作用着轴对称荷载时,各应力、形变和位移分量也对称于对称轴,即它们仅是 r 和 z 的函数,因而 $\tau_{r\theta} = \tau_{\theta r} = 0$,$\tau_{z\theta} = \tau_{\theta z} = 0$,三对剪应力只剩下一对 $\tau_{rz} = \tau_{zr}$。下面以这种轴对称的情形为例,简述弹性层状体系各分量的求解方法。由弹性力学得知,对于以圆柱坐标表示的轴对称课题,不计体积力时,其平衡方程为

$$\left.\begin{array}{l}\dfrac{\partial \sigma_r}{\partial r} + \dfrac{\partial \tau_{zr}}{\partial z} + \dfrac{\sigma_r - \sigma_\theta}{r} = 0 \\ \dfrac{\partial \sigma_z}{\partial z} + \dfrac{\partial \tau_{rz}}{\partial r} + \dfrac{\tau_{rz}}{r} = 0 \end{array}\right\} \quad (6.20)$$

表示体系内任一点应力 – 应变关系的物理方程为

$$\left.\begin{array}{l}\varepsilon_r = \dfrac{1}{E}[\sigma_r - \mu(\sigma_\theta + \sigma_z)] \\ \varepsilon_\theta = \dfrac{1}{E}[\sigma_\theta - \mu(\sigma_z + \sigma_r)] \\ \varepsilon_z = \dfrac{1}{E}[\sigma_z - \mu(\sigma_r + \sigma_\theta)] \\ \gamma_{zr} = \dfrac{2(1+\mu)}{E}\tau_{zr} \end{array}\right\} \quad (6.21)$$

又知轴对称课题的几何方程为

$$\varepsilon_r = \frac{\partial u}{\partial r}; \varepsilon_\theta = \frac{u}{r}; \varepsilon_z = \frac{\partial w}{\partial z} \quad (6.22)$$

变形连续方程为

$$\left.\begin{array}{l}\nabla^2 \sigma_r - \dfrac{2}{r^2}(\sigma_r - \sigma_\theta) + \dfrac{1}{1+\mu}\dfrac{\partial^2 \Theta}{\partial r^2} = 0 \\ \nabla^2 \sigma_\theta - \dfrac{2}{r^2}(\sigma_r - \sigma_\theta) + \dfrac{1}{1+\mu}\dfrac{1}{r}\dfrac{\partial \Theta}{\partial r} = 0 \\ \nabla^2 \sigma_z + \dfrac{1}{1+\mu}\dfrac{\partial^2 \Theta}{\partial z^2} = 0 \\ \nabla^2 \tau_{zr} - \dfrac{\tau_{zr}}{r^2} + \dfrac{1}{1+\mu}\dfrac{\partial^2 \Theta}{\partial r \partial z} = 0 \end{array}\right\} \quad (6.23)$$

式中 $\nabla^2 = \dfrac{\partial^2}{\partial r^2} + \dfrac{1}{r}\dfrac{\partial}{\partial r} + \dfrac{\partial^2}{\partial z^2}; \Theta = \sigma_r + \sigma_\theta + \sigma_z$

如果引用应力函数 $\varphi = \varphi(r,z)$,并把应力分量表示成

$$\left.\begin{array}{l}\sigma_r = \dfrac{\partial}{\partial z}\left(\mu \nabla^2 \varphi - \dfrac{\partial^2 \varphi}{\partial r^2}\right) \\ \sigma_\theta = \dfrac{\partial}{\partial z}\left(\mu \nabla^2 \varphi - \dfrac{1}{r}\dfrac{\partial \varphi}{\partial r}\right) \\ \sigma_z = \dfrac{\partial}{\partial z}\left((2-\mu)\nabla^2 \varphi - \dfrac{\partial^2 \varphi}{\partial z^2}\right) \\ \tau_{zr} = \tau_{rz} = \dfrac{\partial}{\partial r}\left[(1-\mu)\nabla^2 \varphi - \dfrac{\partial^2 \varphi}{\partial z^2}\right] \end{array}\right\} \quad (6.24)$$

则将式(6.24)代入式(6.20)、(6.23)中,式(6.20)的第一个方程自然满足,其余各方程的共同要求是

$$\nabla^2 \nabla^2 \varphi = 0 \quad (6.25)$$

如果能从式(6.25)中解得应力函数 φ,代入式(6.24)中即可求得各应力分量。

由式(6.21)、(6.22)、(6.24)可得以应力函数表示的位移分量,即

$$\left.\begin{aligned}u &= -\frac{1+\mu}{E}\frac{\partial^2 \varphi}{\partial r \partial z} \\ \omega &= \frac{1+\mu}{E}\left[2(1-\mu)\nabla^2\varphi - \frac{\partial^2\varphi}{\partial z^2}\right]\end{aligned}\right\} \quad (6.26)$$

将解得的应力函数代入式(6.26)可以得到位移分量表达式。

习惯上多采用汉克尔积分变换法求解方程(6.25)。由汉克尔变换方法求得其解为

$$\varphi(r,z) = \int_0^\infty \left[(A+Bz)e^{-\xi z} + (C+Dz)e^{\xi z}\right]\xi J_0(\xi r)\mathrm{d}\xi \quad (6.27)$$

式中 $J_0(\xi r)$——第一类零阶贝塞尔函数；

A、B、C、D——待定系数，由弹性层状体系的层间连续条件和边界条件确定。

将式(6.27)代入式(6.24)、(6.26)中可得各应力分量和位移分量表达式。对于某种特定的荷载、体系层数与层间连续条件，式中的待定系数就可以确定。例如，表面作用圆面积均布垂直荷载的双层连续体系（见图6.12）表面荷载作用轴线上的垂直位移（即弯沉）为

$$\omega = \frac{2(1-\mu_1^2)p\delta}{E_1}\int_0^\infty \frac{2e^{-\xi h} - 4\xi h - Me^{2\xi h}}{1+4\xi^2 h^2 + ML - Me^{2\xi h} - Le^{-2\xi h}} \times \frac{J_1(\xi h)}{\xi}\mathrm{d}\xi \quad (6.28)$$

式中 $L = \frac{(3-4\mu_0)-m(3-4\mu_1)}{3-4\mu_0+m}$; $M = \frac{m(3-4\mu_1)+1}{1-m}$; $m = \frac{E_0(1+\mu_1)}{E_1(1+\mu_0)}$;

E_1、μ_1、E_0、μ_0——分别为上层和半空间体的弹性模量与泊松比。

为了使用方便，将式(6.28)改写为

$$\omega = \frac{2p\delta}{E_0}\bar{\omega} \quad (6.29)$$

式中 $\bar{\omega}$——称为垂直位移系数，$\bar{\omega} = \frac{(1-\mu_1^2)E_0}{E_1}\int_0^\infty \frac{Le^{-2\xi h}-4\xi h - Me^{2\xi h}}{1+4\xi^2 h^2 + ML - Me^{2\xi h} - Le^{-2\xi h}}\frac{J_1(\xi h)}{\xi}\mathrm{d}\xi$。

弹性三层体系由两个弹性层以及弹性半空间体组成。其分量的求解方法与前述双层体系相似，即将应力函数解——式(6.27)代入应力分量和位移分量公式(6.24)和(6.26)中，并将层间连续条件和边界条件引入，求得待定系数，从而获得弹性三层体系的各分量表达式。

当弹性层状体系表面作用水平荷载时，属非轴对称课题，其求解较轴对称课题复杂一些。在前述轴对称课题的方程(6.20)~(6.26)中，除物理方程(6.21)外，由于剪应力

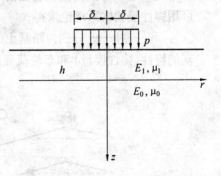

图6.12 双层连续体系单圆均布荷载作用下的计算图示

有三对，所以都变成更为复杂的形式，其求解方法及应力函数表达式也都较为繁琐，但求解步骤和轴对称课题大体相同。

6.4 沥青路面的破坏状态与设计标准

沥青路面由于环境因素的不断影响和行车荷载的反复作用,经过一段时间的使用,就会产生破坏而失去原有的使用能力。因此,在工程设计中,可以根据沥青路面不同的结构破坏状态确定相应的设计标准。

6.4.1 沉陷

沉陷是路面在车轮作用下表面产生的较大凹陷变形,有时凹陷两侧伴有隆起现象出现(见图 6.13)。当沉陷严重时,超过了结构的变形能力,在结构层受拉区产生开裂而形成纵裂,并有可能逐渐发展成网裂。造成路面沉陷的主要原因是路基土的压缩。当路基土的承载能力较低,不能承受从路面传至路基表面的车轮压力,便产生较大的垂直变形即沉陷。路基土体积的压缩则可能由多种原因引起,例如,压实不充分就是一个常见的原因。所谓压实充分与否是相对而言的,这里有一个大致的标准:如果设计荷载通过路面传至土基表面的垂直应力不超过土基施工时承受的碾压应力,则可说是压实充分的,否则就是不充分的。当然,在压实充分的条件下,如果竣工后路基土遇水软化也可能造成沉陷,此外,路上有特重车通行也可能造成沉陷。

为了避免路基发生剪切破坏或沉陷,路基的永久变形应控制在一定的范围内,以防止面层产生沉陷甚至整体性损坏,保证面层具有良好的使用性能,考虑到行车荷载的重复性,用路基表面的垂直压应变或垂直压应力作为设计标准,如

$$\varepsilon_{E0} \leqslant [\varepsilon_{E0}] \tag{6.30}$$

或

$$\sigma_{E0} \leqslant [\sigma_{E0}] \tag{6.31}$$

式中 ε_{E0} 和 σ_{E0}——分别为路基表面由车轮荷载作用产生的垂直压应变和垂直压应力,可用弹性层状体系理论求得;

$[\varepsilon_{E0}]$ 和 $[\sigma_{E0}]$——分别为路基土的容许垂直压应变和容许垂直应力,其数值同土基的特性(弹性模量)和车轮荷载作用次数有关。

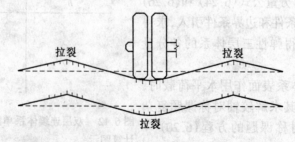

图 6.13 沉陷示意图

6.4.2 车辙

车辙是路面的结构层及土基在行车重复荷载作用下的补充压实,以及结构层材料的

侧向位移产生的累积永久变形。这种变形出现在行车带处,即形成路面的纵向带状凹陷。车辙是高级沥青路面的主要破坏形式,例如对重载车辆多的道路,接地压力高达 0.8 ~ 1.2 MPa,如果坡道长而陡、车行速度很慢、温度又高,将导致路面产生 10 ~ 40 mm 甚至更高的车辙。因为这类路面的使用寿命较长,即使每一次行车荷载作用产生的残余变形量很小,而多次重复作用累积起来的残余变形总和也将会较大,足以影响车辆的正常行驶。

路面的车辙同荷载应力大小、重复作用次数以及结构层和土基的性质有关。根据观测试验结果,国外已提出了表征上述关系的经验公式和设计指标。有代表性的车辙深度的指标有两种:一种是路面各结构层包括土基的残余变形总和;另一种是路基表面的垂直变形。

对于前一种,可表示为

$$l_{re} \leqslant [l_{re}] \tag{6.32}$$

式中 l_{re}——路面的计算总残余变形,可由各结构层残余变形经验公式确定(各层应力由弹性层状体系理论计算);

[l_{re}]——容许总残余变形,由使用要求确定。

路基表面的垂直应变标准,可表示为

$$\varepsilon_{E0} \leqslant [\varepsilon_{E0}] \tag{6.33}$$

式中 ε_{E0}——路基表面的垂直应变,可由弹性层状体系理论求得;

[ε_{E0}]——路基表面的容许垂直应变,可由路基残余变形和荷载应力、应力重复次数及路基土弹性模量之间的经验关系确定。

6.4.3 疲劳开裂

开裂是沥青路面常见的一种破坏类型,开裂的种类及产生的原因有多种。这里讲的开裂是路面在正常使用情况下,由行车荷载的多次反复作用引起的。疲劳开裂的特点是:路面无显著的永久变形,开裂开始大都是形成细而短的横向开裂,继而逐渐扩展成网状,开裂的宽度和范围不断扩大。

产生疲劳开裂的原因,是沥青结构层受车轮荷载的反复弯曲作用,使结构层底面产生的拉应变(或拉应力)值超过材料的疲劳强度(它较一次荷载作用的极限值小很多),底面便开裂,并逐渐向表面发展。经水硬性结合料稳定而形成的整体性基层也会产生疲劳开裂,甚至导致面层破坏。

结构层达到临界疲劳状态时所承受的荷载重复次数称为疲劳寿命。某一种路面结构层疲劳寿命的大小,主要取决于所受到的重复应变(或应力)的大小,同时也与路面的环境因素有关。通过室内试验和现场路段的观测,可以建立路面或结构层材料承受重复荷载次数与重复应变(或应力)大小之间的关系,即疲劳方程或疲劳曲线。因而可根据路面的设计使用年限求得累计荷载作用次数,由疲劳方程确定路面结构层所容许的重复应变(或应力)的大小。

以疲劳开裂作为设计标准时,用结构层底面的拉应变或拉应力不超过相应的容许值

控制设计,即

$$\varepsilon_r \leqslant \varepsilon_R \tag{6.34}$$

或

$$\sigma_r \leqslant \sigma_R \tag{6.35}$$

式中 ε_r 和 σ_r——分别为按弹性层状体系理论计算的结构层底面的最大拉应变和拉应力;

   ε_R 和 σ_R——分别为由疲劳方程确定的该结构层的容许拉应变和容许拉应力。

6.4.4 推移

当沥青路面受到较大的车轮水平荷载作用时(例如经常启动或制动路段及弯道、坡度变化处等),路面表面可能出现推移或拥起。造成这种破坏的原因是,车轮荷载引起的垂直力和水平力综合作用,使结构层内产生的剪应力超过材料的抗剪强度,同时也与行驶车轮的冲击与振动有关。

为防止沥青面层表面产生推移和拥起,可用面层抗剪强度标准控制设计,也就是在车轮的垂直力和水平力的共同作用下,面层中可能产生的最大剪应力 τ_{max} 应不超过材料的容许剪应力 τ_R,即

$$\tau_{max} \leqslant \tau_R \tag{6.36}$$

这项设计标准通常用于停车站、交叉口等车辆频繁制动地段及紧急制动地段高温情况下的沥青路面设计。对于同沥青混合料的粘聚力和内摩阻角有关的容许剪应力 τ_R,其取值应考虑路面的温度状况。

6.4.5 低温缩裂

路面结构中某些整体性结构层在低温(通常为负温度)时由于材料收缩受限制而产生较大的拉应力,当它超过材料相应条件下的抗拉强度时便产生开裂。由于路面的纵向尺度远大于横向,低温收缩时侧向约束不大,故这种开裂一般为横向间隔性的裂缝,严重时才发展为纵向裂缝。在冰冻地区,沥青面层和用无机结合料稳定的整体性基层,冬季可能出现这种开裂。

低温缩裂是一项同荷载因素无关而与面层材料性能直接有关的指标,即低温时结构层材料因收缩受约束而产生的温度应力 σ_{rt} 应不大于该温度时材料的容许拉应力 σ_{tR},即

$$\sigma_{rt} \leqslant \sigma_{tR} \tag{6.37}$$

6.4.6 路面弯沉设计指标

路面弯沉是路面在垂直荷载作用下,产生的垂直变形。这项指标表征路面各层抵抗垂直变形的综合能力。一般认为,路面弯沉不仅能够反映路面各结构层及土基的整体强度和刚度,而且与路面的使用状态存在一定的内在联系,同时弯沉值的测定也比较方便。所以我国现行的沥青路面设计规范将设计弯沉作为路面整体刚度的设计指标,用于控制

沉陷和变形。高速公路、一级公路、二级公路的路面结构,以路表面回弹弯沉值、沥青混凝土层的层底拉应力及半刚性材料层的拉应力为设计指标。三级公路、四级公路的路面结构以路表面设计弯沉值为设计指标。有条件时,对重载交通路面宜检验沥青混合料的抗剪强度。

路面设计弯沉值是表征路面整体刚度大小的指标,它是根据设计年限内一个车道上预测通过的累计当量轴次、公路等级、面层和基层类型而确定的路面弯沉设计值,是路面厚度计算的主要依据。路面设计弯沉值可以作为路面竣工后第一年不利季节、路面温度为20℃时在标准轴载100 kN作用下,竣工验收的最大回弹弯沉值,它与交通量、公路等级、面层和基层类型有关。

6.5 沥青路面结构组合设计

路面结构层可由磨耗层、面层、基层或联结层或过渡层、底基层、垫层等多层结构组成,如图6.14所示。

6.5.1 路面结构层次

(1)磨耗层是为了车辆行驶安全、舒适而设置的具有表面服务功能的结构层,它应具有平整、抗滑、耐磨功能。因该层直接承受车轮荷载的反复作用和各种气候条件影响,因此,对该层原材料组成有较高的技术要求。为改善旧沥青面层的平整、抗滑等服务功能时,可在其上加铺磨耗层。该层可用开级配或密级配混合料,也可用层铺法表面处治、稀浆封层或微表处,也可用摊铺法等等。为了防止雨水下渗,可在开级配或半开级配的沥青混合料结构层下设防水层。

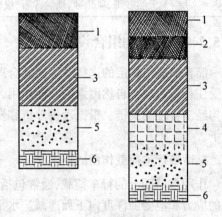

图6.14 路面结构层次示意图
1—面层;2—联结层;3—基层;4—底基层;
5—垫层;6—土基

(2)面层是主要承受垂直荷载和水平荷载反复作用的结构层,可为单层、双层或三层。双层结构分为表面层、下面层。三层结构分为表面层、中面层、下面层。表面层应具有平整密实、抗滑耐磨、抗裂耐久的性能;中、下面层应具有高温抗车辙、抗剪切、密实、基本不透水的性能;下面层应具有耐疲劳开裂的性能。

(3)基层设置在面层之下,并与面层一起将车轮荷载的反复作用传递到底基层、垫层、土基。基层是主要承重层,应具有稳定、耐久、较高的承载能力,可为单层或双层。无论是沥青混合料、粒料类柔性基层,还是半刚性基层、刚性基层,均要求有较高的物理、力学性能指标。

在沥青面层与半刚性基层、底基层之间铺设大粒径沥青碎石混合料,或开级配沥青碎石或级配碎石,可以减少反射裂缝、利于路面结构内部排水。该层对大粒径沥青碎石混合料称为联结层或基层,对后者称为碎石过渡层。

(4)底基层设置在基层之下,并与面层、基层一起承受车轮荷载反复作用,其次要承重作用,一般对底基层材料的强度指标要求略低于基层材料。

(5)垫层是设置在底基层与土基之间的结构层,起排水、隔水、防冻等作用。

以上是路面结构层的基本组成,各级公路应根据具体情况设置必要的结构层,但是,最少不得低于两层,即面层和基层。面层、基层和垫层常用材料见表6.6。

表6.6 面层、基层和垫层常用材料

路面结构层	常用的材料
面层	沥青混凝土、SMA、沥青贯入式、沥青表面处治、泥结碎石、泥灰结碎石、级配碎(砾)石
基层	二灰碎石、水泥稳定砂砾、水泥稳定碎(砾)石、大粒径沥青碎石、贫混凝土、水泥石灰综合稳定土、二灰土、石灰土、级配碎石
底基层	水泥稳定砂砾、水泥稳定碎(砾)石、水泥石灰综合稳定土、二灰土、石灰土、填隙碎石、级配碎石
垫层	天然砂砾、风化砂、填隙碎石、级配碎石、石灰土、二灰土

6.5.2 路面结构组合设计原则

沥青路面结构层的选择和层次的合理安排,是整个路面结构能否在设计使用年限内承受住行车荷载和自然因素的共同作用,同时又能发挥各结构层的最大效能,使整个路面结构经济合理的关键。根据理论分析和多年的使用经验,路面结构组合设计的原则归纳如下。

1.适应行车荷载作用的要求

作用在路面上的行车荷载,通常包括垂直力和水平力。路面在垂直力作用下,内部产生的应力和应变随深度向下而递减。水平力作用产生的应力、应变,随深度递减的速率更快。路面表面还同时承受车轮的磨耗作用。因此,要求路面面层具有足够的强度和抗变形能力,在其下各层的强度和抗变形能力可自上而下逐渐减小。这样,在进行路面结构组合时,各结构层应按强度和刚度自上而下递减的规律安排,以使各结构层材料的效能得到充分发挥。

按照这种原则组合路面时,结构层的层数越多越能体现强度和刚度沿深度递减的规律。但就施工工艺、材料规格和强度形成原理而言,层数又不宜过多,也就是不能使结构层的厚度过小。各层的厚度应考虑材料扩散应力的效果和压实机具的能力,但不能小于规范规定的各类结构层的最小厚度。表6.7为各种沥青混合料的压实最小厚度与适宜厚度,表6.8是贯入式沥青碎石、沥青表面处治的压实最小厚度与适宜厚度,可供设计时参考。

表 6.7 沥青混合料的压实最小厚度与适宜厚度

沥青混合料类型		最大粒径/mm	公称最大粒径/mm	符号	压实最小厚度/mm	适宜厚度/mm
密级配沥青混合料(AC)	砂粒式	9.5	4.75	AC-5	15	15~30
	细粒式	13.2	9.5	AC-10	20	25~40
		16	13.2	AC-13	35	40~60
	中粒式	19	16	AC-16	40	50~80
		26.5	19	AC-20	50	60~100
	粗粒式	31.5	26.5	AC-25	70	80~120
密级配沥青碎石(ATB)	粗粒式	31.5	26.5	ATB-25	70	80~120
		37.5	31.5	ATB-30	90	90~150
	特粗式	53	37.5	ATB-40	120	120~150
开级配沥青碎石(ATPB)	粗粒式	31.5	26.5	ATPB-25	80	80~120
		37.5	31.5	ATPB-30	90	90~150
	特粗式	53	37.5	ATPB-40	120	120~150
半开级配沥青碎石(AM)	细粒式	16	13.2	AM-13	35	40~60
	中粒式	19	16	AM-16	40	50~70
		26.5	19	AM-20	50	60~80
	粗粒式	31.5	26.5	AM-25	80	80~120
	特粗式	53	37.5	AM-40	120	120~150
沥青玛蹄脂碎石混合料(SMA)	细粒式	13.2	9.5	SMA-10	25	25~50
		16	13.2	SMA-13	30	35~60
	中粒式	19	16	SMA-16	40	40~70
		26.5	19	SMA-20	50	50~80
开级配沥青磨耗层(OGFC)	细粒式	13.2	9.5	OGFC-10	20	20~30
		16	13.2	OGFC-13	30	30~40

表 6.8 贯入式沥青碎石、沥青表面处治最小厚度与适宜厚度

结构层类型	压实最小厚度/mm	适宜厚度/mm
贯入式沥青碎石	40	40~80
上拌下贯沥青碎石	60	60~80
沥青表面处治	10	10~30

基层可选用无机结合料稳定集料类或沥青混合料、粒料、贫混凝土等材料,底基层应充分利用沿线地方材料,可采用无机结合料稳定细粒土类或粒料类。应根据交通量大小、

材料性能,充分发挥压实机具的功能,以及考虑有利于施工等因素选择基层、底基层的厚度。为便于施工组织、管理,各结构层的材料不宜频繁变化。各种结构层压实最小厚度与适宜厚度应符合表6.9的要求,并不得设计小于150 mm厚的半刚性材料薄层。

表6.9 各种结构层压实最小厚度与适宜厚度

结构层类型	压实最小厚度/mm	适宜厚度/mm
级配碎石	80	100 ~ 200
水泥稳定类	150	180 ~ 200
石灰稳定类	150	180 ~ 200
石灰粉煤灰稳定类	150	180 ~ 200
贫混凝土	150	180 ~ 240
级配砾石	80	100 ~ 200
泥结碎石	80	100 ~ 150
填隙碎石	100	100 ~ 120

表6.10列出了沥青面层的推荐厚度,设计时应根据公路所在区域的水文地质、气候特点、公路等级与使用要求、交通量及其交通组成等因素,结合当地实践经验,选择适宜的路面结构组合,拟定沥青层厚度。基层、底基层厚度应根据交通量大小、材料力学性能和扩散应力的效果,发挥压实机具的功能以及有利于施工等因素选择各结构层的厚度。

表6.10 沥青面层推荐厚度

公路等级	推荐厚度/mm
高速公路	120 ~ 180
一级公路	100 ~ 50
二级公路	50 ~ 100
三级公路	20 ~ 40
四级公路	10 ~ 25

沥青路面相邻结构层材料的模量比对路面结构的应力分布有显著影响,也是合理确定结构层层数和选定适宜结构层材料的重要考虑因素。对半刚性基层沥青路面结构层组合设计,基层与面层的模量比宜在1.5 ~ 3之间;基层与底基层的模量比不宜大于0.3;底基层与土基模量比宜在2.5 ~ 12.5之间。

2.考虑结构层的特点

路面结构层通常是用密实级配、嵌挤以及形成板体等方式构成的,因而如何构成具有要求强度和刚度并且稳定的结构层是设计和施工都必须注意的问题。影响结构层构成的因素,除材料选择、施工工艺之外,路面结构组合也是十分重要的。例如沥青面层不能直接铺筑在铺砌片石基层上,而应在其间加设碎石过渡层,否则铺砌片石不平稳或片石可能的松动都会反映到沥青面层上,造成面层不平整甚至沉陷开裂。这类片石也不能直接铺在软弱的路基上,而应在其间铺粒料层。又如,沥青混凝土或热拌沥青碎石面层与粒料基层或稳定土基层之间应设沥青碎石或沥青贯入式联结层。

为了保证路面结构的整体性和结构层之间应力传递的连续性,应尽量使结构层之间结合紧密稳定,不产生层间滑移,应采取以下一些技术措施,提高路面的结构整体性。

(1)沥青层之间应设粘层。粘层沥青可用乳化沥青、改性乳化沥青或热沥青,洒布量宜为 $0.3 \sim 0.6 \ kg/m^2$。

(2)各种基层上宜设置透层沥青。透层沥青应具有良好的渗透性能,可用液体沥青(稀释沥青)、乳化沥青等。

(3)在半刚性基层上应设下封层。下封层可用沥青单层表面处治或砂砾式、细粒式密级配沥青混合料、稀浆封层等。

(4)新、旧沥青层之间,沥青层与旧水泥混凝土板之间应洒布粘层沥青,宜用热沥青或乳化沥青、改性乳化沥青。

(5)拓宽路面时,新、旧路面接茬处,宜喷涂粘结沥青。

(6)双层式半刚性材料基层宜采取连续摊铺、碾压工艺,增强层间结合,以形成整层。

沥青路面结构类型可分为以下五种类型。

(1)半刚性基层上,设 30~150 mm 薄沥青层的结构,称半刚性基层沥青路面。

(2)半刚性基层或底基层上,设 160~260 mm 厚沥青层的结构,称混合式沥青路面。

(3)旧混凝土路面做基层(或辗压式混凝土、贫混凝土、低标号混凝土基层),其上一般设 70~200 mm 沥青层厚度,称为刚性基层沥青路面(或复合式路面)。

(4)采用沥青混合料与无结合料的集料组成的结构,称柔性路面。

(5)在路基上或在处治过的路基上,直接或对路床稍加处理后,铺筑约 400~550 mm 的全厚式沥青混合料结构层,称为全厚式沥青混凝土结构路面。

路面结构类型选择应根据公路等级、使用要求、交通量及其交通组成,交通等级、特点,并考虑当地气候条件、沿线水文、地质、筑路材料以及投资环境等因素,进行技术经济比较,论证后确定采用路面结构类型。根据我国的实际情况,目前仍应以半刚性基层沥青路面、混合式沥青路面的结构类型为主。各种路面结构的选择宜符合表 6.11 的要求。

表 6.11 路面结构类型的选择

路面结构类型	交通等级					
	特重交通	超重交通	重交通	中交通	轻交通	低交通
半刚性基层		○	○	○	○	○
混合式基层		○	○	○	○	
刚性基层	○	○	○	○		
柔性基层			○	○	○	○
全厚式沥青层	○	○	○	○		

注:"○"表示路面结构类型与交通等级相适宜。

为了保证路面结构的整体性和结构层之间应力传递的连续性,应尽量使结构层之间结合紧密稳定。沥青路面的排水设施是否良好,是关系路面使用寿命的重要问题,特别是高速公路与一、二级公路,更应具备完善的排水设施,它包括地面排水、路面结构内排水、路基疏干、降低地下水位、盲沟集水、系统排水进入沟渠、河流等。

在进行路面设计时,要按照面层耐久、基层坚实、土基稳定的要求,贯彻因地制宜、合理选材、方便施工、利于养护的原则以及上述结构组合原则,结合当地经验拟定几种路面结构方案,进行分析比较,并优先选用便于机械化施工和质量管理的方案,做到技术先进、经济合理。

3.在各种自然因素作用下稳定性好

如何保证沥青路面的水稳性,是路面结构层选择与组合需要解决的重要问题。在潮湿和某些中湿路段上修筑沥青路面时,由于沥青层不透气,使路基和基层中水分蒸发的通路被隔断,因而向基层积聚。如果基层材料中含土量多(如泥结碎石、级配砾石),尤其是含塑性指数较大的土时,就会遇水变软,导致其强度和刚度的急剧下降,造成路面开裂及沉陷破坏,所以沥青路面的基层一般应选择水稳性好的材料,在潮湿路段及中湿路段尤应如此。

在冰冻地区和气候干燥地区,无机结合料稳定土或粒料的基层常常产生收缩裂缝。如果直接铺筑沥青面层,会导致面层出现反射裂缝,为此可在其间加设一层粒料或优质沥青材料层,或者适当加厚面层。

在季节性冰冻地区的中湿、潮湿路段,当冻深较大,路基土为易冻胀土时,常常产生冻胀和翻浆。在这种路段上,路面结构中应设置防止冻胀和翻浆的垫层。路面总厚度的确定,除满足强度要求外,还应满足最小防冻厚度的要求,以避免在路基内出现较厚的聚冰带,防止产生导致路面开裂的不均匀冻胀。最小防冻厚度与路基干湿类型、路基土类、道路冻深以及路面结构层材料热物理性有关。根据经验及试验观测,规范给出了路面最小防冻厚度的推荐值(见表6.12),设计时可参照选用。如按强度计算的路面总厚度小于表列厚度规定时,应加厚或增设防冻垫层,使路面总厚度达到表列出的要求。

表6.12 最小防冻厚度 cm

路基类型	道路深度/cm	黏性土、细亚砂土			粉性土		
		砂石类	稳定土类	工业废料类	砂石类	稳定土类	工业废料类
中湿	50~100	40~45	35~40	30~35	45~50	40~45	30~40
	100~150	45~50	40~45	35~40	50~60	45~50	40~45
	150~200	50~60	45~55	40~50	60~70	50~60	45~50
	>200	60~70	55~65	50~55	70~75	60~70	50~65
潮湿	60~100	45~55	40~50	35~45	50~60	45~55	40~50
	100~150	55~60	50~55	45~50	60~70	55~65	50~60
	150~200	60~70	55~70	50~55	70~80	65~70	60~65
	>200	70~80	65~75	55~70	80~100	70~90	65~80

注:①在《公路自然区划标准》中,对潮湿系数小于0.5的地区,Ⅱ、Ⅲ、Ⅳ区等干旱地区防冻厚度应比表中值减少15%~20%。

②对Ⅱ区砂性土路基防冻厚度应相应减少5%~10%。

道路冻深应采用当地实际观测的经验值或按公式(6.38)计算。

$$h_d = abc\sqrt{F} \tag{6.38}$$

式中 h_d——路表面至道路冻结线的深度,cm;
  a——路面路基材料热物性系数,由表 6.13 查得;
  b——路基湿度系数,由表 6.14 查得;
  c——路基断面形式系数,由表 6.15 所得;
  F——最近 10 年的冻结指数平均值,即冬季负温度的累计值(℃·d)。根据气象部门的观测资料计算确定,无调查资料时,可参考沥青路面设计规范中的附图确定。

表 6.13 路面路基材料热物性系数 a

路基材料	粘质土	粉质土	粉土质砂	细粒土质砂、粘土质砂	含细粒土质砾(砂)
热物性系数	1.05	1.1	1.2	1.3	1.35
路面材料	水泥混凝土	沥青混凝土	二灰土及水泥土	二灰碎石及水泥碎(砾)石	级配碎石
热物性系数	1.4	1.35	135	1.4	1.45

注:a 值取大地冻深范围内路基及路面及各层材料的加权平均值。

表 6.14 路基湿度系数 b

干湿类型	干燥	中湿	潮湿	过湿
湿度系数	1.0	0.95	0.90	0.80

表 6.15 路基断面形式系数 c

填挖形式	路基填土高度/m					路基挖方深度/m			
	零填	2	4	6	>6	2	4	6	>6
断面形式系数	1.0	1.02	1.05	1.08	1.10	0.98	0.95	0.92	0.90

6.5.3 美国 AASHTO 推荐路面结构组合

美国 AASHTO 2002 年推荐了一些典型的路面结构组合,各省、市、地区可结合当地的交通量、筑路材料、自然条件、施工条件等因素选用适当的结构类型,其结构厚度应按设计规范的方法进行计算。

1. 传统的无结合料粒料基层路面

在对路基进行处理或不处理的情况下使用,适合任何交通量道路条件。该类结构组合根据路基土承载能力(等效回弹模量 M_r)及粒料层所用材料情况,又可分为以下两种。

(1)沥青层 + 级配碎石基层 + 级配碎石底基层。
(2)沥青层 + 级配碎石基层 + 未筛分砾石材料底基层。

当等效回弹模量 M_r > 62 MPa 时,无需进行路基土处治;而 M_r < 62 MPa 时,一般需要

进行路基土处治,处治深度 15.2~30.5 cm。

2. 全厚式沥青路面

全厚式沥青路面适合于路基土 $M_r>62$ MPa 的任何交通量的道路。

3. 沥青稳定碎石基层(ATB)

在对路基进行处理或不处理的情况下,沥青稳定碎石基层(ATB)适合于任何交通量的道路。根据路基土 M_r 情况及使用粒料层材料情况,又细分为以下 4 种。

(1)沥青层 + 厂拌沥青碎石 + 未筛分砾石材料底基层。
(2)沥青层 + 厂拌沥青碎石 + 级配碎石底基层 + 未筛分砾石材料底基层。
(3)沥青层 + 路拌沥青碎石 + 未筛分砾石材料底基层。
(4)沥青层 + 路拌沥青碎石 + 级配碎石底基层 + 未筛分砾石材料底基层。

根据路基土承载能力情况确定以上结构是否需要进行路基土处理。$M_r>62$ MPa 时,无需进行路基土处治;$M_r>62$ MPa 时,可以进行路基土处治,也可以不进行处治。因此,实际上沥青稳定碎石基层路面有 8 种类型。

4. 水泥稳定碎石基层

根据水稳基层下卧粒料底基层或者是否处治路基土又分为以下三种情况。
(1)沥青面层 + 水稳基层 + 未筛分砾石材料底基层,无须处治路基土。
(2)沥青面层 + 水稳基层 + 级配碎石底基层,无须处治路基土。
(3)沥青面层 + 水稳基层 + 处治路基土($M_r>62$ MPa,无需处治路基土)。

6.6 新建沥青路面的结构厚度计算

6.6.1 计算图示

我国新建公路沥青路面的设计,是采用双圆均布垂直荷载作用下的弹性层状连续体系理论进行计算。路面各层厚度的确定应满足结构整体刚度(即承载力)与沥青层或半刚性基层、底基层抗疲劳开裂的要求。设计时轮隙中心处(见图 6.15 中点 A)路表计算弯沉值 l_S 应小于或等于设计弯沉值 l_d,即

$$l_S \leq l_d \tag{6.39}$$

轮隙中心(见图 6.15 中点 C)或单圆荷载中心处(见图 6.15 中点 B)的层底拉应力 σ_m 应小于或等于容许拉应力 σ_R,即

$$\sigma_m \leq \sigma_R \tag{6.40}$$

高速公路、一级公路、二级公路的路面结构,以路表面回弹弯沉值、沥青混凝土层的层底拉应力及半刚性材料层的拉应力为设计指标。三级公路、四级公路的路面结构以路表面设计弯沉值为设计指标。有条件时,对重载交通路面宜检验沥青混合料的抗剪强度。

6.6.2 路面容许弯沉值和设计弯沉值

现有路面回弹弯沉值是用杠杆式弯沉仪和具有标准轴载的汽车,按前进卸荷法测定

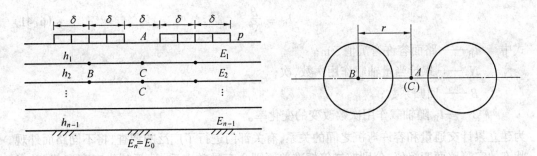

图 6.15 路面荷载及计算点图示

的,近年来出现了落锤频率式弯沉仪。弯沉值的大小反映了路基路面的整体强度,在相同车轮荷载作用下,路面的弯沉值越大,则路面抵抗垂直变形的能力越弱,反之越强。实践表明,回弹弯沉值大的路面,在经受了轮载不太多次的重复作用后,即呈现出某种形态的破坏;而回弹弯沉值小的路面,能经受轮载较多次重复作用才达到这种形态的破坏。就是说,在达到相同程度的破坏时,回弹弯沉大小同该路面的使用寿命即轮载累计重复作用次数成反比关系。如果能够找到路面达到某种破坏状态时的重复荷载作用次数与此时弯沉值之间的关系,那么,就可以根据对该种路面所要求的使用寿命来确定它所容许的最大弯沉值,这个弯沉值被称作容许弯沉值。因此,路面容许弯沉值的确切含义是:路面在使用期的不利季节,在设计标准轴载作用下容许出现的最大回弹弯沉值。

容许弯沉值与路面使用寿命的关系可通过调查测定确定。选择使用多年并出现某种破坏状况的路面测定弯沉值,调查累计交通量,进行分析整理。其中对于路面破坏状况的判定十分重要,既要考虑路面的使用要求,又要顾及能够达到这种要求的经济力量,因此世界各国确定容许弯沉值采用的标准不尽统一。我国对公路沥青路面按外观特征分为五个等级,如表 6.16 所示,以第四级路面的弯沉值的低限作为临界状态的划界标准。从表中所列的外观特征可知,这样的临界状态相当于路面已疲劳开裂并伴有少量永久变形。对相同路面结构不同外观特征的路段进行测定后发现,外观等级数越高,弯沉值越大,并且外观等级同弯沉值大小有着明显的联系。这样,便可确定路面处于不同极限状态时的容许弯沉值,并将此弯沉值同该路面在以前使用期间的累计交通量建立关系。国内外的大量调查测定资料表明,路面达到某种临界状态时,累计交通量同容许弯沉值之间存在良好的双对数关系。这种关系可表示为

表 6.16 沥青路面外观等级描述

外观等级	外观状况	路面表面外观特征
一	好	坚实、平整、无裂纹、无变形
二	较好	平整、无变形、少量发裂
三	中	平整、无变形、有少量纵向或不规则裂纹
四	较坏	无明显变形、有较多纵横向裂纹或局部网裂
五	坏	连片严重龟(网)裂或拌有车辙、沉陷

$$l_R = \frac{B}{N_e^\beta} \tag{6.41}$$

式中 l_R——路面容许弯沉值,cm;

N_e——累计当量轴载作用次数,次;

B——回归系数;

β——l_R 随轴载作用次数改变的变化率。

为建立累计交通量和容许弯沉之间的关系,有关部门进行了广泛的调查,将不同路面外观状态的实测路面弯沉值,分别按二倍标准差原则舍弃异常点后,计算其代表弯沉值,并考虑测点数的影响,进行加权平均求出各路段的容许弯沉值 l_R,对试验数据统计回归,得到容许弯沉值 l_R 与累计标准当量轴次 N_e 的关系如式(6.42)所示,相关系数 $r = 0.77$。

$$l_R = 650 N_e \tag{6.42}$$

路面设计弯沉值是根据设计年限内每个车道通过的累计轴次、公路等级、面层和基层类型确定的,相当于路面竣工后第一年不利季节、路面在标准轴载 100 kN 作用下,测得的最大回弹弯沉值。路面设计弯沉与容许弯沉的关系实际上反映了路表弯沉在使用期间的变化,该变化过程是一个多方面因素综合作用的复杂过程。路基路面结构层的材料特性、压实程度、干湿状况、温度环境、结构类型、气候条件、交通组成、检测时的环境条件以及所使用的仪器设备等对弯沉的变化均有很大的影响。将竣工的路表弯沉取为 L_0,而将其后各年标准状态下的弯沉值 L_T 与 L_0 的比值定义为相对弯沉 A_T,则 $A_T = L_T/L_0$,用此式计算各路段随年份变化的相对弯沉值。如果将路面竣工后第一年不利季节的路面结构状态取作为路面设计状态,则路表弯沉的设计控制指标与路面竣工的弯沉验收指标相一致,由此得到沥青路面的设计弯沉 L_d 的计算式

$$L_d = L_0 = L_R/A_T \tag{6.43}$$

式中 L_d——路面设计弯沉,0.01 mm;

L_0——竣工验收弯沉,0.01 mm;

L_R——容许弯沉,0.01 mm;

A_T——弯沉增长系数。

经过大量的试验测试,并对测试结果进行统计分析,得到路面设计弯沉值计算公式如下。

$$L_d = 600 N_e^{-0.2} A_c A_s A_b \tag{6.44}$$

式中 L_d——路面设计弯沉值(0.01 mm),该值是在标准温度、标准轴载作用下,测定的路表回弹弯沉值,对半刚性基层用 5.4 m 弯沉仪,对柔性基层为 3.6 m 弯沉仪;若用自动弯沉车或落锤式弯沉仪测定时,应建立相应的换算关系进行换算;

N_e——设计年限内一个车道累计当量轴次(次/车道);

A_c——公路等级系数,高速公路、一级公路为 1.0,二级公路为 1.1,三、四级公路为 1.2;

A_s——面层类型系数,沥青混凝土面层为 1.0;热拌和冷拌沥青碎石、沥青贯入式路面(含上拌下贯式路面)、沥青表面处治为 1.1;

A_b——面层结构类型系数,半刚性基层沥青路面为 1.0,柔性基层沥青路面为 1.6。

路表计算弯沉值 l_S 可按式(6.45)进行计算。

$$l_S = 1\,000 \frac{2p\delta}{E_1} \alpha_c F \tag{6.45}$$

式中

$$\alpha_c = f\left(\frac{h_1}{\delta}, \frac{h_2}{\delta}, \frac{h_{n-1}}{\delta}, \cdots, \frac{E_2}{E_1}, \frac{E_3}{E_2}, \cdots, \frac{E_0}{E_{n-1}}\right)$$

$$F = 1.63 \left(\frac{l_S}{2\,000\delta}\right)^{0.38} \left(\frac{E_0}{p}\right)^{0.36} \tag{6.46}$$

式中　　F——弯沉综合修正系数;

p、δ——标准车型的轮胎接地压强(MPa)和当量圆半径(cm);

α_c——理论弯沉系数;

E_0 或 E_n——土基抗压回弹模量值,MPa;

$E_1, E_2, \cdots, E_{n-1}$——各层材料抗压回弹模量值,MPa;

$h_1, h_2, \cdots, h_{n-1}$——各结构层厚度,cm。

6.6.3 标准轴载及当量轴次

1.标准轴载

路面设计时使用累计当量轴次的概念。但路上行驶车辆类型很多,所以必须选定一种标准轴载,把不同类型轴载的作用次数换算为这种标准轴载的作用次数。考虑到我国公路汽车运输车辆的现状及发展趋势。我国路面设计以双轮组单轴载 100 kN 为标准轴载,以 BZZ - 100 表示。标准轴载的计算参数按表 6.17 确定。

表 6.17　标准轴载计算参数

标准轴载	BZZ - 100	标准轴载	BZZ - 100
标准轴载重 P/kN	100	单轮传压面当量圆直径 d/cm	21.30
轮胎接地压强 P/MPa	0.70	两轮中心距	$1.5d$

对于运煤或运建筑材料等大型载重车为主的公路,应根据实际情况,经论证单独选用设计计算参数。

2.轴载换算

当把路上各种行驶的车辆的轴载换算为标准轴载时,为使换算前后的轴载对路面的作用达到相同的效果,应该遵循两项原则:第一,换算以达到相同的临界状态为标准,即对同一种路面结构,甲轴载作用 N_1 次后路面达到预定的临界状态,路面弯沉为 L_1,乙轴载作用使路面达到相同临界状态的作用次数为 N_2,弯沉为 L_2,此时甲乙两种轴载作用是等效的,则应按此等效原则建立两种轴载作用次数之间的换算关系;第二,对某一种交通组成,不论以哪种轴载的标准进行轴载换算,由换算所得轴载作用次数计算的路面厚度是相同的。

(1) 当以设计弯沉值和沥青层层度拉应力为指标时,各级轴载均应按式(6.47)换算成标准轴载 P 的当量轴次 N。

$$N = \sum_{i=1}^{K} C_1 \cdot C_2 n_i \left(\frac{P_i}{P}\right)^{4.35} \tag{6.47}$$

式中 N——以设计弯沉值和沥青层层底拉应力为指标时的标准轴载的当量轴次,次/d;

n_i——被换算车型的各级轴载作用次数,次/d;

P——标准轴载,kN;

P_i——被换算车型的各级轴载,kN;

C_1——被换算车型的轴数系数。当轴间距大于 3 m 时,应按单独的一个轴载计算;当轴间距小于 3 m 时,双轴或多轴的轴载系数 $C_1 = 1 + 1.2(m - 1)$,m 为轴数;

C_2——被换算车型的轮组系数,单轮组为 6.4,双轮组为 1.0,四轮组为 0.38。

当在汽车交通组成中,单轴重为 130~200 kN 时,式(6.47)中指数可按 4.85 计算。

(2) 当以半刚性材料层的拉应力为设计指标时,各级轴载均应按式(6.48)换算成标准轴载 P 的当量轴次 N'。

$$N' = \sum_{i=1}^{K} C'_1 \cdot C'_2 n_i \left(\frac{P_i}{P}\right)^{8} \tag{6.48}$$

式中 N'——以半刚性材料层的拉应力为设计指标时的标准轴载的当量轴次,次/d;

C'_1——被换算车辆的轴数系数;

C'_2——被换算车型的轮组系数,单轮组为 18.5,双轮组为 1.0,四轮组为 0.09。

(3) 上述轴载换算公式,适用于单轴轴载小于或等于 130 kN 的各种车型的轴载换算。

3. 累计当量轴次

设计交通量是以设计年限内一个方向上一个车道的标准轴载 BZZ-100 累计当量轴次 N_e 表示,应按式(6.49)或式(6.50)计算。

$$N_e = \frac{[(1+\gamma)^t - 1] \times 365}{\gamma} \cdot N_1 \cdot \eta \tag{6.49}$$

或

$$N_e = \frac{[(1+\gamma)^t - 1] \times 365}{\gamma(1+\gamma)^{t-1}} \cdot N_t \cdot \eta \tag{6.50}$$

式中 N_e——设计年限内一个车道的累计当量轴次,次/车道;

t——设计年限,年;

N_1——营运第一年双向日平均当量轴次,次/d;

N_t——设计年限末年双向日平均当量轴次,次/d;

γ——设计年限内交通量的年平均增长率,%;

η——车道系数,宜按照表 6.18 选定。公路无分隔时,车道窄宜选高值,车道宽宜选低值。

表 6.18 车道系数

车道特征	η
双向单车道	1.0
双向两车道	0.6 ~ 0.7
双向四车道	0.4 ~ 0.5
双向六车道	0.3 ~ 0.4
双向八车道	0.25 ~ 0.35

设计年限应根据经济、交通发展情况以及该公路在公路网中的地位,考虑环境和投资条件综合确定。各级公路的沥青路面设计年限不宜低于表 6.19 的要求,若有特殊使用要求,可适当调整。

表 6.19 各级公路的沥青路面设计年限

公路等级	高速公路、一级公路	二级公路	三级公路	四级公路
设计年限/年	15	12	8	6

交通量宜根据表 6.20 的规定划分为四个等级。设计时可根据累计当量轴次 N_e(次/车道)或每车道,每日平均大型客车及中型以上的各种货车交通量[辆/(d·车道)],选择一个较高的交通等级作为设计交通等级。

表 6.20 交通等级

交通等级	BZZ - 100 累计标准轴次 N_e 次/车道	大客车及中型以上的各种货车交通量 辆/(d·车道)
轻交通	$< 3 \times 10^6$	< 600
中等交通	$3 \times 10^6 \sim 1.2 \times 10^7$	600 ~ 1 500
重交通	$1.2 \times 10^7 \sim 2.5 \times 10^7$	1 500 ~ 3 000
特重交通	$> 2.5 \times 10^7$	> 3 000

6.6.4 路面材料设计参数值

路面设计时需用路基路面材料参数,这些参数取值正确与否,将直接影响路面结构设计的正确性和合理性。因为不同测试和取值方法会得出不同的数值,因此,设计时采用何种试验及取值方法应考虑下列因素:①测试方法简便,结果比较稳定;②测得的模量值和强度应较好地反映各种路面材料的力学特性;③模量值和强度用于厚度计算时,应较好地与设计方法相匹配,使设计厚度与实际经验相吻合。

我国现行的公路沥青路面设计规范规定,以设计弯沉值计算路面厚度,对高速公路、一级公路、二级公路沥青混凝土面层和半刚性材料的基层、底基层,应验算拉应力是否满足容许拉应力的要求,各层材料的模量采用抗压回弹模量,沥青混凝土和半刚性材料的抗拉强度采用劈裂试验测得的劈裂强度。高速公路、一级公路施工图设计时应选取工程用路面材料实测设计参数,各级公路采用新材料时,也必须实测设计参数;高速公路、一级公路初步设计或二级及二级以下公路设计时可借鉴本地区已有的试验资料或工程经验确定。在工程可行性研究阶段或二级、三级公路的初步设计阶段,也可参考表6.21、表6.22选定各种材料的回弹模量及抗拉强度。半刚性材料的设计参数应按《公路工程无机结合料稳定材料试验规程》的规定测定;沥青混合料的设计参数应按《公路工程沥青及沥青混合料试验规程》的规定测定。

表6.21 沥青混合料设计参数

材料名称		抗压模量/MPa		15℃劈裂强度/MPa	备注
		20℃	15℃		
细粒式沥青混凝土	密级配	1 200~1 600	1 800~2 200	1.2~1.6	AC-10,AC-13
	开级配	700~1 000	1 000~1 400	0.6~1.0	OGFC
沥青玛蹄脂碎石		1 200~1 600	1 600~2 000	1.4~1.9	SMA
中粒式沥青混凝土		1 000~1 400	1 600~2 000	0.8~1.2	AC-16,AC-20
密级配粗粒式沥青混凝土		800~1 200	1 000~1 400	0.6~1.0	AC-25
沥青碎石基层	密级配	1 000~1 400	1 200~1 600	0.6~1.0	ATB-25,ATB-35
	半开级配	600~800	—		AM-25,AM-40
沥青贯入式		400~600			

表6.22 基层、底基层材料设计参数

材料名称	配合比或规格要求	抗压模量 E/MPa (弯沉计算用)	抗压模量 E/MPa (拉应力计算用)	劈裂强度/MPa
二灰砂砾	7:13:80	1 100~1 500	3 000~4 200	0.6~0.8
二灰碎石	8:17:80	1 300~1 700	3 000~4 200	0.5~0.8
水泥砂砾	4%~6%	1 100~1 500	3 000~4 200	0.4~0.6
水泥碎石	4%~6%	1 300~1 700	3 000~4 200	0.4~0.6
石灰水泥粉煤灰砂砾	6:3:16:75	1 200~1 600	2 700~3 700	0.4~0.55
水泥粉煤灰碎石	4:16:80	1 300~1 700	2 400~3 000	0.4~0.55
石灰土碎石	粒料>60%	700~1 100	1 600~2 400	0.3~0.4
碎石灰土	粒料>40%~50%	600~900	1 200~1 800	0.25~0.35
水泥石灰砂砾土	4:3:25:68	800~1 200	1 500~2 200	0.3~0.4
二灰土	10:30:60	600~900	2 000~2 800	0.2~0.3
石灰土	8%~12%	400~700	1 200~1 800	0.2~0.25
石灰土处理路基	4%~7%	200~350	—	—

续表 6.22

材料名称	配合比或规格要求	抗压模量 E/MPa（弯沉计算用）	抗压模量 E/MPa（拉应力计算用）	劈裂强度 /MPa
级配碎石	基层连续级配型	300~350	—	—
	基层骨架密实型	300~500	—	—
	底基层、垫层	200~250	—	—
添隙碎石	底基层	200~280	—	—
未筛分碎石	做底基层用	180~220	—	—
级配砂砾、天然砂砾	做底基层用	150~200	—	—
中粗砂	垫层	8~100	—	—

以路表弯沉值为设计或验算指标时，设计参数采用抗压回弹模量，对于沥青混凝土试验温度为 20℃；计算路表弯沉值时，抗压回弹模量设计值 E 应按式(6.51)计算。

$$E = \bar{E} - Z_a S \quad (6.51)$$

式中　$\bar{E}$——各试件模量的平均值，MPa；
　　　S——各试件模量的标准差；
　　　Z_a——保证率系数，按 95%，保证率取 2.0。

以沥青层或半刚性材料结构层层底拉应力为设计或验算指标时，应在 15℃ 条件下测试沥青混合料的抗压回弹模量；半刚性材料应在规定龄期(水泥稳定类材料龄期为 90 d，二灰稳定类、石灰稳定类材料为 180 d，水泥粉煤灰稳定类为 120 d) 测定抗压回弹模量。

计算层底应力时应考虑模量的最不利组合。在计算层底拉应力时，计算层以下各层的模量应采用式(6.51)计算其模量设计值；计算层及以上各层的模量应采用式(6.52)计算其模量设计值。

$$E = \bar{E} + Z_a S \quad (6.52)$$

式中符号同式(6.51)。

6.6.5　结构层材料的容许拉应力

我国的沥青路面设计除了将路表回弹弯沉值作为保证路面结构整体刚度的设计指标之外，还将弯拉应力作为控制结构层疲劳开裂的设计或验算指标。沥青混凝土层、半刚性材料基层和底基层以拉应力为设计或验算指标时，材料的容许拉应力 σ_R 应按公式(6.53)计算。

$$\sigma_R = \frac{\sigma_{SP}}{K_S} \quad (6.53)$$

式中　σ_R——路面结构层材料的容许拉应力，MPa；
　　　σ_{SP}——沥青混凝土或半刚性材料的极限劈裂强度，MPa。对沥青混凝土的极限劈裂强度，系指 15℃ 时的极限劈裂强度；对水泥稳定类材料系指龄期为 90 d 的极限劈裂强度；对二灰稳定类、石灰稳定类材料系指龄期为 180 d 的极限劈裂强度；对水泥粉煤灰稳定类材料系指龄期为120 d的极限劈裂强度；

K_S——抗拉强度结构系数。根据材料种类按式(6.54)~式(6.56)计算。

对沥青混凝土面层材料

$$K_S = 0.09A_a N_e^{0.22}/A_c \qquad (6.54)$$

对无机结合料稳定集料类

$$K_S = 0.35 N_e^{0.11}/A_c \qquad (6.55)$$

对无机结合料稳定细粒土类

$$K_S = 0.45 N_e^{0.11}/A_c \qquad (6.56)$$

式中　A_a——沥青混产级配系数(细、中粒式沥青混凝土为1.0,粗粒式沥青混凝土为1.1)；

A_c——公路等级系数(高速公路、一级公路为1.0,二级公路为1.1,三、四级公路为1.2)；

N_e——设计年限内累计标准轴载作用次数,轴次。

层底拉应力 σ_m 的计算则是以图6.15中单圆中心(B点)及双圆中心(C点)为计算点,并取较大值作为层底拉应力。其计算公式为

$$\sigma_m = p\bar{\sigma}_m$$

$$\bar{\sigma}_m = f\left(\frac{h_1}{\delta}, \frac{h_2}{\delta}, \cdots, \frac{h_{n-1}}{\delta}, \frac{E_2}{E_1}, \frac{E_3}{E_2}, \cdots, \frac{E_0}{E_{n-1}}\right) \qquad (6.57)$$

式中　$\bar{\sigma}_m$——理论最大拉应力系数。

其他符号意义同式(6.46)。

6.6.6　新建路面结构设计步骤

新建沥青路面结构设计应按图6.16所示的流程进行,主要内容包括：

(1) 根据设计要求,按弯沉或弯拉指标分别计算设计年限内一个车道的累积标准当量轴次,确定设计交通量与交通等级,拟定面层、基层类型,并计算设计弯沉值或容许拉应力。

(2) 按路基土类与干湿类型及路基横断面形式,将路基划分为若干路段(在一般情况下路段长度不宜小于500 m,若为大规模机械化施工,不宜小于1 km),确定各个路段土基回弹模量设计值。

(3) 参考本地区的经验,拟定几种可行的路面结构组合与厚度方案,根据工程选用的材料进行配合比试验,测定各结构层材料的抗压回弹模量、劈裂强度等,确定各结构层的设计参数。

(4) 根据设计指标,采用多层弹性体系理论设计程序APDS计算或验算路面厚度。

(5) 对于季节性冰冻地区应验算防冻厚度是否符合要求。

(6) 进行技术经济比较,确定路面结构方案。

6.6.7　路面弯沉值竣工验收

路面交工时,应在不利季节采用BZZ-100标准轴载轮隙中心处实测路表弯沉值。其

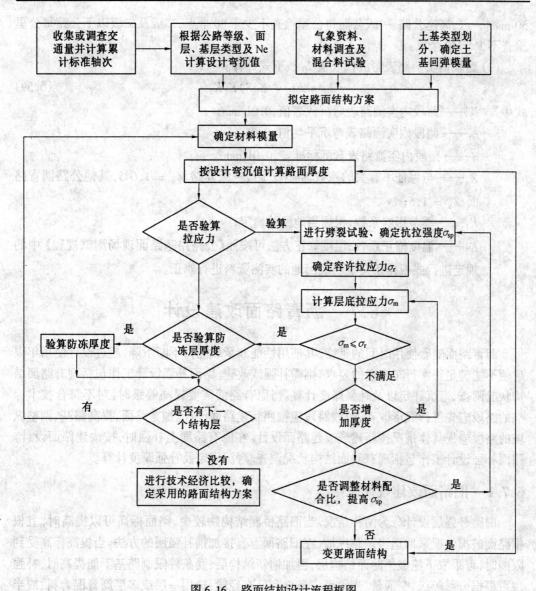

图 6.16 路面结构设计流程框图

弯沉代表值应符合式(6.58)的要求,即

$$l_{0j} \leq l_a \tag{6.58}$$

式中 l_{0j}——实测某路段的代表弯沉值,0.01 mm;

l_a——路表面弯沉检测标准值,0.01 mm,按最后确定的路面结构厚度与材料模量计算的路表面弯沉值。

(1)代表弯沉值检测,应在路面竣工后第一年的不利季节,利用标准轴载 BZZ-100 的汽车实测路表弯沉值,若为非标准轴载应进行换算。半刚性基层结构宜用 5.4 m 的弯沉仪测定;柔性基层结构可用 3.6 m 的弯沉仪测定。检测时,当沥青层厚度小于或等于 5 cm 时,可不进行温度修正;其他情况下均应进行温度修正。若在不利季节测定,应考虑季节修正。

(2)测定弯沉时应以 1～3 km 为一评定路段。检测频率视公路等级每车道每 10～

50 m 测一点,高速公路、一级公路每公里检查不少于 80 个点,二级及二级以下公路每公里检查不少于 40 个点。

(3) 路段内实测路表弯沉代表值 l_0 按下式计算。

$$l_0 = (\bar{l}_0 + Z_a S) K_1 K_3 \tag{6.59}$$

式中 l_0——路段内实测路表弯沉代表值,0.01 mm;

$\bar{l}_0$——路段内实测路表弯沉平均值,0.01 mm;

S——路段内实测路表弯沉标准差,0.01 mm;

Z_a——与保证率有关的系数,高速公路、一级公路 $Z_a = 1.645$,其他公路沥青路面 $Z_a = 1.5$;

K_1——季节影响系数,根据当地经验确定;

K_3——温度修正系数,温度修正方法可按照《公路路基路面现场测试规程》中的规定进行或根据条文说明或当地的实测资料进行修正。

6.7 沥青路面改建设计

沥青路面随着使用时间的延续,其使用性能和承载能力不断下降,超过设计使用年限后便不能满足正常行车交通的要求,则需补强或改建。路面补强设计工作包括现有路面结构状况调查、弯沉评定以及补强厚度计算。当原有路面需要提高等级时,对不符合技术标准的路段应先进行线形改善,改线路段应按照新建路面设计。加宽路面、提高路基、调整纵坡的路段应视具体情况按新建或改建路面设计。在原有路面上补强时,按改建路面设计。路面补强设计工作包括现有路面结构状况调查、弯沉评定及补强厚度计算。

6.7.1 旧路面改建设计原则

旧路补强层设计分为两种情况。当旧路桥涵结构物较少,路面标高可以提高时,宜根据路面破损情况采取适当调整纵坡,在旧路面上直接加铺补强层的方法。当提高标高受到限制时,可采取下挖破损路面结构层,再加铺新结构层;受条件限制路基不能提高时,补强层可根据公路等级、交通量、当地经济条件和已有经验,选用一层或多层沥青混合料,或半刚性基层沥青面层等结构组成。对已有旧路面进行改造时应遵循以下原则。

(1) 当原有路面需要提高等级时,对不符合技术标准的路段,应先进行线形改善,使其符合交通部颁发的《公路工程技术标准》的规定。

(2) 改线路段应按新建路面设计。加宽路面、提高路基、调整纵坡的路段应视具体情况按新建或改建路面设计。在原有路面上补强时,按改建路面设计。

(3) 调查原路面状况,对路面破损程度进行分段评价,分析路面损坏原因,分段拟定路面改建工程设计方案。

(4) 交通量大的高速公路、一级公路以及城市公路宜选择施工方便、工期短、对交通干扰少的设计方案。设计方案应在保证一定使用年限的要求下,尽量减少原路的开挖工程数量,减少废弃材料。

(5) 设计方案应考虑原路面的沥青混合料、半刚性基层材料的再生利用,并结合已有成果和经验,积极慎重地推广再生技术。

(6) 在原路扩宽工程中应采取措施加强新、老路面之间的结合,防止加宽部分与原有路面间产生差异沉降。

(7) 大型改扩建工程应根据设计方案修建试验路,总结交通组织疏导、施工组织、施工工艺、施工质量控制等方面经验,改进设计方案。

6.7.2 沥青路面加铺层

1. 调查内容

路面的改建、大修工程,除按《公路勘测规范》(JTJ 061)的有关规定进行测量调查外,还应重点调查下列内容。

(1) 调查破损情况,包括裂缝率、车辙深度、修补面积等。

(2) 评价原路面结构承载能力。

(3) 根据破损情况和承载能力的测试与评价,选择路面外观为好、中、差的典型使用状况,进行分层钻芯或探坑取样,采集沥青混合料和基层、底基层、土基的样品进行试验,分析破损原因,判断其破坏层位及是否可以利用。

(4) 取样调查路床范围内路基土的分层含水量、土质类型及承载力等,分析路基的稳定性、强度以及路基路面范围内排水状况等。

2. 分段设计

设计应根据下列情况将全线划分为若干段,分段时,应考虑下列因素。

(1) 将原路面的破损形态、弯沉值、破损原因相近的划分为一个路段。

(2) 在同一路段内,若局部路段弯沉值很大,可先修补处理再进行补强。在计算该段代表弯沉值时,可不考虑个别弯沉值大的点。

(3) 一般按 1 km 为单位对路况进行评价,当路况评价指标基本接近时可将路段延长。在水文、土质条件复杂或需要特殊处理的路段,其分段最小长度可视实际情况确定。

3. 弯沉计算

各路段应采用 BZZ – 100 标准轴载汽车,用贝克曼梁测定原有路面的弯沉值,每 20~50 m 测一点,弯沉值变化大时可加密测点,每车道、每路段测点数不少于 20 点。如采用非标准轴载的汽车检测时,则宜按式(6.60)将非标准轴载测得的弯沉值换算为标准轴载下的弯沉值。

$$\frac{l_{100}}{l_i} = \left(\frac{P_{100}}{P_i}\right)^{0.87} \tag{6.60}$$

式中　P_{100}、l_{100}——100 kN 标准轴载及相对应的弯沉值;

　　　P_i、l_i——非标准轴载及相对应的弯沉值。

各路段的计算弯沉值 l_0 应按式(6.61)计算,当弯沉在非不利季节测定时,应根据当地经验考虑季节影响系数的修正。对冰冻地区的潮湿或过湿的路基,宜考虑路面强度逐渐衰减的影响,乘以湿度影响系数。路面弯沉值是以 20 ℃ 为测定沥青弯沉值的标准状态,当沥青面层厚度大于 5 cm 且路面温度不是 20±2℃ 时，应对测定弯沉值进行温度修正。

$$l_0 = (\bar{l}_0 + Z_a S) K_1 K_2 K_3 \tag{6.61}$$

式中　l_0——路段的计算弯沉值，0.01 mm；

　　　$\bar{l}_0$——路段内原路面上实测弯沉的平均值，0.01 mm；

　　　S——路段内原路面上实测弯沉的标准差，0.01 mm；

　　　Z_a——保证率系数，对高速公路、一级公路，Z_a 取 1.5~1.64，二级公路及二级以下 Z_a 取 1.5；

　　　K_1——季节影响系数；

　　　K_2——湿度影响系数；

　　　K_3——温度修正系数。

4. 旧沥青路面处理

(1) 沥青路面整体强度基本符合要求，车辙深度小于 10 mm，轻度裂缝而平整度及抗滑性能较差时，可直接加铺罩面，恢复表面使用功能。

(2) 对中度、重度裂缝段宜视具体情况铣刨路面，否则应进行灌缝、修补坑槽等处理，必要时应采取防裂措施(如在旧路面上设应力吸收层或铺设土工合成材料)后再加铺沥青层。对沥青层网裂、龟裂或沥青老化的路段应进行铣刨并清除干净，并设粘层沥青后，再加铺沥青层。

(3) 对整体强度不足或破损严重的路段，视路段破损程度确定挖除深度、范围以及加铺补强层的结构与厚度。

5. 加铺面层

(1) 可用沥青混凝土罩面、表面处治或其他预防性养护措施改善提高沥青表面层的服务功能。一般单层沥青混凝土罩面厚度可为 30~50 mm；超薄层罩面厚度宜为 20~25 mm。预防性养护可选用稀浆封层、微表处或养护剂等。

(2) 超薄磨耗层结合料宜为改性沥青或掺入其他添加剂，提高超薄磨耗层的水稳性。

6. 原有路面当量回弹模量的计算

原路面当量回弹模量应根据路段的划分，采用轮隙弯沉法(贝克曼梁测弯沉、自动弯沉仪测弯沉)或落锤式弯沉仪(FWD)测定原路面弯沉值，计算各路段的当量回弹模量值。各路段的当量回弹模量应根据各路段的计算弯沉值，按式(6.62)计算。

$$E_t = 1\,000 \frac{2p\delta}{l_0} m_1 m_2 \tag{6.62}$$

式中　E_t——原路面的当量回弹模量，MPa；

　　　δ——标准轴载单轮传压面当量圆半径，cm；

　　　l_0——原路面的计算弯沉，0.01 mm；

　　　p——标准轴载车型轮胎接地压强，MPa；

　　　m_1——用标准轴载的汽车在原路面上测得的弯沉值与用承载板在相同压强条件下所测得的回弹变形值之比，即轮板对比值。应根据各地的对比试验结果论证地

确定,在没有对比试验资料的情况下,可取 $m_1 = 1.1$(轮隙弯沉法)进行计算;

m_2—— 原路面当量回弹模量扩大系数。

计算与原路面接触的补强层层底拉应力时,m_2 按式(6.63)计算,计算其他补强层层底拉应力及弯沉值时,$m_2 = 1.0$。

$$m_2 = e^{0.037\frac{h'}{\delta}\left(\frac{E_{n-1}}{p}\right)^{0.25}} \tag{6.63}$$

式中　E_{n-1}—— 与原路面接触层材料的抗压模量,MPa;

h'—— 各补强层相当于原路面接触层的模量 E_{n-1} 的等效总厚度,cm。

等效总厚度 h' 可按式(6.64)计算

$$h' = \sum_{i=1}^{n-1} h_i (E_i/E_{n-1})^{0.25} \tag{6.64}$$

式中　E_i—— 第 i 层补强层材料的抗压回弹模量,MPa;

h_i—— 第 i 层补强层的厚度,cm;

$n-1$—— 补强层层数。

根据对原路面调查检测资料及路面弯沉或当量回弹模量的统计计算结果,按《公路沥青路面养护技术规范》(JTJ 073.2—2001)的规定,对路面破损状况、行驶质量、强度及抗滑性能进行路面状况评价。

沥青路面大修、改建,应根据公路等级、交通量和使用要求,并结合路况评价结果,或根据路面调查的裂缝率、修补面积以及弯沉测定资料,分段选用表 6.23 所列的具体维修养护对策,或制定路面改建方案。

表 6.23　旧路维修养护对策

公路等级		高速公路、一级公路					二级或二级以下				
强度指标		路面强度系数 SSI					路面强度系数 SSI				
养护措施		优	良	中	次	差	优	良	中	次	差
路面状况系数 PCI	优	A1	A2	A3	C	C	A1	A1	A2	C	C
	良	A1	A2	A2	C	C	A1	A1	A2	C	C
	中	A2	A3	B	C	C	A1	A2	A3	C	C
	次	A3	B	B	C	C	A2	A2	B	C	C
	差	B	B	B	C	C	A2	B	B	C	C
行驶质量指数 RQI	优	A1	A2	A3	C	C	A1	A1	A2	C	C
	良	A2	A3	B	C	C	A1	A2	A2	C	C
	中	A3	B	B	C	C	A2	A2	A3	C	C
	次	B	B	B	C	C	A3	A3	B	C	C
	差	B	B	B	C	C	A3	B	B	C	C

7. 技术措施

(1)原有路面加宽时防止产生差异沉降的措施。

①加宽部分的沥青面层与原有路面的纵向接缝处,宜采取挖台阶、布设土工材料等加强措施,以减缓因路基不均匀沉降而产生裂缝。

②铺筑路面之前应检查加宽部分路基土的密实度,并视具体情况采取措施,使加宽部分的整体强度与原有路面的整体强度相近,然后再进行全幅罩面或补强。

(2)旧路面养护、大修措施。

①当路面基本完好,少裂或无裂、无明显车辙时,宜采取对策 A1,即以日常养护为主,并对局部破损进行修补,养护与修补路面应符合《公路沥青路面养护技术规范》有关要求。

②当路面基本完好,少量发裂或轻微裂缝,或有表面雨水下渗,为防止雨水下渗,宜采取对策 A2,即采取微表处、稀浆封层等预防养护措施。

③当路面基本完好,有明显的纵、横向裂缝,局部网裂或有表面雨水下渗,或有小于 15 mm 的车辙,为改善抗滑性能或平整度,宜采取对策 A3,即采取加铺薄层罩面措施。

④路面强度衰减,有明显的纵、横向裂缝,出现较多网裂,有局部变形、沉降,平整较度差时,宜采取对策 B,即进行中修,加铺沥青混凝土层。加铺厚度视破损程度和弯沉值的具体情况而定。

⑤路面强度衰减严重,弯沉值很大,路面出现较多纵、横向裂缝、网裂或龟裂,有明显变形和沉降,平整较度很差时,宜采取对策 C,即按补强设计方法大修。

(3)防止反射裂缝措施

旧路面补强时,宜在原路面与补强层之间设置调平层 20~30 mm,既调平原路面,也可将减裂、加强层间结合,防止以及应力吸收层等功能,综合考虑而设置的一层结构层。

对旧路面有较多裂缝时,为减缓反射裂缝,可以在调平层上或补强层之间铺设土工合成材料,起到加筋、减裂、隔离软弱夹层等作用。玻璃纤维格栅的布设有自粘式和定钉式,聚酯无纺土工织物有针刺、烧毛土工布和普通土工布,设计人员应考虑施工质量可靠、施工工艺简便、有较好实绩的产品,以保证工程质量。常用土工合成材料有玻璃纤维格栅、耐高温的聚酯土工织物。玻璃纤维格栅和聚酯土工织物的质量分别符合表 6.24 和表 6.25 的要求。玻璃纤维格栅网孔尺寸宜为其上铺筑的沥青层材料最大粒径的 0.5~1.0 倍。土工合成材料之上,应有等于或大于 70 mm 沥青层。

表 6.24 玻璃纤维格栅技术要求

指标内容	指标要求	测试温度/℃
抗拉强度/($kN \cdot m^{-1}$)	≥50	20±2
最大负荷延伸率/%	≤3	20±2
网孔尺寸(mm×mm)	12×12~20×20	20±2
网孔形状	方形或矩形	20±2

表 6.25 土工织物技术要求

指标内容	指标要求	测试温度/℃
抗拉强度/(kN·m^{-1})	≥8	20±2
单位面积质量/(g·m^{-2})	≤200	20±2

8.加铺补强层设计步骤

旧路补强设计应不同于新建,旧路补强设计的目的是恢复原路面功能,或满足一定时间内的交通需要,因此,旧路补强设计应根据公路等级、交通量、改扩建规划和已有经验确定设计年限。一般高速公路、一级公路宜为 8 ~ 12 年,二、三级公路宜为 6 ~ 8 年。当沥青路面的整体强度符合要求,但路面的使用性能不满足路面服务性能指标要求时,一般应采用薄层罩面措施,恢复和改善路面的使用性能。薄层罩面厚度宜为 20 ~ 40 mm,薄罩面层的厚度与级配类型选择、施工方法,以及公路等级、交通量、当地经济条件等因素有关,宜根据改善表面使用功能的目的按表 6.26 的要求进行选择。对防水罩面宜选用密级配沥青混凝土,对抗滑罩面宜选用抗滑面层。

表 6.26 薄层罩面类型与建议厚度

公路等级	高速、一级公路				二级及二级以下		
养护对策	AC-13I　SMA-13 UTAB-13　SUP-13	微表处	稀浆封层		AC-10I AC-13I	稀浆封层	单、双层沥表表面处治
厚度/mm	30 ~ 40	5 ~ 10	8 ~ 15		20 ~ 30	8 ~ 15	10 ~ 25

选用薄层罩面时,应保证加铺沥青混凝土厚度与其最大公称粒径相匹配,且施工厚度不得小于最小施工层厚度。薄层罩面施工时,应严格控制摊铺碾压温度,保证罩面层压实度及与下层的层间结合。罩面厚度为 5 ~ 20 mm 时,可选微表处、稀浆封层、单层表处。当薄层罩面厚度为 20 ~ 30 mm 时,属超薄面层,可选用超薄面层 UTAB-10 或双层表处。当薄层罩面厚度为 30 ~ 40 mm 时,属普通罩面设计。

补强层结构厚度应按下述步骤设计。

(1)首先计算原有路面的当量回弹模量。

(2)拟定几种可行的结构组合与结构层厚度,确定各补强层的材料参数。

(3)补强设计时,仍以设计弯沉值作为路面整体刚度的控制指标;对于二级和二级以上的公路,还应验算补强层层底拉应力。设计弯沉值、各补强层层底拉应力和容许拉应力的计算方法、补强层材料参数的确定与新建路面设计时的各项规定相同。弯沉综合修正系数按式(6.65)计算。对季节性冰冻地区的中、潮湿路段还应验算防冻厚度。

$$F = 1.45\left(\frac{l_s}{2\,000\delta}\right)^{0.61}\left(\frac{E_t}{p}\right)^{0.61} \tag{6.65}$$

(4)采用弹性层状体系理论设计程序计算设计层的厚度或进行结构验算,补强单层时以双层弹性体系为设计计算的力学模型,补强 $n-1$ 层时以 n 层弹性体系为力学计算模型。

(5)根据各方案的计算结果进行技术经济比较,确定补强方案。

6.7.3 水泥混凝土路面加铺沥青路面

1.调查内容

对于水泥混凝土路面,应重点调查以下内容。

(1)破碎板块、开裂板块、板边角的破损状况,并逐个记录破损板块的位置和数量或按车道绘出破损状况草图,计算每公里断板率。调查纵、横向接缝拉开宽度、错台位置与高度,计算错台段的平均错台高度;调查板底脱空位置等。

(2)用落锤式弯沉仪或贝克曼弯沉仪进行现场测定。

①视路况每块板或每2~4块板选一测点,在横向接缝板边距板角30~50 cm处测定弯沉,全面了解水泥混凝土路面的承载能力情况。

②根据测定弯沉值或弯沉盆资料,选择典型路段测定横向接缝或裂缝两侧板边的弯沉值,以评价原混凝土板的承载能力、接缝传荷能力,并结合平均错台高度判断板底脱空情况。

(3)选择典型路面状况,分层钻芯取样,测定原混凝土强度、模量等,分析破坏原因。

2.原路面接缝传荷能力的评价

(1)横向接缝两侧板边的弯沉差宜按式(6.66)计算。

$$\Delta_D = D_u - D_e \tag{6.66}$$

式中　Δ_D——弯沉差,0.01 mm;
　　　D_u——未受荷板接缝边缘处的弯沉值,0.01 mm;
　　　D_e——受荷板接缝边缘处的弯沉值,0.01 mm。

(2)用贝克曼弯沉仪或落锤式弯沉仪测定横向接缝两侧板边的弯沉时,宜用平均弯沉值按式(6.67)评价水泥混凝土板的承载能力,并区分不同情形对水泥混凝土板进行处治。

$$\overline{D} = \frac{D_u + D_e}{2} \tag{6.67}$$

式中　$\overline{D}$——平均弯沉值,0.01 mm。

3.原路面结构参数的确定

原混凝土路面的结构参数,包括面板厚度、弯拉强度、弯拉弹性模量、基层顶面当量回弹模量标准值,可按《公路水泥混凝土路面设计规范》(JTG D40)的有关规定确定。

4.原路面补强措施

根据破损调查和承载能力测试资料,原水泥混凝土路面可按表6.27进行处理。若路面结构承载能力不满足现有交通荷载要求,应采取补强措施。

表 6.27　原水泥混凝土路面处理方法

原路面状况	评价等级	平均弯沉值 (0.01 mm)	修 补 方 法
路面破损状况	优和良	20~45	局部处理:更换破碎板、修补开裂板块、脱空板灌浆,使处治后的路段代表弯沉值低于20(0.01 mm),然后加铺沥青层
	中等及中等以下	>45	采取打裂或各种破碎技术将混凝土板打碎、压实,然后加铺补强层
接缝传荷能力不足		$\Delta_D > 6$	压浆填封,或增加传力杆,或采取打裂工艺消除垂直、水平方向变形,然后加铺沥青层
板底脱空			灌浆或打裂工艺、压实,消除垂直、水平方向变形,使路面稳定,然后加铺沥青层

5.沥青加铺层设计

沥青加铺层可设单层或双层沥青面层,视具体情况增加调平层或补强层等。加铺层设计应根据公路等级和使用要求、交通量、环境条件和纵、横向调坡设计,在处理破损原水泥混凝土板使其稳定的基础上,综合考虑防止反射裂缝措施,结合已有经验确定。

(1)在稳定的原水泥混凝土板上加铺沥青层时,对高速公路、一级公路(或中等及中等以上交通)厚度不宜小于100 mm,其他公路不宜小于70 mm。

(2)在原水泥混凝土路面上加铺沥青层时宜用热沥青或改性乳化沥青、改性沥青做粘层。为防止渗水、减缓反射裂缝及加强层间结合,宜设置20~25 mm 厚的聚合物改性沥青应力吸收层、应力吸收膜,或铺设长纤维无纺聚酯类土工织物等。

(3)按《公路沥青路面设计规范》(JTG D50)的有关规定增加或完善路面结构排水系统和防水措施。

6.破碎板的沥青面层补强设计

(1)当原路面板接缝或裂缝处平均弯沉大于45(0.01 mm)时,宜采取打裂措施,消除原水泥混凝土板脱空,使其与基层紧密结合、稳定后,再加铺结构层。

(2)当原路面板接缝或裂缝处平均弯沉大于70(0.01 mm)或水泥混凝土板较破碎时,可将板破碎成小块或碎石,作为下基层或底基层用。采用贝克曼弯沉仪或落锤式弯沉仪测定其当量回弹模量,按沥青路面加铺层的有关规定设计补强层和沥青层。

第7章 水泥混凝土路面

7.1 概 述

水泥混凝土路面是以水泥和水混合而成的水泥浆为胶结料,碎(砾)石为骨料,砂为填料,经拌和、摊铺、振捣(或压实)和养生而成的路面形式。主要包括普通混凝土、钢筋混凝土、连续配筋混凝土、预应力混凝土、装配式混凝土和钢纤维混凝土等路面。普通混凝土路面是指除了接缝区和局部范围(如角隅和边缘)外,其余部位不配置钢筋的混凝土路面,也叫素混凝土路面。

与其他类型路面相比,混凝土路面具有以下优点。

(1)强度高。混凝土路面具有很高的抗压强度和较高的抗弯拉强度以及抗磨耗能力。

(2)稳定性好。混凝土路面的水稳性、热稳性均较好,特别是它的强度能随着时间的延长而逐渐提高,不存在沥青路面的那种"老化"现象。

(3)耐久性好。混凝土路面经久耐用,一般能使用 20~40 年,而且它能通行包括履带式车辆等在内的各种运输工具。

(4)有利于夜间行车。混凝土路面色泽鲜明,能见度好,对夜间行车有利。

但是,混凝土路面也存在一些缺点,主要在于以下几个方面。

(1)开放交通较迟。一般混凝土路面完工后,要经过 28 天的潮湿养生,才能开放交通,如需提早开放交通,则需要采取特殊措施。

(2)水泥和水的需要量大。修筑 0.2 m 厚、7 m 宽的混凝土路面,每 1 km 要耗费约 400~500 t 水泥和约 250 t 水,尚不包括养生用的水在内,这会给水泥供应不足及缺水地区带来较大困难。

(3)有接缝。一般混凝土路面要建造许多接缝,这些接缝不但增加施工和养护的复杂性,而且容易引起行车跳动,影响行车的舒适性;接缝又是路面的薄弱点,如处理不当,将导致路面板边和板角处破坏。

(4)修复困难。混凝土路面损坏后,开挖很困难,修补工作量也大,且影响交通,这会对于有地下管线的城市道路,带来较大困难。

7.2 水泥混凝土路面的构造

7.2.1 土基

理论分析表明,通过刚性面层和基层传到土基上的压力很小,一般不超过 0.05 MPa。因此,混凝土板下似乎不需要有坚强的土基支承。然而,如果土基的稳定性不足,在水温变化的影响下出现较大的变形,特别是不均匀沉陷,仍将给混凝土面板带来很不利的影响。实践证明,由于土基的不均匀支承,使面板在受荷时底部产生过大的弯拉应力,导致混凝土路面产生破坏。因此,混凝土路面下路基必须密实、稳定和均匀。路基一般要求处于干燥或中湿状态,过湿状态或强度与稳定性不符合要求的潮湿状态的路基必须经过处理。

路基的不均匀支承,可能由下列因素所造成。

(1)不均匀沉陷。湿软地基未达充分固结;土质不均匀,压实不充分、填挖结合部以及新老路基交接处处理不当等。

(2)不均匀冻胀。季节性冰冻地区,土质不均匀(对冰冻敏感性不同);路基潮湿条件变化等。

(3)膨胀土。在过干或过湿(相对于最佳含水量)时压实;排水设施不良等。

控制路基不均匀支承的最经济、有效的方法是:

(1)把不均匀的土掺配成均匀的土。

(2)控制压实时的含水量接近于最佳含水量,并保证压实度达到要求。

(3)加强路基排水设施建设,对于湿软地基,则应采取加固措施。

(4)加设垫层,以缓和可能产生的不均匀变形对面层的不利影响。

7.2.2 垫层

遇有下述情况时,需在基层下设置垫层。

(1)季节性冰冻地区,路面总厚度小于最小防冻厚度要求(见表7.1)时,其差值应以垫层厚度补足。

(2)水文地质条件不良的土质路堑,路床土湿度较大时,宜设置排水垫层,以疏干路床土,改善路面结构的支撑条件。

(3)路基可能产生不均匀沉降或不均匀变形时,可加设半刚性垫层。

表7.1 水泥混凝土路面最小防冻层厚度   m

路基干湿类型	路基土质	当地最大冰冻深度			
		0.50~1.00	1.01~1.50	1.51~2.00	>2.00
中湿路基	低、中、高液限黏土	0.30~0.50	0.40~0.60	0.50~0.70	0.60~0.95
	粉土、粉质土、中液限黏土	0.40~0.60	0.50~0.70	0.60~0.85	0.70~1.10
潮湿路基	低、中、高液限黏土	0.40~0.60	0.50~0.70	0.60~0.90	0.75~1.20
	粉土、粉质土、中液限黏土	0.45~0.70	0.55~0.80	0.70~1.00	0.80~1.30

注:①冻深小或填方路段,或者基层、垫层为隔温性能良好的材料,可采用低值,冻深大或挖方及地下水位高的路段,或者基层、垫层为隔温性能稍差的材料,应采用高值。

②冻深小于0.5 m的地区,一般不考虑结构层防冻厚度。

垫层的宽度应与路基同宽,其最小厚度为150 mm,防冻垫层和排水垫层宜采用砂、砂砾等颗粒材料,半刚性垫层可采用低剂量无机结合料稳定粒料或土。

7.2.3 基层

对水泥混凝土面层下基层的首要要求是抗冲刷能力。不耐冲刷的基层表面,在渗入水和荷载的共同作用下,会产生唧泥、板底脱空和错台等病害,导致行车的不舒适,并加速和加剧板的断裂。提高基层的刚度,有利于改善接缝的传荷能力。然而,其作用只能是在基层未受冲刷的前提下才能得到保证,而其效果不如在接缝内设置传力杆。

交通繁重程度会影响到基层受冲刷的程度以及唧泥和错台出现的可能性和程度。同时,基层材料中结合料的性质和含量以及细料的含量也会影响基层的抗冲刷能力。因此,按交通等级和基层的抗冲刷能力,提出了适宜于各交通等级的基层类型,如表7.2所示。

表 7.2 适宜各交通等级的基层类型

交通等级	基层类型
特重交通	贫混凝土、碾压混凝土或沥青混凝土基层
重交通	水泥稳定粒料或沥青稳定碎石基层
中等或轻交通	水泥稳定粒料、石灰粉煤灰稳定粒料或级配粒料基层

表7.3给出了各类基层厚度的适宜范围。

表 7.3 各类基层厚度的适宜范围

基层类型	厚度适宜的范围/mm
贫混凝土或碾压混凝土基层	120~200
水泥或石灰粉煤灰稳定粒料基层	150~250
沥青混凝土基层	40~60
沥青稳定碎石基层	80~100
级配粒料基层	150~200
多孔隙水泥稳定碎石排水基层	100~140
沥青稳定碎石排水基层	80~100

湿润、多雨地区,路基为低透水性细粒土的高速公路和一级公路或者承受特征或重交通的二级公路,宜采用排水基层。排水基层可选用多孔隙的开级配水泥稳定碎石、沥青稳定碎石或碎石,其孔隙率约为20%。

基层的宽度应比混凝土面层每侧至少宽出300 mm(采用小型机具施工时)或500 mm(轨模式摊铺机施工时)或650 mm(滑模式摊铺机施工时)。路肩采用混凝土面层,其厚度与行车道面层相同时,基层宽度宜与路基同宽。级配粒料基层的宽度也宜与路基同宽。

碾压混凝土基层应设置与混凝土面层相对应的接缝。贫混凝土基层在其弯拉强度超过1.8 MPa时,应设置与混凝土面层相对应的横向缩缝;一次摊铺宽度大于7.5 m时,应设置纵向缩缝。

基层下未设垫层,上路床为细粒土、粘土质砂或级配不良砂(承受特重或重交通),或者为细粒土(承受中等交通时)时,应在基层下设置底基层。底基层可采用级配粒料、水泥稳定粒料或石灰粉煤灰稳定粒料,厚度一般为 200 mm。

排水基层下应设置由水泥稳定粒料或者密级配粒料组成的不透水底基层,厚度一般为 200 mm。底基层顶面宜铺设沥青封层或防水土工织物。

7.2.4 混凝土面板

理论分析表明,轮载作用于板中部时,板所产生的最大应力约为轮载作用于板边部时的 2/3。因此,面层板的横断面宜采用中间薄两边厚的型式,如图 7.1 所示,以适应荷载应力的变化。一般边部厚度较中部约大 25%,是从路面最外两侧板的边部,在 0.6~1.0 m 宽度范围内逐渐加厚。但是厚边式路面对土基和基层的施工带来不便;而且使用经验也表明,在厚度变化转折处,易引起板的折裂。因此,目前国内外常采用等厚式断面,或在等厚式断面板的最外两侧板边部配置钢筋予以加固。

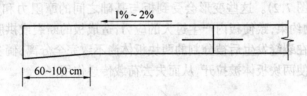

图 7.1 混凝土路面横断面示意图

普通水泥混凝土路面板的厚度须根据该路在使用期内的交通性质和交通量计算确定。普通混凝土、钢筋混凝土、碾压混凝土或连续配筋混凝土面层所需的厚度,可参考表 7.4 确定。

表 7.4 水泥混凝土面层厚度的参考范围

交通等级	特重			重		
公路等级	高速	一级	二级	高速	一级	二级
变异水平等级	低	中	低 中	低	中	低 中
面层厚度/mm	≥260	≥250	≥240	270~240	260~230	250~220
交通等级	中等			轻		
公路等级	二级	三、四级	三、四级	三、四级		
变异水平等级	高	中	高 中	高	中	
面层厚度/mm	240~210	230~200	220~200	≤230	≤220	

混凝土面板应保证表面平整、耐磨、抗滑。混凝土面板的平整度以 3 m 直尺量测为准。3 m 直尺与路面表面的最大间隙,高速公路和一级公路不应大于 3 mm;其他各级公路不应大于 5 mm。混凝土面板的抗滑标准以构造深度为指标。高速公路和一级公路不应低于 0.8 mm;其他各级公路不应低于 0.6 mm。

7.2.5 排水

混凝土路面的排水应根据公路等级、地形、地质、气候、年降雨量、地下水等条件,结合路基排水进行设计,使之形成良好的排水系统,确保排水畅通、路基路面稳定和行车安全。

高速公路和一级公路的路面排水一般由路肩排水、中央分隔带排水和路面表面渗入水的排除等组成,现代水泥混凝土路面的使用经验表明,路肩必须设置边坡与板底连通的排水盲沟,以利于将路面板接缝处的渗水排出路肩。

7.2.6 接缝

混凝土面层是由一定厚度的混凝土板所组成,它具有热胀冷缩的性质。由于大气温度的周期性变化,致使混凝土板产生各种形式的温度变形。年温差引起的温度变形,周期较长,温度变化缓慢,因此路面板的胀缩在厚度范围内呈均匀分布,这种变形一旦受到约束,将转变为温度内应力,若内应力超出容许范围,路面板即产生裂缝或被挤碎。在夏季,日温差较大,由于日温差变化周期较短,在路面板厚度范围内呈现不均匀分布,引起混凝土变形及开裂(见图7.2)。这些变形会受到板与基础之间的摩阻力和粘结力,以及板的自重车轮荷载等的约束,致使板内产生过大的应力,造成板的断裂或拱胀等破坏。由于翘曲而引起的裂缝,在裂缝发生后被分割的两块板体尚不致完全分离,倘若板体温度均匀下降引起收缩,则将使两块板体被拉开,从而失去荷载传递作用。

(a)温度坡差引起的变形　　(b)温度坡差引起的开裂　　(c)温度均匀下降引起的开裂

图7.2　混凝土板的变形和开裂

为避免这些缺陷,混凝土路面不得不在纵横两个方向设置许多接缝,把整个路面分割成许多板块(见图7.3)。以纵向与横向接缝将路面板分割为规则的形状,对于消除温度内应力,保持路面整齐的外观是有效的措施,但是接缝附近的路面板却因此成了最薄弱的部位。车轮通过时,由于边、角部位接缝对路面的削弱,更加容易断裂。雨水也容易穿过接缝渗入路基和基层,有时还会引起唧

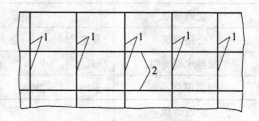

图7.3　路面接缝设置
1—横缝;2—纵缝

泥,使细颗粒土壤流失,造成路面板边、板角脱空等等。因此,从兼顾两方面的需要出发,混凝土路面既要设置接缝,又应尽量减少接缝数量,并且从接缝构造上保持两侧面板的整体性,以提高传荷能力,同时保护面板下路基与基层的正常工作条件。

横向接缝是垂直于行车方向的接缝,共有三种:缩缝、胀缝和施工缝。缩缝保证路面板因温度和湿度的降低而收缩时沿该薄弱断面缩裂,从而避免产生不规则的裂缝。胀缝保证路面板在温度升高是能部分伸张,从而避免产生路面板在热天的拱胀和折断破坏,同时胀缝也能起到缩缝的作用。混凝土路面每天完工以及因雨天或其他原因不能继续施工时,应尽量做到胀缝处。如不可能,也应做至缩缝处,并做成施工缝的构造形式。在任何

形式的接缝处,板体都不可能是连续的,其传递荷载的能力总不如非接缝处。而且任何形式的接缝都不免要漏水。因此,对各种形式的接缝,都必须为其提供相应的传荷与防水的设施。

1. 横缝的构造与布置

(1)横向缩缝

横向缩缝的构造(见图7.4),它可等间距或变间距布置,采用假缝形式。特重和重交通公路、收费广场以及邻近胀缝或自由端部的3条缩缝,应采用传力杆假缝形式,其构造如图7.4(a)所示。其他情况可采用不设传力杆的假缝形式,其构造如图7.4(b)所示。

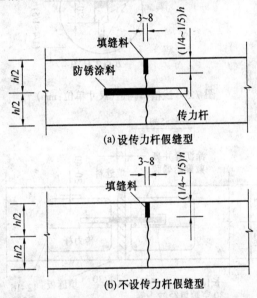

图7.4 横向缩缝构造(尺寸单位:mm)

横向缩缝的顶部应锯切槽口,深度为面层厚度的1/5~1/4,宽度为3~8 mm,槽内填塞填缝料。高速公路的横向缩缝槽口应增设深20 mm,宽6~10 mm的浅槽口,其构造如图7.5所示。

(2)横向胀缝

在邻近桥梁或其他固定构造物处或与其他道路相交处应设置横向胀缝。设置的胀缝条数,应根据膨胀量大小而定。低温浇筑混凝土面层或选用膨胀性高的集料时,宜酌情确定是否设置胀缝。胀缝宽20 mm,缝内设置填缝板和可滑动的传力杆。胀缝构造如图7.6所示。

(3)横向施工缝

设在缩缝处的横向施工缝,应采用加传力杆的平缝形式,其构造如图7.7(a)所示;设在胀缝处的施工缝,其构造与胀缝相同。遇有困难需设在缩缝之间时,施工缝采用设拉杆的企口缝形式,其构造如图7.7(b)所示。

2. 纵缝的构造与布置

纵缝应与路线中线平行,其构造如图7.8所示。在路面等宽的路段内或路面变宽路

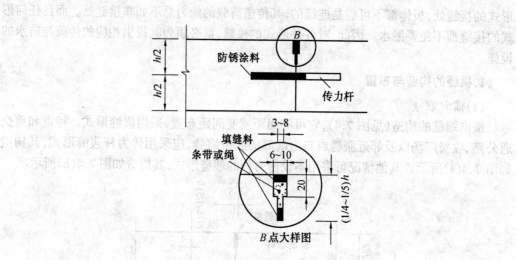

图 7.5 浅槽口构造(尺寸单位:mm)

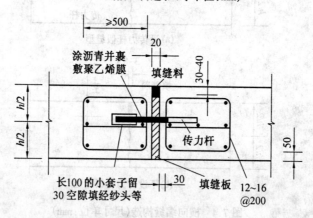

图 7.6 胀缝构造(尺寸单位:mm)

段的等宽部分,纵缝的间距和形式应保持一致。路面变宽段的加宽部分与等宽部分之间,以纵向施工缝隔开。加宽板在变宽段起至终点处的宽度不应小于 1 m。

(1)纵向施工缝

一次铺筑宽度小于路面宽度时,应设置纵向施工缝。纵向施工缝采用平缝形式,并应设置拉杆。上部应锯切槽口,深度为 30~40 mm,宽度为 3~8 mm,槽内灌塞填缝料,构造如图 7.8(a)所示。

(2)纵向缩缝

一次铺筑宽度大于 4.5 m 时,应设置纵向缩缝,其构造如图 7.8(b)所示。纵向缩缝采用假缝形式。锯切的槽口深度应大于施工缝的槽口深度。采用粒料基层时,槽口深度应为板厚的 1/3;采用半刚性基层时,槽口深度应为板厚的 2/5。

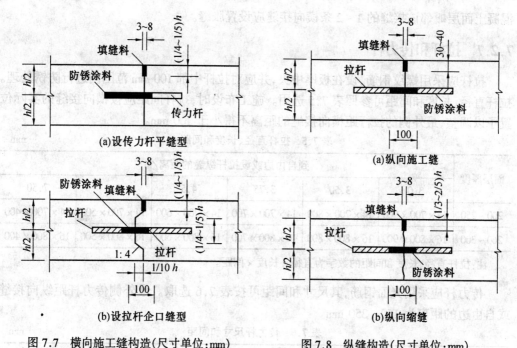

图 7.7 横向施工缝构造(尺寸单位:mm)　　图 7.8 纵缝构造(尺寸单位:mm)

3．交叉口接缝的布设

两条道路正交时，各条道路的直道部分均保持本身纵缝的连贯，而相交路段内各条道路的横缝位置应按相对道路的纵缝间距做相应变动，保证两条道路的纵横缝垂直相交，互不错位。两条道路斜交时，主要道路的直道部分保持纵缝的连贯，而相交路段内的横缝位置应按次要道路的纵缝间距做相应变动，保证与次要道路的纵缝相连接。相交道路弯道加宽部分的接缝布置，应不出现或少出现错缝和锐角板。

在次要道路弯道加宽段起至终点断面处的横向接缝，应采用胀缝形式。膨胀量大时，应在直线段连续布置 2～3 条胀缝。

4．端部处理

混凝土路面与固定构造物相衔接的胀缝无法设置传力杆时，可在毗邻构造物的板端部内配置双层钢筋网；或在长度为 6～10 倍板厚的范围内逐渐将板厚增加 20%。

混凝土路面与桥梁相接，桥头设有搭板时，应在搭板与混凝土面层板之间设置长 6～10 m 的钢筋混凝土面层过渡板。后者与搭板间的横缝采用设拉杆平缝形式，与混凝土面层间的横缝采用设传力杆胀缝形式。膨胀量大时，应连续设置 2～3 条设传力杆胀缝。当桥梁为斜交时，钢筋混凝土板的锐角部分应采用钢筋网补强。

桥头未设搭板时，应在混凝土面层与桥台之间设置长 10～15 m 的钢筋混凝土面层板，或设置由混凝土预制块面层或沥青面层铺筑的过渡段，其长度不小于 8 m。

混凝土路面与沥青路面相接时，其间应设置至少 3 m 长的过渡段。过渡段的路面采用两种路面呈阶梯状叠合布置，其下面铺设的变厚度混凝土板的厚度不得小于 200 mm。过渡板与混凝土面层相接处的接缝内设置直径 25 mm、长 700 mm、间距 400 mm 的拉杆。

混凝土面层毗邻该接缝的 1~2 条横向接缝应设置胀缝。

7.2.7 拉杆和传力杆

拉杆应采用螺纹钢筋,设在板厚中央,并应对拉杆中部 100 mm 范围内进行防锈处理。拉杆直径、长度和间距可参照表 7.5 选用。施工布设时,拉杆间距应按横向接缝的实际位置予以调整,最外侧的拉杆距横向接缝的距离不得小于 100 mm。

表 7.5 拉杆直径、长度和间距   mm

面层厚度	到自由边或设拉杆纵缝的距离/m					
	3.0	3.50	3.75	4.5	6.0	7.50
200~250	14×700×900	14×700×800	14×700×700	14×700×600	14×700×500	14×700×400
260~300	16×800×900	16×800×800	16×800×700	16×800×600	16×800×500	16×800×400

注:拉杆直径、长度和间距的数字为直径×长度×间距。

传力杆应采用光面钢筋,其尺寸和间距可按表 7.6 选取。最外侧传力杆距纵向接缝或自由边的距离为 150~250 mm。

表 7.6 传力杆尺寸和间距   mm

面层厚度/mm	传力杆直径	传力杆最小长度	传力杆最大间距
220	28	400	300
240	30	400	300
260	32	450	300
280	35	150	300
300	38	500	300

7.2.8 混凝土路面特殊部位的处理

1.混凝土面板板边补强

混凝土面层自由边缘下基础薄弱或接缝为未设传力杆的平缝时,可在面层边缘的下部配置钢筋。通常选用 2 根直径为 12~16 mm 的螺纹钢筋,置于面层底面之上 1/4 厚度处并不小于 50 mm,间距为 100 mm。纵向边缘钢筋仅作用在一块板内,不得穿过胀缝,一般也不应穿过缩缝,以免妨碍板的翘曲。为加强锚固能力,钢筋两端应向上弯起,边缘钢筋布置如图 7.9 所示。

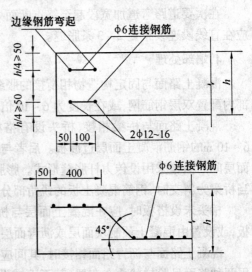

图 7.9 边缘钢筋布置图(尺寸单位:mm)

2.混凝土面板角隅补强

承受特征交通的胀缝、施工缝和自由边的面层角隅及锐角面层角隅,宜配置角隅钢筋。通常选用2根直径为12～16 mm的螺纹钢筋,置于面层上部,距顶面不小于50 mm,距边缘为100 mm,角隅钢筋布置如图7.10所示。

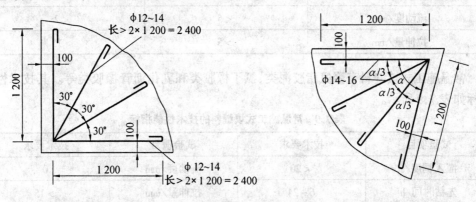

图7.10 角隅钢筋布置图(尺寸单位:mm)

3.构造物横穿公路

涵洞、管线等构造物横穿公路,为保证构造物不因行车荷载下传的力而造成破坏,应对构造物顶部及其两侧适当范围内的混凝土板采用钢筋网补强或采用钢筋混凝土板。

7.2.9 接缝材料及技术要求

接缝材料使用性能分接缝板和填缝料两类。接缝板要求能适应混凝土面板的膨胀与收缩,且施工时不变形、耐久性良好。填缝料要求能与混凝土面板缝壁粘结力强,且材料的回弹性好、能适应混凝土面板的膨胀与收缩、不溶于水、不渗水、高温时不溢出、低温时不脆裂以及耐久性好等等。接缝板可采用杉木板、纤维板、泡沫树脂板等。其性能指标如表7.7所示。

表7.7 接缝板的技术指标

试验项目	接缝板种类			备 注
	木材类	塑料泡沫类	纤维类	
压缩应力/MPa	5.0～20.0	0.2～0.6	2.0～10.0	
复原率/%	>55	>90	>65	吸水后不应小于不吸水的90%
挤出量/mm	<5.5	<5.0	<4.0	
弯曲荷载/N	100～400	0～50	5～40	

填缝料按施工温度可分为加热施工式和常温施工式两类。加热施工式填缝料主要有沥青橡胶类、聚氯乙烯胶泥类和沥青玛蹄脂类等。其技术性能指标如表7.8所示。

表 7.8 加热施工式填缝料的技术性能指标

试验项目	低弹性型	高弹性型
针入度(锥针法)/mm	<5	<9
弹性(复原率/%)	>30	>60
流动度/mm	<5	<2
拉伸量/mm	>5	>15

常温施工式填缝料有聚氨脂胶泥类、氯丁橡胶类和乳化沥青橡胶类等。其技术性能指标如表 7.9 所示。

表 7.9 常温施工式填缝料的技术性能指标

试验项目	技术要求	试验项目	技术要求
灌入稠度/s	<20	流动度/mm	0
先粘时间/h	6~24	拉伸量/mm	>15
弹性(复原率/%)	>75	—	—

7.3 弹性地基板体系理论

水泥混凝土路面板具有较高的力学强度,在车轮荷载作用下变形小,按照现行的设计理论,混凝土板工作在弹性阶段,也就是在计算汽车荷载作用下,板内产生的最大应力不超过混凝土的比例极限应力。当水泥混凝土板工作在弹性阶段时,基层和土基所承受的荷载单位应力及产生的变形也是微小的,它们也都工作于弹性阶段。同时,由于混凝土板与基层或土基之间的摩阻力一般不大,因此在力学图式上可把水泥混凝土路面结构看成是弹性地基板,用弹性地基板理论进行分析计算。

水泥混凝土路面的应力分析一般以弹性地基上的薄板为基本的力学模型。弹性地基包括文克勒(Winkler)地基、弹性半空间地基与弹性层状体系地基,其中前两种地基模型较为常用。

7.3.1 水泥混凝土路面的受力特点

水泥混凝土路面铺筑在基层上,在行车荷载和自然环境因素作用下,具有以下物理力学特点。

(1)混凝土的强度和模量远大于基层和土基的强度和模量。
(2)水泥混凝土本身的抗压强度远大于抗折强度。
(3)基表面与路面板间摩擦力较小。
(4)板块厚度相对于平面尺寸较小,板块在荷载作用下的挠度(竖向位移)很小。
(5)混凝土板在自然条件下,存在沿板厚方向的温度梯度,会产生翘曲现象,如果受到约束,会在板中产生翘曲应力。

(6)荷载多次重复作用,温度梯度也反复变化,混凝土板有疲劳现象。

根据以上特点,对板体进行受力分析时,应注意:

(1)混凝土的强度远大于基层模量和强度,这就决定了基层、土基的模量、强度参数的变化对整个结构的应力分布情况影响不大,这时可以将下层结构看作同一材料(介质)的弹性体(地基)。

(2)实际工程中,水泥板块往往因为抗折强度不足发生断裂(而不是压碎),这与水泥混凝土本身抗压强度远大于抗折强度的力学特点相吻合。这也确定了设计水泥路面板块厚度时,应以抗折强度作为主要标准。

(3)基层表面与路面板间摩擦力较小,在力学模型中,可以将摩擦力忽略,从而得到了板块与基层间完全光滑的联结条件,也就是板块和弹性地基间只传递竖向应力,而不传递水平面上的应力。

(4)板块厚度相对于平面尺寸较小,板块在荷载作用下的挠度(竖向位移)很小,可以采用小挠度弹性薄板理论。

(5)混凝土板在自然条件下,存在沿板厚方向的温度梯度,会产生翘曲现象,如果受到约束,会在板中产生翘曲应力。某种温度梯度下的温度翘曲应力最大值应出现在板块变形受到地基摩阻力完全限制的时候,也就是板与地基始终保持接触时。

(6)荷载多次重复作用,温度梯度也反复变化,混凝土板有疲劳现象,设计时,要考虑荷载疲劳应力和温度疲劳应力的综合作用。

7.3.2 小挠度弹性薄板的基本假设

在弹性力学里,两个平行面和垂直于这两个平行面所围成的柱面或棱柱面简称板。两个板面之间的距离 h 称厚度,平分厚度 h 的平面称为板的中面。如果板的厚度 h 远小于中面的最小边尺寸 b(例如 $b/8 \sim b/5$),这种板称薄板。当薄板弯曲时,中面所弯成的曲面称为薄板的弹性曲面,而中面内各点在横向的(即垂直于中面方向的)位移称挠度。水泥混凝土板属于小挠度弹性薄板,也就是说虽然板很薄,但仍然具有相当的弯曲刚度,因而其挠度远小于厚度。

研究小挠度弹性薄板在垂直于中面的荷载(板顶为局部范围内的轮载,板底为地基反力)作用下的弯曲时,通常采用下述三项基本假设。

(1)垂直于中面方向的应变 ε_z 极其微小,可忽略不计。因此由 $\varepsilon_z = \dfrac{\partial W}{\partial z} = 0$ 得 $W = W(x, y)$,说明竖向位移 W 仅是平面坐标 (x, y) 的函数,也就是说,在中面的任一根法线上,薄板全厚度范围内的所有点都具有相同的位移 W。

(2)垂直于中面的法线,在弯曲变形前后均保持为直线并垂直于中面,因而无横向剪切应变,即

$$\gamma_{zx} = \gamma_{zy} = 0 \tag{7.1}$$

(3)中面上各点无平行于中面的位移,即 $(U)_{z=0} = (V)_{z=0} = 0$

由后两点假设,应用几何方程可得到应变与竖向位移的关系式

$$\varepsilon_x = -z \frac{\partial^2 W}{\partial x^2}$$

$$\varepsilon_y = -z\frac{\partial^2 W}{\partial y^2}$$

$$\varepsilon_z = -2z\frac{\partial^2 W}{\partial x \partial y} \tag{7.2}$$

对于弹性地基薄板,板与地基的联系又采用了如下假设。

(1) 在变形过程中,板与地基的接触面始终吻合,即板面与地基表面的竖向位移是相同的。

(2) 在板与地基的两接触面之间没有摩阻力(可自由滑动),即将接触面上的剪应力视为零。

7.3.3 板挠曲面微分方程

从板上割取长和宽各为 dx 和 dy 高为 h 的单元,作用于单元上的内力和外力,如图 7.11 所示。根据单元的平衡条件($\Sigma Z = 0, \Sigma M_y, \Sigma M_x = 0$)可导出当板表面作用竖向荷载 p,地基对板底面作用竖向反力 q 时,板中心挠曲面的微分方程为

$$D\nabla^2\nabla^2 W = p - q \tag{7.3}$$

式中　∇^2——拉普拉斯算子,即 $\nabla^2 = \frac{\partial^2}{\partial x^2} + \frac{\partial^2}{\partial y^2}$;

　　　D——板的弯曲刚度,即 $D = \frac{E_c h^3}{12(1-\mu_c^2)}$;

　　　W——板的挠度;

　　　E_c——板的弹性模量;

　　　μ_c——板的泊松比;

　　　h——板厚。

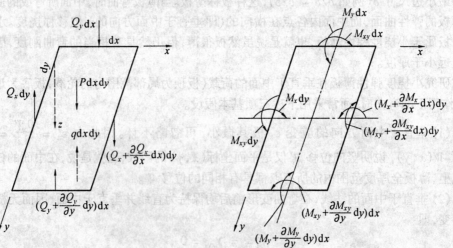

图 7.11　弹性地基板微分单元受力分析

荷载 p 及反力 q 如同竖向位移 W 一样,均为平面坐标 (x,y) 的函数,如图 7.12 所示。在求得板的挠度 W 后,即可由下式计算板的应力

第 7 章 水泥混凝土路面

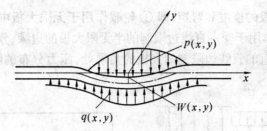

图 7.12 弹性地基板受荷时的弯曲

$$\sigma_x = -\frac{E_c z}{1-\mu_c^2}\left(\frac{\partial^2 W}{\partial x^2}+\mu_c\frac{\partial^2 W}{\partial y^2}\right)$$

$$\sigma_y = -\frac{E_c z}{1-\mu_c^2}\left(\frac{\partial^2 W}{\partial y^2}+\mu_c\frac{\partial^2 W}{\partial x^2}\right)$$

$$\tau_{xy} = -\frac{E_c z}{1+\mu_c^2}\frac{\partial^2 W}{\partial x \partial y} \tag{7.4}$$

对上式进行积分,可得到截面上的弯矩和扭矩

$$M_x = -D\left(\frac{\partial^2 W}{\partial x^2}+\mu_c\frac{\partial^2 W}{\partial y^2}\right)$$

$$M_y = -D\left(\frac{\partial^2 W}{\partial y^2}+\mu_c\frac{\partial^2 W}{\partial x^2}\right)$$

$$M_{xy} = -D(1+\mu_c)\frac{\partial^2 W}{\partial x \partial y} \tag{7.5}$$

在微分方程(7.3)中有两个未知数,即位移 W 和地基反力 q,因此必须建立附加方程将 W 与 q 联系起来,才能求得方程(7.3)的解 W。如果对地基的受力变形采用不同的假设,那么建立的 W 与 q 的关系方程也就不同。对于地基变形的假设(即地基模型),目前主要有两种,即文克勒地基假设与弹性半空间体地基假设,从而产生了两种求解弹性地基板应力和位移的方法。

7.4 水泥混凝土路面荷载应力分析

7.4.1 文克勒地基板的荷载应力分析

文克勒地基是以地基反应模量 K 表征的弹性地基,它假设地基上任一点的反力仅同该点的挠度成正比,而与其他点无关,即相当于地基是由互不相连的弹簧组成,如图 7.13(a) 所示。这一假说首先由捷克工程师文克勒(E.Winkler)提出,故称文克勒地基。地基反力 $q(x,y)$ 与该点的挠度 $W(x,y)$ 的关系为

$$q(x,y) = KW(x,y) \tag{7.6}$$

式中　K——地基反力模量,以 MPa/m^3 表示。

1. 文克勒地基上板的荷载应力威斯特卡德解

威斯特卡德于 1925 年最先运用文克勒地基上无限大板模型,分析了如图 7.14 所示的

三种车轮荷载位置下板的挠度和弯矩,即①轮载作用于无限大板中央,分布于半径为 R 为圆面积内;②轮载作用于受一直线边限制的半无限大板的边缘,分布于半圆内;③轮载作用于受两条相互垂直的直线边限制的大板的角隅处,压力分布的圆面积的圆心距角隅点为 $\sqrt{2}R$。

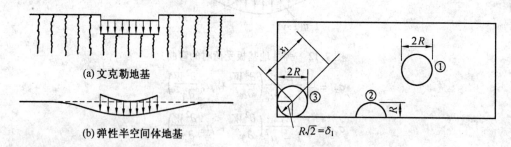

图 7.13　不同假设地基的受力变形图　　图 7.14　三种荷载位置图

在解微分方程(7.3)时,附加 $q = KW$ 并引入边界条件得出挠度 W,再代入式(7.4),最后得如图 7.14 所示三种荷载情形的最大应力计算公式。

(1) 荷载作用于板中(荷位①),荷载引起的最大弯拉应力计算公式为

$$\sigma_i = 1.1(1 + \mu_c)(\lg \frac{l}{R} + 0.267\,3)\frac{P}{h^2} \tag{7.7}$$

该最大拉应力出现在荷载中心处的板底。

相应的位移为

$$w_i = \frac{pl^2}{8D} \tag{7.8}$$

式中　　$l = \left(\dfrac{E_c h^3}{12(1 - \mu_c^2)K}\right)^{1/4}$,称为相对刚性半径。

(2) 荷载作用于板边缘中部(荷位②),荷位下板底的最大弯拉应力计算公式为

$$\sigma_e = 2.116(1 + 0.54\mu_c)(\lg \frac{l}{R} + 0.089\,78)\frac{P}{h^2} \tag{7.9}$$

相应的位移为

$$w_e = (1 + 0.4\mu_c)\frac{P}{\sqrt{6}Kl^2} \tag{7.10}$$

(3) 荷载作用于板角隅(荷位③),最大拉应力计算公式为

$$\sigma_c = 3\left[1 - \left(\frac{\sqrt{2}R}{l}\right)^{0.6}\right]\frac{P}{h^2} \tag{7.11}$$

该最大拉应力出现在板的表面距荷载圆中心为 x_1 的 45°分角线上。

相应的位移为

$$w_c = \left(1.1 - 0.88\frac{\sqrt{2}R}{l}\right)\frac{P}{Kl^2} \tag{7.12}$$

2.威斯特卡德解的修正

1930年美国在阿灵顿进行了混凝土路面足尺试验,通过试验,对上述应力计算公式进

行了修正。

(1) 板中荷位最大拉应力公式修正

在弹性薄板假定中，忽略了竖向应力 σ_z 的影响，并假定任何垂直于中面的直线在弯曲以后仍然为直线。如果作用在面板上的力不出现集中现象，荷载半径 R 与厚度 h 相差并不大，则以上的假定是符合实际的。如果 R 同 h 相比，小于某一限度，则以上的假定不再符合实际，应按照厚板理论进行计算，或采用当量半径 b 取代实际半径 R 来考虑这一影响，b 和 R 的关系按下式确定。

当 $R < 1.724h$ 时

$$b = \sqrt{1.6R^2 + h^2} - 0.675h \tag{7.13}$$

当 $R > 1.724h$ 时

$$b = R \tag{7.14}$$

(2) 荷载作用于板边

阿灵顿试验发现，在没有翘曲的情况下，对于常用的轮载，实测应力与威斯特卡德理论计算结果很一致；假如 R 值较大，则实测应力略大于威斯特卡德理论计算结果；假如 R 较小，则实测应力略小于威斯特卡德理论计算结果，但差异很小。在没有翘曲的情况下，其差值很小。在白天有翘曲的情况下，对于常用的轮载，实测应力略大于威斯特卡德理论计算结果。在夜晚有翘曲的情况下，对于常用的轮载，实测应力明显大于威斯特卡德理论计算结果。

板与地基保持接触时，不需修正；与地基脱空时，修正公式为

$$\sigma_e = 2.116(1 + 0.54\mu_c)(\lg\frac{l}{R} + 0.08975)\frac{P}{h^2} \tag{7.15}$$

(3) 荷载作用于板角

阿灵顿试验表明，在正常气候条件下，在白天，板角向下翘曲，板体与地基保持接触的条件下，实测应力与威斯特卡德理论结果完全一致。但是，在夜间，当角隅向上翘曲时，实测应力比威斯特卡德理论公式计算结果高出许多，断裂面离开角隅顶端的对角线距离大于威斯特卡德理论公式的计算结果，因此提出了角隅修正公式为

$$\sigma_c = 3\left[1 - \left(\frac{R}{l}\right)^{1.2}\right]\frac{P}{h^2} \tag{7.16}$$

7.4.2 弹性半空间体地基板的荷载应力分析

弹性半空间地基是以弹性模量和泊松比表征的弹性地基。它假设地基为一个向同性的弹性半无限体(故又称半无限地基)。地基在荷载作用范围内及影响所及以外部分均产生变形(见图 7.13(b))，其顶面上任一点的挠度不仅同该点的压力，也同其他各点的压力有关，即

$$q(x,y) = f[W(x,y)] \tag{7.17}$$

根据霍格理论，当弹性半空间体地基上作用任意竖向轴对称荷载 $p(r)$ 时，如图 7.15 所示，其表面的挠度为

$$W(r) = \frac{2(1-\mu_s^2)}{E_s} \int_0^\infty \bar{p}(\xi) J_0(\xi r) d\xi \tag{7.18}$$

式中　$\bar{p}(\xi)$——荷载 $q(r)$ 的享格尔(Hankel)函数；
　　　$J_0(\xi r)$——第一类零阶贝塞尔(Bessel)函数；
　　　ξ——任意参数；
　　　E_s、μ_s——分别为地基的弹性模量和泊松比。

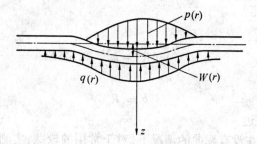

图 7.15　弹性半空间地基挠度计算图式

对于外荷载与弹性地基板本身均属于轴对称的情况下,方程(7.3)变为

$$D \nabla^2 \nabla^2 W(r) = p(r) - q(r) \tag{7.19}$$

式中　∇^2——拉普拉斯算子,即 $\nabla^2 = \dfrac{d^2}{dr^2} + \dfrac{1}{r}\dfrac{d}{dr}$；
　　　$W(r)$、$p(r)$、$q(r)$——分别为随坐标变化的板的挠度、荷载与反力。

此时板内辐向弯矩 M_r 与切向弯矩 M_t 的表达式为

$$M_r = -D\left(\frac{d^2}{dr^2} + \frac{\mu_c}{r}\frac{d}{dr}\right)W(r)$$

$$M_t = -D\left(\frac{1}{r}\frac{d}{dr} + \mu_c \frac{d^2}{dr^2}\right)W(r) \tag{7.20}$$

当荷载作用于板中时(见图7.16),应用弹性地基上无限大板轴对称课题的理论解来计算荷载位置的弯矩。即将式(7.18)代入式(7.19)中可解得板挠度方程(7.3)的贝塞尔函数解 $W(r)$,再将它代入式(7.20)便得圆形均布荷载下板在单位宽度内所产生的最大弯矩为

$$M_r = M_t = \frac{CP(1+\mu_c)}{2\pi\alpha R} = \overline{M_0}P \tag{7.21}$$

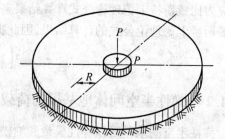

图 7.16　在无限大圆板上的圆形均布荷载图

当轮载距计算点一定距离时,可作为集中荷载,则距离集中荷载作用点 r 处,板在单位宽度内的弯矩(见图7.17)为

$$M_t = (A + \mu_c B)P = \overline{M_t}P$$
$$M_r = (B + \mu_c A)P = \overline{M_r}P \tag{7.22}$$

式中　M_r——单位板宽内的辐向弯矩，MN/m；
　　　M_t——单位板宽内的切向弯矩，MN/m；
　　　P——作用在板上的车轮荷载，MN；
　　　C——随 αR 值而变的系数，$C = \int_0^\infty \dfrac{tJ_1(\alpha Rt)}{1+t^3}dt$，其值可查表 7.10；
　　　A、B——随 αr 值而变的系数，$A = \dfrac{1}{2\pi\alpha r}\int_0^\infty \dfrac{tJ_1(\alpha rt)}{1+t^3}dt$，
　　　　　　　　$B = \dfrac{1}{2\pi}\int_0^\infty \left[J_0(\alpha rt) - \dfrac{tJ_1(\alpha rt)}{\alpha rt} \right] \dfrac{t^2}{1+t^3}dt$；
　　　t——任意参变量；
　　　α——与板的弯曲刚度有关的弹性特征系数，$\alpha = \sqrt[3]{\dfrac{E_s}{2D(1-\mu_s^2)}} = \dfrac{1}{h}\sqrt[3]{\dfrac{6E_s(1-\mu_c^2)}{E_c(1-\mu_s^2)}}$；
　　　R——车轮荷载当量圆半径，m；
　　　r——集中荷载作用点至求算弯矩点间的距离，m；
　　　h——板厚，m；
　　　E_c、E_s——分别为混凝土和基础的弹性模量，MPa；
　　　μ_c、μ_s——分别为混凝土和基础的泊松比；
　　　M_0——取 $\mu_c = 0.15$ 时均布荷载位置下的弯矩系数，其值随 αR 变化，可由表 7.10 中查得；
　　　M_r、M_t——分别为距离集中荷载作用点 r 处的辐向和切向弯矩系数，其值随 αr 变化，可由表 7.11 查得。

应当指出，在上述理论中所称的无限大圆形薄板，应符合下列条件。

$$S = 3\dfrac{1-\mu_c^2}{1-\mu_s^2}\dfrac{E_s R_B^3}{E_c h^3} \geq 10 \tag{7.23}$$

式中　S——板的刚性指数；
　　　R_B——与板面积相等的圆形板的半径，m。

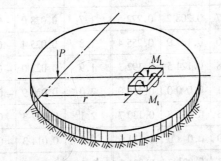

图 7.17　距离集中荷载作用点为 r 处的弯矩

表 7.10 C 与 $\overline{M_0}$ 系数值

R	C	$\overline{M_0}$	R	C	$\overline{M_0}$
0.02	0.045 3	0.414 3	1.4	0.333 6	0.043 6
0.04	0.076 7	0.350 9	1.5	0.322 8	0.039 4
0.06	0.102 9	0.313 9	1.6	0.311 3	0.035 6
0.08	0.125 7	0.287 5	1.7	0.299 4	0.032 2
0.1	0.146 0	0.267 2	1.8	0.287 2	0.029 2
0.2	0.223 1	0.204 2	1.9	0.275 0	0.026 5
0.3	0.274 9	0.167 7	2.0	0.262 7	0.024 0
0.4	0.310 7	0.142 2	2.1	0.238 5	0.019 8
0.5	0.335 4	0.122 8	2.2	0.215 3	0.016 4
0.6	0.351 7	0.107 3	2.3	0.193 5	0.013 6
0.7	0.361 5	0.094 5	2.4	0.173 2	0.011 3
0.8	0.366 2	0.083 8	2.5	0.154 7	0.009 4
0.9	0.366 9	0.074 6	2.6	0.137 8	—
1.0	0.364 4	0.066 7	2.7	0.122 7	—
1.1	0.359 3	0.059 8	2.8	0.109 1	—
1.2	0.352 1	0.053 7	2.9	0.097 0	—
1.3	0.343 5	0.048 4	3.0	0.086 3	—

表 7.11 $A, B, \overline{M_r}, \overline{M_t}$ 系数值

αr	A	B	$\overline{M_r}$	$\overline{M_t}$	αr	A	B	$\overline{M_r}$	$\overline{M_t}$
0.02	0.360 3	0.280 8	0.334 9	0.402 4	1.4	0.037 9	-0.016 5	-0.010 8	0.035 4
0.04	0.305 2	0.225 7	0.271 5	0.339 1	1.5	0.034 2	-0.017 8	-0.012 7	0.031 5
0.06	0.272 9	0.193 5	0.234 4	0.301 9	1.6	0.031 0	-0.018 6	-0.013 9	0.028 2
0.08	0.250 1	0.170 7	0.208 2	0.272 5	1.7	0.028 0	-0.019 2	-0.015 0	0.025 1
0.1	0.232 4	0.153 0	0.187 9	0.255 4	1.8	0.025 4	-0.019 5	-0.015 6	0.022 5
0.2	0.177 5	0.098 8	0.124 5	0.192 3	1.9	0.023 0	-0.019 6	-0.016 1	0.020 1
0.3	0.145 8	0.068 1	0.090 0	0.156 0	2.0	0.020 9	-0.019 5	-0.016 3	0.018 0
0.4	0.123 6	0.047 3	0.065 8	0.130 7	2.1	0.017 3	-0.018 9	-0.016 3	0.014 4
0.5	0.106 8	0.032 0	0.048 0	0.111 6	2.2	0.014 3	-0.017 9	-0.015 7	0.011 5
0.6	0.093 3	0.020 3	0.034 3	0.096 3	2.3	0.011 8	-0.016 8	-0.015 0	0.009 3
0.7	0.082 2	0.011 2	0.023 5	0.083 9	2.4	0.009 8	-0.015 4	-0.013 9	0.007 5

续表7.11

αr	A	B	$\overline{M_r}$	$\overline{M_t}$	αr	A	B	$\overline{M_r}$	$\overline{M_t}$
0.8	0.072 9	0.004 0	0.014 9	0.073 5	2.5	0.008 2	-0.014 1	-0.012 9	0.006 1
0.9	0.064 9	-0.001 7	0.008 0	0.064 6	2.6	0.006 9	-0.012 7	-0.011 7	0.005 0
1.0	0.058 0	-0.006 2	0.002 5	0.057 1	2.7	0.005 7	-0.011 4	-0.010 5	0.004 0
1.1	0.052 0	-0.009 8	-0.002 0	0.050 5	2.8	0.004 8	-0.010 2	-0.009 5	0.003 3
1.2	0.046 7	-0.012 7	-0.005 7	0.044 8	2.9	0.004 1	-0.009 1	-0.008 5	0.002 7
1.3	0.042 0	-0.014 9	-0.008 6	0.039 8	3.0	0.003 4	-0.008 0	-0.007 5	0.002 2

一般现场浇筑的混凝土路面均能符合上述条件,故不需验算。同时,只有当荷载中心点与板边距离(m)大于 $1.5/\alpha$ 时,才能用公式(7.21)、(7.22)进行计算。

当单后轴汽车的两侧后轴同时作用在板上时,由于两组车轮相距较远,其中一组后轮对另一组后轮下板所引起的附加弯矩,相对来说是很小的,一般可不予考虑。

至于两组后轮中央处板所承受的弯矩要较一组后轮下板所产生的弯矩小很多,一般也不予计算。所以对单后轴车的两组后轮,通常仅按双轮胎的一组后轮的均布荷载来计算板的最大弯矩。

当荷载相等而形成对称的多组车轮作用在一块板上时,例如双后轴汽车的四组后轮、平板挂车的多组后轮以及飞机起落架上的两组或四组轮子等,则应选其中一组轮子作主轮,按圆形均布荷载计算板所受的最大弯矩 M_0;对其他各组轮子则按集中荷载计算其在主轮轮迹中心下板所承受的附加辐向弯矩 M_r 和切向弯矩 M_t,然后把这些 M_r 和 M_t 按下式转算为 x 向弯矩和 y 向弯矩,如图 7.18 所示。

$$M_x = M_r\cos^2\beta + M_t\sin^2\beta$$
$$M_y = M_r\sin^2\beta + M_t\cos^2\beta \tag{7.24}$$

式中 M_x、M_y——转算得的板在单位宽度上的 x 向弯矩向和 y 向弯矩,MN·m/m;

β——集中荷载作用点与主轮轮迹中心点连线同 x 轴的夹角,(°)。

最后把所有轮子对板所引起的 x 向弯矩与 y 向弯矩分别叠加起来,得出 ΣM_x 和 ΣM_y。

例如,在图 7.18 所示的四组轮子中,选 1 号轮组作为主轮,按图形均布荷载计算弯矩;对 2 号、3 号和 4 号三组轮子,按集中荷载计算弯矩,则总弯矩为

$$\Sigma M_x = (M_{01} + M_{r2} + M_{r3}\cos^2\beta + M_{t3}\sin^2\beta + M_{t4})$$
$$\Sigma M_y = (M_{01} + M_{t2} + M_{r3}\sin^2\beta + M_{t3}\cos^2\beta + M_{r4}) \tag{7.25}$$

按上述方法算得的弯矩,只是板中部受荷时所产生的弯矩。由于荷载作用于板边、板角隅时产生的弯矩,弹性半空间体地基板理论尚没有解答,过去曾根据车轮荷载作用于两种地基模型上无限大板中部时弯矩相等的原则,则由公式(7.21)算得的弯矩相等,建立地基反应模量与弹性模量之间的关系,再将此关系代入相应的地基板边、板角应力公式,从而得到相当于弹性半空间体地基板在板边和板角隅受荷时的弯曲应力计算公式。

(1)当车轮荷载作用在板边时

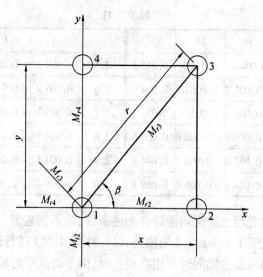

图7.18 对称的多组车轮荷载作用在一块板上的弯矩计算图式

$$\sigma_{max} = -0.529(1+0.54\mu_c)\frac{P}{h^2}(\alpha_0 - 0.71) \tag{7.26}$$

(2) 当车轮荷载作用在板角时

$$\sigma_{max} = \frac{3P}{h^2}\left[1 - 1.79\left(\frac{1-\mu_c^2}{10^{\alpha_0}}\right)^{0.15}\right] \tag{7.27}$$

以上两式中,$\alpha_0 = 1.91\frac{h^3}{R}\sqrt{\frac{E_c(1-\mu_s^2)}{E_s(1-\mu_c^2)}}$。

各符号意义同前,上述公式适用于 $h/R \geq 0.5$ 的情况。

大量计算表明,按照上述方法求得的板边的弯曲应力与按公式(7.21)算得的板中弯曲应力之比,在常用的板厚(h/R)与模量比(E_c/E_s)范围内,约等于1.5,或者说等厚板在同一车轮作用于板中及板边时,板边弯矩约为板中弯矩的1.5倍。如果对混凝土路面板进行等强度设计,则板中及板边所需厚度分别为

$$h_i = \sqrt{\frac{6M_i}{[\sigma]}} \quad 与 \quad h_e = \sqrt{\frac{6M_e}{[\sigma]}} \tag{7.28}$$

又知板边弯矩近似等于板中弯矩的1.5倍,即 $M_e \approx 1.5M_i$,故有

$$h_e = \sqrt{\frac{6 \times 1.5M_i}{[\sigma]}} = \sqrt{1.5}\sqrt{\frac{6M_i}{[\sigma]}} = 1.23h_i \tag{7.29}$$

式中 h_e、h_i——分别为板边、板中的厚度;

M_e、M_i——分别为板边、板中的弯矩;

$[\sigma]$——混凝土的容许弯拉应力。

由此可见,按板边受荷时所受产生的最大弯矩算得的板边厚度,要较板中受荷时所需厚度约大25%。

7.4.3 有限元方法求解有限尺寸矩形板

生产实践中的混凝土路面板都具有有限尺寸，而且大都属于有限尺寸的矩形板，真正的无限大板实际并不存在。对于弹性半空间体地基上有限尺寸矩形板的板中、板边和板角作用车轮荷载时，求解相应位置的挠度和弯矩(属非轴对称课题)，在数学上遇到很大困难，至今尚未得到解析表达式。

有限元方法是结构和连续介质应力分析中的一种较有效的计算方法。采用有限元法分析水泥混凝土路面的荷载应力，有着比积分解(解平衡微分方程)优越的地方，主要表现在：

(1) 可以按板块的实际大小求解有限尺寸的板，从而消除无限大板的假设所带来的误差(此误差随荷载接近板边缘和相对刚度半径的增大而增加)。

(2) 可以考虑各种荷载情况(包括荷载组合和荷载位置)，而不必像前述方法那样规定若干和典型的荷位，并且只能解算简单的荷载组合情况，因此可以用于符合实际荷载情况的应力分析。

(3) 可以考虑板的实际边界条件，如接缝的传荷能力、板和地基的脱空等。

(4) 所解得的结果是整个板面上的位移场和应力场，从而可以更全面地分析板的受荷情况。

7.5 温度应力分析

水泥混凝土路面板内不同深处的温度，随气温的变化而变化。这种变化使混凝土板出现膨胀和收缩变形的趋势。当变形受阻时，板内便产生胀缩应力或翘曲应力。

7.5.1 胀缩应力

当气温缓慢变化时，板内温度均匀升降，则面板沿断面的深度均匀胀缩。设 x 为板的纵轴，y 为板的横轴。如有一平面尺寸很大的板，在温差影响下板内任一点的应变为

$$\varepsilon_x = \frac{1}{E}(\sigma_x - \mu\sigma_y) + \alpha\Delta t$$

$$\varepsilon_y = \frac{1}{E}(\sigma_y - \mu\sigma_x) + \alpha\Delta t \quad (7.30)$$

式中　ε_x、ε_y——分别为板纵向和横向应变；

σ_x、σ_y——分别为板纵向和横向的温度应力，MPa；

α——水泥混凝土的线膨胀系数；

Δt——板温差，℃。

其余符号意义同前。

由于板与基层之间的摩阻约束，在温度升降时板中部不能移动，即 $\varepsilon_x = \varepsilon_y = 0$，以此代入上式，解得面板胀缩完全受阻时所产生的应力。

$$\sigma_x = \sigma_y = -\frac{E\alpha\Delta T}{1-\mu} \quad (7.31)$$

对于板边缘中部或窄长板，$\varepsilon_x = 0$ 和 $\varepsilon_y = 0$，则有

$$\sigma_x = - E_c \alpha \Delta t \tag{7.32}$$

例如，对于未设接缝的混凝土路面板，当温度下降 15℃ 时，其最大收缩应力可按公式 (7.31) 计算。取 $E_c = 3 \times 10^4$ MPa，$\mu_c = 0.15$，$\Delta t = -15℃$，则

$$\sigma_i = -\frac{3 \times 10^4 \times 10^{-5} \times (-15)}{1 - 0.15} = 5.29 \text{ MPa}$$

此种情况若发生在混凝土浇筑后的初期，由于混凝土尚未完全硬化，其抗拉强度不足以抵抗收缩应力，板将出现开裂。

当混凝土板温度升高时，如果未设置胀缝，板的膨胀受阻，板内将出现膨胀应力。如果板温升高 15℃，则压应力为 5.29 MPa。这一数值虽小于混凝土的抗压强度，但要注意在此压力作用下是否出现屈曲现象。

为了减少收缩应力，在混凝土板内设置各种接缝，板被划分为有限尺寸的板块。这时板的自由收缩受到板与基础之间摩阻力的约束，此摩阻力随板的自重而变。因变形受阻而产生的板内最大应力出现于板长的中央，其值可近似按下式计算

$$\sigma_t = \gamma f L / 2 \tag{7.33}$$

式中　γ——混凝土容重；

　　　f——板与基础之间的摩擦系数，同基础类型、板的位移量和位移反复情况等因素相关；

　　　L——板长，m。

板划分为有限尺寸板块后，因收缩而产生的应力很小，可不予考虑。

7.5.2　翘曲应力

由于混凝土板、基层和土基的导热性能较差，当气温变化较快时，使板顶面与底面产生温度差，因而板顶与板底的胀缩变形大小也就不同。当气温升高时，板顶面温度较底面高，板顶膨胀变形较板底的大，则板中部隆起；相反，当气温下降时，板顶面温度较底面低，板顶收缩变形较板底大，因而板的边缘和角隅翘起，如图 7.19 所示。由于板的自重、地基反力和相邻板的嵌挤作用，使部分翘曲变形受阻，从而使板内产生翘曲应力。由气温升高引起的板中部隆起受到限制时，板底面出现拉应力；而当气温降低引起的板四周翘起受阻时，板顶面出现拉应力。

(a) 气温升高时

(b) 气温降低时

图 7.19　混凝土路面板的翘曲变形

为了分析翘曲应力，威斯特卡德对文克勒地基板作了如下假设：温度沿板断面呈直线变化、板和地基始终保持接触，不计板自重，从而导出了板仅受地基约束时的翘曲应力计算公式。对有限尺寸板，沿板长 (L) 和板宽 (B) 方向的翘应力分别为

$$\sigma_x = \frac{E_c \alpha \Delta t}{2} \cdot \frac{C_x + \mu_c C_y}{1 - \mu_c^2}$$

$$\sigma_y = \frac{E_c \alpha \Delta t}{2} \cdot \frac{C_y + \mu_c C_x}{1 - \mu_c^2} \tag{7.34}$$

在板边缘中点

$$\sigma_x = \frac{1}{2} E_c \alpha \Delta t C_x \tag{7.35}$$

式中 Δt——板顶面与板底面的温度差,℃;

C_x、C_y——与 L/l 或 B/l 有关的系数,其数值可从图 7.20(a)中的曲线 3 查取;也可按下式计算:

$$C_x \text{ 或 } C_y = 1 - \frac{2\cos\lambda \cosh\lambda}{\sin 2\lambda + \sinh 2\lambda}(\tan\lambda + \text{th}\,\lambda)$$

在上式中,计算 C_x 时,$\lambda = \frac{L}{l\sqrt{8}}$,计算 C_y 时,$\lambda = \frac{B}{l\sqrt{8}}$,$l$ 为刚性半径。

板顶面与板底面的温度差通常表示为板的温度梯度乘以板厚,即 $\Delta t = T_g \cdot h$。温度梯度 T_g 过去大多采用美国的数据 67℃/m。近年来,我国有关部门在实测的基础上提出了各公路自然区划内混凝土面板的最大温度梯度计算值 T_g,如表 7.12 所示。

表 7.12 水泥混凝土面板的温度梯度值

公路自然区划	Ⅱ	Ⅲ	Ⅳ	Ⅴ	Ⅵ	Ⅶ
温度梯度 $T_g/(℃·m^{-1})$	83～88	90～95	86～92	83～88	86～92	93～98

海拔高时取高值;温度大时取低值。表中数值为板厚 $h = 22$ cm 时的温度梯度值。弹性半空间体地基板上的翘曲应力,目前尚无解析,可采用有限元法计算。

按照文克勒地基板计算翘曲应力的假设,采用有限元法计算了弹性半空间体地基板上的翘曲应力。根据所得结果,绘出图 7.20 中的曲线 1 和 2。此时板的刚性半径计算公式为

$$l = h \sqrt[3]{\frac{E_c(1-\mu_s^2)}{6E_{tc}(1-\mu_c^2)}} \tag{7.36}$$

式中 E_{tc}——弹性半空间地基的计算回弹模量,MPa。

对于较厚的板,采用温度沿板断面呈直线分布的假设进行计算,会得到偏大的温度翘曲应力值。为此,应考虑由于温度的非线性分布而引起的内应力。按板底受约束的应变量,可以推导出内应力的计算式。将经同翘曲应力相叠加后,便得到考虑内应力的翘曲应力计算式。

板中部

$$\sigma_x = \frac{E_c \alpha \Delta t}{2(1 - \mu_c^2)} \cdot D_x \tag{7.37}$$

式中 D_x——温度应力系数,$D_x = 2.08 C'_x e^{-0.0448h} - 0.154(1 - C'_x)$,$C'_x = \frac{C_x + \mu_c C_y}{1 + \mu_c}$;

C_x、C_y——意义同式(7.34);

h——板的厚度,cm。

板边缘中点

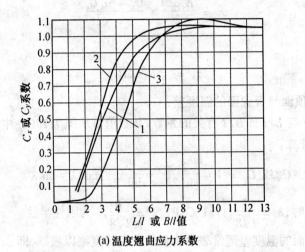

(a) 温度翘曲应力系数

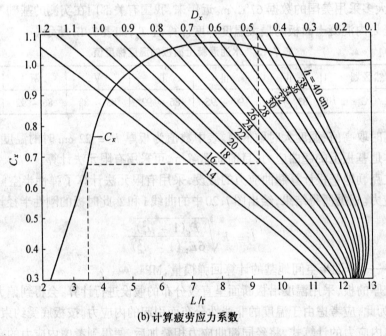

(b) 计算疲劳应力系数

图 7.20 板温度翘曲应力系数值
1— 弹性半空间体地基板中；2— 弹性半空间体地基板边；3— 文克勒地基板

$$\sigma_x = \frac{E_c \alpha \Delta t}{2} \cdot D_x \tag{7.38}$$

式中 D_x——意义同式(7.37)，但其中 $C'_x = C_x$。

式(7.37)和式(7.38)中的温度应力系数 D_x 可绘制成曲线，以便于应用。对于板边缘中点 D_x 的计算，可由图 7.20(b) 直接查出。

7.6 水泥混凝土路面板厚的设计方法

7.6.1 设计内容

水泥混凝土路面的结构设计应包括以下内容。

1. 路面结构层组合设计

水泥混凝土路面结构层的组合设计,应根据该路的交通繁重程度,结合当地环境条件和材料供应情况,选择安排混凝土路面的结构层次,它包括土基、垫层、基层和面层的结构组合设计及各层的路面结构类型、弹性模量和厚度。一个技术先进、工程经济合理的路面结构组合设计方案,应能给混凝土面层以均匀支撑、承受预期交通的作用,并提供良好使用性能的混凝土路面结构,其设计过程与柔性路面结构组合设计相仿。有关基层、垫层的设置和抗冻的要求均应符合现行有关规范的规定。

水泥混凝土面板要求具有较高的弯拉强度,表面平整、抗滑、耐磨。常选用的面板类型有普通混凝土路面、钢筋混凝土路面、连续配筋混凝土路面、钢纤维混凝土路面、碾压混凝土路面和混凝土预制块路面等。

基层和垫层有粒料类(碎石、砂砾)、稳定类(水泥、石灰、工业废渣)和贫混凝土类等,它们分别具有不同的刚度、抗冲刷能力和透水性。在重交通的道路上,选用水泥稳定类或贫混凝土类作为基层会使路面具有良好的使用性能。

2. 混凝土面板的厚度设计

混凝土路面结构设计的目标,是提供一种寿命周期费用最小的路面结构,使其在设计基准期内按规定的可靠度水平,承受预期交通荷载的作用,以满足预定使用性能的要求。路面结构设计是合理选择路面结构,分析各设计变量同结构反应及使用性能指标间的关系,以确定所需的混凝土路面厚度。

3. 混凝土面板的平面尺寸与接缝设计

根据混凝土面层板内的荷载应力和温度应力确定板的平面尺寸以及接缝的位置,设计接缝构造,并采取有效措施提高接缝的传荷能力。混凝土板宽和板长之比一般控制在 1:1.3 以内,纵缝间距(板宽)一般不大于 4.5 m,横缝间距(板长)一般为 4~6 m。

4. 路肩设计

高速公路和一级公路的中间带及路肩路缘带的结构应与行车道的混凝土路面相同,并与行车道部分的混凝土面板浇筑成整体。路肩可采用水泥混凝土面层或沥青混合料面层,其基(垫)层结构应满足行车道路面结构和排水的要求。一般公路的混凝土路面应设置路缘石或加固路肩,路肩加固可采用沥青混合料或其他材料。

5. 普通混凝土路面的钢筋配筋率设计

当混凝土路面板较长或交通量较大时,地基有不均匀沉降或板的形状不规则时,可沿板的自由边缘加设补强钢筋,在角隅处加设发针形钢筋或钢筋网,以防止可能出现的裂缝。

7.6.2 水泥混凝土路面板厚的设计步骤

1. 可靠度设计标准

各级公路水泥混凝土路面结构的设计安全等级及相应的设计基准期、目标可靠指标和目标可靠度,应符合表7.13的规定。各安全等级路面的材料性能和结构尺寸参数的变异水平等级,宜按表7.13的建议选用。

表7.13 可靠度设计标准

公路技术等级	高速公路	一级公路	二级公路	三、四级公路
安全等级	一级	二级	三级	四级
设计基准期/a	30	30	20	20
目标可靠度/%	95	90	85	80
目标可靠指标	1.64	1.28	1.04	0.84
变异水平等级	低	低~中	中	中~高

2. 交通分析与轴载换算

(1) 标准轴载与轴载换算

我国公路水泥混凝土路面结构设计以100 kN的单轴-双轮组荷载作为标准轴载。各种不同汽车轴载的作用次数,可按等效疲劳断裂原则换算成标准轴载的作用次数,并根据标准轴载的作用次数判断道路的交通繁重程度。轴载换算公式为

$$N_s = \sum_{i=1}^{n} \delta_i N_i \left(\frac{P_i}{100}\right)^{16} \tag{7.39}$$

$$\delta_i = 2.22 \times 10^3 P_i^{-0.43} \tag{7.40}$$

或

$$\delta_i = 1.07 \times 10^{-5} P_i^{-0.22} \tag{7.41}$$

或

$$\delta_i = 2.24 \times 10^{-8} P_i^{-0.22} \tag{7.42}$$

式中 N_s——100 kN的单轴-双轮组荷载作为标准轴载的作用次数;

P_i——单轴-单轮、单轴-双轮组或三轴-双轮组轴型i级轴载的总重,kN;

n——轴型和轴载级位数;

N_i——各类轴型i级轴载的作用次数;

δ_i——轴-轮型系数,单轴-双轮组时,$\delta_i = 1$;单轴-单轮时,按式(7.40)计算;双轴-双轮组时,按式(7.41)计算;三轴-三轮组时,按式(7.42)计算。

(2) 交通分级、累计轴载计算

设计使用年限内设计车道的标准轴载累计作用次数与使用初期的交通量、交通组成和交通量的增长情况等因素有关。上述交通参数应进行详细调查、观测与预测,然后按式(7.43)确定设计使用年限内设计车道的标准轴载累计作用次数N_e。

第7章 水泥混凝土路面

$$N_e = \frac{N_e \times [(1+g_r)^t - 1] \times 365}{g_r}\eta \tag{7.43}$$

式中 N_e——标准轴载累计作用次数；
　　　t——设计基准期；
　　　g_r——交通量年平均增长率；
　　　η——临界荷位处的车辆轮迹横向分布系数，按表7.14选用。

表7.14 车辆轮迹横向分布系数

公路等级		纵缝边缘处
高速公路、一级公路、收费站		0.17 ~ 0.22
二级及二级以下公路	行车道宽 > 7 m	0.34 ~ 0.39
二级及二级以下公路	行车道宽 ≤ 7 m	0.54 ~ 0.62

注：车道或行车道宽或者交通量较大时，取高值；反之，取低值。

水泥混凝土路面所承受的轴载作用，按设计基准期内设计车道所承受的标准轴载累计作用次数分为4级，交通分级范围见表7.15。

表7.15 交通分级

交通等级	特重	重	中等	轻
设计车道标准轴载累计作用次数 $N_e(1 \times 10^4)$	> 2 000	100 ~ 2 000	3 ~ 100	< 3

3. 设计参数的确定

(1) 基层顶面当量回弹模量

混凝土面板下的地基包括路基和根据需要设置的垫层和基层，分析板内荷载应力时，直接采用三层弹性体系进行计算，并对路床上的基层和底基层或垫层结构，依据等弯曲刚度的原则换算为回弹模量和厚度当量的单层结构后，按双层体系进行计算。其计算分为新建公路和旧柔性路面两种情况。

① 新建公路的基层顶面当量回弹模量值

在设计新建公路时，基层顶面的当量回弹模量 E_t，可根据土基状态拟定的基层、垫层结构类型和厚度，用规范建议的土基、垫层及基层材料回弹模量值，确定如下：

$$E_t = ah_x^b E_0 \left(\frac{E_x}{E_0}\right)^{1/3} \tag{7.44}$$

$$E_x = \frac{h_1^2 E_1 + h_2^2 E_2}{h_1^2 + h_2^2} \tag{7.45}$$

$$h_x = \left(\frac{12 D_x}{E_x}\right)^{1/3} \tag{7.46}$$

$$D_x = \frac{E_1 h_1^3 + E_2 h_2^3}{12} + \frac{(h_1 + h_2)^2}{4}\left(\frac{1}{E_1 h_1} + \frac{1}{E_2 h_2}\right)^{-1} \tag{7.47}$$

$$a = 6.22 \times \left[1 - 1.51\left(\frac{E_x}{E_0}\right)^{0.45}\right] \tag{7.48}$$

$$b = 1 - 1.44 \times \left(\frac{E_x}{E_0}\right)^{-0.55} \tag{7.49}$$

式中 E_t——基层顶面的当量回弹模量,MPa;
        E_0——路床顶面的回弹模量,MPa;
        E_x——基层和底基层或垫层的当量回弹模量,MPa;
        E_1、E_2——基层和底基层或垫层的回弹模量,MPa;
        h_x——基层和底基层或垫层的当量厚度,m;
        D_x——基层和底基层或垫层的当量弯曲刚度,MN·m;
        h_1、h_2——基层和底基层或垫层的厚度,m;
        a、b——与 E_x/E_0 有关的回归系数。

底基层和垫层同时存在时,可先按式(7.44)~(7.47)将底基层和垫层换算成具有当量回弹模量和当量厚度的单层,然后再与基层一起按式(7.44)~(7.49)计算基层顶面当量回弹模量。无底基层和垫层时,相应层的厚度和回弹模量分别以零值代入式(7.44)~(7.49)进行计算。

② 旧柔性路面的顶面当量回弹模量值

在旧柔性路面上加铺混凝土路面时,应通过承载板试验或弯沉测定法确定原有路面顶面的当量回弹模量 E_t,即

$$E_t = 13\,739\omega_0^{-1.04} \tag{7.50}$$

式中 ω_0——以后轴重 100 kN 的车辆进行弯沉测定,经统计整理得到的原路面计算回弹弯沉值,0.01 mm。

2. 混凝土板的设计弯拉强度和弯拉弹性模量

(1) 混凝土板的设计弯拉强度

水泥混凝土路面的强度以 28 d 龄期的弯拉强度作为设计控制指标。当混凝土浇筑后 90 d 内不开放交通时,可采用 90 d 龄期的弯拉强度。各交通等级要求的混凝土弯拉强度标准值不得低于表 7.16 的规定。

表 7.16   混凝土弯拉强度标准值

交通等级	特重	重	中等	轻
水泥混凝土的弯拉强度标准值 /MPa	5.0	5.0	4.5	4.0

(2) 混凝土板的弯拉弹性模量

水泥混凝土板的弯拉弹性模量经验参考值见表 7.17。

表 7.17   水泥混凝土弯拉弹性模量经验参考值

弯拉强度 /MPa	1.0	1.5	2.0	2.5	3.0
抗压强度 /MPa	5.0	7.7	11.0	14.9	19.3
弯拉弹性模量 /GPa	10	15	18	21	23
弯拉强度 /MPa	3.5	4.0	4.5	5.0	5.5
抗压强度 /MPa	24.2	29.7	35.8	41.8	48.4
弯拉弹性模量 /GPa	25	27	29	31	33

3. 混凝土板应力分析

(1) 临界荷位的确定

为简化计算工作,通常选取使路面板产生最大应力、最大挠度或最大损坏的一个轴载作用位置作为临界荷位。《公路水泥混凝土路面设计规范》(JTG D40)以荷载应力和温度应力产生的综合疲劳损坏作为设计标准。经过几种典型路面结构的荷载和强度梯度的损耗分析,只有在纵缝为具有较大传荷能力的入口缝,横缝为不考虑其传荷能力的假缝(当作自由边处理)时,临界荷位才会出现在横缝边缘中部(但前者出现的可能性很小),其他情况均应选取纵缝边缘中部临界荷位(见图7.21),因此,轴载在混凝土面层内产生的应力,可采用半无限地基上弹性小挠度薄板的力学模型和有限元法进行分析计算。选取混凝土板的纵向边缘中部作为产生最大荷载和温度梯度综合疲劳损坏的临界荷位。

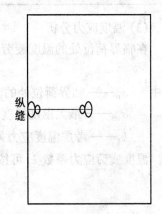

图 7.21 临界荷位

(2) 荷载应力分析

标准轴载 P_s 在临界荷位处产生的荷载疲劳应力按式(7.51)确定。

$$\sigma_{pr} = k_r k_f k_c \sigma_{ps} \qquad (7.51)$$

式中 σ_{pr} —— 标准轴载 P_s 在临界荷位处产生的荷载疲劳应力,MPa;

  σ_{ps} —— 标准轴载 P_s 在四边自由板的临界荷位处产生的荷载应力,MPa;

  k_r —— 考虑接缝传荷能力的应力折减系数。纵缝为设拉杆的平缝时,$k_r = 0.87 \sim 0.92$(刚性和半刚性基层取低值,柔性基层取高值);纵缝为不设拉杆的平缝或自由边时,$k_r = 1.0$;纵缝为设拉杆的企口缝时,$k_r = 0.76 \sim 0.84$;

  k_f —— 考虑设计基准期内荷载应力累计疲劳作用的疲劳应力系数;

  k_c —— 考虑偏载和动载等因素对路面疲劳损坏影响的综合系数。

标准轴载 P_s 在四边自由板临界荷位处产生的荷载应力按式(7.52)计算。

$$\sigma_{ps} = 0.077 r^{0.60} h^{-2} \qquad (7.52)$$

$$r = 0.537 h \left(\frac{E_c}{E_t}\right)^{1/3} \qquad (7.53)$$

式中 r —— 混凝土板的相对刚度半径,m;

  h —— 混凝土板的厚度,m;

  E_c —— 水泥混凝土的弯拉弹性模量,MPa;

  E_t —— 基层顶面当量回弹模量,MPa。

设计基准期内的荷载疲劳应力系数按式(7.54)计算确定。

$$k_f = N_e^v \qquad (7.54)$$

式中 k_f —— 设计基准期内的荷载疲劳应力系数;

  N_e —— 设计基准期内标准轴载累计作用次数;

  v —— 与混合料性质有关的指数(普通混凝土、钢筋混凝土、连续配筋混凝土,

$v = 0.057$；碾压混凝土和贫混凝土，$v = 0.065$）。

综合系数 k_c 按公路等级查表 7.18 确定。

表 7.18 综合系数 k_c

公路等级	高速公路	一级公路	二级公路	三、四级公路
k_c	1.30	1.25	1.20	1.10

(3) 温度应力分析

在临界荷位处的温度疲劳应力按式(7.55)确定。

$$\sigma_{tr} = k_t \sigma_{tm} \tag{7.55}$$

式中　σ_{tr}——临界荷位处的温度疲劳应力，MPa；

　　　σ_{tm}——最大温度梯度时混凝土板的温度翘曲应力，MPa；

　　　k_t——考虑温度应力累计疲劳作用的疲劳应力系数。

温度疲劳应力系数 k_t 可按式(7.56)计算确定。

$$k_t = \frac{f_r}{\sigma_{tm}} \left[a \left(\frac{\sigma_{tm}}{f_r} \right)^c - b \right] \tag{7.56}$$

式中　a、b、c——分别为回归系数，按所在地区的公路自然区划查表 7.19 确定。

表 7.19 回归系数 a、b 和 c

系数	公路自然区划					
	II	III	IV	V	VI	VII
a	0.828	0.855	0.841	0.871	0.837	0.834
b	0.041	0.041	0.058	0.071	0.038	0.052
c	1.323	1.355	1.323	1.287	1.382	1.270

最大温度梯度时混凝土板的温度翘曲应力按式(7.57)计算。

$$\sigma_{tm} = \frac{\alpha_c E_c h T_g}{2} B_x \tag{7.57}$$

式中　σ_{tm}——最大温度梯度时混凝土板的温度翘曲应力，MPa；

　　　α_c——混凝土的线膨胀系数（通常可取为 $1 \times 10^{-5}/℃$），1/℃；

　　　T_g——最大温度梯度，可查表 7.12 取用；

　　　B_x——综合温度翘曲应力和内应力作用的温度应力系数，可按 l/r 和 h 查图 7.22 确定；

　　　l——板长，即横缝间距，m。

(4) 水泥混凝土板的综合疲劳作用

水泥混凝土板在使用过程中，板的应力来自汽车荷载疲劳作用和温度反复变化作用。为保证混凝土板在设计使用年限内不过早破坏，必须综合考虑这些作用的影响，不导致板的应力过大。

混凝土板的综合疲劳作用是汽车荷载和温度对板产生的应力总和，根据公式分别求

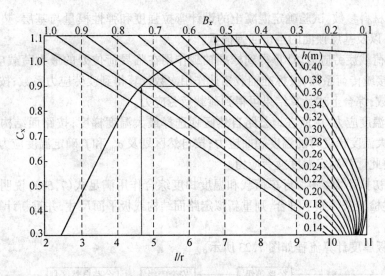

图 7.22 温度应力系数 B_x

出板的荷载疲劳应力和温度应力,然后按现行水泥混凝土路面设计规范中采用路面结构可靠度设计方法,即以行车荷载和温度梯度综合作用产生的疲劳断裂作为极限设计状态,其表达式为

$$\gamma_r(\sigma_{pr} + \sigma_{tr}) \leq f_r \tag{7.58}$$

式中 σ_{pr}——行车荷载疲劳应力,MPa;

σ_{tr}——温度梯度疲劳应力,MPa;

f_r——水泥混凝土设计弯拉强度,MPa;

γ_r——可靠度系数,依据所选目标可靠度及变异水平等级按表 7.20 确定。

表 7.20 可靠度系数

变异水平等级	目标可靠度/%			
	95	90	85	80
低	1.20 ~ 1.33	1.09 ~ 1.16	1.04 ~ 1.08	—
中	1.33 ~ 1.50	1.16 ~ 1.23	1.08 ~ 1.13	1.04 ~ 1.07
高	—	1.23 ~ 1.33	1.13 ~ 1.18	1.07 ~ 1.11

(5)混凝土板厚度设计过程

考虑荷载应力和温度翘曲应力综合疲劳损伤作用的混凝土板厚度计算和板的平面尺寸确定方法,可遵循下述设计步骤。

①收集并分析交通参数。收集日交通量和轴载组成数据,确定轮迹分布系数,计算设计车道标准轴载日作用次数,由此确定道路的交通等级,进而选定设计年限和选定交通量年平均增长率,计算使用年限内标准轴载的累计作用次数。

②初拟路面结构。初选路面结构层次、类型和材料组成;拟定各层的厚度、面层板平面尺寸和接缝构造。

③ 确定材料参数。试验确定混凝土的设计弯拉强度和弹性模量与基层、垫层和路基的回弹模量,以及基层顶面的当量回弹模量。

④ 计算荷载疲劳应力。计算得到标准轴载作用在临界荷位处的最大荷载应力;按接缝类型选定接缝传荷系数;按标准轴载累计作用次数计算得到疲劳应力系数;按交通等级选定综合系数;综合上述计算结果可得到荷载疲劳应力。

⑤ 计算温度应力。由所在地公路自然区划选择最大温度梯度;按路面结构和板平面尺寸计算最大温度梯度时的温度翘曲应力;按自然区划及 σ_{tm} 和 f_r 确定温度应力累计疲劳作用系数;由此计算确定温度疲劳应力。

⑥ 检验初拟路面结构。行车荷载和温度梯度综合作用满足式(7.58),说明拟定的板厚合理,上述检验条件如不符合,则重新拟定路面结构或板平面尺寸,并重新计算,直到满足为止。

混凝土板厚度计算流程如图 7.23 所示。

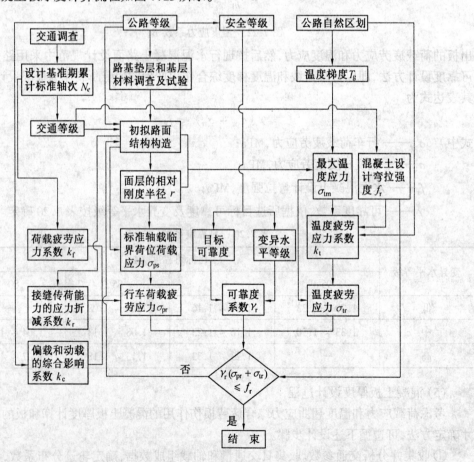

图 7.23 混凝土板厚度计算流程图

4. 水泥混凝土面板厚度计算示例

示例 重交通二级公路水泥路面厚度设计,公路自然区划 Ⅱ 区拟新建一条二级公路,路基为粘质土,采用普通混凝土路面,路面宽 9 m。经交通调查得知,设计车道使用初期标准轴载日作用次数为 2 100。试设计该路面厚度。

解 (1) 交通分析

由表 7.13 可知,二级公路的设计基准期为 20 年,安全等级为三级。由表 7.14 可知,临界荷位处的车辆轮迹横向分布系数取为 0.39。取交通量年平均增长率为 5%,按(7.43) 计算得到设计基准期内设计车道标准荷载累计作用次数为

$$N_e = \frac{N_s[(1+g_r)^t - 1] \times 365}{g_r}\eta = \frac{2\,100 \times [(1+0.05)^{20} - 1] \times 365}{0.05} \times 0.39 = 9.885 \times 10^6 \text{ 次}$$

属重交通等级。

(2) 初拟路面结构

由表 7.13 可知,相应于安全等级三级的变异水平等级为中级。根据二级公路、重交通等级和中级变异水平等级,查表 7.4,初拟普通混凝土面层厚度为 0.22 m。基层选用水泥稳定粒料(水泥用量 5%),厚 0.18 m。垫层为 0.15 m 低剂量无机结合料稳定土。普通混凝土板的平面尺寸为宽 4.5 m,长 5.0 m。纵缝为设拉杆平缝,横缝为设传力杆的假缝。

(3) 路面材料参数的确定

按表 7.16,取普通混凝土面层的弯拉强度标准值为 5.0 MPa,相应弯拉弹性模量标准值为 31 GPa。

查《公路水泥混凝土路面设计规范》(JTG D40—2002) 附录 F.1,路基回弹模量取 30 MPa。查《公路水泥混凝土路面设计规范》(JTG D40—2002) 附录 F.2,低剂量无机结合料稳定土垫层加回弹模量取 600 MPa,水泥稳定粒料基层回弹模量取 1 300 MPa。

按式(7.44) ~ (7.49),计算基层顶面当量回弹模量如下:

$$E_t = ah_x^b E_0\left(\frac{E_x}{E_0}\right)^{1/3} = 4.293 \times 0.312^{0.792} \times 30 \times \left(\frac{1\,013}{30}\right)^{1/3} = 165 \text{ MPa}$$

$$E_x = \frac{h_1^2 E_1 + h_2^2 E_2}{h_1^2 + h_2^2} = \frac{1\,300 \times 0.18^2 + 600 \times 0.15^2}{0.18^2 + 0.15^2} = 1\,013 \text{ MPa}$$

$$h_x = \sqrt[3]{12D_x/E_x} = \sqrt[3]{12 \times 2.57/1\,013} = 0.312 \text{ m}$$

$$D_x = \frac{E_1 h_1^3}{12} + \frac{E_2 h_2^3}{12} + \frac{(h_1+h_2)^2}{4}\left(\frac{1}{E_1 h_1} + \frac{1}{E_2 h_2}\right)^{-1} =$$

$$\frac{1\,300 \times 0.18^3}{12} + \frac{600 \times 0.15^3}{12} + \frac{(0.18+0.15)^2}{4}\left(\frac{1}{1\,300 \times 0.18} + \frac{1}{600 \times 0.15}\right)^{-1} =$$

$$2.57 \text{ MN} \cdot \text{m}$$

$$a = 6.22\left[1 - 1.51\left(\frac{E_x}{E_0}\right)^{-0.45}\right] = 6.22 \times \left[1 - 1.51 \times \left(\frac{1\,013}{30}\right)^{-0.45}\right] = 4.293$$

$$b = 1 - 1.44\left(\frac{E_x}{E_0}\right)^{-0.55} = 1 - 1.44 \times \left(\frac{1\,013}{30}\right)^{-0.55} = 0.792$$

普通混凝土面层的相对刚度半径按式(7.53) 计算

$$r = 0.537h\sqrt[3]{E_c/E_t} = 0.537 \times 0.22 \times \sqrt[3]{31\,000/65} = 0.677 \text{ m}$$

(4) 计算荷载疲劳应力

按式(7.52),标准轴载在临界荷位处产生的荷载应力计算为

$$\sigma_{ps} = 0.077 r^{0.6} h^{-2} = 0.077 \times 0.677^{0.6} \times 0.22^{-2} = 1.259 \text{ MPa}$$

因纵缝为设拉杆平缝,接缝传荷能力的应力折减系数 $k_r = 0.87$。考虑设计基准期内荷载应力累计疲劳作用的疲劳应力系数 $k_f = N_e^a = (9.885 \times 10^6)^{0.057} = 2.504$。根据公路等级,由表7.18可知,考虑偏载和动载等因素对路面疲劳损坏影响的综合系数 $k_c = 1.20$。

按式(7.51),荷载疲劳应力计算为

$$\sigma_{pr} = k_r k_f k_c \sigma_{ps} = 0.87 \times 2.504 \times 1.20 \times 1.259 = 3.29 \text{ MPa}$$

(5) 温度疲劳应力

由表7.12可知,Ⅱ区最大温度梯度取 $88(℃/m)$。板长5 m,$l/r = 5/0.677 = 7.39$,可查普通混凝土板厚 $h = 0.22$ m,$B_x = 0.71$。按式(7.57),最大温度梯度时混凝土板的温度翘曲应力计算为

$$\sigma_{tm} = \frac{\alpha_c E_c h T_g}{2} B_x = \frac{1 \times 10^{-5} \times 31\,000 \times 0.22 \times 88}{2} \times 0.71 = 2.13 \text{ MPa}$$

温度疲劳应力系数 k_t,按式(7.56)计算为

$$k_t = \frac{f_r}{\sigma_{tm}} \left[a \left(\frac{\sigma_{tm}}{f_r} \right)^c - b \right] = \frac{5.0}{2.13} \left[0.828 \times \left(\frac{2.13}{50} \right)^{1.323} - 0.041 \right] = 0.532$$

再由式(7.55)计算温度疲劳应力为

$$\sigma_{tr} = k_t \sigma_{tm} = 0.532 \times 2.13 = 1.13 \text{ MPa}$$

查表7.13,二级公路的安全等级为三级,相应于三级安全等级的变异水平等级为中级,目标可靠度为85%。再据查得的目标可靠度和变异水平等级,查表7.20,确定可靠度系数 $\gamma_r = 1.13$。

按式(7.58),有

$$\gamma_r(\sigma_{pr} + \sigma_{tr}) = 1.13 \times (3.29 + 1.13) = 4.99 \text{ MPa} \le f_r = 5.0 \text{ MPa}$$

因而,所选普通混凝土面层厚度(0.22 m)可以承受设计基准期内荷载应力和温度应力的综合疲劳作用。

第8章 沥青路面施工

8.1 洒铺法沥青路面面层的施工

用洒铺法施工的沥青路面面层,包括沥青表面处治和沥青贯入式两种。

1. 沥青表面处治

由于沥青表面处治层很薄,一般不起提高强度作用,其主要作用是抵抗行车的磨耗,增强防水性,提高平整度,改善路面的行车条件。沥青表面处治宜在干燥和较热的季节施工,并应在雨季及日最高温度低于18℃到来以前半个月结束,使表面处治层通过开放交通压实,成型稳定。

沥青表面处治可采用拌和法或层铺法施工,采用层铺法施工时按照洒布沥青及铺撒矿料的层次多少。单层式为洒布一次沥青,铺撒一次矿料,厚度为 1.0~1.5 cm;双层式为洒布两次沥青,铺撒两次矿料,厚度为 2.0~2.5 cm;三层式为洒布三次沥青,铺撒三次矿料,厚度为 2.5~3.0 cm。

沥青表面处治所用的矿料,其最大粒径应与所处治的层次厚度相当。矿料的最大与最小粒径比例应不大于2,介于两个筛孔之间颗粒的含量应不小于 70%~80%。沥青表面处治材料用量要求如表 8.1 所示。

当采用乳化沥青(emulsified asphalt)时,应减少乳液流失,可在主层集料中掺加 20%以上较小粒径的集料。沥青表面处治施工后,应在路侧另备碎石或石屑、粗砂或小砾石作为初期养护用料,其中碎石的规格为 S12(5~10 mm),粗砂或小砾石的规格为 S14(3~5 mm),其用量为 (2~3) m³/1 000 m²。城市道路的初期养护料,在施工时应与最后一遍料一起撒布。

沥青表面处治可采用道路石油沥青、煤沥青或乳化沥青铺筑,沥青用量按表 8.1 选用,沥青标号应按表 8.2 选用。当采用煤沥青时,应将表 8.1 中的沥青用量相应增加 15%~20%,沥青标号符合表 8.2 的要求。当采用乳化沥青时,乳液用量根据表 8.1 所列的乳液用量并按其中的沥青含量进行折算,乳化沥青的类型及标号应按表 8.2 选用。

层铺法沥青表面处治施工,一般采用所谓"先油后料"法,即先洒布一层沥青,后铺撒一层矿料。以双层式沥青表面处治为例,其施工程序如下。

(1)备料。
(2)清理基层及放样。
(3)浇洒透层沥青。
(4)洒布第一次沥青。
(5)铺撒第一层矿料。
(6)碾压。

(7)洒布第二次沥青。
(8)铺撒第二层矿料。
(9)碾压。
(10)初期养护。

表8.1 道路用乳化石油沥青质量要求

项目 \ 种类	PC-1 / PA-1	PC-2 / PA-2	PC-3 / PA-3	BC-1 / BA-1	BC-2 / BA-2	BC-3 / BA-3
筛上剩余量不大于/%	0.3					
电荷	阳离子带正电(+)、阴离子带负电(-)					
破乳速度试验	快裂	慢裂	快裂	中或慢裂		慢裂
粘度 沥青标准粘度计 $C_{25,3}$/s	12-25	8-20		12-100		40-100
粘度 恩格拉度 E_{25}	3-15	1-6		3-40		15-40
蒸发残留物含量不小于/%	60	50		55		60
蒸发残留物性质 针入度(100 g,25℃,5 s)(0.1 mm)	80~200	80~300	60~160	60~200	60~300	80~200
蒸发残留物性质 残留延度比(25℃)不小于/%	80					
蒸发残留物性质 溶解度(三氯乙烯)不小于/%	97.5					
贮存稳定性 5 d不大于/%	5					
贮存稳定性 1 d不大于/%	1					
与矿料的粘附性,裹复面积不小于	2/3					
粗粒式集料拌和试验	—			均匀		—
细粒式集料拌和试验	—				均匀	
水泥拌和试验1.18 mm 筛上剩余量不大于/%	—					5
低温贮存稳定度(-5℃)	无粗颗粒或结块					
用途	表面处治及贯入式洒布用	透层油用	粘层油用	拌制粗粒式沥青混合料	拌制中粒式及细粒式沥青混合料	拌制砂料式沥青混合料及稀浆封层

注:①乳液粘度可选沥青标准粘度或恩格拉粘度计测定,$C_{25,3}$表示测试温度25℃、粘度计孔径3 mm,E_{25}表示在25℃时测定。
②贮存稳定性一般用5 d的,如时间紧迫也可用1 d的稳定性。
③PC、PA、BC、BA分别表示洒布型阳离子、洒布型阴离子、拌合型阳离子、拌合型阴离子乳化沥青。
④用于稀浆封层的阴离子乳化沥青BA-3型的蒸发残留物含量可放宽至55%。

单层式和三层式沥青表面处治的施工程序与双层式相同,仅需相应地减少或增加一次洒布沥青、铺撒矿料和碾压工序。

表8.2 沥青表面处治面层材料规格用量(方孔筛)

沥青种类	类型	厚度/cm	集料/(m³·1000⁻¹) 第一层 粒径规格	第一层 用量	第二层 粒径规格	第二层 用量	第三层 粒径规格	第三层 用量	沥青或乳液用量/(kg·m⁻²) 第一次	第二次	第三次	合计用量
石油沥青	单层	1.0	S12	7~9	—	—	—	—	1.0~1.2	—	—	1.0~1.2
		1.5	S10	12~14	—	—	—	—	1.4~1.6	—	—	1.4~1.6
	双层	1.0*	S12	10~12	S14	5~7	—	—	1.2~1.4	0.8~1.0	—	2.0~2.4
		1.5	S10	12~14	S12	7~8	—	—	1.4~1.6	1.0~1.2	—	2.4~2.8
		2.0	S9	16~18	S12	7~8	—	—	1.6~1.8	1.0~1.2	—	2.6~3.0
		2.5	S8	18~20	S11	3~8	—	—	1.8~2.0	1.0~1.2	—	2.8~3.2
	三层	2.5*	S9	18~20	S10	9~11	S14	5~7	1.6~1.8	1.1~1.3	0.8~1.0	3.5~4.1
		2.5	S8	18~20	S10	12~14	S12	7~8	1.6~1.8	1.2~1.4	1.0~1.2	3.8~4.4
		3.0	S6	20~22	S10	12~14	S12	7~8	1.8~2.0	1.2~1.4	1.0~1.2	4.0~4.6
乳化沥青	单层	0.5	S14	7~9	—	—	—	—	0.9~1.0	—	—	0.9~1.0
	双层	1.0	S12	9~11	S14	4~6	—	—	1.8~2.0	1.0~1.2	—	2.8~3.2
	三层	3.0	S6	20~22	S10	9~11	S14	3.5~4.5	2.0~2.2	1.8~2.0	1.0~1.2	4.8~5.4

注:①煤沥青表面处治的沥青用量可较石油沥青用量增加工5%~20%。
②有*符号的规格和用量只使用于城市道路。最后一层集料中沥青约为60%的情况。
③表中乳化沥青的乳液用量适用于乳液中沥青约为60%的情况。
④在高寒地区及干旱、风砂大的地区,可超出高限5%~10%。乳液中已包括了2~3 m³/1000 m² 养护料。

层铺法施工各工序的要求分述如下。

(1)清理基层。在表面处治施工前,应将路面基层清扫干净,使基层的矿料大部分外露,并保持干燥。对有坑槽、不平整的路段应先修补和整平,若基层整体强度不足,则应先予补强。

(2)洒布沥青。沥青要洒布均匀,不应有空白或积聚现象,以免日后产生松散或拥包和推挤等病害。采用汽车洒布机洒布沥青时,应根据单位面积的沥青用量选定洒布机排档和油泵机档,洒布汽车行驶的速度要均匀。若采用手摇洒布机洒布沥青,应根据施工气温和风向调节喷头离地面的高度和移动的速度,以保证沥青洒布均匀,并应按洒布面积来控制单位沥青用量。沥青的浇撒温度应根据施工气温及沥青标号选择,石油沥青的洒布温度宜为 130~170℃,煤沥青的洒布温度宜为 80~120℃,乳化沥青可在常温下洒布。当气温偏低,破乳及成型过慢时,可将乳液加温后洒布,但乳液温度不得超过 60℃。沥青浇洒的长度应与集料撒布机的能力相配合,应避免沥青浇洒后等待较长时间才撒布集料。

(3)铺撒矿料。洒布沥青后应趁热迅速铺撒矿料,按规定用量一次撒足。矿料要铺撒均匀,局部有缺料或过多处,应适当找补或扫除。矿料不应有重叠或漏空现象。当使用乳化沥青时,集料撒布应在乳液破乳之前完成。

(4)碾压。铺撒矿料后随即用 60~80 kN 双轮压路机或轮胎压路机及时碾压。碾压应从一侧路缘压向路中心。碾压时,每次轮迹重叠约 30 cm,碾压 3~4 遍。压路机行驶速度开始为 2 km/h,以后可适当提高。

(5)初期养护。碾压结束后即可开放交通,但应禁止车辆快速行驶(不超过 20 km/h),要控制车辆行驶的路线,使路面全幅宽度获得均匀碾压,加速处治层反油稳定成型。对局部泛油、松散、麻面等现象,应及时修整处理。

2. 沥青贯入式路面

沥青贯入式路面具有较高的强度和稳定性,其强度的构成,主要依靠矿料的嵌挤作用和沥青材料的粘结力。沥青贯入式路面适用于二级及二级以下的公路、城市道路的次干道及支路。沥青贯入式层也可作为沥青混凝土路面的联结层。由于沥青贯入式路面是一种多孔隙结构,为了防止水的浸入和增强路面的水稳定性,其面层的最上层必须加铺封层。沥青贯入式路面宜在干燥和较热的季节施工,并宜在雨季及日最高温度低于 15℃ 到来以前半个月结束,使贯入式结构层通过开放交通碾压成型。

沥青贯入式路面在初步碾压的矿料层上洒布沥青,再分层铺撒嵌缝料、洒布沥青和碾压,并借行车压实而成的,其厚度一般为 4~8 cm。乳化沥青贯入式路面的厚度不宜超过 5 cm。当贯入式层上部加铺拌和的沥青混合料面层时,路面总厚度为 7~10 cm,其中拌和层的厚度宜为 3~4 cm。

沥青贯入式路面所用的集料应选择有棱角、嵌挤性好的坚硬石料,其规格和用量要求如表 8.3 所示。

表8.3 表面加铺拌和层时贯入层部分的材料规格和用量(方孔筛)

(用量单位:集料:m³/1 000m²,沥青及沥青乳液:kg/m²)

沥青品种	石油沥青					
贯入层厚度/cm	4		5		6	
规格和用量	规格	用量	规格	用量	规格	用量
第二遍嵌缝料	S12	5~6	S12(S11)	7~9	S12(S11)	7~9
第二遍沥青	—	1.4~1.6	—	1.6~1.8	—	1.6~1.8
第一遍嵌缝料	S10(S9)	12~14	S8	16~18	S8(S7)	16~18
第一遍沥青	—	2.0~2.3	—	2.6~2.8	—	3.2~3.4
主层石料	S5	45~50	S4	55~60	S5	66~76
总沥青用量		3.4~3.9		4.2~4.6		4.8~5.2
沥青品种	石油沥青		乳化沥青			
厚度/cm	7		4		5	
规格和用量	规格	用量	规格	用量	规格	用量
第四遍嵌缝料	—	—	—	—	S14	4~6
第四遍沥青	—	—	—	—	—	1.3~1.5
第三遍嵌缝料	—	—	S14	4~6	S12	8~10
第三遍沥青	—	—	—	1.4~1.6	—	1.4~1.6
第二遍嵌缝料	S10(S11)	8~10	S12	9~10	S9	8~12
第二遍沥青	—	1.7~1.9	—	1.8~2.0	—	1.5~1.7
第一遍嵌缝料	S6(S8)	18~20	S8	15~17	S6	24~26
第一遍沥青	—	4.0~4.2	—	2.5~2.7	—	2.4~2.6
主层石料	S2(S3)	80~90	S4	50~55	S4	50~55
总沥青用量		5.7~6.1		5.9~6.2		6.7~7.2

注:①煤沥青贯入的沥青用量可比石油沥青用量增加15%~20%。

②表中乳化沥青用量是指乳液的用量,并适用于乳液浓度约为60%的情况。

③在高寒地区及干旱风沙大的地区,可超出高限,再增加5%~10%。

④表面加铺拌合层部分的材料规格及沥青(或乳化沥青)用量按热拌沥青混合料(或常温沥青碎石混合料路面)的有关规定执行。

沥青贯入式面层的施工程序如下。

(1)整修和清扫基层。

(2)浇洒透层或粘层沥青。

(3)铺撒主层矿料。

(4)第一次碾压。

(5)洒布第一次沥青。
(6)铺撒第一次嵌缝料。
(7)第二次碾压。
(8)洒布第二次沥青。
(9)铺撒第二次嵌缝料。
(10)第三次碾压。
(11)洒布第三次沥青。
(12)铺撒封面矿料。
(13)最后碾压。
(14)初期养护。

对沥青贯入式路面施工要求与沥青表面处治基本相同,除注意施工各工序紧密衔接不要脱节之外,还应根据碾压机具,洒布沥青设备和数量来安排每一作业段的长度,力求在当天施工的路段当天完成,以免因沥青冷却而不能裹覆矿料和产生尘土污染矿料等不良后果。

适度的碾压在贯入式路面施工中极为重要。碾压不足会影响矿料嵌挤稳定,且易使沥青流失,形成层次上、下部沥青分布不均。但过度的碾压,则矿料易于压碎、破坏嵌挤原则,造成空隙减少,沥青难以下渗,形成泛油。因此,应根据矿料的等级、沥青材料的标号、施工气温等因素来确定各次碾压所使用的压路机重量和碾压遍数。

8.2 路拌沥青碎石路面的施工

路拌沥青碎石路面是在路上用机械将热的或冷的沥青材料与冷的矿料拌和,并摊铺、压实而成。

路拌沥青碎石路面的施工程序。
(1)清扫基层。
(2)铺撒矿料。
(3)洒布沥青材料。
(4)拌和。
(5)整形。
(6)碾压。
(7)初期养护。
(8)封层。

在清扫干净的基层上铺撒矿料,矿料可在整个路面的宽度范围内均匀铺撒,随后用沥青洒布,按沥青材料的用量标准分数次洒布。每次洒布沥青材料后,随即用齿耙机或圆盘耙把矿料与沥青材料初步拌和,然后改用自动平地机做主要的拌和工作。拌和时,平地机行程的次数视施工气温、路面的层厚、矿料粒径的大小和沥青材料的粘稠度而定,一般需往返行程20~30次方可拌和均匀。沥青与矿料翻拌后随即摊铺成规定的路拱横截面,并用路刮板刮平。由于路拌沥青混合料的塑性较高,故在碾压时,应先用轻型压路机碾压

3~4遍后,再用重型压路机碾压3~6遍。路面压实后即可开放交通,通车后的一个月内应控制行车路线和车速,以便路面进一步压实成形。

8.3 热拌沥青混合料路面的施工

热拌沥青混合料适用于各种等级道路的沥青面层。高速公路、一级公路和城市快速路、主干路的沥青面层的上面层、中面层及下面层应采用沥青混凝土混合料铺筑,沥青碎石混合料适用于过渡层及整平层;其他等级道路的沥青面层的上面层宜采用沥青混凝土混合料铺筑。热拌沥青混合料材料种类应根据具体条件和技术规范合理选用,应满足耐久性、抗车辙、抗裂、抗水损害能力、抗滑性能等多方面要求,同时还需考虑施工机械、工程造价等实际情况。沥青混凝土混合料面层宜采用双层或三层式结构,其中应有一层及一层以上是Ⅰ型密级配沥青混凝土混合料。当各层均采用开级配沥青混合料时,沥青面层下必须做下封层。

厂拌法沥青路面包括沥青混凝土、沥青碎(砾)石等,施工过程可分为沥青混合料的拌制运输及现场铺筑两个阶段。

1.沥青混合料的拌制与运输

在工厂拌制混合料所用的固定式拌和设备有间歇式(见图5.1)和连续式(见图5.2)两种。前者系在每盘拌和时计量混合料中各种材料的重量,而后者则在计量各种材料之后连续不断地送进拌和器中拌和。

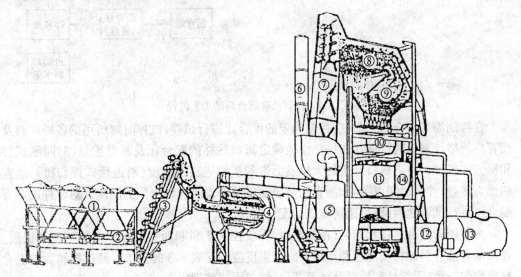

图 8.1 间歇式拌和机
1—冷集料存料斗;2—冷料供应阀门;3—冷料输送机;4—干燥/加热转筒;5—集尘器;6—排气管;7—热料提升机;8—筛分装置;9—热料集料斗;10—称料斗;11—拌和桶或叶片拌和机;12—矿质填料贮存仓;13—热沥青贮存罐;14—沥青称料斗

为保证沥青混合料的质量更稳定,沥青用量更准确,高速公路和一级公路的沥青混凝土宜采用间歇式拌和机拌和。

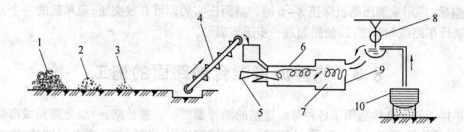

图 8.2 连续式拌和机
1—粗粒矿料;2—细粒矿料;3—砂;4—冷拌提升机;5—燃料喷雾器;6—干燥器;7—拌和器;8—沥青秤;9—活门;10—沥青罐

用固定式拌和机拌制沥青混合料的工艺流程,如图 8.3 所示。

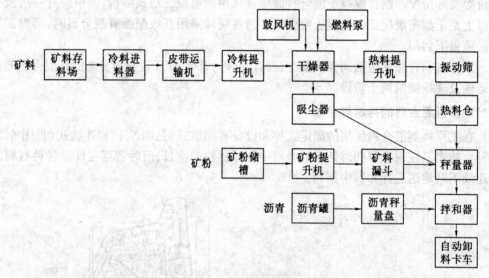

图 8.3 拌制沥青混合料的工艺流程

在拌制沥青混合料之前,应根据确定的配合比进行试拌,试拌时对所用的各种矿料及沥青应严格计量。通过试拌和抽样检验确定每盘热拌的配合比及其总重量(对间歇式拌和机)、或各种矿料进料口开启的大小及沥青和矿料进料的速度(对连续式拌和机)、适宜的沥青用量、拌和时间、矿料和沥青加热温度以及沥青混合料出厂的温度。对试拌的沥青混合料进行试验之后,即可选定施工的配合比。

为使沥青混合料拌和均匀,在拌制时,需要控制矿料和沥青的加热温度与拌和温度。各类沥青混合料的拌制温度和运输及施工温度应满足表 8.3 的要求。经过拌和后的混合料应均匀一致,无细料和粗料分离及花白、结成团块的现象。

厂拌沥青混合料通常用自动倾卸汽车运往铺筑现场,必须根据运送的距离和道路交通状况来组织运输。混合料运输所需的车辆数可按下式计算。

$$需要车辆数 = 1 + \frac{t_1 + t_2 + t_3}{T} + a \tag{8.1}$$

式中 T——一辆车容量的沥青混合料拌和与装车所需的时间,min;

t_1——运到铺筑现场所需的时间,min;

t_2——由铺筑现场返回拌和厂所需的时间,min;

t_3——在现场卸料和其他等待时间,min;

a——备用的车辆数(运输车辆发生故障及其他用途时使用)。

2. 铺筑

热拌法沥青混合料路面的铺筑工序如下。

(1)基层准备和放样

面层铺筑前,应对基层或旧路面的厚度、密实度、平整度、路拱等进行检查。基层或旧路面若有坎坷不平、松散、坑槽等,必须在面层铺筑之前整修完毕,并应清扫干净。为使面层与基层粘结好,在面层铺筑前 4~8 h,在粒料类的基层洒布透层沥青。透层沥青用油 AL(M)-1、2 或油 AL(S)-1、2 标号的液体石油沥青,或用 T-1 标号的煤沥青。透层沥青的洒布量:液体石油沥青为 0.8~1.0 kg/m²;煤沥青为 1.0~1.2 kg/m²。若基层为旧沥青路面或水泥混凝土路面,则在面层铺筑之前,在旧路面上洒布一层粘层沥青。粘层沥青用油 AL(M)-3、4、5 标号的液体石油沥青,或用 T-4、5 标号的软煤沥青。粘层沥青的洒布量:液体石油沥青为 0.4~0.6 kg/m²;煤沥青为 0.5~0.8 kg/m²。若基层为灰土类基层,为加强面层与基层的粘结,减少水分浸入基层,可在面层铺筑前铺下封闭层。即在灰土基层上洒布 0.7~0.9 kg/m² 的液体石油沥青或 0.8~1.0 kg/m² 的煤沥青后,随即撒铺 3~8 mm 颗粒的石屑,用量为 5 m³/1 000 m²,并用轻型压路机压实。

为了控制混合料的摊铺厚度,在准备好基层之后进行测量放样,沿路面中心线和四分之一路面宽处设置样桩,标出混合料的摊铺厚度。采用自动调平摊铺机摊铺时,还应放出引导摊铺机运行走向和标高的控制基准线。

(2)摊铺

沥青混合料可用人工或机械摊铺,高等级公路沥青路面应采用机械摊铺。

①人工摊铺。将汽车运来的沥青混合料先卸在铁板上,随即用人工铲运,以扣铲方式均匀摊铺在路上。摊铺时不得扬铲远甩,以免造成粗粒粒料分离,一边摊铺一边用刮板刮平。刮平时做到轻重一致,往返刮 2~3 次达到平整即可,防止反复多刮使粗粒料刮出表面。摊铺过程中要随时检查摊铺厚度、平整度和路拱,如发现有不妥之处应及时修整。

沥青混合料摊铺厚度为沥青路面设计厚度乘以压实系数。压实系数随混合料的种类和施工方法而异,用人工摊铺时,沥青混凝土混合料为 1.25~1.50,沥青碎石为 1.20~1.45。

沥青混合料的摊铺顺序,应从进料方向由远而近逐步后退进行。应尽可能在全幅路面上摊铺,以避免产生纵向接缝。如路面较宽不能全幅摊铺,可按车道宽度分成两幅或数幅分别摊铺,但接缝必须平行路中心线,纵缝搭接要密切,以免产生凹槽。操作过程应满足施工规范的要求。

②机械摊铺。沥青混合料摊铺机有履带式和轮胎式两种,二者的构造和技术性能大致相同。沥青摊铺机的主要组成部分为料斗、链式传送器、螺旋摊铺器、振捣板、摊平板、行驶部分和发动机等(见图 8.4)。

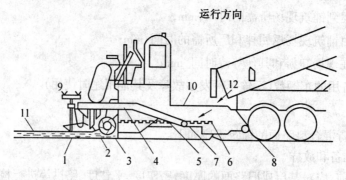

图 8.4　沥青混合料摊铺机

1—摊平机；2—振捣板；3—螺旋摊铺器；4—水平臂；5—链式传送器；6—履带；7—枢轴；8—顶推辊；9—厚度控制器；10—料斗；11—摊铺面；12—自卸汽车

沥青混合料摊铺机摊铺的过程中，自动倾卸汽车将沥青混合料卸到摊铺机料斗后，经链式传送器将混合料往后传到螺旋摊铺器，随着摊铺机向前行驶，螺旋摊铺器即在摊铺带宽度上均匀的摊铺混合料，随后由振捣板捣实，并由摊平板整平。摊铺机的摊铺工艺过程，如图 8.5 所示。

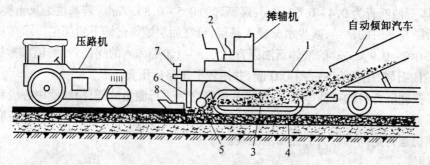

图 8.5　沥青混合料摊铺机操作示意图

1—料斗；2—驾驶台；3—送料器；4—履带；5—螺旋摊铺器；6—振捣器；7—厚度调节螺杆；8—摊平板

(3)碾压

沥青混合料摊铺平整之后，应趁热及时进行碾压。碾压的温度应符合表 8.4 的规定。压实后的沥青混合料应符合压实度及平整度的要求，沥青混合料的分层压实厚度不得大于 10 cm。

沥青混合料碾压过程分为初压、复压和终压三个阶段。初压用 60~80 kN 双轮压路机以 1.5~2.0 km/h 的速度先碾压 2 遍，使混合料得以初步稳定。随即用 100~120 kN 三轮压路机或轮胎式压路机复压 4~6 遍，碾压速度：三轮压路机为 3 km/h；轮胎式压路机为 5 km/h。复压阶段碾压至稳定无显著轮迹为止。复压是碾压过程最重要的阶段，混合料能否达到规定的密实度，关键全在于这阶段的碾压。终压是在复压之后用 60~80 kN 双轮压路机以 3 km/h 双轮压路机以 3 km/h 的碾压速度碾压 2~4 遍，以消除碾压过程中产生的轮迹，并确保路面表面的平整。

表 8.4　热拌沥青混合料的施工温度 ℃

沥青种类		石油沥青			煤沥青	
沥青标号		AH-50 AH-70 AH-90 A-60	AH-100　AH-130 A-100　A-140 A-180	A-200	T-8 T-9	T-5 T-6 T-7
沥青加热温度		150~170	140~100	130~150	100~130	80~120
矿料温度	间隙式拌和机	比沥青加热温度高度 0~20 (填料不加热)			比沥青加热温度高度 15 (填料不加热)	
	连续式拌和机	比沥青加热温度高度 5~10 (填料不加热)			比沥青加热温度高度 8 (填料不加热)	
沥青混合料出厂正常温度		140~165	125~100	120~150	90~120	80~110
混合料贮料仓贮存温度		贮料过程中温度降低不超过 10			贮料过程中温度降低不超过 10	
运输到现场温度		不低于 120~150			不低于 90	
摊铺温度	正常施工	不低于 110~130 且不超过 165			不低于 80 不超过 120	
	低温施工	不低于 120~140 且不超过 175			不低于 100 不超过 140	
碾压温度	正常施工	110~140 且不超过 110			80~110 不低于 75	
	低温施工	120~150 且不超过 110			90~120 不低于 85	
碾压终了温度	钢轮压路机	不低于 70			不低于 50	
	轮胎压路机	不低于 80			不低于 60	
	振动压路机	不低于 80			不低于 50	
开放交通温度		路面冷却后			路面冷却后	

注：①施工温度与沥青品种及标号有关,较稠沥青的施工温度易靠近高限,较低沥青的施工温度可靠近底限。
②本表不适用于改性沥青混合料施工。
③对高速公路、一级公路和城市快速路、主干路,沥青混合料出厂温度超过正常温度高限 30℃时,混合料应予放弃。

碾压时压路机开行的方向应平行于路中心线,并由一侧路边缘压向路中。用三轮压路机碾压时,每次应重叠后轮宽的 1/2;双轮压路机则每次重叠 30 cm;轮胎式压路机亦应重叠碾压。由于轮胎式压路机能调整轮胎的内压,可以得到所需的接触地面压力,使骨料相互嵌挤咬合,易于获得均一的密实度,而且密实度可以提高 2%~3%。所以轮胎式压路机最适宜用于复压阶段的碾压。

热拌沥青混合料的压实机械应符合下列规定。
①双轮钢筒式压路机为 6~8 t。
②三轮钢筒式压路机为 8~12 t 或 1 215 t。
③轮胎压路机为 12~20 t 或 20~25 t。

(4)接缝施工

沥青路面的各种施工缝(包括纵缝、横缝、新旧路面的接缝等)处,往往由于压实不足,容易产生台阶、裂缝、松散等病害,影响路面的平整度和耐久性,施工时必须十分注意。

①纵缝施工。对当日先后修筑的两个车道,摊铺宽度应与已铺车道重叠 3~5 cm,所摊铺的混合料应高出相邻已压实的路面,以便压实到相同的厚度。对不在同一天铺筑的相邻车道,或与旧沥青路面连接的纵缝,在摊铺新料之前,应对原路面边缘加以修理,要求边缘凿齐,塌落松动部分应刨除,露出坚硬的边缘。缝边应保持垂直,并需在涂刷一薄层粘层沥青之后方可摊铺新料。

纵缝应在摊铺之后立即碾压,压路机应大部分在已铺好的路面上,仅有 10~15 cm 的宽度压在新铺的车道上,然后逐渐移动跨过纵缝。

②横缝施工。横缝应与路中线垂直。接缝时先沿已刨齐的缝边用热沥青混合料覆盖,以资预热,覆盖厚度约 15 cm,当接缝处沥青混合料变软之后,将所覆盖的混合料清除,换用新的热混合料摊铺,随即用热夯沿接缝边缘夯捣,并将接缝的熟料铲平,然后趁热用压路机沿接缝边缘碾压密实。双层式沥青路面上下层的接缝应相互错开 20~30 cm,做成台阶式衔接。

8.4 沥青路面施工质量管理和检查

沥于路面施工应根据全面质量管理的要求,建立健全有效的质量保证体系,实行严格的目标管理、工序管理与岗位责任制度,对施工各阶段的质量进行检查、控制、评定,达到所规定的质量标准,确保施工质量的稳定性。施工质量管理与检查验收应包括施工前、施工过程中质量管理与质量控制,以及各施工工序间的检查及工程交工后的质量检查验收。

材料质量是沥青路面质量的保证,施工前以及施工过程中材料来源或规格有变化时,必须对材料来源、材料质量、数量、供应计划、料场堆放及储存条件等进行检查。检查时应以同一料源、同一次购入并运至生产现场(或储入同一沥青罐、池)的相同规格品种的集料、沥青为一批进行检查。拌和厂及沥青路面施工机械和设备的配套情况、性能、计量精度等也应在施工前进行检查。

高速公路和一级公路在施工前应铺筑试验段。试验段的长度应根据试验目的确定,宜为 100~200 m。试验段宜在直线段上铺筑,如在其他道路上铺筑时,路面结构等条件应相同,路面各结构层的试验可安排在不同的试验段上。热拌热铺沥青混合料路面试验段铺筑分试拌及试铺两个阶段,应包括下列试验内容。

(1)根据沥青路面各种施工机械相匹配的原则,确定合理的施工机械、机械数量及组合方式。

(2)通过试拌确定拌和机的上料速度、拌和数量与时间、拌和温度等操作工艺。

(3)通过试铺确定:透层沥青的标号与用量、喷洒方式、喷洒温度;摊铺机的摊铺温度、摊铺速度、摊铺宽度、自动找平方式等操作工艺;压路机的压实顺序、碾压温度、碾压速度及遍数等压实工艺;以及确定摊铺系数、接缝方法等。

(4)验证沥青混合料配合比设计结果,提出生产用的矿料配比和沥青用量。

(5)建立用钻孔法及核子密度仪法测定密度的对比关系。确定粗粒式沥青混凝土和沥青碎石面层的压实标准密度。

(6)确定施工产量及作业段长度,制订施工进度计划。

(7)全面检查材料及施工质量。

(8)确定施工组织及管理体系、人员、通讯联络及指挥方式。

施工过程中工程质量检查的内容、频度、质量标准符合表8.5的要求。当检查结果达不到规定的要求时,应追加检测数量,查找原因,作出处理。混合料铺筑现场必须对混合料质量及施工温度进行观测,随时检查厚度、压实度和平整度,并逐个断面测定成型尺寸。为保证高速公路和一级公路沥青路面的施工质量,对其施工质量管理最好采用计算机实行动态管理。

表8.5 沥青面层施工过程中工程质量的控制标准

路面类型	项目		检查频度	质量要求或允许偏差(单点检验)		试验方法
				高速公路、一级公路、城市快速路、主干道	其他等级公路与城市道路	
沥青表面处治及贯入式路面	外观		随时	集料嵌挤密实,沥青撒布均匀,无花白料,接头无油包		目测
	集料撒布量		不小于1~2次/日	—	符合规范的规定	按相应施工长度的实际用量计算
	沥青撒布量		不小于1~2次/日		符合规范的规定	按相应施工长度的实际用量计算
	沥青撒布温度		每车1次		符合规范的规定	温度计测量
热拌沥青混合料路面	外观		随时	表面平整密实,不得有轮迹、裂缝、推挤、油丁、油包、离析、花白现象		目测
	接缝		随时	紧密平整、顺直、无跳车		目测,用3 m直尺测量
	施工温度	出厂温度	不小于1次/车	符合相关规定		温度计测量
		摊铺温度	不小于1次/车			
		碾压温度	随时			
	矿料级配:与生产设计标准级配的差 方孔筛 圆孔筛 0.075 mm 0.075 mm ≤2.36 mm ≤2.5 mm ≥4.75 mm ≥5.0 mm		每台拌和机1次或2次/日	±2% ±6% ±7%	±2% ±7% ±8%	拌和厂取样,用抽提后的矿料筛分,应至少检查0.075 mm、2.36 mm、4.75 mm、最大集料粒径及中间粒径等5个筛孔,中间粒径宜为:细、中粒式为9.5 m(圆孔10);粗粒式为13.2 mm(圆孔15)

续表 8.5

路面类型	项目	检查频度	质量要求或允许偏差(单点检验)		试验方法
			高速公路、一级公路、城市快速路、主干道	其他等级公路与城市道路	
热拌沥青混合料路面	沥青用量（油石比）	每台拌和机1次或2次/日	±0.3%	±0.5%	拌和厂取样，离心法抽提（用射线法沥青含量测定仪随时检查）
	马歇尔试验：稳定度流值密度、空隙率	每台拌和机1次或2次/日	符合规范的规定		拌和厂取样成型试验
	浸水马歇尔试验	必要时	符合规范的规定		拌和厂取样成型试验
	压实度	每2 000 m² 检查1次，1次不少于1个孔	马歇尔试验密度的96%试验段钻孔密度的99%	马歇尔试验密度的95%试验段钻孔密度的99%	现场钻孔（或挖坑）试验（用核子密度仪随时检查）
	抗滑表层[①]构造深度	不小于1次/日	符合设计要求		砂铺法（手工或电动）

注：构造深度根据设计需要决定是否检测，且只对表层测定。

8.5 沥青路面交工质量检查与验收

沥青路面工程完工后，施工单位应将全线以1～3 km（公路）或100～500 m（城市道路）作为一个评定路段，按照国家相关技术规范的要求，随机选取测点，对沥青面层进行全线自检，计算平均值、标准差及变异系数，向主管部门提交全线检测结果、施工总结报告，以及原始记录、试验数据等质量保证资料，申请交工验收。工程完工后应全线测定路面平整度、宽度、纵断面高程、横坡度等，并提出竣工图。交工验收阶段检查与验收的各项质量指标应符合国家相关技术规范的规定。

工程建设单位或监理、工程质量监督部门在接到施工单位的交工验收报告，并确认施工资料齐全后，应立即对施工质量进行交工检查与验收。检查与验收应按随机抽样的方法选择一定数量的评定路段进行实测检查，每一检查段的检查频度、试验方法及检测结果应符合国家相关技术规范的要求。当实测检查有困难时，经主管部门同意后，可随机抽查一定数量施工单位的质量检测结果，对工程质量进行评定。

8.6 工程施工总结

工程结束后，施工企业应根据国家竣工文件编制的规定，提出施工总结报告及若干个专项报告，连同竣工图表，形成完整的施工资料档案，一并提交主管部门及有关档案管理部门。施工总结报告应包括工程概况(包括设计及变更情况)、工程基础资料、材料、施工组织、机械及人员配备、施工方法、施工进度、试验研究、工程质量评价、工程决算、工程使用服务计划等。

施工管理与质量检查报告应包括施工管理体制、质量保证体系、施工质量目标、试验段铺筑报告、施工前及施工中材料质量检查结果(测试报告)、施工中工程质量检查结果(测试报告)、工程交工后质量自检结果(测试报告)、工程质量评价以及原始记录、相册、录像等各种附件。

第9章 水泥混凝土路面施工

水泥混凝土路面是以水泥和水混合而成的水泥浆为胶结料,碎(砾)石为骨料,砂为填料,经拌和、摊铺、振捣(或压实)和养生而成的。水泥混凝土路面具有刚度大、强度高、稳定性好、养护维修费用低等优点。

水泥混凝土路面的使用性能很大程度上取决于施工质量,而施工质量又依赖于先进的施工机具。为保证水泥混凝土路面的施工质量,必须以拌和、运输、摊铺、养生的整个工艺过程,采用机械化施工与现代化施工质量检测手段。本章着重介绍就地浇注和振捣压实的水泥混凝土面层的材料组成和施工工艺。

9.1 材料要求与混合料组成设计

水泥混凝土面层直接承受着行车荷载和自然因素的反复作用,因此水泥混凝土面板就必须有足够大的强度(特别是抗折强度)和抗磨耗能力。同时还应是具有抗滑、表面平整、耐冻性以确保行车能够经济、安全舒适的运行。这些要求能否达到与材料的品质,混合料组成有重大关系。为保证水泥混凝土的路用要求,应选择合格的材料,并科学的进行材料组成设计。

9.1.1 材料要求

1. 水泥

对于特重、重交通路面采用旋窑道路硅酸盐水泥,在没有道路水泥的情况下也可采用旋窑硅酸盐水泥或普通硅酸盐水泥;中等及轻交通量的路面可采用矿渣硅酸盐水泥;确有困难且交通量为中等和轻时方可采用立窑水泥。原因是立窑水泥安定性差且游离钙含量在1%~1.8%时,对路面混凝土在动载交通条件下的疲劳循环周次有3~5倍的影响,构成影响水泥路面使用寿命能否达到20~30年的关键因素。低温天气施工或有快通要求的路段可采用R型水泥,此外宜采用普通型水泥。各交通等级路面水泥抗折强度、抗压强度应符合规范。除满足规定外还应通过混凝土配合比试验,根据其配制弯拉强度、耐久性和工作性优选适宜的水泥品种、强度等级。

2. 集料

混凝土所用的集料应坚硬耐磨、表面粗糙、有棱角,并符合规定级配;洁净和有害杂质含量少的碎石、碎卵石和卵石,其技术指标应符合表9.1的规定。

第9章 水泥混凝土路面施工

表 9.1 碎石、碎卵石和卵石技术指标

项 目	技 术 要 求		
	Ⅰ级	Ⅱ级	Ⅲ级
碎石压碎指标/%	<10	<15	<20
卵石压碎指标/%	<12	<14	<16
坚固性(按质量损失计/%)	<5	<8	<12
针片状颗粒含量(按质量计/%)	<5	<15	<20
含泥量(按质量计/%)	<0.5	<1.0	<1.5
泥块含量(按质量计/%)	<0	<0.2	<0.5
有机物含量(比色法)	合格	合格	合格
硫化物及硫酸盐(按SO_3质量计/%)	<0.5	<1.0	<1.0
岩石抗压强度	火成岩不小于 100 MPa;变质岩不小于 80 MPa;水成岩不小于 60 MPa		
表观密度	>2 500 kg/m³		
松散堆积密度	>1 350 kg/m³		
空隙率	<47%		
碱集料反应	经碱集料反应试验后试件无裂缝、酥裂、胶体外溢等现象,在规定试验龄期的膨胀率应小于0.1%		

高速公路、一级公路、二级公路及有抗(盐)冻要求的三、四级公路,混凝土路面使用的粗集料级别应不低于Ⅱ级,无抗(盐)冻要求时Ⅰ级集料吸水率不应大于1%;Ⅱ级集料不应大于2%。碎(砾)石的级配应符合表9.2。

表 9.2 粗集料级配范围

级配类型	粒径	方筛孔尺寸						
		2.36	4.75	9.5	16.0	19.0	26.5	31.5	37.5
		累计筛余(以质量计/%)						
合成级配	4.75~16	95~100	85~100	40~60	0~10				
	4.75~19	95~100	85~95	60~75	30~45	0~5	0		
	4.75~26.5	95~100	90~100	70~90	50~70	25~40	0~5	0	
	4.75~31.5	95~100	90~100	75~90	60~75	40~60	20~35	0~5	0
粒径	4.75~9.5	95~100	80~100	0~15	0				
	9.5~16		95~100	80~100	0~15	0			
	9.5~19		95~100	85~100	40~60	0~15	0		
	16~26.5			95~100	55~70	25~40	0~10	0	
	16~31.5			95~100	85~100	55~70	25~40	0~10	0

卵石最大粒径不应大于 19.0 mm,碎卵石最大粒径不应大于 26.5 mm,碎石最大粒径不应大于 31.5 mm。

3. 砂(细集料)

应采用质地坚硬、耐久、洁净的天然砂、机制砂或混合砂。其技术指标与级配范围见表 9.3、表 9.4。

表 9.3　细集料技术指标

项　目	技　术　要　求		
	Ⅰ级	Ⅱ级	Ⅲ级
机制砂单粒级压碎指标/%	<20	<25	<30
氯化物(氯离子质量/%)	<0.01	<0.02	<0.06
坚固性(按质量损失计/%)	<6	<8	<10
云母(按质量计/%)	<1.0	<2.0	<2.0
天然砂、机制砂泥量(按质量计/%)	<1.0	<2.0	<3.0
天然砂、机制砂含泥块含量(按质量计/%)	<0	<1.0	<2.0
机制砂 MB 值<1.4 或合格石粉质量(按质量计/%)	<3.0	<5.0	<7.0
机制砂 MB 值≥1.4 或合格石粉质量(按质量计/%)	<1.0	<3.0	<5.0
有机物含量(比色法)	合格	合格	合格
硫化物及硫酸盐(按 SO_3 质量计/%)	<0.5	<0.5	<0.5
轻物质(按质量计/%)	<1.0	<1.0	<1.0
机制砂母岩抗压强度	火成岩不小于 100 MPa;变质岩不小于 80 MPa;水成岩不小于 60 MPa		
表观密度	>2 500 kg/m³		
松散堆积密度	>1 350 kg/m³		
空隙率	<47%		
碱集料反应	经碱集料反应试验后试件无裂缝、酥裂、胶体外溢等现象,在规定试验龄期的膨胀率应小于 0.1%		

表 9.4　砂的级配范围

砂分级	方筛孔尺寸					
	0.15	0.30	0.60	1.18	2.36	4.75
	累计筛余(以质量计/%)					
粗砂	90~100	80~95	71~85	35~65	5~35	0~10
中砂	90~100	70~92	41~70	10~50	0~25	0~10
细砂	90~100	55~85	16~40	0~25	0~15	0~10

4. 水

饮用水可直接使用。对水质有疑问时,应检验下列指标,合格后方可使用。
(1)硫酸盐含量 < 0.002 7 mg/mm³。
(2)含盐量 < 0.005 mg/mm³。
(3)pH 值 > 4。
(4)不得含有油污、泥和其他有害物质。

9.1.2 混凝土配合比设计

由于混凝土路面板厚设计计算是以混凝土的抗弯拉强度为依据,因此混凝土的配合比设计应根据设计弯拉强度、耐久性、耐磨性和局性等要求和经济合理的原则选用原材料,通过计算、试验和必要的调整确定混凝土单位体积中各种组成材料的用量而设计配合比。然后据现场浇筑混凝土的实际条件,如材料供应情况(级配、含水量等)摊铺方法和机具、气候条件等作适当调查后提出施工配合比。混凝土配合比设计的一般步骤如下。

1. 确定混凝土配合比的设计强度 f_c

配合比设计时所采用的强度指标 f_c 应高于混凝土的设计弯拉强度 f_{cm}

$$f_c = f_r/(1 - 1.04c_v) + ts$$

式中　f_c——配制 28 天弯拉强度的均值,MPa;
　　　f_r——设计弯拉强度标准值,MPa;
　　　s——弯拉强度试验样本的标准差,MPa;
　　　t——保证率系数(见表 9.5);
　　　c_v——弯拉强度变异系数。应按统计数据在表 9.6 范围内取值。

表 9.5　保证率系数 t

公路等级	判别概率 P	样本数 $n/$组				
		3	6	9	15	20
高速	0.05	1.36	0.79	0.61	0.45	0.39
一级	0.10	0.95	0.59	0.46	0.35	0.30
二级	0.15	0.72	0.46	0.37	0.28	0.24
三、四级	0.20	0.56	0.37	0.29	0.22	0.19

表 9.6　各级公路混凝土路面弯拉强度变异系数

公路等级	高速	一级		二级		三、四级
混凝土弯拉强度变异水平等级	低	低	中	中	中	高
弯拉强度变异系数允许变化范围	0.05 ~ 0.10	0.05 ~ 0.10	0.10 ~ 0.15	0.10 ~ 0.15	0.10 ~ 0.15	0.15 ~ 0.20

在无统计数据时,弯拉强度变异系数应按设计值。如果施工配制弯拉强度超过设计给

定的弯拉强度乘变异系数上限,则必须改进机械设备和提高施工控制水平。

2. 计算水灰比(W/C)

根据大量试验结果回归获得的弯拉强度 f_c 与水灰比 W/C 的经验关系计算。

碎石或卵石混凝土

$$W/C = 1.568\,4/(f_c + 1.009\,7 - 0.359\,5f_s)$$

卵石混凝土

$$W/C = 1.261\,8/(f_c + 1.549\,2 - 0.470\,9f_s)$$

式中　W/C——水灰比;
　　　f_s——水泥实测28天抗折强度。

为满足耐久性的要求,高速公路、一级公路水灰比不大于0.44;二级公路不大于0.46;三、四级公路不大于0.48。

3. 计算用水量 W

在水灰比已定的条件下确定用水量也就是确定混凝土中的水泥浆用量。水泥浆用量取决于和易性的要求(以坍落度为准)和组成材料的性质(如集料表面性质和最大粒径、细集料的度和含量等)每立方米混凝土的用水量 $W(\text{kg/m}^3)$ 可按下列经验关系式确定。

碎石混凝土

$$W_0 = 104.97 + 0.309 S_L + 11.27 C/W + 0.61 S_P$$

卵石混凝土

$$W_0 = 86.89 + 0.370 S_L + 11.24 C/W + 1.00 S_P$$

式中　W_0——不掺外加剂与掺和料混凝土的单位用水量,kg/m^3;
　　　S_L——坍落度,mm;
　　　S_P——砂率,%。应根据细模度数和粗集料种类查表9.7;
　　　C/W——灰水比。

表9.7　砂的细度模数与最优砂率关系

砂细度模数		2.2~2.5	2.5~2.8	2.8~3.1	3.1~3.4	3.4~3.7
砂率 S_P/%	碎石	30~40	32~36	34~38	36~40	38~42
	卵石	28~32	30~34	32~36	34~38	36~40

如果掺外掺剂的混凝土单位用水量应按下式计算

$$W_{0W} = W_0(1 - \beta/100)$$

式中　W_{0W}——掺外加剂混凝土的单位用水量,kg/m^3;
　　　β——所用外加剂剂量的实测减水率,%。

4. 计算水泥用量

每立方混凝土混合料的水泥用量按下式计算,并取计算值与表9.8给定值的大值。

$$C_0 = (C/W)W_0$$

式中　C_0——单位水泥用量。

表9.8 混凝土满足耐久性要求的最大水灰(胶)比和最小水泥用量

公路技术等级		高速、一级	二级	三、四级
最大水灰(胶)比		0.44	0.46	0.48
抗冰冻要求最大水灰(胶)比		0.42	0.44	0.46
抗盐冻要求最大水灰(胶)比		0.40	0.42	0.44
最小单位水泥用量/(kg·m⁻³)	42.5级	300	300	290
	32.5级	310	310	305
抗冰(盐)冻时最小单位水泥用量/(kg·m⁻³)	42.5级	320	320	315
	32.5级	330	330	325
掺粉煤灰时最小单位水泥用量/(kg·m⁻³)	42.5级	260	260	255
	32.5级	280	270	265
抗冰(盐)冻掺粉煤灰时最小单位水泥用量(42.5级水泥)/(kg·m⁻³)		280	270	265

5. 计算集料用量

砂石料用量可按密度法和体积法计算,按密度法计算时混凝土单位质量可取 2 400 ~ 2 450 kg/m³;按体积法计算时应计入设计含气量。采用超量取代法掺用粉煤灰时,超量部分应代替砂,并折减用砂量。经计算得到的配合比,应验算单位粗集料填充体积率,且不宜小于70%。

例如采用体积法计算集料用量计算式如下。

(1) 细集料用量 $S(kg/m^3)$

$$S = \frac{100 - W/\rho_w - c/\rho_c}{1/\rho_s + [(100 - S_r)S_r]/\rho_g}$$

(2) 粗集料用量 $G(kg/m^3)$

$$G = S[(100 - S_r)/S_r]$$

式中　ρ_w——水的密度(g/cm³)可取1;

ρ_c——水泥的密度(g/cm³)可取2.9 ~ 3.1;

ρ_s——细集料的饱和面干密度(g/cm³);

ρ_g——粗集料的饱和面干密度(g/cm³)。

6. 配合比的调整

通过以上的计算得到的配合比是据以前的经验和资料、参数确定的材料初步用量,它同材料实际情况有一定的差异。为此,上述计算配合比需要通过试验加以验证,通过试验检验其强度和易性是否满足要求,若不满足应对配合比加以调整,直至检验通过即可确定实验室配合比。在施工现场,还需视集料的实际含水量、气候、运距等情况,对实验室配合比作适当的调整,由此得到施工配合比。

9.2 施工工艺

水泥混凝土面层施工包括下列工序：①施工准备工作；②模板安装；③设置传力杆；④混凝土的拌和运送；⑤混凝土的摊铺和震捣；⑥接缝设置；⑦表面整修；⑧混凝土的养生与填缝等。

9.2.1 施工准备工作

施工准备工作包括施工机械选择、施工组织、拌和站设置、材料与设备检查、基层的检验与修整。

1. 施工机械选择

水泥混凝土路面质量和性能的好坏，主要取决于混凝土的摊铺成型和拌和。一般情况下把混凝土摊铺成型机械作为第一主导机械，把混凝土拌和机械作为第二主导机械。在机械选型时应首先选用主导机械，然后根据主导机械的技术性能和生产率选择配套机械。不同等级公路对施工工艺及机械设备要求见表9.9。

表9.9 与公路等级相适应的机械设备

摊铺机械装备	高速	一级	二级	三级	四级
滑模摊铺机	√	√	√	▲	○
轨道摊铺机	▲	√	√	√	○
三辊轴机组	○	▲	√	√	√
小型机具	×	○	▲	√	√
碾压混凝土机械	×	○	√	√	▲
计算机自动控制强制搅拌站	√	√	√	▲	○
强制搅拌站	×	○	▲	√	√

注：√应使用；▲有条件使用；○不宜使用；×不得使用。

在条件容许的情况下尽量采用滑模摊铺机具，它与小型机具相比主要有以下优点：①内在质量高；②表面功能及表现质量好；③动态平整度好；④拌和物均匀稳定；⑤适应的路面结构种类齐全；⑥生产效率高；⑦使用寿命延长；⑧提高科技和养生水平。

2. 施工组织

开工前应由建设方组织充计部门向施工、监理部门进行技术交底，施工单位应编制切实可行的施工组织设计，并确定施工实施方案。开工前施工单位应对施工、试验、机械、管理等岗位的技术人员和各工种技术工人进行培训，在面层施工前应根据设计文件恢复桩位与桩号；施工工地应考虑建立具备相应资质的现场实验室，能够对原材料配合比和路面质量等进行检测和控制，提供符合交工检验竣工验收和计量达到要求的自检结果。

3. 拌和场设置

拌和场一般应设置在摊铺的中间位置，拌和场在满足原材料储运、运输、供水、供电等前提下,尽量要减少占地面积,拌和场应保证充足的电力、水、燃料的供应;水泥、粉煤灰应采用罐仓储存,严禁受潮或浸水;砂石料场基底部应作硬化处理,不同规格的砂石料之间应有隔离设施,并设标志牌,严禁混杂。

4.摊铺前材料和设备检查

(1)材料检查

根据施工进度计划,在开工前分批备好所需的各种材料(如水泥、砂、石料及必要的外加剂等),并在实际使用时核对调整,对已选备的砂和石料抽样检测含泥量、级配、有害物含量、坚固性等,对碎石还应抽检其强度、软弱及针片状颗粒含量和磨耗等。如含泥量超过允许值应提前1~2天冲洗或过筛直至符合规定为止,若其他项目不符合规定时应分选料或采取有效的补救措施,原材料的检验项目和批量应符合表9.10的规定。

表9.10 混凝土原材料的检测项目和频率

材料	检查项目	检查频度	
		高速、一级公路	其他公路
水泥	抗折强度、抗压强度、安定性	机铺1 500 t 一批	机铺1 500 t 一批,小型机具500 t 一批
	凝结时间、标稠需水量、细度	机铺2 000 t 一批	机铺3 000 t 一批,小型机具500 t 一批
	f-CaO、MgO、SO_3含量,铝酸三钙、铁铝酸四钙、干缩率、耐磨性、碱度、混合材料种类及数量	每标段不少于3次,进场前必测	每标段不少于3次,进场前必测
	温度、水化热	冬、夏季施工随时检测	冬、夏季施工随时检测
粉煤灰	活性指数、细度、烧失量	机铺1 500 t 一批	机铺1 500 t 一批,小型机具500 t 一批
	需水量比、SO_3含量	每标段不少于3次,进场前必测	每标段不少于3次,进场前必测
粗集料	针片状、超径颗粒含量、级配、表观密度、堆积密度、空隙率	机铺2 000 m^3 一批	机铺5 000 m^3 一批,小型机具1 500 m^3 一批
	含泥量、泥块含量	机铺1 000 m^3 一批	机铺2 000 m^3 一批,小型机具1 000 m^3 一批
	坚固性、岩石抗压强度、压碎指标	每种粗集料每标段不少于2次	每种粗集料每标段不少于2次
	碱集料反应	怀疑有碱活性集料进场前测	怀疑有碱活性集料进场前测
	含水量	降雨或湿度随时测	降雨或湿度随时测

续表 9.10

材料	检查项目	检查频度 高速、一级公路	检查频度 其他公路
砂	细度模数、表观密度、堆积密度、空隙率、级配	机铺 2 000 m³ 一批	机铺 4 000 m³ 一批,小型机具 1 500 m³ 一批
砂	含泥量、泥块、石粉含量	机铺 1 000 m³ 一批	机铺 2 000 m³ 一批,小型机具 500 m³ 一批
砂	坚固性	每种砂每标段不少于 3 次	每种砂每标段不少于 3 次
砂	云母含量轻物质与有机物含量	目测有云母杂质时测	目测有云母杂质时测
砂	含盐量(硫酸盐、氯盐)	必要时测,淡化海砂每标段 3 次	必要时测,淡化海砂每标段 3 次
砂	含水量	降雨或湿度随时测	降雨或湿度随时测
外加剂	减水剂减水率、液体外加剂含固量和相对密度、粉状外加剂的不溶物含量	机铺 5 t 一批	机铺 5 t 一批,小型机具 3 t 一批
外加剂	引气剂气量、气泡细密程度和稳定性	机铺 2 t 一批	机铺 3 t 一批,小型机具 1 t 一批
钢纤维	抗拉强度、弯折性能、长度、长径比、形状	开工前或有变化时,每标段 3 次	开工前或有变化时,每标段 3 次
钢纤维	杂质、质量及其偏差	机铺 50 t 一批	机铺 50 t 一批,小型机具 30 t 一批
养生剂	有效保水率、抗压强度比、耐磨性、耐热性、膜水溶性	开工前或有变化时,每标段 3 次	开工前或有变化时,每标段 3 次
养生剂	含固量、成膜时间	试验路段测,施工每 5 t 测一次	试验路段测,施工每 5 t 测一次
水	pH 值、含盐量、硫酸根及杂质含量	开工前和水源有变化时	开工前和水源有变化时

(2)设备检查

施工前必须对机械设备、测量仪器、基准线或模板、机具、工具及各种试验仪器等进行全面的检查、调试、校准、标定、维修和保养。主要施工机械的易损零部件应有适量储备。

5.路基、基层和封层的检测与修整

(1)路基

路基应稳定、密实、均质,对路面结构提供均匀的支承。

(2)基层、垫层

除应符合《公路水泥混凝土路面设计规范》(JTG D40)和《公路路面基层施工技术规范》(JTJ 034)的规定外,尚应符合下列技术要求。

①(上)基层纵、横坡一般可与面层一致,但横坡可略大 0.15% ~ 0.20%,并不得小于路面横坡。

②硬路肩厚度薄于面板时应设排水基层或排水盲沟。缘石和软路肩底部应有排水措施。

③面层铺筑前，宜至少提供足够机械连续施工10 d以上的合格基层。

(3)面板铺筑前

应对基层进行全面的破损检查，当基层产生纵、横向断裂、隆起或碾坏时，应采取下列有效措施进行彻底修复。

①所有挤碎、隆起、空鼓的基层应清除，并使用相同的基层料重铺，同时设胀缝板横向隔开，胀缝板应与路面胀缝或缩缝上下对齐。

②当基层产生非扩展性温缩、干缩裂缝时，应灌沥青密封防水，还应在裂缝上粘贴油毡、土工布或土工织物，其覆盖宽度不应小于1 000 mm；距裂缝最窄处不得小于300 mm。

③基层产生纵向裂缝时，应分析原因，采取有效的路基稳固措施根治裂缝，且宜在纵向裂缝所在的整个面板内，距板底1/3高度增设补强钢筋网，补强钢筋网到裂缝端部不宜短于5 m。

④基层被碾坏成坑或破损面较小的部位，应挖除并采用贫混凝土局部修复。对表面严重磨损裸露粗集料的部位，宜采用沥青封层处理。

9.2.2 混凝土拌和与运输

1.拌和

混凝土拌和站的拌和能力应符合下列规定：采用滑模、轨道、三辊轴机组摊铺时，搅拌场配置的混凝土总拌和生产能力可按下式计算

$$M = 60\ \mu bhV_t$$

式中 M——拌和站总拌和能力，m^3/h；

b——摊铺宽度，m；

h——面板厚度，m；

V_t——摊铺速度（m/min）（$\geqslant$1 m/min）；

μ——拌和楼可靠性系数1.2~1.5，拌和楼可靠性高取较小值，反之取大值。不同摊铺方式所要求的拌和楼最小容量应满足表9.11的规定。

表9.11 混凝土路面不同摊铺方式的搅拌楼最小配置容量

摊铺宽度＼摊铺方式	滑模摊铺	轨道摊铺	碾压混凝土	三辊轴摊铺	小型机具
单车道 3.75~4.5 m	≥100 m	≥75 m	≥75 m	≥50 m	≥25 m
双车道 7.5~9 m	≥200 m	≥150 m	≥150 m	≥100 m	≥50 m
整幅宽≥12.5 m	≥300 m	≥200 m	≥200 m	—	—

一般可配备2~3台拌和楼，最多不超过四台，拌和时间应根据拌和物的粘聚性、均质性及强度稳定性，经试拌确定最佳拌和时间。一般情况下，单立轴式搅拌机总拌和时间为

80~120 s,全部原材料到齐后的最短拌和时间不宜短于40 s,行星立轴和双卧轴式搅拌机总拌和时间为60~90 s,最短拌和时间不宜短于35 s,连续式双卧轴搅拌机的最短拌和时间不宜短于40 s,最长拌和时间不应超过高限值的2倍。

混合料的制备可采用两种方式:①在工地由拌和机拌制;②在中心工厂集中制备,然后用汽车运送到工地。

在工地制备混合料时,应在拌和场地上合理布置拌和机和砂石、水泥等材料的堆放地点,力求提高拌和机的生产率。拌和混凝土时,要准确掌握配合比,特别要严格控制用水量。每天开始拌和前,应根据天气变化情况,测定砂、石材料的含水量,以调整拌制时的实际用水量。每次拌和所用材料应过秤,量配的精确度对水泥为±3%;砂为±2%;碎石为±3%;水为±1%。每一工班应检查材料量配的精确度至少2次,每半天检查混合料的坍落度2次。拌和时间为1.5~2.0 min。

当用机械摊铺混凝土时须进行匀料,匀料工序的主要任务是用匀料机将运输车卸下的混凝土均匀分布在铺筑路段内,并使其大致整平,留有一定的虚高,以保证混凝土经振实,整平后与路面施工厚度相同,预留虚高的大小与混凝土的压(振)实系数、混凝土的级配组成、坍落度及振实机械的性能有关,预留虚高应由试验确定,在一般情况下,当坍落度为1~5 cm时,匀料机匀料的松铺厚度按振实后路面厚度1.15~1.25倍控制。

2.运输

运输车辆可选用载重量5~20 t的自卸车,运输过程应平稳、不漏浆。远距离运输宜选配混凝土罐车,拌和厂出料到运输铺筑完毕允许最长时间见表9.12。

表9.12 混凝土拌和物出料到运输、铺筑完毕允许最长时间

施工气温/℃	到运输完毕允许最长时间/h		到铺筑完毕允许最长时间/h	
	滑模、轨道	三轴、小机具	滑模、轨道	三轴、小机具
5~9	2.0	1.5	2.5	2.0
10~19	1.5	1.0	2.0	1.5
20~29	1.0	0.75	1.5	1.25
30~35	0.75	0.50	1.25	1.0

混合料用手推车、翻斗车或自卸汽车运送,合适运距视车辆种类和混合料容许的运输时间而定。通常,夏季不宜超过30~40 min,冬季不宜超过60~90 min。高温天气运送混合料时应采取复盖措施,以防混合料中水分蒸发。运送用的车箱必须在每天工作结束后,用水冲洗干净。

9.2.3 混凝土板的施工程序和施工技术

面层板的施工程序为:①安装模板;②设置传力杆;③混凝土的拌和与运送;④混凝土的摊铺和震捣;⑤接缝的设置;⑥表面装修;⑦混凝土的养生和填缝。

1.边模的安装

在摊铺混凝土前,应先安装两侧模板。如果采用手工摊铺混凝土,则边模的作用仅在

于支撑混凝土,可采用4~8 cm的木模板,在弯道和交叉口处,应采用1.5~3 cm厚的薄模板,以便弯成弧形。条件许可时宜用钢模,这不仅节约木材,而且保证工程质量。钢模可用厚4~5 mm的钢板冲压制成,或用3~4 mm厚钢板与边宽40~50 mm的角钢或槽钢组合构成。

当用机械摊铺混凝土时,轨道和模板的安装精度直接影响到轨道式摊铺机的施工质量和施工进度,安装前应先对轨道及模板的有关质量指标进行检查和校正,安装中要用水平仪、经纬仪、皮尺等定出路面高程和线形,每5~10 m一点,用挂线法将铺筑线形和高程固定下来。

侧模按预先标定的位置安放在基层上,两侧用铁钎打入基层以固定位置。模板顶面用水准仪检查其标高,不符合时予以调整。模板的平面位置和高程控制都很重要,稍有歪斜和不平都会反映到面层,使其边线不齐、厚度不准和表面成波浪形。因此,施工时必须经常校验,严格控制。模板内侧应涂刷肥皂液,废机油或其他润滑剂,以利于拆模。

2.传力杆设置

当两侧模板安装好后,即在需要设置传力杆的胀缝或缩缝位置上设置传力杆。混凝土板连续浇筑时设置胀缝传力杆的做法一般是在嵌缝板上预留圆孔以便传力杆穿过,嵌缝板上面设木制或铁制压缝板条,其旁再放一块胀缝模板,按传力杆位置和间距,在胀缝模板下部挖成倒U形槽,使传力杆由此通过。传力杆的两端固定在钢筋支架上,支架脚插入基层内,如图9.1所示。

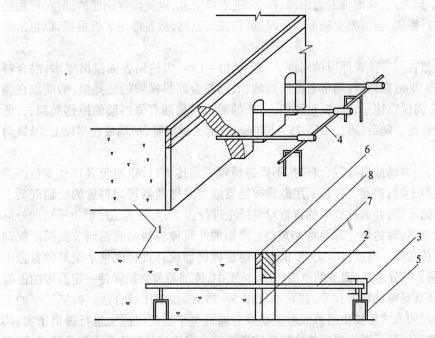

图9.1 胀缝传力杆的架设(钢筋支架法)
1—先浇混凝土;2—传力杆;3—金属套管;4—钢筋;5—支架;6—压缝板条;7—嵌缝板;8—胀缝模板

对于不连续浇筑的混凝土板在施工结束时设置的胀缝,宜用顶头模固定传力杆的安装方法,即在端模板外侧增设一块定位模板,板上同样按照传力杆间距及杆径钻成孔眼,将传力杆穿过端模孔眼并直至外侧定位模板孔眼。两模板之间可用按传力杆一半长度的横木固定,如图9.2所示。

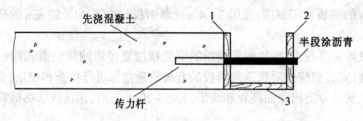

图 9.2 胀缝传力杆的架设
1—端头挡板;2—外侧定位模板;3—固定模板

继续浇筑邻板时,拆除挡板、横木及定位模板,设置胀缝板、木制压缝板条和传力杆套管。

3.摊铺和振捣

当运送混合料的车辆运达摊铺地点后,一般直接倒向安装好侧模的路槽内,并用人工找补均匀。要注意防止出现离析现象。摊铺时应考虑混凝土振捣后的沉降量,虚高可高出设计厚度约10%左右,使振实后的面层标高同设计相符。

混凝土混合料的振捣器具,应由平板振捣器(2.2~2.8 kW)、插入式振捣器和振动梁(各1 kW)配套作用。混凝土路面板厚在0.22 m以内时,一般可一次摊铺,用平板振捣器振实,凡振捣不到之处,如面板的边角部、窨井、进水口附近,以及设置钢筋的部位,可用插入式振捣器进行振实;当混凝土板厚较大时,可先插入振捣,然后再用平板振捣,以免出现蜂窝现象。

平板振捣器在同一位置停留的时间,一般为10~15 s,以达到表面振出浆水,混合料不再沉落为宜。平板振捣后,用带有振捣器的、底面符合路拱横坡的振捣梁,两端搁在侧模上,沿摊铺方向振捣拖平。拖振过程中,多余的混合料将随着振捣梁的拖移而刮去,低陷处则应随时补足。随后,再用直径75~100 mm长的无缝钢管,两端放在侧模上,沿纵向滚压一遍。

必须注意,当摊铺或振捣混合料时,不要碰撞模板和传力杆,以避免其移动变位。当用机械摊铺混凝土时,摊铺工序包括用螺旋摊铺器或叶浆摊铺器将匀料后的松铺混凝土表面进一步摊铺平整,并通过机械的自重对混凝土进行压实,为振实工序提供平整的外形和更为准确的虚高,摊铺作业时要将VOGELE机型的叶浆摊铺器的底面调节到弧形振动梁的前沿并保持在同一高度,C-450X机型的螺旋摊铺器旋转直径比整平滚筒的直径小3 cm,已经考虑了部分虚高,调节的范围较小,施工中,摊铺器前必须保持一定高度的混凝土拥料,以保证有足够的料来找平,拥料高度以5~15 cm控制比较合适。振实工序的工作内容主要是用插入式振捣机组或弧形振动梁对摊铺整平后的混凝土进行振捣密实、均匀,使混凝土路面成形后获得尽可能高抗折抗压强度。本工序是路面内在质量的关键,影响振实效果的主要因素有混凝土坍落度、集料级配组成、粗集料最大粒径及振捣方式等。采用VOGELE机型施工,混凝土坍落度、粗集料最大粒径对振捣效果的影响最为敏感,混凝土坍落度较大时容易振实,较小时则不易振实,最大粒径为40 mm时边部振实比较困难,因此,当混凝土坍落度小于 2 cm 时,需用插入式振捣器对边部进行预振才能保证混凝土的密实和均匀性,振实机械的工作速度对混凝土的振实效果也有影响,当混凝土坍落度为 2~3 cm 时 VOGELE 机型振实机的工作速度为 0.3 m/min 比较适合,随着坍落度的增减,工作速度可适当加快或减慢,国产 C-450X 机型改进后的插入式振捣机组,振实效果好,对坍落度的适用范围较宽,但在设置钢筋的部位振捣时须特别小心,施工中应根据传力杆、拉杆的设置情况准确将部分振捣器提起或落下,并铺以平板振捣器振实,以保证振实效果。

4. 筑做接缝

(1)胀缝。先浇筑胀缝一侧混凝土,取去胀缝模板后再浇筑另一侧混凝土,钢筋支架浇在混凝土内。压缝板条使用前应涂废机油或其他润滑油,在混凝土振捣后先抽动一下,而后最迟在终凝前将压缝板条抽出。抽出时为确保两侧混凝土不被扰动,可用木板条压住两侧混凝土,然后轻轻抽出压缝板条,再用铁抹板将两侧混凝土抹平整。缝隙上部浇灌填缝料,留在缝隙下部的嵌缝板是用沥青浸制的软木板或油毛毡等材料制成。

(2)横向缩缝,即假缝。用下列方法筑做。

①切缝法。在混凝土捣实整平后,利用展捣梁将 T 形振动力准确地按缩缝位置振出一条槽,随后将铁制压缝板放入,并用原浆修平槽边。当混凝土收浆抹面后,再轻轻取出压缝板,并立即用专用抹子修整缝缘,这种做法要求谨慎操作,以免混凝土结构受到扰动和接缝边缘出现不平整(错台)。

②锯缝法。在结硬的混凝土中用锯缝机(带有金刚石或金刚砂轮锯片)锯割出要求深度的槽口,这种方法可保证缝槽质量和不扰动混凝土结构。但要掌握好锯割时间,过迟则会因混凝土过硬而使锯片磨损过大且费工,而且更主要的可能在锯割前混凝土会出现收缩裂缝;过早混凝土因还未结硬,锯割时槽口边缘易产生剥落。合适的时间视气候条件而定,炎热而多风的天气,或者早晚气温有突变时,混凝土板产生较大的湿度或温度坡差,使内应力过大而出现裂缝,锯缝应早在表面整修后 4 h 即可开始。如天气较冷,一天内气温变化不大时,锯割时间可晚至 12 h 以上。

③纵缝。筑做企口式纵缝,模板内壁做成凸榫状。拆模后,混凝土板侧面即形成凹槽。需设置拉杆时,模板在相应位置处要钻成圆孔,以便拉杆穿入。浇筑另一侧混凝土前,应先在凹槽壁上涂抹沥青。

5. 表面整修与防滑措施

混凝土终凝前必须用人工或机械抹平其表面。当用人工抹光时,不仅劳动强度大、工效低,而且还会把水分、水泥和细砂带至混凝土表面,致使它比下部混凝土或砂浆有较高的干缩性较低的强度,而采用机械抹面时可以克服以上缺点。目前国产的小型电动抹面机有两种装置:装上圆盘即可进行粗光;装上细抹叶片即可进行精光。在一般情况下,面层表面仅需粗光即可。抹面结束后,有时再用拖光带横向轻轻拖拉几次。

为保证行车安全,混凝土表面应具有粗糙抗滑的表面。最普通的做法是用棕刷顺横向面抹平后的表面上轻轻刷毛;也可用金属丝梳子梳成深 1~2 mm 的横槽。近年来,国外已采用一种更有效的方法,即在已硬结的路面上,用锯槽机将路面锯割成深 5~6 mm,宽

2~3 mm,间距 20 mm 的小横槽。也可在未结硬的混凝土表面塑压成槽,或压入坚硬的石屑来防滑。

6. 养生与填缝

为防止混凝土中水分蒸发过快而产生缩裂,并保证水泥水化过程的顺利进行,混凝土应及时养生。一般用下列两种养生方法。

(1)潮湿养生。混凝土抹面 2 h 后,当表面已有相当硬度,用手指轻压不现痕迹时即可开始养生。一般采用湿麻袋或草垫,或者加 30 mm 厚的湿砂覆盖于混凝土表面。每天均匀洒水数次,使其保持潮湿状态,至少延结 14 d。

(2)塑料薄膜或养护剂养生。当混凝土表面不见浮水,用手指按压无痕迹时,即均匀喷洒塑料溶液,形成不透水的薄膜粘附于表面,从而阻止混凝土中水分的蒸发,保证混凝土的水化作用。填缝工作宜在混凝土初步结硬后及时进行。填缝前,首先将缝隙内泥砂杂物清除干净,然后浇灌填缝料。

理想的填缝料应能长期保持弹性、韧性,热天缝隙缩窄时不软化挤出,冷天缝隙增宽时能胀大并不脆裂,同时还要与混凝土粘牢,防止土砂、雨水进入缝内,此外还要耐磨、耐疲劳、不易老化。实践表明,填料不宜填满缝隙全深,最好在浇灌填料前先用多孔柔性材料填塞缝底,然后再加填料,这样夏天胀缝变窄时填料不至受挤而溢至路面。

混凝土强度必须达到设计强度的 90% 以上时,方能开放交通。

近年来,国内已推广使用滑动模板摊铺机来修筑混凝土路面。此机尾部两侧装有模板随机前进,能兼做摊铺、属捣、压入杆件、切缝、整面和刻划防滑小槽等作业,成型的路面即在机后延伸出来。此机可铺筑不同厚度和不同宽度的混凝土路面,对无筋和配筋混凝土路面均可使用。工序紧凑,施工质量高,行进速度为 1.2~3.0 m/min,每天能铺筑长达 1 600 m 的双车道路面,能大大降低路面造价。此机的出现是混凝土路面施工技术一大变革。这种摊铺机目前在我国一些省市和机场已开始使用。至于混凝土拌和机,随着干硬性混凝土混合料的使用,强制式混凝土拌和机已在我国广泛使用。

7. 冬季和夏季施工

混凝土强度的增长主要依靠水泥的水化作用。当水结冰时,水泥的水化作用即停止,而混凝土的强度也就不再增长,而且当水结冰时体积会膨胀,促使混凝土结构松散破坏。因此,混凝土路面应尽可能在气温高于 +5℃ 时施工。由于特殊情况必须在低温情况下(昼夜平均气温低于 +5℃ 和最低气温低于 -3℃ 时)施工时应采取下述措施。

(1)采用高标号(425 以上)快凝水泥,或掺入早强剂,或增加水泥用量。

(2)加热水或集料。较常用的方法是仅将水加热,原因一是加热设备简单,水温容易控制;二是水的热容量比粒料热容量大,1 kg 水升高 1℃ 所吸收的热量比同样重的粒料升高 1℃ 所吸收的热量多 4 倍左右,所以提高水温的方法最为有效。拌制混凝土时,先用温度超过 70℃ 的水同冷集料相拌和,使混合料在拌和时的温度不超过 40℃,摊铺后的温度不低于 10(气温为 0℃)~20℃(气温为 -3℃)。

(3)混凝土整修完毕后,表面应覆盖蓄热保温材料,必要时还应加盖养生暖棚。在持续寒冷和昼夜平均气温低于 -5℃,或混凝土温度在 5℃ 以下时,应停止施工。在气温超过25℃时施工，应防止混凝土的温度超过30℃，以免混凝土中水分蒸发过快，致使混凝土干缩而出现裂缝，必要时可采取下列措施。

①对湿混合料，在运箱途中要加以遮盖。

②各道工序应紧凑衔接，尽量缩短施工时间。

③搭设临时性的遮光挡风设备，避免混凝土遭到烈日暴风并降低吹到混凝土表面的风以便减少水分蒸发。

9.3 质量控制和检查

9.3.1 混凝土路面施工

混凝土路面施工时，为保证工程质量，需要控制和检查的主要项目包括（见表9.13）。

表9.13 混凝土路面的检验项目、方法和频率

项次	检查项目	检查方法和频率	
		高速、一级公路	其他公路
1	弯拉强度	每班留2~4组试件，日进度<500 m取2组；≥500 m取3组；≥1 000 m取4组，测f_{cs},f_{min},C_v	每班留1~3组试件，日进度<500 m取1组；≥500 m取2组；≥1 000 m取3组，测f_{cs},f_{min},C_v
	钻芯劈裂强度	每车道每3 km钻取一个芯样，硬路肩为一个车道。测平均f_{cs},f_{min},C_v,板厚h	每车道每3 km钻取一个芯析，硬路肩为一个车道,测平均f_{cs},f_{min},C_v,板厚h
2	板厚度	路面摊铺宽度内每100 m左右各两处，连接摊铺每100 m单边1处，参考芯样	路面摊铺宽度内每100 m左右各1处，连接摊铺每100 m单边1处，参考芯样
3	3 m直尺平整度	每半幅车道100 m两处10尺	每半幅车道200 m两处10尺
	动态平整度	所有车道连续检测	所有车道连续检测
4	抗滑构造深度	铺砂法：每幅200 m两处	铺砂法：每幅200 m一处
5	相邻板高度差	尺测：每200 m纵横缝两条，每条3处	尺测：每200 m纵横缝两条，每条两处
6	连接摊铺纵缝高差	尺测：每200 m纵向工作缝，每条3处，每处间隔2 m 3尺，共9尺	尺测：每200 m纵向工作缝，每条2处，每处间隔2 m 3尺，共6尺
7	接缝顺直度	20 m拉线测：每200 m 6条	20 m拉线测：每200 m 4条
8	中线平面偏位	经纬仪：每200 m 6处	经纬仪：每200 m 4处
9	路面宽度	尺测：每200 m 6处	尺测：每200 m 4处
10	纵断高程	水准仪：每200 m 6点	水准仪：每200 m 4点
11	横坡度	水准仪：每200 m 6个断面	水准仪：每200 m 4个断面
12	断板率	数断板面板块占总块数比例	数断板面板块占总块数比例

续表 9.13

项次	检查项目	检查方法和频率	
		高速、一级公路	其他公路
13	脱皮裂纹露石缺边掉角	量实际面积,并计算与总面积比	量实际面积,并计算与总面积比
14	路缘石顺直度和高度	20 m 拉线测:每 200 m 4 处	20 m 拉线测:每 200 m 2 处
15	灌缝饱满度	尺测:每 200 m 接缝测 6 处	尺测:每 200 m 接缝测 4 处
16	切缝深度	尺测:每 200 m 6 处	尺测:每 200 m 4 处
17	胀缝表面缺陷	每条观察填缝及啃边断角	每条观察填缝及啃边断角
18	胀缝板连浆	每条胀缝板安装时测量	每条胀缝板安装时测量
	胀缝板倾斜	尺测:每块胀缝板每条两侧	尺测:每块胀缝板每条两侧
	胀缝板弯曲和位移	尺测:每块胀缝每条 3 处	尺测:每块胀缝每条 3 处
19	传力杆偏斜	钢筋保护层仪:每车道 4 根	钢筋保护层仪:每车道 3 根

注:路面钻芯强度应换算为实际面板弯拉强度进行质量评定。

9.3.2 混凝土路面铺筑

在混凝土路面铺筑过程中,路面各技术指标的质量检验评定标准应符合表 9.14 的规定。

表 9.14 各级公路混凝土路面铺筑质量要求

项次	检查项目		允许值	
			高速、一级公路	其他公路
1	弯拉强度/MPa		100%符合规定	
2	板厚度/mm		代表值 ≥ -5;极值 ≥ -10, C_v 符合设计规定	
3	平整度	σ/mm	≤1.2	≤2.0
		IRI m/km	≤2.0	≤3.2
		3 m 直尺最大间隙 Δh/mm	≤3(合格率应≥90%)	≤5(合格率应≥90%)
4	抗滑构造深度/mm	一般路段	0.7 ~ 1.10	0.50 ~ 0.90
		特殊路段	0.80 ~ 1.20	0.60 ~ 1.00
5	相邻板高差/mm		≤2	≤3
6	连接摊铺纵缝高差/mm		平均值≤3;极值≤5	平均值≤5;极值≤7
7	接缝顺直度/mm		≤10	
8	中线平面偏拉/mm		≤20	
9	路面宽度/mm		≤ ±20	

第9章 水泥混凝土路面施工

续表9.14

项次	检查项目	允许值	
		高速、一级公路	其他公路
10	纵断高程/mm	±10	±10
11	横坡率/%	±0.15	±0.25
12	断板率/‰	≤2	≤4
13	脱皮印痕裂纹露石缺边掉角/‰	≤2	≤3
14	路缘石顺直度和高度/mm	≤20	≤20
15	灌缝饱满度/mm	≤2	≤3
16	切缝深度/mm	≥50	≥50
17	胀缝表面缺陷	不应有	不宜有
18	胀缝板连浆/mm	≤20	≤30
	胀缝板倾斜/mm	≤20	≤25
	胀缝板弯曲和位移/mm	≤10	≤15
19	传力杆偏斜/mm	≤10	≤13

注:①路面钻芯劈裂强度应换算为实际面板弯拉强度进行质量评定。
②特殊路段指高速公路、一级公路的立交、平交、变速车道等处;其他公路系指急弯、陡坡、交叉口或集镇附近。

9.3.3 交工质量检查验收

1.混凝土路面完工

混凝土路面完工后,施工单位应提交全线检测结果、施工总结报告及全部原始记录等齐全资料,申请交工验收。

2.质量问题处理

(1)路面混凝土弯拉强度应采用小梁标准试件和路面钻芯取样圆柱体劈裂强度折算的弯拉强度综合评定。当弯拉强度不足时,每公里每车道应取3个以上芯样。二级及二级以下路面混凝土弯拉强度可按下列公式计算,满足则可通过;不满足时,应通过试验得到各自工程的统计公式,实验组数不宜小于10组。

石灰岩、花岗岩碎石混凝土

$$f_c = 1.868 f_{sp}^{0.871}$$

式中　f_c——混凝土标准小梁弯拉强度,MPa;

　　　f_{sp}——混凝土直径150 mm圆柱体的劈裂强度,MPa。

玄武岩碎石混凝土

$$f_c = 3.035 f_{sp}^{0.423}$$

高速公路、一级公路应通过试验得到各自工程的统计公式,试验组数不宜小于15组。

(2)平整度不合格的部分应进行处理,并硬刻槽恢复抗滑构造。

(3)板厚不足时,应有区段,返工重铺。

3.工程施工总结

(1)施工单位应根据国家竣工文件编制规定,提出施工总结报告、质量测试报告或采用新材料新技术研究报告,连同竣工表,形成完整的施工资料档案。

(2)施工总结报告应包括工程概况、设计图纸变更、基层、原材料、施工组织、机械人员配备、施工工艺、进度、工程质量评价、工程预决算等。

(3)施工质量管理与测试报告应包括施工组织设计、质量保证体系、实验段铺筑报告、施工质量达到或超过现行规范规定情况、原材料和混凝检测结果、施工中路面质量自检结果、交工复测结果、工程质量评价、原始记录像册和录相资料等。

(4)首次采用滑模、轨道、碾压、三辊轴机组施工或首次铺筑钢筋混凝土路面、钢纤维混凝土路面等路面结构时,应同时提供试验总结报告。

参 考 文 献

[1] 邓学钧.路基路面工程[M].第三版.北京:人民交通出版社,2007.
[2] 黄晓明,朱湘,李昶.路基路面工程[M].南京:东南大学出版社,2006.
[3] 钟阳.路基路面工程[M].北京:科学出版社,2005.
[4] 李西亚,王育军.路基路面工程[M].北京:科学出版社,2004.
[5] 王秉纲,郑木莲.水泥混凝土路面设计与施工[M].北京:人民交通出版社,2003.
[6] 中华人民共和国行业标准.公路工程技术标准(JTG B01—2003).北京:人民交通出版社,2007.
[7] 中华人民共和国行业标准.公路勘测规范(JTG C10—2007).北京:人民交通出版社,2008.
[8] 中华人民共和国行业标准.公路工程无机结合料稳定材料试验规程(JTJ 057—94).北京.人民交通出版社,1994.
[9] 中华人民共和国行业标准.公路路基设计规范(JTG B01—2003).北京:人民交通出版社,2004.
[10] 中华人民共和国行业标准.公路路基施工技术规范(JTG F10—2006).北京:人民交通出版社,2006.
[11] 中华人民共和国行业标准.公路土工试验规程(JTG E40—2007).北京:人民交通出版社,2007.
[12] 中华人民共和国行业标准.公路路基路面现场测试规程(JTG E60—2008).北京:人民交通出版社,2008.
[13] 中华人民共和国行业标准.公路沥青路面施工技术规范(JTG F40—2004).北京:人民交通出版社,2004.
[14] 中华人民共和国行业标准.公路水泥混凝土路面设计规范(JTG D40—2002).北京:人民交通出版社,2002.
[15] 中华人民共和国行业标准.公路沥青路面设计规范(JTG D50—2006).北京:人民交通出版社,2006.
[16] 李继业,刘经强,张玉稳.现代道路材料与施工工艺[M].北京:化学工业出版社,2006.
[17] 方左英.路基工程[M].北京:人民交通出版社,1987.
[18] 姚祖康.道路路基和路面工程[M].上海:同济大学出版社,1994.
[19] 高速公路丛书编委会.高速公路路基设计与施工[M].北京:人民交通出版社,2001.
[20] 李峻利,姚代录.路基设计原理与计算[M].北京:人民交通出版社,2001.
[21] 高大钊,袁聚云.土质学与土力学[M].第三版.北京:人民交通出版社,2001.